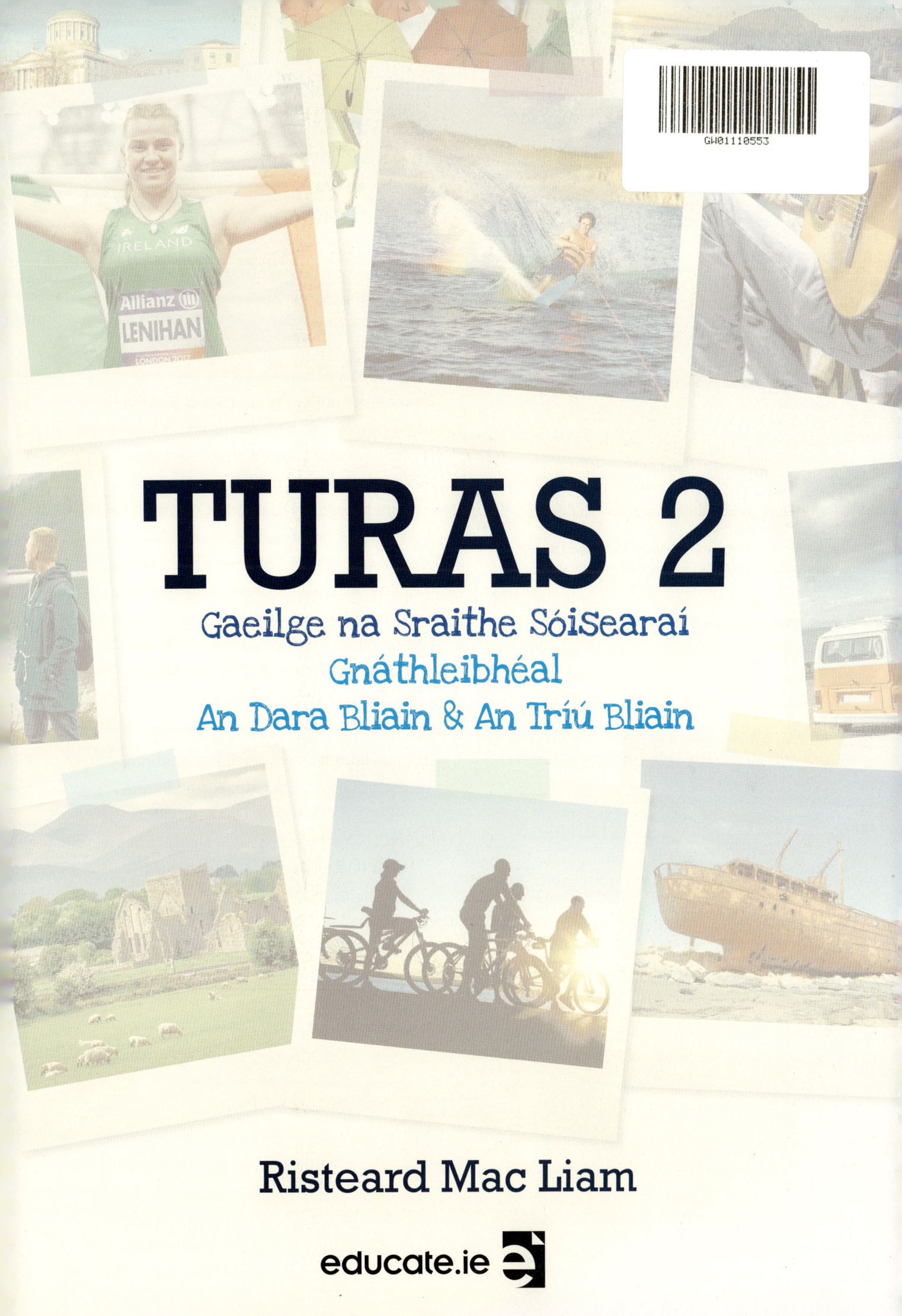

FOILSITHE AG:
Educate.ie
Walsh Educational Books Ltd
Oileán Ciarraí
Co. Chiarraí
www.educate.ie

ARNA CHLÓ AGUS ARNA CHEANGAL AG:
Walsh Colour Print
Oileán Ciarraí
Co. Chiarraí

Cóipcheart © Risteard Mac Liam 2018

Gach ceart ar cosaint. Ní ceadmhach aon chuid den fhoilseachán seo a chóipeáil, a atáirgeadh ná a tharchur in aon mhodh ná slí, bíodh sin leictreonach, meicniúil, bunaithe ar fhótachóipeáil, ar thaifeadadh nó eile gan cead scríofa a fháil ón bhfoilsitheoir roimh ré.

ISBN: 978-1-912239-29-0

Ba mhaith liom mo bhuíochas a ghabháil leis na daoine seo a leanas as an tacaíocht, an chomhairle agus an chabhair a thug siad dom ó thug mé faoin turas seo:
Clare Mhic Liam, Éamonn Ó Dónaill,
Síle Ní Chonaire, Dolores Healy,
Reuben Ó Conluain, Séamas Ó Fearraigh,
Eithne Ní Ghallchobhair, Nora White,
Richard Barrett, Oliver Ó Meachair,
Conor Wickham, Caitríona Ní Chléirchín,
Pádraig Ó Conghaile, Kevin Dunne,
Shane Lawlor, John Fennelly
agus Barra Ó Murchadha.

Is mian liom freisin buíochas a ghabháil le gach duine in Educate.ie, go háirithe le hEimear O'Driscoll, Damien Lynam, Kieran O'Donoghue, Sinéad Keogh agus Paula Purcell as an treoir leanúnach a thug siad dom.

Clár Ábhair

Réamhrá iv

Caibidil 1: Mé Féin 2

Caibidil 2: Mo Theaghlach 24

Caibidil 3: Mo Theach 50

Caibidil 4: Mo Cheantar 86

Caibidil 5: Mo Scoil 114

Caibidil 6: Mo Chaithimh Aimsire 158

Caibidil 7: Ceol 198

Caibidil 8: Spórt 222

Caibidil 9: Laethanta Saoire 248

Caibidil 10: Tinneas agus Sláinte 280

Caibidil 11: Éire agus Thar Lear 306

Ábhar Breise 322

Treoir Ghramadaí 349

Foclóir 386

Réamhrá
Clár mionsonraithe

CAIBIDIL	FOCLÓIR	GRAMADACH	SCRÍOBH	LITRÍOCHT
Caibidil 1: Mé Féin	An Ghaeilge sa Rang ....4 Ag Cur Síos Orm Féin 1 .....6 Ag Cur Síos Orm Féin 2 .....8 Uimhreacha ....10 Aoiseanna 11	Na Focail 'ar' agus 'ag' 16	Iarratas ar Phost 19	
Caibidil 2: Mo Theaghlach	Mo Theaghlach ....26 Ag Comhaireamh Daoine ....28 Dátaí Breithe 30	An Aidiacht Shealbhach ...32	Alt faoi Mo Theaghlach 38	**Filíocht:** 'Stadeolaíocht' le Marcus Mac Conghail ..40
Caibidil 3: Mo Theach	An Teach........................52 An Bloc Árasán ....53 An Áit a Bhfuil Cónaí Orm ....54 An Seomra is Fearr Liom 1 ....56 An Seomra is Fearr Liom 2 ....60 An Seomra is Fearr Liom 3 ....61 Cúraimí an Tí 64	Na Focail 'do' agus 'le' 55	Ríomhphost faoi Mo Theach Nua 70	**Prós:** 'Spás' le Mícheál Ó Ruairc 72
Caibidil 4: Mo Cheantar	An Baile Mór ....88 Treoracha sa Bhaile Mór ..90 Cineálacha Siopaí ....92 Comharsana Callánacha 100	An Aimsir Chaite 98	Cárta Poist ón tSeapáin 102	**Filíocht:** 'An Ghealach' le Caitríona Ní Chléirchín 104
Caibidil 5: Mo Scoil	Na hÁbhair Scoile ....116 An Lá Scoile ....118 An Seomra Ranga...........124 Áiseanna na Scoile ....126 Éide Scoile....................128	An Aimsir Láithreach......122 An Focal 'Bíonn'.............130	Aiste: Mo Shaol ar Scoil 132	**Dráma:** *Gleann Álainn* le Brian Ó Baoill 134

CAIBIDIL	FOCLÓIR	GRAMADACH	SCRÍOBH	LITRÍOCHT
Caibidil 6: Mo Chaithimh Aimsire	Caithimh Aimsire ....160 Ag Féachaint ar an Teilifís ....162 Ag Dul go dtí an Phictiúrlann ....168 Cluichí Ríomhaire 170	An Aimsir Fháistineach ..166	Litir: An Deireadh Seachtaine 174	**Prós:** 'Quick Pick' le hOrna Ní Choileáin 176
Caibidil 7: Ceol	Cén Sórt Ceoil a Thaitníonn Leat? ....200 An Ceol Gaelach ....202 An Cheolfhoireann 204	Na Focail 'faoi' agus 'ó'..206	Postáil Bhlag faoi Cheolchoirm Iontach 210	**Ceol:** 'Solas' le Seo Linn 212
Caibidil 8: Spórt	Cén Spórt is Fearr Leat? ....224 Trealamh Spóirt ....226 Ag Cur Síos ar Phearsana Spóirt ....230 Áiseanna Spóirt 232	Céimeanna Comparáide na hAidiachta 231	Postáil Bhlag faoi Chluiche Peile 236	**Filíocht:** 'Ceist na Teangan' le Nuala Ní Dhomhnaill 238
Caibidil 9: Laethanta Saoire	Cineálacha Saoire...........250 Saoire Ghréine Thar Lear ....252 Saoire Sciála ....256 Tíreolaíocht na hÉireann ....262 Saoirí in Éirinn 264	An Aidiacht agus an Dobhriathar 258	Cárta Poist ón Róimh 266	**Ceol:** 'Fún Orm' le IMLÉ 268
Caibidil 10: Tinneas agus Sláinte	An Corp .... 282 An Ceann....................286 Tinneas agus Leigheas ..288 Biachlár: Caife na Cathrach 294	Freagraí Gearra 292	Scéal: Timpiste a Tharla Dom 300	
Caibidil 11: Éire agus Thar Lear	I gCaibidil **11**, foghlaimeoidh tú go leor rudaí nua faoi Éirinn agus thar lear. Déanfaidh tú cúpla ceacht gach mí. Na Séasúir.. 308 An Aimsir in Éirinn .... 310 Féilte .... 312–319 Seanfhocail.. 320			

Turas 2

Gach rud faoi *Turas 2*

Eochair na n-íocón

Feicfidh tú na híocóin seo in *Turas 2*:

 Scríobh / Writing

 Bí ag caint/Labhair / Speaking

 Éisteacht / Listening

 CD / CD

 Meaitseáil / Matching

 Stór focal / Vocabulary

 Le foghlaim / To be learned

 Obair bheirte / Pair work

 Obair ghrúpa / Group work

 Punann / Portfolio

 Féinmheasúnú / Self-assessment

 Cur i láthair / Presentation

 Téigh chuig / Go to

 Tasc cultúir / Culture task

 Príomhscileanna / Key skills

 Gramadach / Grammar

Súil Siar ▶

Gheobhaidh tú deis féachaint siar ar na pointí is tábhachtaí ag deireadh gach caibidle.

◀ Míreanna Cultúir

Tá deich mír chultúir in *Turas 2*. Sna míreanna seo, foghlaimeoidh tú faoi phobal na Gaeilge agus faoi chultúr na hÉireann.

Litríocht ▶

Clúdóidh tú samplaí den litríocht is fearr ón Liosta Téacsanna Ainmnithe ar bhealach cruthaitheach agus cuimsitheach. Léifidh tú dhá ghearrscéal, dhá amhrán, trí dhán agus dráma amháin.

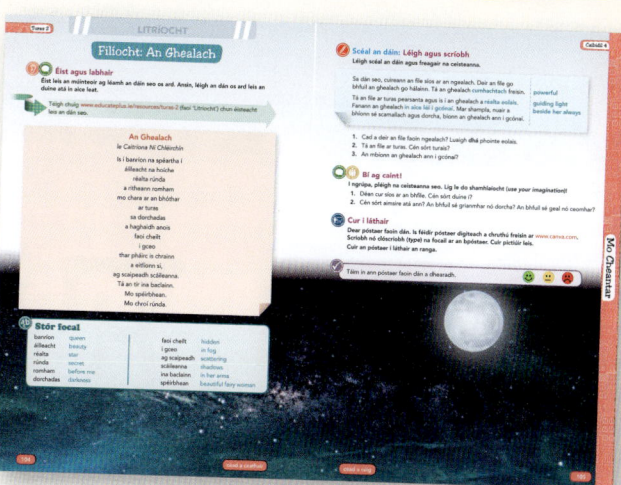

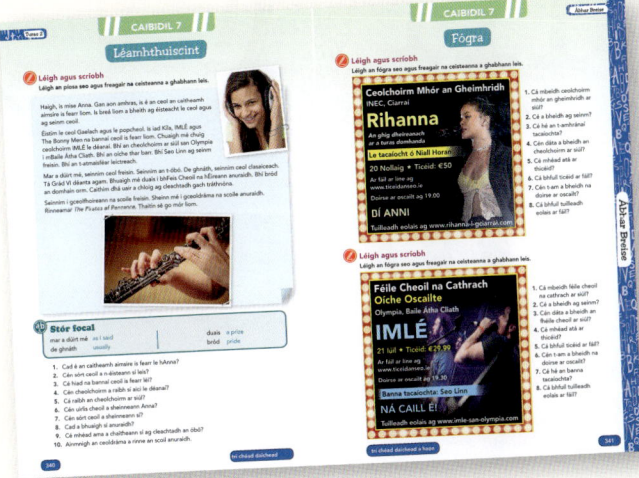

◀ Ábhar Breise

Sa chaibidil 'Ábhar Breise', feicfidh tú go leor cleachtaí breise a chabhróidh leat do chuid scileanna léamhthuisceana a fheabhsú.

Treoir Ghramadaí ▶

Tá mioncheachtanna gramadaí ar fáil i ngach caibidil. Chomh maith leis seo, gheobhaidh tú go leor cleachtaí gramadaí breise sa Treoir Ghramadaí ar leathanaigh 349–385.

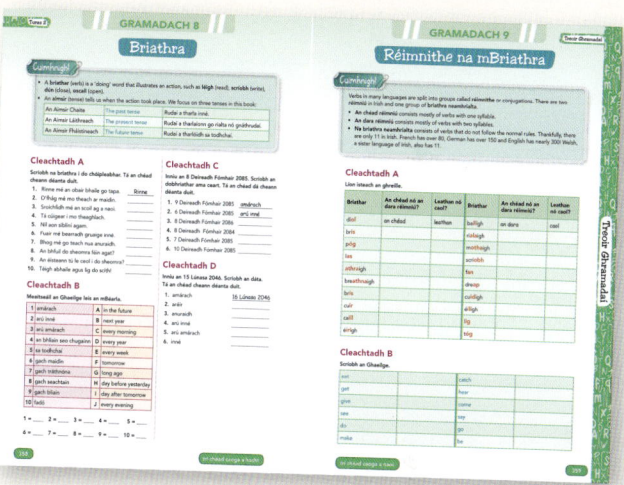

◀ Foclóir

Gheobhaidh tú na focail agus na nathanna is tábhachtaí ar leathanaigh 386–394.

Cad iad na príomhscileanna? An bhfuil siad tábhachtach?

Tá ocht bpríomhscil an-tábhachtach sa tSraith Shóisearach. Nuair a bhíonn tú ag obair sa rang, bí ag smaoineamh ar na príomhscileanna seo. Cuir ceist ort féin: 'Cén phríomhscil atá in úsáid agam anois?'

A bheith liteartha / Being literate	**Mé féin a bhainistiú** / Managing myself
A bheith uimheartha / Being numerate	**Fanacht folláin** / Staying well
Cumarsáid / Communicating	**Obair le daoine eile** / Working with others
A bheith cruthaitheach / Being creative	**Eolas agus smaointeoireacht a bhainistiú** / Managing information and thinking

Mé Féin

CAIBIDIL 1

✓ Faoi dheireadh na caibidle seo, beidh mé in ann:
- Cur síos a dhéanamh orm féin.
- Foirm iarratais a líonadh isteach.

G Gramadach
- Na focail 'ar' agus 'ag'

Príomhscileanna
- Cumarsáid
- A bheith uimheartha

Punann
- Punann 1.1 – Próifíl a Dhearadh

Clár Ábhair

Foclóir	An Ghaeilge sa Rang	4
Foclóir	Ag Cur Síos Orm Féin 1	6
Foclóir	Ag Cur Síos Orm Féin 2	8
Foclóir	Uimhreacha	10
Foclóir	Aoiseanna	11
Léamhthuiscint	Fúm Féin	12
Léamhthuiscint	Ceathrar Réaltaí Idirlín	14
Gramadach	Na Focail 'ar' agus 'ag'	16
Éisteacht	Iarratas ar Phost	18
Scríobh	Iarratas ar Phost	19
Béaltriail	Agallamh	20
Cleachtaí Athbhreithnithe	Súil Siar	21
Cultúr 1	An Ghaeilge	22

FOCLÓIR

An Ghaeilge sa Rang

Bí ag caint!
Cleacht na comhráite seo leis an duine atá in aice leat.

- Dia duit, conas atá tú?
- Táim go maith, go raibh maith agat. Agus tusa?
- Níl caill orm!

- A Chiara, cén scéal? Conas atá tú?
- Táim go maith, a Thomáis! Céard fútsa?
- Táim go maith freisin, go raibh maith agat.

"Dia duit."

"Dia 's Muire duit."

Scríobh

Líon na bearnaí i do chóipleabhar.

| tusa | raibh | freisin | conas |

"Dia duit. _____ atá tú?"

"Dia 's Muire duit. Go maith, go _____ maith agat. Agus _____?"

"Táim go maith _____, go raibh maith agat."

Scríobh agus labhair

Scríobh comhrá idir tú féin agus cara leat. Cleacht an comhrá leis an duine atá in aice leat.

Táim in ann comhrá simplí a dhéanamh le mo chairde scoile.

Mé Féin

 **FOCLÓIR**

Ag Cur Síos Orm Féin 1

🗨️ **Bí ag caint!**

Cén dath is fearr leat? Cuir ceist ar an duine atá in aice leat.

- Cén dath is fearr leat?
- Is fearr liom gorm. Céard fútsa?
- Is breá liom dubh.

Dathanna

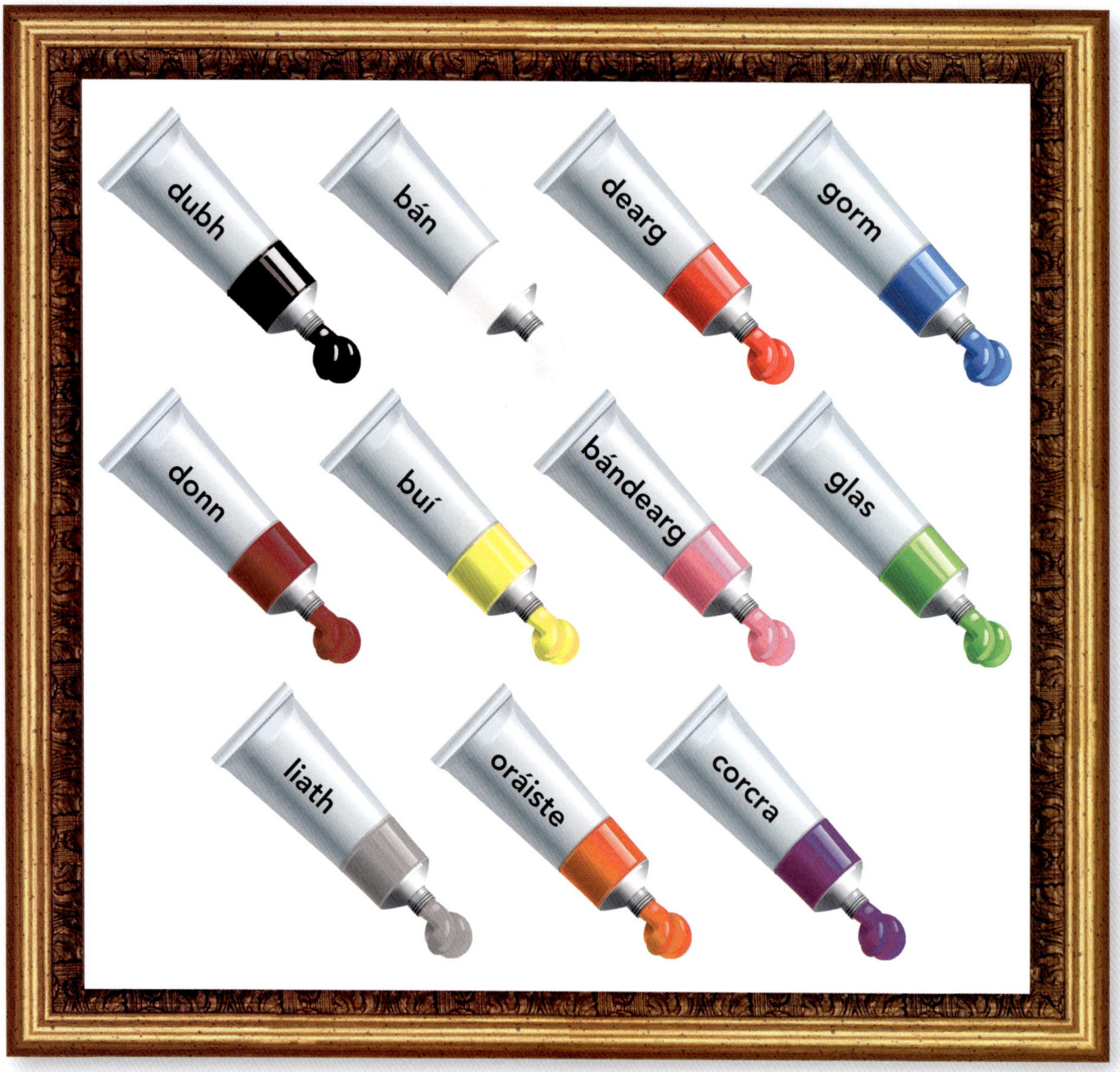

dubh, bán, dearg, gorm

donn, buí, bándearg, glas

liath, oráiste, corcra

🗨️ **Bí ag caint!**

Cuir ceisteanna mar seo ar a chéile.

Ceisteanna samplacha	Freagraí samplacha
Cén dath atá ar an deasc?	Tá dath donn ar an deasc.
Cén dath atá ar do mhála?	Tá dath bándearg ar mo mhála.

a sé

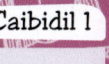

Meaitseáil

Meaitseáil an Ghaeilge leis an mBéarla.

1	súile gorma	A	brown eyes
2	súile glasa	B	hazel eyes
3	súile donna	C	blue eyes
4	súile cnódhonna	D	green eyes
5	súile liatha	E	grey eyes

1 = ____   2 = ____   3 = ____   4 = ____   5 = ____

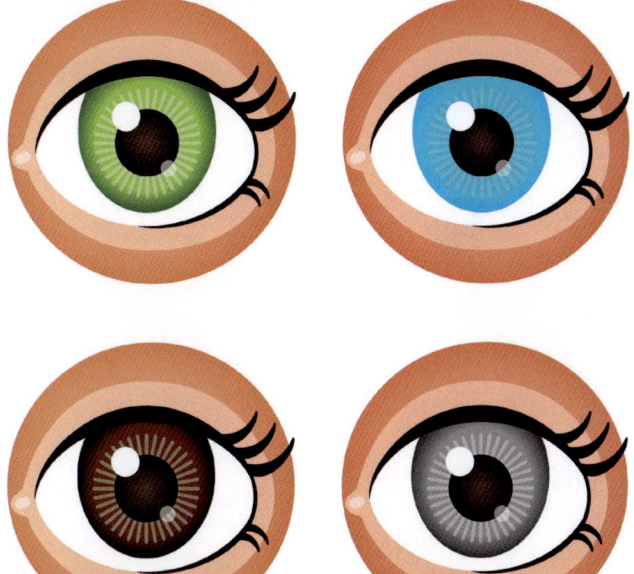

Bí ag caint!

Cén dath súl atá agat? Cuir ceist ar an duine atá in aice leat.

- Cén dath súl atá agat?
- Tá súile gorma agam. Céard fútsa?
- Tá súile glasa agam.

Táim in ann dath mo shúl a rá.

a seacht

FOCLÓIR

Ag Cur Síos Orm Féin 2

Meaitseáil

Meaitseáil na pictiúir leis na stíleanna gruaige.

gruaig fhada dhubh ☐

gruaig dhíreach liath ☐

gruaig ghearr rua ☐

gruaig dhualach dhonn ☐

gruaig chatach fhionn ☐

Bí ag caint!

Cén sórt gruaige atá ort? Cuir ceist ar an duine atá in aice leat.

Cén sórt gruaige atá ort?

Tá gruaig ghearr dhubh orm. Céard fútsa?

Tá gruaig fhada fhionn orm.

Meaitseáil

Cén sórt duine thú? Meaitseáil an Ghaeilge leis an mBéarla. Bain úsáid as d'fhoclóir nó as www.focloir.ie.

1	cabhrach	A	clever
2	cairdiúil	B	kind
3	cliste	C	loyal
4	cneasta	D	patient
5	dílis	E	energetic
6	fial	F	friendly
7	fuinniúil	G	sporty
8	foighneach	H	funny
9	greannmhar	I	helpful
10	spórtúil	J	generous

1 = ___ 2 = ___ 3 = ___ 4 = ___ 5 = ___ 6 = ___ 7 = ___ 8 = ___ 9 = ___ 10 = ___

 **Bí ag caint!**

Cén sórt duine thú? Cuir ceist ar an duine atá in aice leat.

Cén sórt duine thú?

Is duine fuinniúil mé. Céard fútsa?

Is duine cabhrach mé.

Cén sórt duine thú?

Táim cneasta agus greannmhar. Céard fútsa?

Táim cliste agus spórtúil.

 Táim in ann cur síos a dhéanamh ar mo chuid gruaige agus ar mo phearsantacht.

FOCLÓIR

Uimhreacha

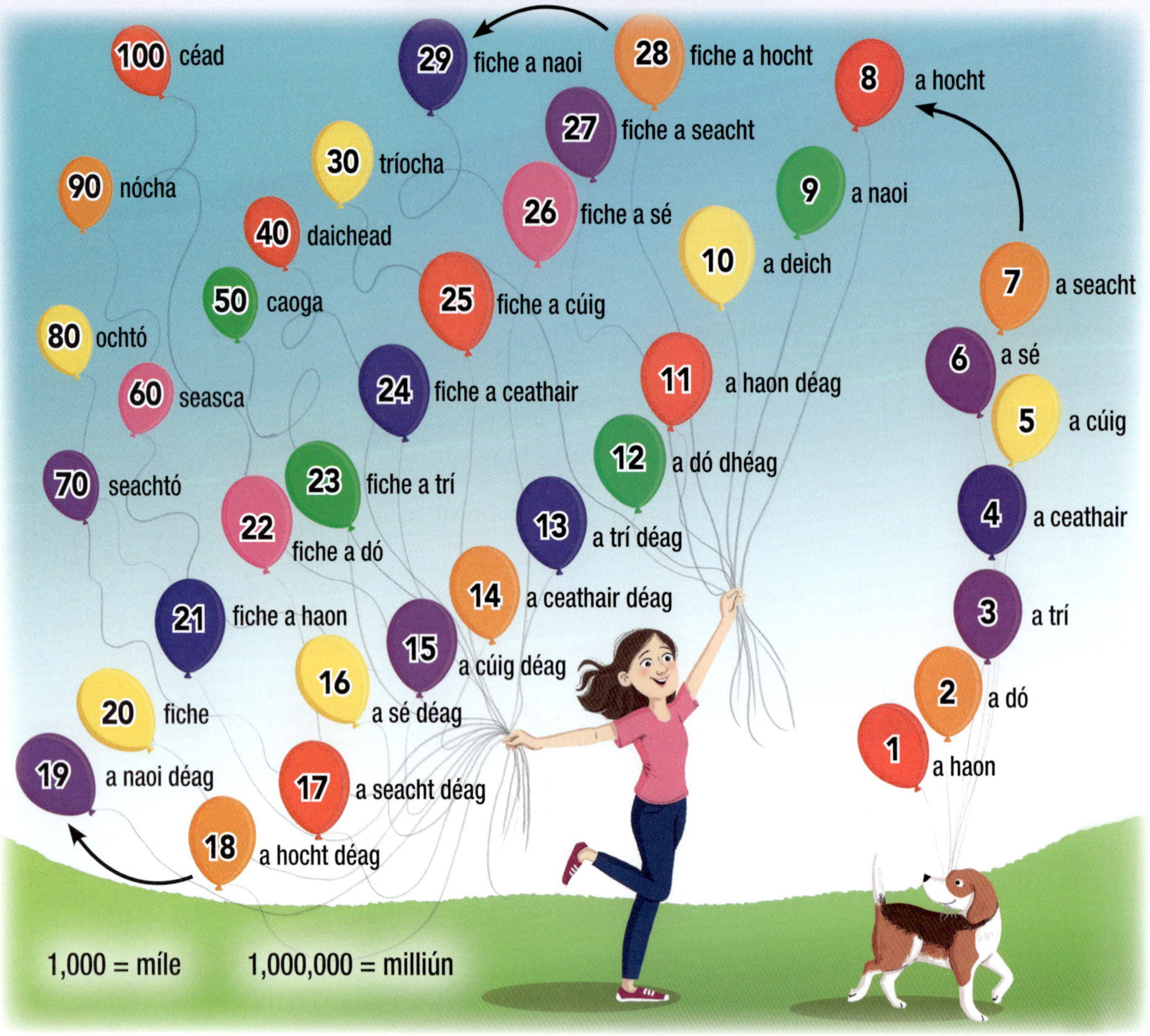

100 céad	29 fiche a naoi	28 fiche a hocht	8 a hocht
90 nócha	27 fiche a seacht		
30 tríocha	26 fiche a sé	9 a naoi	
40 daichead	25 fiche a cúig	10 a deich	7 a seacht
50 caoga	24 fiche a ceathair	11 a haon déag	6 a sé
80 ochtó		12 a dó dhéag	5 a cúig
60 seasca	23 fiche a trí	13 a trí déag	4 a ceathair
70 seachtó	22 fiche a dó	14 a ceathair déag	3 a trí
21 fiche a haon	15 a cúig déag		2 a dó
20 fiche	16 a sé déag		1 a haon
19 a naoi déag	17 a seacht déag		
18 a hocht déag			

1,000 = míle   1,000,000 = milliún

 **Scríobh**

I ngrúpa, déan na suimeanna seo. Tá an chéad cheann déanta duit.

2 + 2 =	4	a dó **móide** a dó, sin	a ceathair
3 − 1 =	___	a trí **lúide** a haon, sin	___
4 × 5 =	___	a ceathair **faoina** cúig, sin	___
6 ÷ 2 =	___	a sé **roinnte ar** a dó, sin	___

 **Bí ag caint!**

I ngrúpa, freagair na ceisteanna seo.

1. Cad é a trí móide a ceathair?
2. Cad é a seacht faoina dó?
3. Cad é a deich roinnte ar a dó?
4. Cad é a deich lúide a naoi?
5. Cad é a dó dhéag móide a naoi?
6. Cad é a deich lúide a trí?

 Táim in ann uimhreacha a rá agus suimeanna a dhéanamh.

FOCLÓIR

Aoiseanna

 **Bí ag caint!**

Cén aois thú? Cuir ceist ar thriúr scoláirí eile i do rang.

Cén aois thú?

Táim ceithre bliana déag d'aois. Céard fútsa?

 Le foghlaim

aon **bhliain** d'aois (1)	aon **bhliain déag** d'aois (11)
dhá bhliain d'aois (2)	dhá bhliain déag d'aois (12)
trí **bliana** d'aois (3)	trí **bliana** déag d'aois (13)
ceithre bliana d'aois (4)	ceithre bliana déag d'aois (14)
cúig bliana d'aois (5)	cúig bliana déag d'aois (15)
sé bliana d'aois (6)	sé bliana déag d'aois (16)
seacht **mbliana** d'aois (7)	seacht **mbliana** déag d'aois (17)
ocht mbliana d'aois (8)	ocht mbliana déag d'aois (18)
naoi mbliana d'aois (9)	naoi mbliana déag d'aois (19)
deich mbliana d'aois (10)	fiche **bliain** d'aois (20)

 Scríobh

Líon na bearnaí i do chóipleabhar.

1. Tá Caoimhín (8) _____ d'aois.
2. Tá Aisling (12) _____ d'aois.
3. Tá Sam (18) _____ d'aois.
4. Tá Chen (14) _____ d'aois.

 Taighde

Cén aois iad na daoine seo a leanas? Scríobh na haoiseanna i do chóipleabhar.

North West | Millie Bobby Brown | Romeo Beckham | Johnny Orlando

 Táim in ann m'aois a rá.

a haon déag

Mé Féin

 # LÉAMHTHUISCINT

Fúm Féin

  Léigh agus éist

Léigh agus éist leis an ngiota seo.

Haigh, is mise Laoise. Táim ceithre bliana déag d'aois. Tá gruaig fhada dhonn orm agus tá súile glasa agam. Táim spórtúil agus cabhrach.

Laoise

 Meaitseáil

Meaitseáil na ceisteanna leis na freagraí.

1	Cén aois í Laoise?	A	Tá sí spórtúil agus cabhrach.
2	Cén sórt gruaige atá ar Laoise?	B	Tá sí ceithre bliana déag d'aois.
3	Cén dath súl atá ag Laoise?	C	Tá gruaig fhada dhonn uirthi.
4	Cén sórt duine í Laoise?	D	Tá súile glasa aici.

1 = ____   2 = ____   3 = ____   4 = ____

 Léigh agus scríobh

A. Léigh an giota seo.

Haigh, is mise Ian. Táim cúig bliana déag d'aois. Tá gruaig ghearr fhionn orm agus tá súile gorma agam. Táim fuinniúil agus greannmhar.

Ian

B. Líon na bearnaí chun na ceisteanna a fhreagairt i do chóipleabhar.

1	Cén aois é Ian?	Tá sé _____ _____ _____ d'aois.
2	Cén sórt gruaige atá ar Ian?	Tá gruaig _____ _____ air.
3	Cén dath súl atá ag Ian?	Tá súile _____ aige.
4	Cén sórt duine é Ian?	Tá sé _____ agus _____.

 **Scríobh agus labhair**

Freagair na ceisteanna seo. Ansin, cuir na ceisteanna ar an duine atá in aice leat.

1. Cén aois thú?
2. Cén sórt gruaige atá ort?
3. Cén dath súl atá agat?
4. Cén sórt duine thú?

 **Bí ag caint!**

I mbeirteanna, imir an cluiche seo. Caith an dísle agus freagair an cheist. Tá dísle digiteach ar fáil ag http://dice.virtuworld.net.

TOSAIGH ANSEO!

1. Cad is ainm duit?
2. Cén aois thú?
3. Lig seal tharat.
4. Cén dath gruaige atá ort?
5. Caith an dísle arís.
6. Cén stíl gruaige atá ort?
7. Téigh ar aghaidh spás amháin.
8. Cén dath súl atá agat?
9. Cén sórt duine thú?
10. Lig seal tharat.
11. Cén dath atá ar an mballa sa seomra ranga?
12. Caith an dísle arís.
13. Cén dath atá ar do mhála?
14. Cad é a trí móide a trí?
15. Téigh siar spás amháin.
16. Cad é a trí faoina trí?
17. Lig seal tharat.
18. Téigh ar aghaidh spás amháin.
19. Cad é a trí lúide a trí?
20. Téigh siar spás amháin.
21. Cad é a trí roinnte ar a trí?

CRÍOCH!

Mé Féin

Táim in ann ceisteanna a fhreagairt fúm féin agus faoi dhaoine eile.

LÉAMHTHUISCINT

Ceathrar Réaltaí Idirlín

Léigh agus meaitseáil

A. Léigh an giota seo.

Seo Mark Thomas, nó Duhitzmark. Is réalta musical.ly é. Uaireanta, bíonn gruaig dhonn air agus uaireanta bíonn gruaig fhionn air. Tá súile gorma aige. Tá sé fuinniúil agus cruthaitheach.

Duhitzmark

B. Meaitseáil na ceisteanna leis na freagraí.

1	Cén sórt réalta é Duhitzmark?	A	Tá súile gorma aige.
2	Cén sórt gruaige atá air?	B	Tá sé fuinniúil agus cruthaitheach.
3	Cén dath súl atá aige?	C	Uaireanta, bíonn gruaig dhonn air agus uaireanta bíonn gruaig fhionn air.
4	Cén sórt duine é?	D	Is réalta musical.ly é.

1 = ____   2 = ____   3 = ____   4 = ____

Léigh agus scríobh

A. Léigh an giota seo.

Seo Loren Gray. Is réalta musical.ly í freisin. Tá gruaig fhionn uirthi agus tá súile gorma aici. Is as Pennsylvania Mheiriceá í. Tá sí cliste agus fuinniúil.

Loren Gray.

B. Líon na bearnaí chun na ceisteanna a fhreagairt i do chóipleabhar.

1	Cén sórt réalta í Loren Gray?	Is _____ _____ í.
2	Cén sórt gruaige atá uirthi?	Tá gruaig _____ uirthi.
3	Cén dath súl atá aici?	Tá súile _____ aici.
4	Cén sórt duine í?	Tá sí _____ agus _____.

Léigh agus scríobh

A. Léigh an giota seo.

VladTeeVee

Seo VladTeeVee. Is réalta YouTube é. Tá gruaig ghearr dhonn air agus tá súile donna aige. Is as an Rómáin é ach tá sé ina chónaí in Éirinn anois.

B. Líon na bearnaí chun na ceisteanna a fhreagairt i do chóipleabhar.

1	Cén sórt réalta é VladTeeVee?	Is _____ _____ _____.
2	Cén sórt gruaige atá air?	Tá _____ _____ _____ _____.
3	Cén dath súl atá aige?	Tá _____ _____ _____.
4	Cá bhfuil sé ina chónaí?	Tá sé ina chónaí _____ _____.

Léigh agus scríobh

Léigh an giota seo agus freagair na ceisteanna a ghabhann leis.

Narins Beauty

Seo Narins Beauty. Is réalta YouTube agus Instagram í. Tá gruaig dhonn uirthi agus tá súile donna aici. Is as an tSiria í. Tá sí cliste agus faiseanta.

1. Cén sórt réalta í Narins Beauty?
2. Cén sórt gruaige atá uirthi?
3. Cén dath súl atá aici?
4. Cén sórt duine í?

Taighde

Téigh ar líne agus déan taighde ar réalta idirlín. Ansin, freagair na ceisteanna seo:

1. Cén sórt réalta é/í?
2. Cén sórt gruaige atá air/uirthi?
3. Cén dath súl atá aige/aici?
4. Cén sórt duine é/í?

Táim in ann ceisteanna ar réalta idirlín a fhreagairt.

a cúig déag

GRAMADACH

Na Focail 'ar' agus 'ag'

Ar thug tú faoi deara na focail seo ar leathanaigh 12–15?
Did you notice these words on pages 12–15?

orm　　ort　　air　　uirthi　　agam　　agat　　aige　　aici

Sa mhír seo, cleachtfaimid cathain agus conas a úsáidimid na focail seo.
In this section, we will practise when and how we use these words.

Le foghlaim: 'ar'

orm	ort	air	uirthi	orainn	oraibh	orthu
[ar + mé]	[ar + tú]	[ar + é]	[ar + í]	[ar + muid]	[ar + sibh]	[ar + iad]

Cuimhnigh!

Ciallaíonn 'ar' **on**.
Úsáidimid an liosta 'ar' chun cur síos a dhéanamh ar ghruaig agus ar mhothúcháin.

*The meaning of **ar** is 'on'. We use the **ar** list to describe hair and emotions.*

Nathanna samplacha: 'ar'

Tá gruaig rua orm.	I have red hair.
Níl gruaig fhada uirthi.	She doesn't have long hair.
Tá ocras orainn.	We are hungry.
An bhfuil tuirse orthu?	Are you tired?

Scríobh

Aistrigh na habairtí seo i do chóipleabhar.

1. Tá gruaig dhíreach dhubh orm.
2. Tá ocras uirthi.
3. An bhfuil áthas ort?
4. An bhfuil gruaig fhionn air?

Scríobh

Athscríobh na focail idir lúibíní i do chóipleabhar.

1. Tá gruaig fhada [ar: í] _____.
2. Níl aon ghruaig [ar: muid] _____!
3. Tá tuirse an domhain [ar: iad] _____.
4. An bhfuil ocras agus tart [ar: sibh] _____?

Le foghlaim: 'ag'

agam	agat	aige	aici	againn	agaibh	acu
[ag + mé]	[ag + tú]	[ag + é]	[ag + í]	[ag + muid]	[ag + sibh]	[ag + iad]

Cuimhnigh!

Ciallaíonn 'ag' **at**. Úsáidimid an liosta 'ag' chun cur síos a dhéanamh ar shúile agus ar an teaghlach. Úsáidimid an liosta 'ag' chun seilbh a chur in iúl freisin.

The meaning of **ag** is 'at'. We use the **ag** list to describe eyes and the family. We use the **ag** list to show possession too (i.e. for saying something belongs to you).

Nathanna samplacha: 'ag'

Tá súile donna agam.	I have brown eyes.
Níl aon deartháireacha aige.	He doesn't have any brothers.
Tá dhá pheann aici.	She has two pens.
Tá a lán cairde againn.	We have a lot of friends.

 ## Scríobh

Aistrigh na habairtí seo i do chóipleabhar.

1. Tá súile glasa aici.
2. Níl súile donna aige.
3. An bhfuil teaghlach mór agat?
4. Tá mála mór airgid agam.

 ## Scríobh

Athscríobh na focail idir lúibíní i do chóipleabhar.

1. Níl aon airgead [ag: sibh] _____.
2. Tá cúpla cara anseo [ag: í] _____.
3. An bhfuil súile gorma [ag: é] _____?
4. An bhfuil ceist [ag: tú] _____ [ar: mé] _____?

 ## Bí ag caint!

Cuir na ceisteanna seo ar an duine atá in aice leat.

1. An bhfuil tuirse ort anois?
2. An bhfuil gruaig spíceach ort?
3. An bhfuil súile donna agat?
4. An bhfuil teaghlach mór agat?

 Tá tuilleadh cleachtaí ar leathanach 351.

 Táim in ann na focail 'ar' agus 'ag' a úsáid i gceart.

a seacht déag

ÉISTEACHT

Iarratas ar Phost

 Léigh agus scríobh

Léigh an fógra seo agus freagair na ceisteanna a ghabhann leis.

> Tá an stáisiún teilifíse Gaeilge 24 (G24) ag lorg 'comhfhreagraí leantóirí' chun agallaimh a chur ar réaltaí ceoil agus scannáin. Tá ar dhaoine foirm iarratais a líonadh isteach.
>
> *The television station Gaeilge 24 (G24) is looking for a 'fan correspondent' to interview music and film stars. People have to fill in an application form.*

 Scríobh

Roghnaigh an freagra ceart.

1. Cad is ainm don stáisiún teilifíse?   *Gaeilge 24 / Béarla 24*
2. Cad atá á lorg acu?   *Múinteoir / Comhfhreagraí leantóirí*
3. Cad atá ar dhaoine a líonadh isteach?   *Foirm iarratais / Ceistneoir*
4. Cá seolfaidh daoine an fhoirm?   *comortasB24@gaeilgemail.com / comortasG24@gaeilgemail.com*

 **Éist agus scríobh**

Chuir Franc isteach ar an bpost. Éist leis an taifeadadh agus líon isteach an fhoirm iarratais i do chóipleabhar.

 Script: leathanach 120 de do Leabhar Gníomhaíochta.

Comhfhreagraí Leantóirí

Ainm: Franc	Aois: _____
Stíl ghruaige: _____	Dath súl: _____
Tréith 1: _____	Tréith 2: _____
Uimhir fóin: _____	Seoladh ríomhphoist: _____

 Táim in ann eolas pearsanta a scríobh ar fhoirm iarratais.

SCRÍOBH

Iarratas ar Phost

Caibidil 1

 Scríobh

Ba mhaith leatsa cur isteach ar an bpost mar 'comhfhreagraí leantóirí'. Líon isteach an fhoirm iarratais seo i do chóipleabhar.

Comhfhreagraí Leantóirí

Ainm: ....

Aois: ....

Stíl ghruaige: ....

Dath súl: ....

Tréith 1: ....

Tréith 2: ....

Uimhir fóin: ....

Seoladh ríomhphoist: ....

Mé Féin

 Punann 1.1

Dear próifíl duit féin:
- Dear abhatár! Téigh chuig www.avachara.com/avatar nó www.cartoonify.de.
- Scríobh cúig abairt fút féin.

Cuir an obair chríochnaithe i do phunann ar leathanach 1.

 Táim in ann foirm iarratais a líonadh isteach.

a naoi déag

BÉALTRIAIL

Agallamh

Labhair

Léirigh an t-agallamh seo leis an duine atá in aice leat.

1. **Cad is ainm duit?**
   Brian is ainm dom. Ó Broin is sloinne dom.

2. **Cén aois thú?**
   Táim ceithre bliana déag d'aois. Beidh mé cúig bliana déag d'aois amárach!

3. **Cén sórt gruaige atá ort?**
   Tá gruaig ghearr chatach dhubh orm.

4. **Cén dath súl atá agat?**
   Tá súile móra donna agam.

5. **Cén sórt duine thú?**
   Táim cliste agus foighneach.

Brian

Scríobh

Freagair na ceisteanna seo i do chóipleabhar.

1. Cén sloinne atá ar Bhrian?
2. Cén aois é Brian?
3. Cén sórt gruaige atá air?
4. Cén dath súl atá aige?
5. Cén sórt duine é?

Scríobh agus labhair

Freagair na ceisteanna a d'fhreagair Brian (Ceisteanna 1–5) i do chóipleabhar. Ansin, cuir na ceisteanna seo ar an duine atá in aice leat.

Táim in ann ceisteanna fúm féin a fhreagairt.

CLEACHTAÍ ATHBHREITHNITHE

Súil Siar

A. Scríobh na haoiseanna seo i bhfocail i do chóipleabhar. Tá an chéad cheann déanta duit.

16	sé bliana déag d'aois	5	
10		20	
8		14	
15		17	

B. Déan cur síos ar na daoine seo.

①    ②    ③

C. Cén sórt daoine iad seo, meas tú?

①    ②    ③

Cluastuiscint

Éist le Katie agus le Séamus ag caint fúthu féin. Cloisfidh tú an taifeadadh faoi dhó. Líon isteach an t-eolas atá á lorg i do chóipleabhar.

Script: leathanach 120 de do Leabhar Gníomhaíochta.

An Chéad Chainteoir

Ainm	Katie Nic Cába
1. Stíl gruaige	
2. Dath súl	
3. Tréithe	(i)
	(ii)

An Dara Cainteoir

Ainm	Séamus Ó Colmáin
1. Stíl gruaige	
2. Dath súl	
3. Tréithe	(i)
	(ii)

fiche a haon

Cultúr 1
An Ghaeilge

An Ghaeilge in Éirinn

Labhraíonn daoine Gaeilge ar fud na hÉireann. Tá beagán Gaeilge ag níos mó ná 3,000,000 duine.

Tháinig an Ghaeilge go hÉirinn leis na Ceiltigh 2,500 bliain ó shin. Tháinig an Béarla go hÉirinn leis na Normannaigh timpeall 850 bliain ó shin.

Faraor, le linn an Ghorta Mhóir, fuair go leor cainteoirí Gaeilge bás. Chuaigh go leor eile ar imirce.

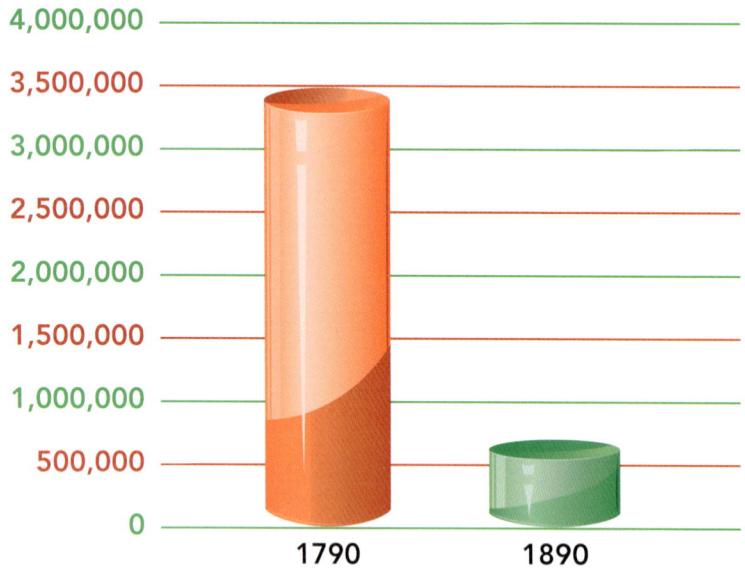

Cainteoirí líofa Gaeilge (1790–1890)

Sna 1890í agus 1900í, thosaigh Dubhghlas de hÍde agus Pádraig Mac Piarais ag obair ar son na Gaeilge. Ó shin i leith, tá an Ghaeilge ag dul ó neart go neart.

Labhraíonn daoine go leor teangacha eile in Éirinn. Mar shampla, labhraíonn daoine Polainnis, Fraincis, Liotuáinis, Rómáinis, Sínis, Araibis, Filipínis agus go leor eile. Tá liosta iomlán anseo: www.educateplus.ie/go/cso2016.

Stór focal

labhraíonn daoine	people speak	chuaigh ... ar imirce	emigrated
beagán	a little	ar son na Gaeilge	for the Irish language
le linn an Ghorta Mhóir	during the Great Famine	ó shin i leith	from then on
líofa	fluent	ó neart go neart	from strength to strength

Dubhghlas de hÍde

Pádraig Mac Piarais

 Taighde agus cur i láthair

'Sna 1890í agus 1900í, thosaigh Dubhghlas de hÍde agus Pádraig Mac Piarais ag obair ar son na Gaeilge.' Téigh ar líne agus faigh amach **trí** rud faoi Dhubhghlas de hÍde nó faoi Phádraig Mac Piarais. Cruthaigh cur i láthair ar PowerPoint nó Prezi.

Déan an cur i láthair os comhair an ranga.

>  **Féinmheasúnú**
> Luaigh rud suimiúil **amháin** a d'fhoghlaim tú agus tú ag déanamh taighde.

Mo Theaghlach

CAIBIDIL 2

✓ Faoi dheireadh na caibidle seo, beidh mé in ann:
- Cur síos a dhéanamh ar mo theaghlach.
- Daoine a chomhaireamh.
- Alt gearr a scríobh.

G Gramadach
- An Aidiacht Shealbhach

Príomhscileanna
- A bheith uimheartha
- A bheith cruthaitheach

Punann
- Punann 2.1 – Fógra le haghaidh Seó Teilifíse
- Punann 2.2 – Alt Fúm Féin agus faoi Mo Theaghlach
- Punann 2.3 – Teachtaireacht chuig Cara Leat

Clár Ábhair

Foclóir	Mo Theaghlach	26
Foclóir	Ag Comhaireamh Daoine	28
Foclóir	Dátaí Breithe	30
Gramadach	An Aidiacht Shealbhach	32
Éisteacht	Cur Síos ar Mo Theaghlach	34
Fógra	Teaghlaigh Aclaí	35
Léamhthuiscint	Ar Ceamara 24/7	36
Scríobh	Alt faoi Mo Theaghlach	38
Litríocht	Filíocht: Stadeolaíocht	40
Béaltriail	Agallamh	46
Cleachtaí Athbhreithnithe	Súil Siar	47
Cultúr 2	Gaeltachtaí na hÉireann	48

FOCLÓIR

Mo Theaghlach

 **Meaitseáil**

Meaitseáil an Ghaeilge leis an mBéarla.

1. máthair
2. athair
3. aintín
4. uncail
5. deirfiúr
6. deartháir
7. seanmháthair
8. seanathair
9. garpháiste
10. gariníon
11. garmhac
12. iníon
13. mac
14. leathdheirfiúr
15. leathdheartháir

brother ☐	son ☐	sister ☐	uncle ☐	grandfather ☐
granddaughter ☐	half-sister ☐	half-brother ☐	father ☐	grandson ☐
daughter ☐	grandmother ☐	grandchild ☐	aunt ☐	mother ☐

fiche a sé

Léigh

Léigh faoi theaghlach Olivia.

Olivia is ainm dom. Táim ceithre bliana déag d'aois. Tá gruaig dhualach dhonn orm. Tá súile gorma agam. Táim cabhrach agus fial. Seo é mo theaghlach …

Fiona is ainm do mo mháthair. Tá gruaig dhíreach dhubh uirthi. Tá súile gorma aici. Tá sí cabhrach agus cairdiúil.

Aindrias is ainm do m'athair. Tá gruaig ghearr dhonn air. Tá féasóg air freisin. Is duine foighneach cneasta é.

Méabh is ainm do mo dheirfiúr óg. Tá sí deich mbliana d'aois. Tá gruaig fhada dhonn uirthi. Tá sí greannmhar agus cneasta.

Scríobh

Líon na bearnaí i do chóipleabhar.

1. Tá Olivia _____ bliana _____ d'aois.
2. Tá gruaig dhualach _____ ar Olivia.
3. _____ is ainm do mháthair Olivia.
4. Tá Fiona _____ agus cairdiúil.
5. _____ is ainm d'athair Olivia.
6. Is duine _____ cneasta é Aindrias.
7. Méabh is _____ do dheirfiúr óg Olivia.
8. Tá Méabh _____ agus cneasta.

Scríobh agus labhair

Déan cur síos ar dhuine amháin i do theaghlach. Léigh an cur síos leis an duine atá in aice leat.

Táim in ann cur síos a dhéanamh ar mo theaghlach.

Mo Theaghlach

Turas 2

FOCLÓIR

Ag Comhaireamh Daoine

Cé mhéad duine atá i do theaghlach?

Tá cúigear i mo theaghlach.

Le foghlaim

Úsáid na focail seo chun daoine a chomhaireamh.
Use these words to count people.

duine (amháin)

beirt

triúr

ceathrar

cúigear

seisear

seachtar

ochtar

naonúr

deichniúr

 Bí ag caint!

I ngrúpa, réitigh na tomhais (*riddles*) seo.

1. Tá cúigear siblíní agam. Cé mhéad páiste atá i mo theaghlach?
2. Tá deichniúr scoláirí sa rang. Téann beirt abhaile. Cé mhéad duine atá sa rang anois?
3. Tá beirt tuismitheoirí, cúigear deartháireacha agus deirfiúr amháin ag Éabha. Cé mhéad duine atá sa teaghlach?
4. Tá beirt tuismitheoirí, beirt seantuismitheoirí, triúr deartháireacha agus beirt deirfiúracha ina gcónaí le Jim. Cé mhéad duine atá ina gcónaí le Jim?

Léigh agus scríobh

Léigh faoi na teaghlaigh seo agus freagair na ceisteanna.

Is aisteoirí cáiliúla iad Will Smith agus Jada Pinkett. Tá beirt pháistí acu – mac amháin agus iníon amháin. Jaden agus Willow is ainm dóibh.

1. Cé mhéad páiste atá ag Will Smith agus Jada Pinkett?
2. Cad is ainm dóibh?

Bíonn scéal faoi na Kardashians ar an teilifís gach lá. Is í Kim an duine is cáiliúla. Tá beirt deirfiúracha agus deartháir amháin aici. Tá beirt leathdheirfiúracha aici freisin. Tá sí pósta le Kanye West agus tá triúr páistí acu.

3. Cé mhéad siblín agus leathshiblín atá ag Kim Kardashian?
4. Cé mhéad páiste atá ag Kim agus Kanye?

Tá clú agus cáil ar na Beckhams. Tá seisear sa teaghlach. Tá triúr mac agus iníon amháin ag Victoria agus David – Brooklyn, Romeo, Cruz agus Harper.

5. Cé mhéad duine atá i dteaghlach Beckham?
6. Cé mhéad páiste atá ag Victoria agus David?

Táim in ann daoine a chomhaireamh.

fiche a naoi

FOCLÓIR

Dátaí Breithe

Cathain a rugadh thú?

Rugadh mé ar an dara lá de mhí na Bealtaine. Céard fútsa?

Le foghlaim

Foghlaim na dátaí seo.

Dátaí

ar an gcéad lá (1ú)	ar an aonú lá déag (11ú)	ar an aonú lá is fiche (21ú)
ar an dara lá (2ú)	ar an dara lá déag (12ú)	ar an dara lá is fiche (22ú)
ar an tríú lá (3ú)	ar an tríú lá déag (13ú)	ar an tríú lá is fiche (23ú)
ar an gceathrú lá (4ú)	ar an gceathrú lá déag (14ú)	ar an gceathrú lá is fiche (24ú)
ar an gcúigiú lá (5ú)	ar an gcúigiú lá déag (15ú)	ar an gcúigiú lá is fiche (25ú)
ar an séú lá (6ú)	ar an séú lá déag (16ú)	ar an séú lá is fiche (26ú)
ar an seachtú lá (7ú)	ar an seachtú lá déag (17ú)	ar an seachtú lá is fiche (27ú)
ar an ochtú lá (8ú)	ar an ochtú lá déag (18ú)	ar an ochtú lá is fiche (28ú)
ar an naoú lá (9ú)	ar an naoú lá déag (19ú)	ar an naoú lá is fiche (29ú)
ar an deichiú lá (10ú)	ar an bhfichiú lá (20ú)	ar an tríochadú lá (30ú)
		ar an aonú lá is tríocha (31ú)

Míonna

de mhí Eanáir	de mhí Aibreáin	de mhí Iúil	de mhí Dheireadh Fómhair
de mhí Feabhra	de mhí na Bealtaine	de mhí Lúnasa	de mhí na Samhna
de mhí an Mhárta	de mhí an Mheithimh	de mhí Mheán Fómhair	de mhí na Nollag

Blianta

1995	naoi déag nócha cúig	2005	dhá mhíle is a cúig
2000	dhá mhíle	2015	dhá mhíle is a cúig déag

Léigh agus scríobh

Léigh faoi theaghlach Liam agus freagair na ceisteanna.

Haigh, is mise Liam. Rugadh mé ar an gcéad lá de mhí na Samhna.

Rugadh mo mháthair ar an ochtú lá déag de mhí Eanáir.

Rugadh m'athair ar an gcúigiú lá de mhí na Bealtaine.

Rugadh mo dheirfiúr ar an bhfichiú lá de mhí na Nollag.

1. Cathain a rugadh Liam?
2. Cathain a rugadh máthair Liam?
3. Cathain a rugadh athair Liam?
4. Cathain a rugadh deirfiúr Liam?

Scríobh agus labhair

Freagair na ceisteanna seo. Ansin, cuir na ceisteanna ar an duine atá in aice leat.

1. Cathain a rugadh thú?
2. Cathain a rugadh do dheirfiúr nó do dheirfiúracha?
3. Cathain a rugadh do dheartháir nó do dheartháireacha?
4. Cathain a rugadh do thuismitheoirí?
5. Cathain a rugadh do sheantuismitheoirí?

Scríobh

Cathain a rugadh na ceiliúráin seo? Scríobh na freagraí i do chóipleabhar.

Sampla: Rugadh Ariel Martin (Baby Ariel) ar an dara lá is fiche de mhí na Samhna, dhá mhíle.

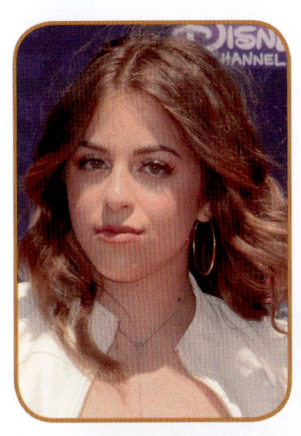

Ariel Martin (Baby Ariel) — 22/11/2000

Jacob Sartorius — 02/10/2002

Zendaya — 01/09/1996

Magnus Carlsen — 30/11/1990

Táim in ann dátaí breithe a rá.

Mo Theaghlach

GRAMADACH

An Aidiacht Shealbhach

> Úsáidimid an aidiacht shealbhach chun seilbh a chur in iúl agus chun labhairt faoi ghaolta agus faoi chairde linn.
>
> *We use the possessive adjective when we want to show something belongs to somebody and to talk about relations and friends.*

Na haidiachtaí sealbhacha

mo	do	a	a	ár	bhur	a
my	your	his	her	our	your (plural)	their

Le foghlaim: Roimh chonsan

mo **th**eaglach	my family
do **th**eaglach	your family
a **th**eaglach	his family
a teaglach	her family
ár **dt**eaglach	our family
bhur **dt**eaglach	your (pl) family
a **dt**eaglach	their family

An séimhiú

bh	gh
ch	mh
dh	ph
fh	sh
th	

An t-urú

mb	**b**p
nd	**d**t
ng	**g**c
bhf	
n-guta	

Cuimhnigh!
Ní maith le LNR (ELEANOR) séimhiú ná urú!

Scríobh

Athscríobh na focail idir lúibíní i do chóipleabhar. Tá an chéad cheann déanta duit.

1	[mo: máthair]	mo mháthair	my mother
2	[a: deartháir]		his brother
3	[do: teaghlach]		your family
4	[a: seanmháthair]		her grandmother
5	[ár: deirfiúr]		our sister
6	[bhur: garmhac]		your (pl) grandson
7	[a: cairde]		their friends
8	[ár: mac]		our son

Le foghlaim: Roimh ghuta

m'aintín	my aunt
d'aintín	your aunt
a aintín	his aunt
a haintín	her aunt
ár n-aintín	our aunt
bhur n-aintín	your (pl) aunt
a n-aintín	their aunt

Scríobh

Athscríobh na focail idir lúibíní i do chóipleabhar. Tá an chéad cheann déanta duit.

1	[mo: athair]	m'athair	my father
2	[ár: athair]		our father
3	[a: aintín]		his aunt
4	[a: aintín]		her aunt
5	[do: uncail]		your uncle
6	[a: uncail]		their uncle
7	[do: iníon]		your daughter
8	[bhur: iníon]		your (pl) daughter

Tá tuilleadh cleachtaí ar leathanach 354.

Táim in ann an aidiacht shealbhach a úsáid.

tríocha a trí

Mo Theaghlach

Turas 2

ÉISTEACHT

Cur Síos ar Mo Theaghlach

Éist agus meaitseáil

Éist leis na daoine seo ag caint faoina dteaghlach. Meaitseáil na pictiúir leis na hainmneacha.

Script: leathanach 121 de do Leabhar Gníomhaíochta.

1 2  3

Éilis ☐

Seán ☐

Tomás ☐

Scríobh

Líon na bearnaí i do chóipleabhar.

Éist agus seiceáil.

| mhíle | cneasta | ceathrar | gorma | tríú | mé féin | gruaig |

1. Dia daoibh. Dan is ainm dom. Rugadh mé ar an _____ lá de mhí na Nollag, dhá _____ is a trí.

2. Bail ó Dhia oraibh. Eva is ainm dom. Tá _____ rua orm agus tá súile _____ agam.

3. Bhuel, Dia daoibh. Is mise Iona. Táim cabhrach, _____ agus fial.

4. Haigh. Is mise Rob. Tá _____ i mo theaghlach – mo mháthair, mo dheartháir, mo dheirfiúr agus _____.

Script: leathanach 121 de do Leabhar Gníomhaíochta.

Táim in ann ceisteanna bunaithe ar chluastuiscint a fhreagairt.

34 tríocha a ceathair

FÓGRA

Caibidil 2

Teaghlaigh Aclaí

Léigh agus scríobh

Léigh an fógra seo agus freagair na ceisteanna a ghabhann leis.

TEAGHLAIGH ACLAÍ

Tá G24 ag lorg teaghlaigh in Éirinn don seó teilifíse *Teaghlaigh Aclaí*.

An bhfuil do theaghlach spórtúil agus aclaí?

Ar mhaith leat duais €1,000,000 a bhuachan?

Chun cur isteach ar an seó, seol ríomhphost chuig sport@gaeilge24.ie.

Sa ríomhphost, déan cur síos ort féin agus ar do theaghlach. Críochnaigh an abairt seo:
'Ba mhaith liom a bheith ar *Teaghlaigh Aclaí* mar …'

Tá tuilleadh eolais ar fáil ag www.gaeilge24.ie/sport.

1. Cad is ainm don seó teilifíse seo?
2. Cén duais atá le buachan?
3. Conas a chuireann tú isteach ar an seó?
4. Cad a scríobhann tú sa ríomhphost?
5. Cá bhfuil tuilleadh eolais ar fáil?

Stór focal

aclaí	fit	seol ríomhphost	send an email
ag lorg	looking for	críochnaigh	finish
duais a bhuachan	to win a prize	tuilleadh eolais	more information
cur isteach	apply	ar fáil	available

Punann 2.1

Dear fógra le haghaidh seó teilifíse darb ainm *Teaghlaigh Cheoil*. Bain úsáid as an stór focal agus an fógra thuas. Cuir an obair chríochnaithe i do phunann ar leathanach 4.

Táim in ann fógra faoi sheó teilifíse a dhearadh.

Mo Theaghlach

tríocha a cúig

LÉAMHTHUISCINT

Ar Ceamara 24/7

Léigh, éist agus scríobh

Léigh agus éist leis an bpíosa seo agus freagair na ceisteanna a ghabhann leis.

Ar chuala tú riamh faoin teaghlach Saccone Joly **as** Corcaigh? Tá triúr páistí acu – mac amháin agus beirt iníonacha. Emilia, Eduardo agus Alessia is ainm dóibh. Tá sé mhadra acu freisin.	from
Gach lá, **roinneann** Jonathan Joly agus Anna Saccone **grianghraif** agus **físeáin** dá saol ar na **meáin shóisialta**: Twitter, YouTube, Instagram agus Facebook.	share photos; videos; social media
Creid é nó ná creid, roinneann Jonathan agus Anna gach rud faoina saol. Gach lá, **uaslódálann** siad físeáin agus grianghraif dá dteach, dá madraí agus dá bpáistí. Is aoibhinn leo a bheith 'ar ceamara' 24/7.	upload
In 2008, thosaigh Anna ag uaslódáil a físeán féin ar a **cainéal** YouTube. In 2009, thosaigh Jonathan ag uaslódáil a fhíseán féin ar a chainéal YouTube.	channel
Is maith le go leor daoine a gcainéal. Féachann **timpeall** dhá mhilliún (2,000,000!) duine ar a gcainéal gach lá.	around

1. Cé mhéad páiste atá ag Jonathan agus Anna?
2. Cad a roinneann Jonathan agus Anna ar na meáin shóisialta?
3. Cén sórt rudaí a roinneann siad?
4. Cathain a thosaigh Anna a cainéal YouTube?
5. Cathain a thosaigh Jonathan a chainéal YouTube?
6. Cé mhéad duine a fhéachann ar a gcainéal gach lá?

Bí ag caint!

I ngrúpa, pléigh an cheist seo:

Ar mhaith leat a bheith 'ar ceamara' 24/7, cosúil leis na Saccone Jolys? Déan taifeadadh ar an gcomhrá.

Ba bhreá liom é sin!
I'd love that!

B'fhuath liom é sin!
I'd hate that!

Nílim cinnte.
I'm not sure.

Níor mhaith liom é sin ar chor ar bith!
I wouldn't like that at all!

Cé mhéad airgid a gheobhainn???
How much money would I get???

Bheinn buartha faoi _____.
I'd be worried about _____.

Taighde agus cur i láthair

Déan taighde ar theaghlach cáiliúil. Cruthaigh cúig shleamhnán (*slides*) ar PowerPoint nó Prezi.

Leagan amach

Sleamhnán 1 – Faigh pictiúr amháin den teaghlach.

Sleamhnán 2 – Cad is ainm dóibh?

Sleamhnán 3 – Cén aois iad? Cathain a rugadh iad?

Sleamhnán 4 – Cén sórt daoine iad?

Sleamhnán 5 – Cén chuma (*appearance*) atá orthu?

Táim in ann cur síos a dhéanamh ar theaghlach cáiliúil.

tríocha a seacht

Mo Theaghlach

Caibidil 2

SCRÍOBH

Alt faoi Mo Theaghlach

Sa mhír seo, foghlaimeoidh tú conas alt gearr a scríobh fút féin agus faoi do theaghlach. I dtús báire, léigh an plean. Ansin, léigh an sampla thíos.

In this section, you will learn how to write a short piece about yourself and about your family. First of all, read the plan. Then read the example below.

Plean

Alt 1 – M'ainm, m'aois agus cathain a rugadh mé / **My name, my age and when I was born**

Alt 2 – Mo theaghlach / **My family**

Alt 3 – Cur síos orm féin agus ar mo shiblíní / **Description of myself and my siblings**

Alt 4 – Cur síos ar mo thuismitheoirí / **Description of my parents**

Alt 5 – Conas a réitímid le chéile / **How well we get on**

Léigh

Léigh an t-alt seo.

(1) Haigh. Is mise Huang. Is as Baile Átha Cliath mé. Táim **beagnach** ceithre bliana déag d'aois. Rugadh mé ar an tríú lá is fiche de mhí an Mheithimh. — *nearly*

(2) Tá cúigear i mo theaghlach: mé féin, mo mháthair, m'athair, mo dheartháir mór agus mo dheirfiúr óg. Tá triúr uncailí agus seisear aintíní agam. Tá go leor **col ceathracha** agam. — *cousins*

(3) Tá gruaig ghearr dhubh orm agus tá súile donna agam. Tá gruaig ghearr dhubh ar mo dheartháir freisin agus tá súile glasa aige. Tá gruaig fhada dhualach dhubh ar mo dheirfiúr agus tá súile cnódhonna aici. Tá **an bheirt acu** cabhrach, cneasta agus cliste. — *the two of them*

(4) Tá gruaig liath ar m'athair agus tá súile donna aige. Tá sé fuinniúil agus foighneach. Tá gruaig fhada fhionn ar mo mháthair. Tá sí fial agus greannmhar.

(5) Réitímid go han-mhaith le chéile.

Meaitseáil

Meaitseáil na ceisteanna leis na freagraí.

1	Cathain a rugadh Huang?	A	Tá gruaig ghearr dhubh aige.
2	Cé mhéad duine atá i dteaghlach Huang?	B	Is duine fuinniúil foighneach é.
3	Cén sórt gruaige atá ar a dheartháir?	C	Tá gruaig fhada dhualach dhubh uirthi.
4	Cén sórt gruaige atá ar a dheirfiúr?	D	Is duine fial greannmhar í.
5	Cén sórt duine é a athair?	E	Réitíonn siad go han-mhaith le chéile.
6	Cén sórt duine í a mháthair?	F	Rugadh é ar an tríú lá is fiche de mhí an Mheithimh.
7	An réitíonn siad le chéile?	G	Tá cúigear ina theaghlach.

1 = ___   2 = ___   3 = ___   4 = ___   5 = ___   6 = ___   7 = ___

Scríobh agus labhair

Freagair na ceisteanna seo. Ansin, cuir na ceisteanna ar an duine atá in aice leat.

1. Cad is ainm duit?
2. Cén aois thú?
3. Cathain a rugadh thú?
4. Déan cur síos ar do chuid gruaige agus ar do shúile.
5. Cén sórt duine thú?
6. Cé mhéad duine atá i do theaghlach? Cé hiad?
7. Cén aois iad agus cathain a rugadh iad?
8. Cén sórt gruaige atá orthu agus cén dath súl atá acu?
9. Cén sórt daoine iad?
10. An réitíonn sibh le chéile?

Punann 2.2

Scríobh alt fút féin agus faoi do theaghlach. Bain úsáid as plean Huang agus na freagraí a thug tú i gceisteanna 1–10 thuas. Cuir an obair chríochnaithe i do phunann ar leathanach 6.

Táim in ann alt a scríobh faoi mo theaghlach.

LITRÍOCHT

Filíocht: Stadeolaíocht

Éist agus labhair

Éist leis an múinteoir ag léamh an dáin seo os ard. Ansin, léigh an dán os ard leis an duine atá in aice leat.

Téigh chuig www.educateplus.ie/resources/turas-2 (faoi 'Litríocht') chun éisteacht leis an dán seo.

Stadeolaíocht
le Marcus Mac Conghail

Brúim cnaipe na haipe ag ceapadh
go gcuirfí ar an eolas mé
ach in áit am theacht an bhus a thabhairt dom
ar mo ghuthán
faighim radharc fíor-ama
den tiománaí ag féachaint orm
(is é ag tiomáint an bhus thar bráid)
ar ardú mo chinn dom

Stór focal

brúim	I push	am theacht an bhus	the time the bus comes
cnaipe na haipe	the app button	radharc fíor-ama	real-time view
ag ceapadh	thinking	tiománaí	driver
ar an eolas	informed	thar bráid	past
in áit	instead of	ardú mo chinn	raising my head

Scéal an dáin: Léigh agus scríobh

Léigh scéal an dáin agus freagair na ceisteanna.

Sa dán seo, tá an file ag fanacht ar bhus ag stad an bhus. **Seiceálann** sé **amchlár** an bhus ar a fhón cliste. Téann an bus **thar bráid** agus é ag féachaint ar an bhfón. Ní **eolas** fíor-ama ach **radharc** fíor-ama a fhaigheann sé den bhus! Tá sé **ródhéanach** an bus a stopadh, faraor.	checks; timetable past; information view; too late

1. Cá bhfuil an file?
2. Cad a sheiceálann an file ar a fhón?
3. Cad a tharlaíonn agus an file ag féachaint ar an bhfón?
4. Cén sórt radhairc a fhaigheann an file?

Bí ag caint!

I ngrúpa, pléigh na ceisteanna seo. Lig le do shamhlaíocht (*use your imagination*)!

1. Déan cur síos ar an bhfile. Cén sórt gruaige atá air? Cén dath súl atá aige? Cén sórt duine é?
2. Cá bhfuil an file ag dul, meas tú?

Cur i láthair

Dear póstaer faoin dán. Is féidir póstaer digiteach a chruthú freisin ar www.canva.com. Scríobh nó clóscríobh (*type*) na focail ar an bpóstaer. Cuir pictiúir leis.

Cuir an póstaer i láthair an ranga.

Táim in ann póstaer faoin dán a dhearadh.

daichead a haon

> Turas 2

💬 Teideal an dáin: Bí ag caint!

Is comhfhocal (*compound word*) é an teideal 'Stadeolaíocht' (Stad (*Stop*) agus Eolaíocht (*Science*)).

Cad is brí le 'Stadeolaíocht', meas tú? Pléigh do thuairim leis an duine atá in aice leat.

An file

Is as Baile Átha Cliath é Marcus Mac Conghail. Is file, scríbhneoir agus ceoltóir é. Scríobh sé leabhar filíochta darb ainm *Ceol Baile*. Bhuaigh sé duais mhór filíochta in 2015.

✏️ Scríobh

**Cruthaigh clár scéalta faoin bhfile ar www.storyboardthat.com.
Tá samplaí le feiceáil ar www.educateplus.ie/go/storyboards.**

💬 Bí ag caint!

I dtriúir, déan dráma den dán. Léann an chéad duine an dán os ard, glacann an dara duine ról an fhile agus glacann an tríú duine ról an tiománaí bus.

42   daichead a dó

Íomhánna an dáin: Meaitseáil agus labhair

Meaitseáil na híomhánna leis na cuir síos. Cén íomhá is fearr leat? An bhfeiceann tú aon íomhá eile sa dán? I ngrúpa, pléigh do thuairim.

1 'Brúim cnaipe na haipe'

2 'faighim radharc fíor-ama den tiománaí ag féachaint orm'

3 '(is é ag tiomáint an bhus thar bráid)'

☐ Feiceann an file an bus ag dul síos an bóthar, **thar** stad an bhus. Faraor, níl sé **tapa go leor** chun an bus a stopadh.	**past** **fast enough**
☐ Tá an file ag féachaint ar a fhón. Tá sé **ag seiceáil** amchlár an bhus ar aip speisialta. **Ní fheiceann** sé an bus ag teacht.	**checking** **doesn't see**
☐ Nuair a fhéachann an file suas, feiceann sé an bus – san fhíor-am. Tá tiománaí an bhus ag féachaint ar an bhfile freisin.	

✏️ Taighde agus scríobh

Roghnaigh íomhá amháin ón dán a thaitníonn leat. Téigh ar líne agus aimsigh pictiúr a léiríonn (*represents*) an íomhá seo. Déan cur síos ar an bpictiúr seo i do chóipleabhar.

✓ Táim in ann cur síos a dhéanamh ar theideal, file agus íomhánna an dáin.   🙂 😐 ☹️

Mo Theaghlach

daichead a trí

Téamaí an dáin: Léigh agus labhair

Tá an triúr seo ag labhairt faoi théama an dáin 'Stadeolaíocht'. Cé leis a n-aontaíonn tú? Léigh na tuairimí agus déan vóta sa rang!

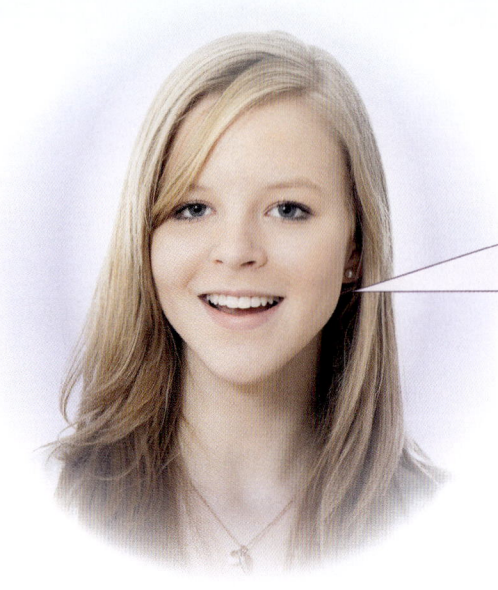

> Measaim gurb é **Taisteal sa Chathair** téama an dáin. Tá an file ag fanacht ar bhus sa chathair. Faraor, tá sé ag féachaint ar a fhón agus ní fheiceann sé an bus ag teacht.

> Sílim gurb é **Foighne** téama an dáin. Nuair a bhíonn tú ag fanacht ar bhus nó ar thraein, caithfidh tú a bheith foighneach. Caithfidh tú a bheith foighneach sa saol freisin.

> Ceapaim gurb é **An Fón Cliste** téama an dáin. Caillimid amach ar rudaí nuair a bhímid ag féachaint ar ár bhfóin.

Stór focal

ní fheiceann sé	he doesn't see	caithfidh tú	you must
foighne	patience	caillimid amach	we miss out

Léigh

Léigh an freagra samplach seo.

Ceist shamplach:

An dtaitníonn an dán 'Stadeolaíocht' leat? Tabhair **dhá** fháth le do thuairim.

Freagra samplach:

Taitníonn an dán 'Stadeolaíocht' go mór liom ar dhá chúis:
(i) an mothúchán 'greann' agus (ii) an teachtaireacht.

for two reasons
emotion; message

Is breá liom an mothúchán 'greann' sa dán. Bhí an file ag lorg eolais fíor-ama faoin mbus ar a fhón. Ní eolas fíor-ama a fuair sé, ach radharc fíor-ama – den bhus ag dul thar bráid!

past

Is maith liom an teachtaireacht sa dán seo freisin. Caillimid go léir amach ar rudaí sa saol mar bímid i gcónaí ag féachaint ar ár bhfóin.

Punann 2.3

Is tusa an file. Bhí plean agat bualadh le do chara. Faraor, beidh tú déanach anois.

Scríobh teachtaireacht (*message*) ghearr chuige/chuici. Luaigh na pointí seo:
- Gur chaill tú an bus
- An fáth ar chaill tú an bus
- Go mbeidh tú 30 nóiméad déanach.

Scríobh an chéad dréacht (*draft*) i do chóipleabhar. Bain úsáid as na frásaí thíos.

Tá brón orm.
I'm sorry.

Creid é nó ná creid …
Believe it or not …

Beidh mé 30 nóiméad déanach.
I'll be 30 minutes late.

Chaill mé an bus.
I missed the bus.

Bhí mé ag féachaint ar …
I was looking at …

Bhí mé ag seiceáil …
I was checking …

Ní fhaca mé …
I didn't see …

Feicfidh mé ar ball thú.
I'll see you in a while.

Ansin, léigh an seicliosta ar leathanach 9 de do phunann agus léigh siar ar do dhréacht. Ansin, athdhréachtaigh (*redraft*) do chuid oibre. Scríobh an leagan deiridh (*final version*) i do phunann ar leathanach 8.

Táim in ann teachtaireacht a scríobh bunaithe ar an dán seo.

BÉALTRIAIL

Agallamh

🗨️ Labhair

Léirigh an t-agallamh seo leis an duine atá in aice leat.

1. **Cathain a rugadh thú?**
   Rugadh mé ar an gcéad lá de mhí Feabhra – sin Lá 'le Bríde.

2. **Cé mhéad duine atá i do theaghlach? Cé hiad?**
   Tá cúigear i mo theaghlach. Is iad sin: mo Mham, mo Dhaid agus mo bheirt deirfiúracha. Is mise an páiste is sine.

3. **Inis dom faoi do shiblíní.**
   Tá Ciara aon bhliain déag d'aois. Rugadh í ar an gcéad lá de mhí na Bealtaine. Tá Eibhlín trí bliana déag d'aois. Rugadh í ar an aonú lá is tríocha de mhí Dheireadh Fómhair. Sin Oíche Shamhna. Is í Ciara an duine is óige.

4. **Inis dom faoi do thuismitheoirí.**
   Leah is ainm do mo mháthair. Tá sí cliste agus cabhrach. Tá gruaig dhubh uirthi agus tá súile donna aici. Colm is ainm do m'athair. Tá sé fuinniúil agus cineálta.

5. **An réitíonn sibh le chéile?**
   Réitímid go han-mhaith le chéile.

Lauren

✏️ Scríobh

Tá na habairtí seo bréagach. Ceartaigh iad i do chóipleabhar.

1. Rugadh Lauren ar an aonú lá déag de mhí Feabhra.
2. Tá beirt deartháireacha ag Lauren.
3. Is í Lauren an páiste is óige.
4. Leah agus Déaglán is ainm dá tuismitheoirí.
5. Ní réitíonn teaghlach Lauren go maith le chéile.

✏️🗨️ Scríobh agus labhair

Freagair na ceisteanna a d'fhreagair Lauren (Ceisteanna 1–5) i do chóipleabhar. Ansin, cuir na ceisteanna seo ar an duine atá in aice leat.

✓ Táim in ann ceisteanna faoi mo theaghlach a fhreagairt.

CLEACHTAÍ ATHBHREITHNITHE

Caibidil 2

Súil Siar

A. Scríobh na huimhreacha i bhfocail i do chóipleabhar. Tá an chéad cheann déanta duit.

1. Tá (3) <u>triúr</u> deartháireacha agus (2) _____ deirfiúracha agam.
2. An bhfuil (9) _____ nó (10) _____ col ceathracha agat?
3. Tá (8) _____ uncailí agam ach níl ach aintín (1) _____ agam.
4. Tá (5) _____ páistí i mo theaghlach – (4) _____ siblíní agus mé féin.
5. Tá mo (2) _____ tuismitheoirí as baile.

B. Athscríobh na habairtí seo a leanas i do chóipleabhar.

1. Tá triúr páistí ag [mo: uncail] _____ agus [mo: aintín] _____.
2. Rugadh [mo: seanmháthair] _____ agus [mo: seanathair] _____ i 1960.
3. An bhfuil [do: col ceathracha] _____ [lena: tuismitheoirí] _____?
4. Tá sí ag dul ann [lena: deartháir] _____ agus [lena: deirfiúr] _____.
5. Eoin is ainm [dár: athair] _____ agus Póilín is ainm [dár: máthair] _____.

Cluastuiscint

Cloisfidh tú fógra agus píosa nuachta sa chuid seo. Cloisfidh tú gach ceann díobh faoi dhó. Éist go cúramach leo agus freagair na ceisteanna i do chóipleabhar.

Script: leathanach 121 de do Leabhar Gníomhaíochta.

Fógra

1. Cén pictiúr a théann leis an bhfógra seo? ☐

   A   B
   C   D

2. Cén suíomh gréasáin a bhfuil tuilleadh eolais ar fáil air?
   (A) www.g24.ie/sport24
   (B) www.g25.ie/sport25
   (C) www.g24.com/sport
   (D) www.g24.ie ☐

Píosa Nuachta

1. Cén gradam a bhuaigh teaghlach Uí Laoi?
   (A) Gradam Ceoil
   (B) Gradam Spóirt
   (C) Gradam Gaeilge
   (D) Gradam Teilifíse ☐

2. Cé mhéad airgid a bhuaigh siad?
   (A) €100
   (B) €1,000
   (C) €10,000
   (D) €100,000 ☐

Mo Theaghlach

daichead a seacht

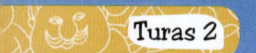

Cultúr 2
Gaeltachtaí na hÉireann

Na Gaeltachtaí

Tá ceantair speisialta ina labhraíonn daoine Gaeilge mar chéad teanga gach lá. Tugaimid 'Gaeltachtaí' ar na ceantair seo.

Tá ceantair Ghaeltachta i nDún na nGall, i Maigh Eo, i nGaillimh, i gCiarraí, i gCorcaigh, i bPort Láirge agus sa Mhí.

Tá cúig líonra Gaeilge sa tír freisin. Is ceantair iad seo ina labhraíonn daoine Gaeilge agus Béarla gach lá. Is iad sin Béal Feirste, Baile Locha Riach, Carn Tóchair, Cluain Dolcáin agus Inis.

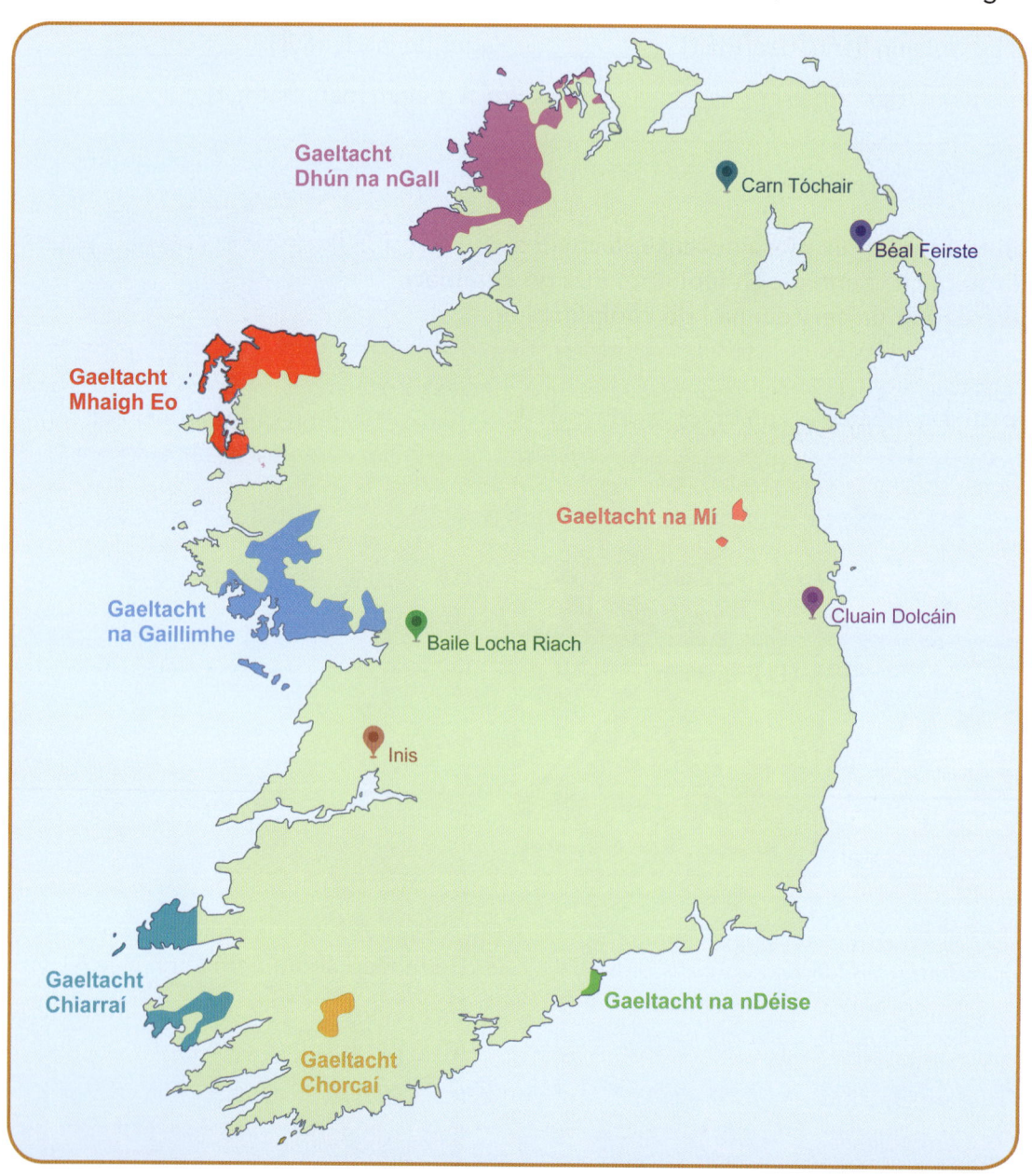

- Gaeltacht Dhún na nGall
- Carn Tóchair
- Béal Feirste
- Gaeltacht Mhaigh Eo
- Gaeltacht na Mí
- Gaeltacht na Gaillimhe
- Baile Locha Riach
- Cluain Dolcáin
- Inis
- Gaeltacht Chiarraí
- Gaeltacht Chorcaí
- Gaeltacht na nDéise

Caibidil 2

Béal Feirste

Cluain Dolcáin

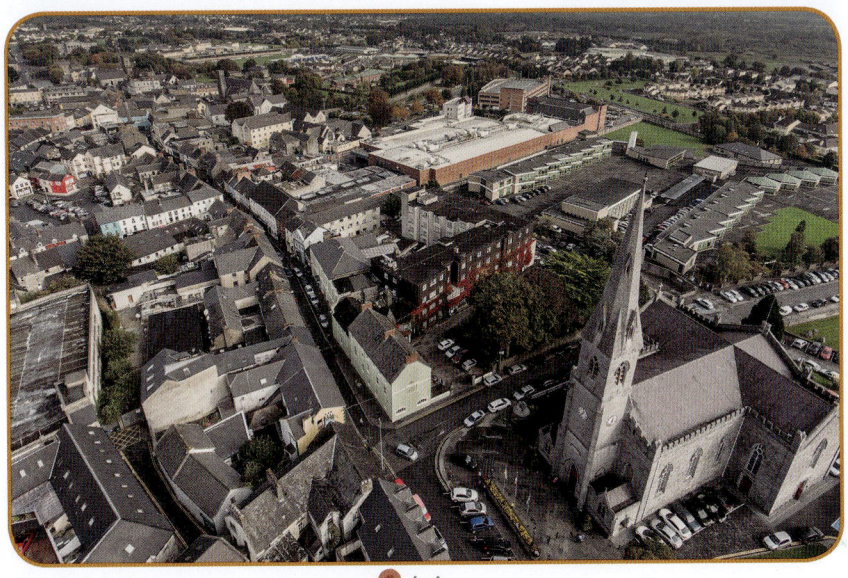

Inis

Stór focal

labhraíonn daoine	people speak	tugaimid … ar	we call
mar chéad teanga	as a first language	líonra	network

TASC CULTÚIR 2 — Taighde agus cur i láthair

Roghnaigh ceantar Gaeltachta amháin. Téigh ar líne nó chuig *Turas 1* agus faigh amach go leor eolais faoin gceantar sin. Ansin, cruthaigh do phóstaer féin. Is féidir póstaer digiteach a chruthú ar www.canva.com, mar shampla. Úsáid go leor pictiúr!

Cuir an póstaer i láthair an ranga.

Féinmheasúnú
Cad é an rud is fearr faoi do chur i láthair, i do thuairim?

Mo Theaghlach

TURAS

Mo Theach

STAMPA TAISTIL

CAIBIDIL 3

PAS BORDÁLA

✓ Faoi dheireadh na caibidle seo, beidh mé in ann:

- Cur síos a dhéanamh ar mo theach nó m'árasán.
- Labhairt faoi na cúraimí tí a dhéanaim.
- Ríomhphost a scríobh.

Ⓖ Gramadach

- Na focail 'do' agus 'le'

🗝 Príomhscileanna

- Eolas agus smaointeoireacht a bhainistiú
- A bheith cruthaitheach

🧳 Punann

- Punann 3.1 – Seomra Idéalach in Óstán
- Punann 3.2 – Fógra de Mo Theach ar Díol
- Punann 3.3 – Ríomhphost faoi Mo Theach Nua
- Punann 3.4 – Ríomhphost chuig Pádraigín

Clár Ábhair

Foclóir	An Teach	52
Foclóir	An Bloc Árasán	53
Foclóir	An Áit a Bhfuil Cónaí Orm	54
Gramadach	Na Focail 'do' agus 'le'	55
Foclóir	An Seomra is Fearr Liom 1	56
Léamhthuiscint	Óstán gan Bhallaí	58
Foclóir	An Seomra is Fearr Liom 2	60
Foclóir	An Seomra is Fearr Liom 3	61
Léamhthuiscint	An Seomra is Fearr Liom	62
Foclóir	Cúraimí an Tí	64
Fógra	Tithe Saoire	66
Éisteacht	Tithe ar Díol	67
Léamhthuiscint	Ag Fanacht Thar Lear	68
Scríobh	Ríomhphost faoi Mo Theach Nua	70
Litríocht	Prós: Spás	72
Béaltriail	Agallamh	82
Cleachtaí Athbhreithnithe	Súil Siar	83
Cultúr 3	Ráthanna agus Sióga	84

Turas 2 — FOCLÓIR

An Teach

Níl aon tinteán mar do thinteán féin.

Meaitseáil

Meaitseáil na pictiúir leis na focail. Bain úsáid as d'fhoclóir nó as www.focloir.ie.

seomra folctha ☐	simléar ☐	cloigín dorais ☐
claí ☐	doras tosaigh ☐	staighre ☐
crann ☐	bláthanna ☐	seomra codlata ☐
seomra suí ☐	seomra bia ☐	gairdín ☐
díon ☐	cistin ☐	seid ☐

FOCLÓIR

Caibidil 3

An Bloc Árasán

Meaitseáil

Meaitseáil na pictiúir leis na focail. Bain úsáid as d'fhoclóir nó as www.focloir.ie.

Mo Theach

carrchlós	☐	príomhdhoras	☐
aláram	☐	an chéad urlár	☐
balcóin	☐	an bunurlár	☐
gairdín dín	☐	ardaitheoir	☐
an dara hurlár	☐	idirchum	☐

Scríobh agus labhair

Freagair na ceisteanna seo. Ansin, cuir na ceisteanna ar an duine atá in aice leat.

	Ceisteanna	Freagraí samplacha
1	Cé mhéad seomra atá i d'árasán/i do theach?	Tá cúig sheomra i m'árasán.
2	Céard iad?	Is iad sin: an chistin, an seomra suí, dhá sheomra leapa agus an seomra folctha.

Táim in ann cur síos a dhéanamh ar m'áit chónaithe.   🙂 😐 ☹

caoga a trí

Turas 2

FOCLÓIR

An Áit a Bhfuil Cónaí Orm

Cén sórt tí atá agat?
Cá bhfuil sé suite?

Tá teach leathscoite agam.
Tá sé suite in eastát tithíochta.

Scríobh agus labhair

Freagair na ceisteanna seo. Ansin, cuir na ceisteanna ar an duine atá in aice leat. Bain úsáid as stór focal 1 agus 2 thíos.

	Ceisteanna	Freagraí samplacha
1	Cén sórt tí ina bhfuil tú i do chónaí?	Táim i mo chónaí i dteach feirme.
2	Cá bhfuil do theach suite?	Tá mo theach suite faoin tuath.
	Cá bhfuil d'árasán suite?	Tá m'árasán suite i mbloc árasán i lár na cathrach.

Stór focal 1

i mbloc árasán	in an apartment block
i dteach scoite	in a detached house
i dteach feirme	in a farmhouse
i dteach sraithe	in a terraced house
i dteach leathscoite	in a semi-detached house
i mbungaló	in a bungalow
i dteach baile	in a townhouse
i gcaisleán	in a castle

Stór focal 2

in eastát tithíochta	in a housing estate
cois farraige	beside the sea
ar fheirm	on a farm
sa chathair	in the city
faoin tuath	in the countryside
i lár na cathrach	in the city centre
ar imeall an bhaile mhóir	at the edge of the town
sna bruachbhailte	in the suburbs

Táim in ann cur síos a dhéanamh ar an áit a bhfuil cónaí orm.

GRAMADACH

Na Focail 'do' agus 'le'

I gCaibidil 1, chleachtamar na focail 'ar' agus 'ag'.
Sa mhír seo, cleachtfaimid na focail 'do' agus 'le'.

*In Chapter 1, we practised the words **ar** and **ag**.
In this section, we will practise the words **do** and **le**.*

Cuimhnigh!
Ciallaíonn 'do' **for** nó **to**. Úsáidimid 'do' chun ainmneacha a rá freisin.

Do means 'for' or 'to'. We use do to name people too.

Le foghlaim: 'do'

dom	duit	dó	di	dúinn	daoibh	dóibh
[do + mé]	[do + tú]	[do + é]	[do + í]	[do + muid]	[do + sibh]	[do + iad]

Nathanna samplacha: 'do'

Tá bronntanas agam duit.	I have a present for you.
Thug sí na bláthanna do Cholm.	She gave the flowers to Colm.
Colm is ainm dom.	Colm is my name.

Cuimhnigh!
Ciallaíonn 'le' **with**. Úsáidimid 'le' chun tuairimí a thabhairt freisin.

*The meaning of **le** is 'with'. We use **le** to express opinions too.*

Le foghlaim: 'le'

liom	leat	leis	léi	linn	libh	leo
[le + mé]	[le + tú]	[le + é]	[le + í]	[le + muid]	[le + sibh]	[le + iad]

Nathanna samplacha: 'le'

Chuaigh an múinteoir go dtí an seó linn.	The teacher went to the show with us.
Is aoibhinn le Cáit a seomra.	Cáit loves her room.
An maith libh an teach?	Do you like the house?

Scríobh

Athscríobh na focail idir lúibíní. Ansin, aistrigh iad.

1. Pádraig agus Fionnuala is ainm [do: iad] _____.
2. Phéinteáil mé na ballaí [do: tú] _____.
3. Ar thug tú bronntanas [do: Ciarán] _____?
4. Cé a chuaigh go dtí an seó [le: sibh] _____?
5. Is breá [le: í] _____ an t-árasán.

Tá tuilleadh cleachtaí ar leathanach 352.

Táim in ann na focail 'do' agus 'le' a úsáid i gceart.

Mo Theach

caoga a cúig

FOCLÓIR

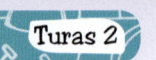

An Seomra is Fearr Liom 1

> Cén seomra is fearr leat? Cén fáth?

> Is é mo sheomra codlata an seomra is fearr liom. Tá sé compordach agus ligim mo scíth ann.

Bí ag caint!

I mbeirteanna, féach ar an bpictiúr den seomra codlata agus den seomra folctha (*en suite*). Ansin, clúdaigh na focail Ghaeilge. Cé mhéad focal is féidir leat a rá?

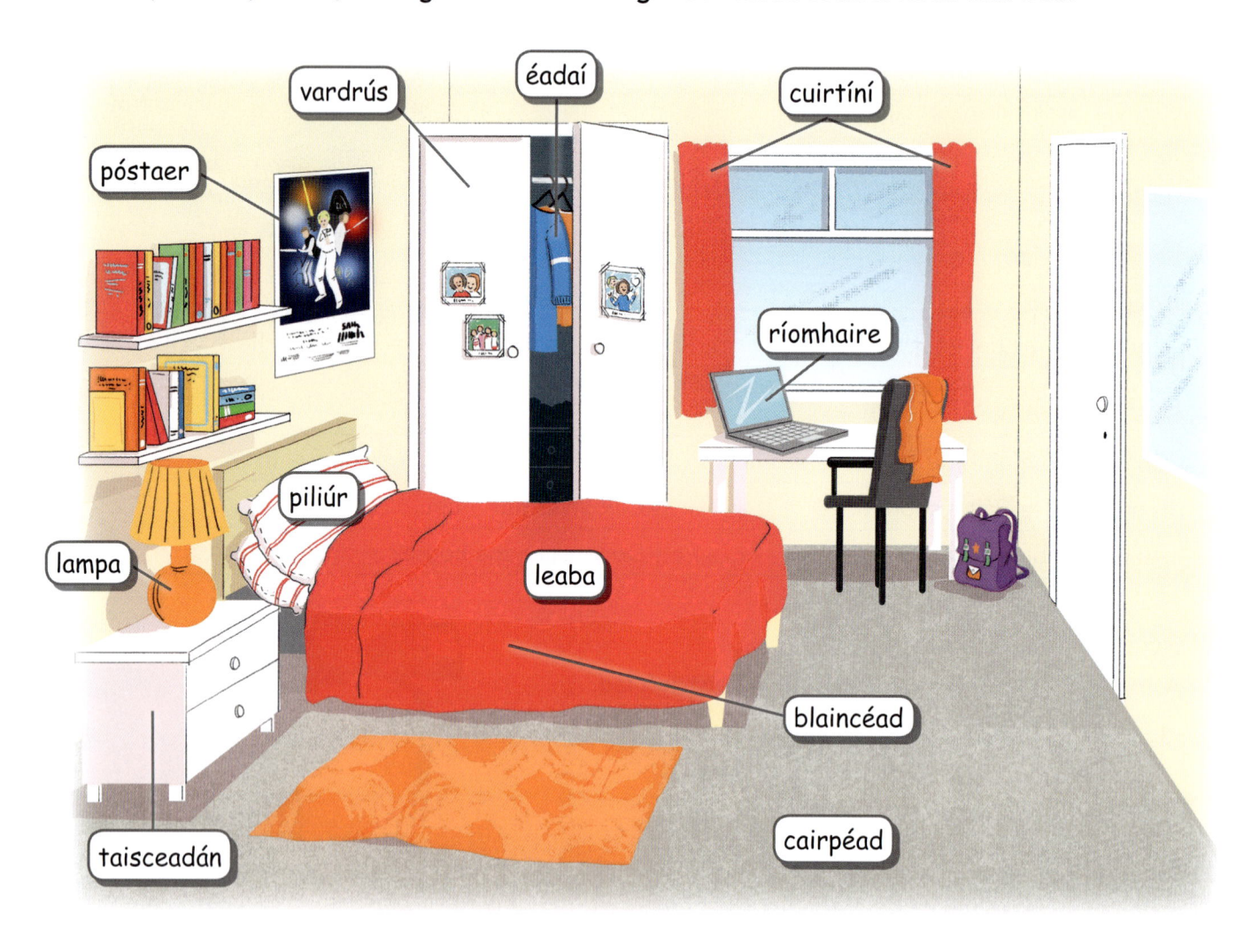

- vardrús
- éadaí
- cuirtíní
- póstaer
- ríomhaire
- piliúr
- lampa
- leaba
- taisceadán
- blaincéad
- cairpéad

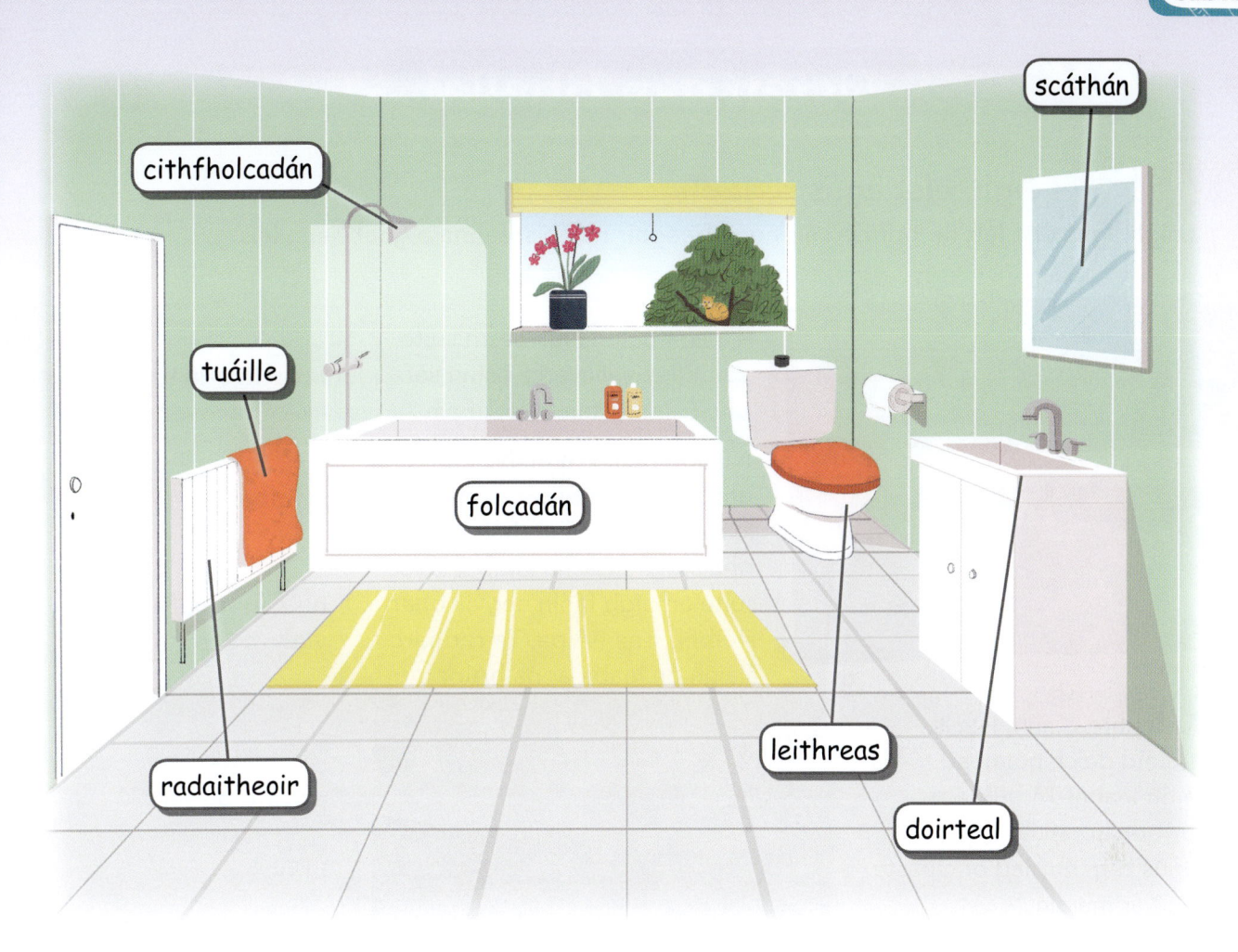

Labels in image:
- scáthán
- cithfholcadán
- tuáille
- folcadán
- leithreas
- doirteal
- radaitheoir

✏️💬 Scríobh agus labhair

Déan cur síos ar an seomra codlata agus an seomra folctha seo. Bain úsáid as an stór focal thíos. Déan comparáid leis an duine atá in aice leat.

Sampla: Tá póstaer ar crochadh ar an bhalla. Tá lampa ar an taisceadán.

áb Stór focal

ar an taisceadán	on the locker
sa vardrús	in the wardrobe
ar na seilfeanna	on the shelves
ar an urlár	on the floor
ar an leaba	on the bed
faoin deasc	under the desk
ar an mballa/na ballaí	on the wall/the walls
i lár an tseomra	in the middle of the room
i gcúinne an tseomra	in the corner of the room
sa chúinne	in the corner
in aice leis an bhfolcadán	beside the bath
ar crochadh ar an radaitheoir	hanging on the radiator

✓ Táim in ann cur síos a dhéanamh ar an seomra codlata agus an seomra folctha. 😊 😐 ☹️

caoga a seacht

Caibidil 3

Mo Theach

LÉAMHTHUISCINT

Óstán gan Bhallaí

Léigh, éist agus scríobh

Léigh agus éist leis an bpíosa seo agus freagair na ceisteanna a ghabhann leis.

Tá an t-óstán Null Stern suite **san Eilvéis**. Níl an t-óstán seo **cosúil le** hóstáin eile, **áfach**.

Níl aon bhallaí ann. Níl aon díon ann. Níl aon **troscán** ann ach leaba amháin, dhá thaisceadán, dhá stól agus dhá lampa. Tá sé suite amuigh faoin aer, **ar bharr sléibhe**, sna hAlpa. Tá **radharc** álainn ón leaba ar na hAlpa.

Tá leithreas ann, ach is siúlóid deich nóiméad é ón leaba! Tá **buitléirí príobháideacha** ann freisin agus **tugann** siad bricfeasta duit ar maidin.

Cé mhéad a chosnaíonn oíche amháin, meas tú? **Níos mó ná** €200. Ar mhaith leatsa fanacht ann?

san Eilvéis	in Switzerland
cosúil le; áfach	like; however
troscán	furniture
ar bharr sléibhe	on a mountain top
radharc	view
buitléirí príobháideacha	private butlers
tugann	bring
Níos mó ná	more than

1. Cad is ainm don óstán seo?
2. Cá bhfuil an t-óstán suite?
3. Déan cur síos ar an óstán.
4. Cá bhfuil an leithreas?
5. Cé a thugann bricfeasta duit ar maidin?
6. Cé mhéad a chosnaíonn oíche amháin san óstán?

Bí ag caint!

I ngrúpa, pléigh an cheist seo:
Ar mhaith leat fanacht in óstán Null Stern?
Déan taifeadadh (*recording*) ar an gcomhrá.

Níor mhaith liom fanacht ann!
I wouldn't like to stay there!

Ba bhreá liom fanacht ann!
I'd love to stay there!

Bheadh sé fuar!
It'd be cold!

Nílim cinnte.
I'm not sure.

Bheadh sé compordach.
It'd be comfortable.

Tá sé an-chostasach.
It's very expensive.

Le foghlaim: Nathanna úsáideacha

Úsáid na nathanna seo nuair a bhíonn tú ag caint is ag comhrá!

ar ndóigh	of course	le bheith macánta	to be honest
creid é nó ná creid	believe it or not	chun an fhírinne a rá	to tell the truth
caithfidh mé a rá	I have to say	faraor	unfortunately

Punann 3.1

Dear seomra idéalach in óstán. Cuir lipéad ar gach píosa troscáin. Cuir an obair chríochnaithe i do phunann ar leathanach 12.

Táim in ann seomra in óstán a dhearadh.

Turas 2

FOCLÓIR

An Seomra is Fearr Liom 2

Cén seomra is fearr leat? Cén fáth?

An seomra suí, gan dabht. Tá sé mór agus te.

Meaitseáil

Meaitseáil na pictiúir leis na focail. Bain úsáid as d'fhoclóir nó as www.focloir.ie.

1	2	3
4	5	6
7	8	9
10	11	12

ruga	☐	cathaoir uilleach	☐	bord/tábla	☐
tolg	☐	leabhragán	☐	cathaoir luascáin	☐
teilifíseán	☐	seinnteoir DVD	☐	cúisín	☐
táibléad	☐	raidió	☐	tinteán	☐

Scríobh

Déan cur síos ar do sheomra suí féin. Scríobh cúig abairt.

✓ Táim in ann cur síos a dhéanamh ar an seomra suí.   😊 😐 ☹

seasca

FOCLÓIR

An Seomra is Fearr Liom 3

Caibidil 3

> Cén seomra is fearr leat? Cén fáth?

> An chistin, gan dabht! Mar is breá liom a bheith ag cócaráil!

💬 Bí ag caint!

I mbeirteanna, féach ar an bpictiúr den chistin. Ansin, clúdaigh na focail. Cé mhéad focal is féidir leat a rá?

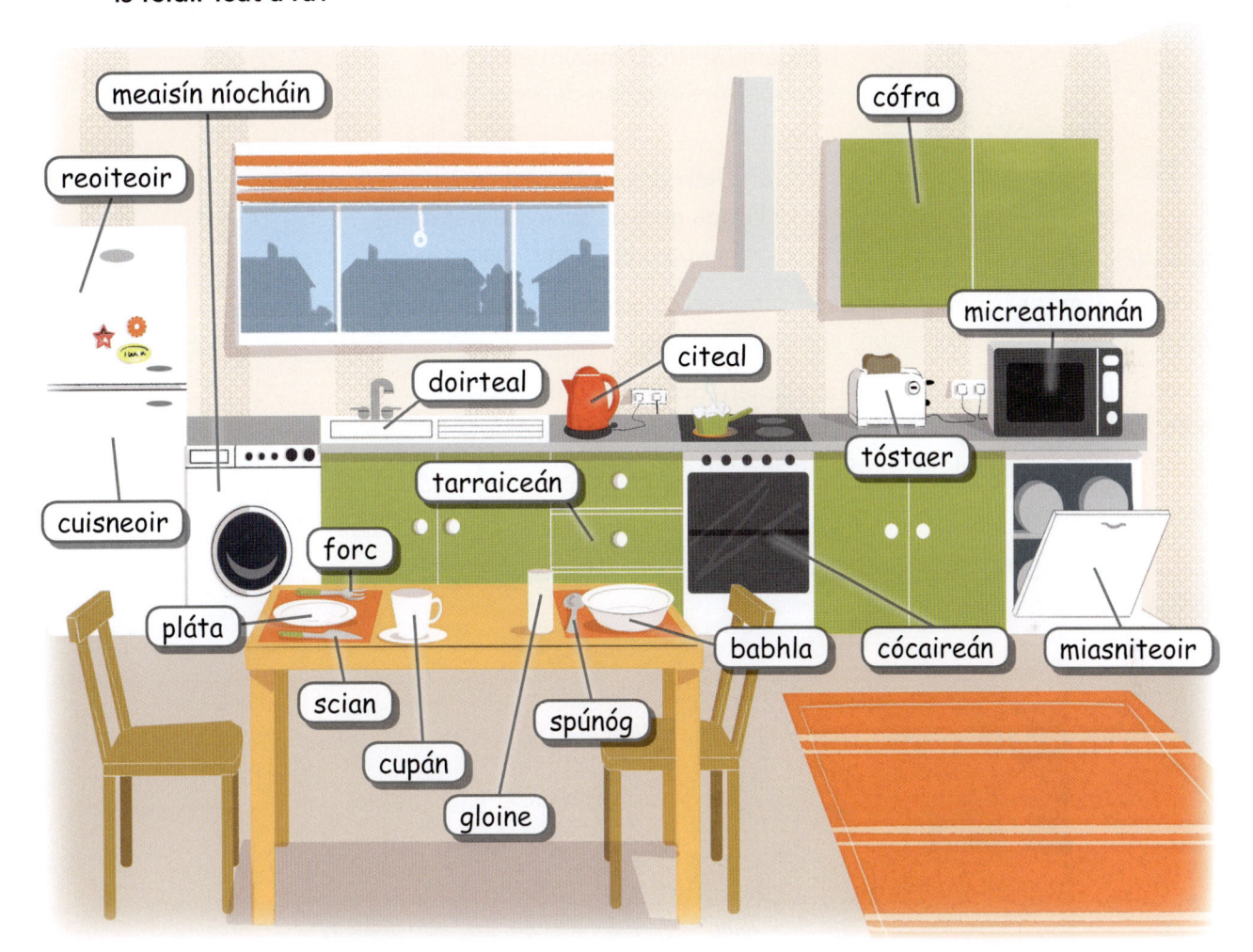

- meaisín níocháin
- cófra
- reoiteoir
- micreathonnán
- citeal
- doirteal
- tóstaer
- cuisneoir
- tarraiceán
- forc
- pláta
- babhla
- cócaireán
- miasniteoir
- scian
- spúnóg
- cupán
- gloine

Mo Theach

✏️ Scríobh

Freagair na ceisteanna seo. Tá an chéad cheann déanta duit.

1. Cá gcuireann tú an bainne?
   Cuireann tú an bainne sa chuisneoir.
2. Cá gcuireann tú an sceanra (*cutlery*)?
3. Cá gcuireann tú na gréithe glana (*clean dishes*)?
4. Cá gcuireann tú na gréithe salacha (*dirty dishes*)?
5. Cá gcuireann tú na héadaí salacha?

✓ Táim in ann cur síos a dhéanamh ar an gcistin.   🙂 😐 ☹️

seasca a haon

LÉAMHTHUISCINT

An Seomra is Fearr Liom

Léigh agus scríobh

Léigh an píosa seo agus freagair na ceisteanna a ghabhann leis.

Is mise Freya. Tá mé i mo chónaí in árasán i lár na cathrach. Is é mo sheomra leapa an seomra is fearr liom mar **ligim mo scíth** ann. — I relax

Tá leaba shingil agam agus tá sé an-chompordach. Tá deasc bheag agam freisin. Déanaim mo chuid obair bhaile ag an deasc seo.

Tá taisceadán in aice le mo leaba. Tá trí **tharraiceán** sa taisceadán. Tá lampa amháin ar an taisceadán agus lampa eile ar an deasc. — drawers

Tá vardrús mór sa chúinne. **Coimeádaim** mo chuid éadaí ann. Coimeádaim mo chuid leabhar ar na seilfeanna. — I keep

Tá *en suite* beag agam freisin. Tá scáthán, doirteal, cithfholcadán agus leithreas ann. Tá dhá tharraiceán faoin doirteal. Coimeádaim **smideadh** agus **earraí níocháin** eile sna tarraiceáin. — make-up; toiletries

1. Cá bhfuil Freya ina cónaí?
2. Cad é an seomra is fearr léi? Cén fáth?
3. Cad a deir sí faoina leaba shingil?
4. Cá bhfuil na lampaí ina seomra?
5. Cad atá sa chúinne?
6. Cad a choimeádann sí sa vardrús?
7. Cá gcoimeádann sí a leabhair?
8. Cad atá san *en suite*?

Bí ag caint!

Cuir na ceisteanna seo ar an duine atá in aice leat.

1. Cén seomra is fearr leat? Cén fáth?
2. Cad atá sa seomra sin? Luaigh **ocht** rud.

Léigh agus scríobh

Léigh an píosa seo agus freagair na ceisteanna a ghabhann leis.

Haigh, is mise Mícheál. Tá mé i mo chónaí i dteach feirme. Is é an seomra suí an seomra is fearr liom. Is aoibhinn liom é mar tá sé an-chompordach.

Is aoibhinn liom an **troscán** compordach. Tá tolg amháin agus dhá chathaoir uilleacha ann. Is breá liom **suí siar agus mo scíth a ligean** ar an tolg. Tá teilifís, **ródaire** agus seinnteoir DVD sa chúinne.

	furniture
	sit back and relax
	router

Tá tinteán agus matal ollmhór ann. Bíonn sé **te teolaí** ar **oícheanta geimhridh**.

De ghnáth, léim leabhar, féachaim ar an teilifís agus téim ar líne ar m'fhón sa seomra suí.

Mar a deir an seanfhocal, '**Níl aon tinteán mar do thinteán féin**.'

	warm and cosy winter nights
	usually
	there's no place like home

Buntuiscint

1. Cá bhfuil Mícheál ina chónaí?
2. Cad é an seomra is fearr leis? Cén fáth?
3. Cad a deir sé faoin troscán?
4. Ainmnigh **dhá** phíosa troscán atá ina sheomra suí.
5. Cathain a bhíonn sé te teolaí sa seomra suí?
6. Cad a dhéanann sé sa seomra suí?

Léirthuiscint

1. Cén seanfhocal a úsáideann Mícheál?
2. Cad is brí leis an seanfhocal seo?

Cur i láthair

Cruthaigh ceithre shleamhnán faoin seomra is fearr leat ar PowerPoint nó Prezi. Bain úsáid as https://planner.roomsketcher.com chun seomra 3D a dhearadh. Cuir lipéad ar gach rud. Déan an cur i láthair os comhair an ranga.

Táim in ann cur síos a dhéanamh ar an seomra is fearr liom.

Mo Theach

seasca a trí

Turas 2

FOCLÓIR

Cúraimí an Tí

Meaitseáil agus scríobh

Meaitseáil na pictiúir leis na frásaí. Ansin, scríobh dhá chúram (*two chores*) is maith leat agus dhá chúram nach maith leat. Déan comparáid leis an duine atá in aice leat.

| ag ní gréithe ☐ | ag cócaráil ☐ | ag dustáil ☐ | ag mapáil ☐ |
| ag ní éadaí ☐ | ag scuabadh ☐ | ag glanadh ☐ | ag iarnáil ☐ |

Scríobh agus labhair

Cad iad na cúraimí tí a dhéanann tú? Freagair an cheist seo i do chóipleabhar. Ansin, cuir an cheist ar an duine atá in aice leat. Bain úsáid as an stór focal thíos.

Stór focal

Glanaim mo sheomra gach seachtain.	I clean my room every week.
Ním na gréithe gach lá.	I wash the dishes every day.
Bím ag cócaráil gach lá.	I cook every day.
Déanaim an iarnáil gach seachtain	I do the ironing every week.

Ceistneoir

Cad a léiríonn cúraimí an tí fútsa? I mbeirteanna, déan an ceistneoir. An aontaíonn tú leis na torthaí?

A. Cad a cheapann tú faoi chúraimí an tí?
1. Is aoibhinn liom iad! ☐
2. Is maith liom iad. ☐
3. Ní miste liom iad. ☐
4. Is fuath liom iad! ☐

B. Cé chomh tapa is a dhéanann tú iad?
1. Déanaim an obair go tapa agus go héifeachtúil. ☐
2. Déanaim an obair go tapa. ☐
3. Déanaim an obair go mall. ☐
4. Déanaim an obair go mall agus go holc. ☐

C. Cén sórt seomra leapa atá agat?
1. Glan agus néata, i gcónaí. ☐
2. Glan agus néata, uaireanta. ☐
3. Beagán glan, beagán néata. ☐
4. Ina phraiseach! ☐

D. Cad é an cúram tí is tábhachtaí a rinne tú le déanaí?
1. Ag glanadh gach rud. ☐
2. Ag cócaráil. ☐
3. Ag glanadh mo sheomra leapa. ☐
4. Ní cuimhin liom. ☐

Torthaí

1 den chuid is mó
Is duine rathúil thú. Oibríonn tú go dian.

2 den chuid is mó
Is duine cabhrach thú. Bíonn tú fial freisin.

3 den chuid is mó
Is duine réchúiseach thú. Ní bhíonn imní ort faoi a rudaí beaga.

4 den chuid is mó
Is duine neamhspleách thú. Oibríonn tú ar do luas féin.

Stór focal

go tapa	quickly	go dian	hard
go héifeachtúil	efficiently	réchúiseach	easygoing
beagán	a little bit	imní	worry
ina phraiseach	in a mess	neamhspleách	independent
rathúil	successful	ar do luas féin	at your own pace

✓ Táim in ann labhairt faoi na cúraimí tí a dhéanaim (agus nach ndéanaim). 🙂 😐 🙁

Mo Theach

seasca a cúig

FÓGRA

Tithe Saoire

Bí ag caint!

I ngrúpa, pléigh na fógraí seo. Cén teach saoire is fearr leat? Cén fáth? Bain úsáid as an stór focal thíos.

Fógra 1

Teach trá ar cíos

Teach trá ar cíos. Radharc álainn ar an bhfarraige. Trí sheomra leapa, cistin mhór, seomra suí teolaí.

€200 don deireadh seachtaine.

Fógra 2

Teach coille ar cíos

Teach coille ar cíos. Ciúin agus síochánta. Ceithre sheomra leapa. Seomra suí le tinteán mór.

€150 don deireadh seachtaine.

Stór focal

trá	beach	radharc	a view	coill	a forest
ar cíos	for rent	teolaí	cosy	síochánta	peaceful

Léigh agus scríobh

Léigh na fógraí arís agus freagair na ceisteanna seo.

Fógra 1

1. Cén sórt tí atá ar cíos?
2. Cén radharc atá ann?
3. Cé mhéad seomra atá sa teach?

Fógra 2

1. Cén sórt tí atá ar cíos?
2. Cé mhéad seomra atá sa teach?
3. Cé mhéad a chosnaíonn an teach don deireadh seachtaine?

Táim in ann ceisteanna ar fhógraí a fhreagairt.

ÉISTEACHT

Tithe ar Díol

Éist agus scríobh

Éist leis na fógraí. Líon na bearnaí i do chóipleabhar.

Fógra 1

Teach _____ ar díol

Eastát tithíochta ciúin,

_____ seomra,

_____ mór.

€ _____

Fógra 2

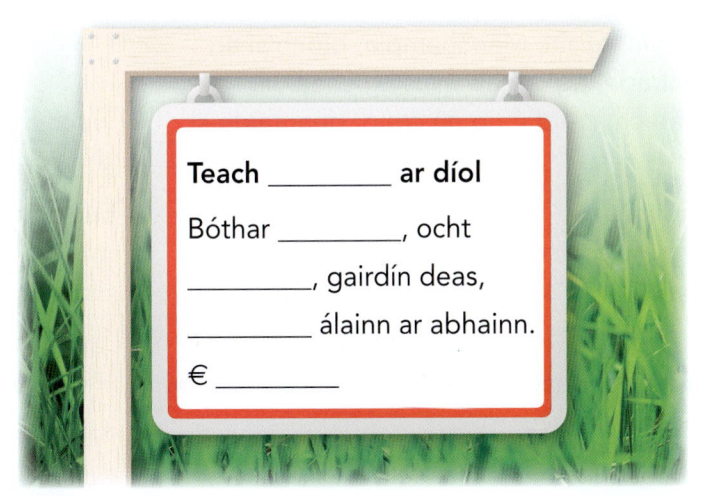

Teach _____ ar díol

Bóthar _____, ocht

_____, gairdín deas,

_____ álainn ar abhainn.

€ _____

Script: leathanach 122 de do Leabhar Gníomhaíochta.

Léigh agus scríobh

Léigh na fógraí arís agus freagair na ceisteanna seo.

Fógra 1
1. Cén sórt tí atá ar díol?
2. Cé mhéad seomra atá sa teach sin?
3. Cé mhéad a chosnaíonn an teach?

Fógra 2
1. Cén sórt tí atá ar díol?
2. Cá bhfuil an teach suite?
3. Cé mhéad a chosnaíonn an teach?

Punann 3.2

Samhlaigh go bhfuil do theach ar díol. Dear fógra. Cuir an obair chríochnaithe i do phunann ar leathanach 14.

Táim in ann fógraí faoi theach ar díol a dhearadh.

Turas 2 — LÉAMHTHUISCINT

Ag Fanacht Thar Lear

✏️ Léigh agus scríobh

Fuair Córa, deirfiúr Mháire Áine, post mar *au pair* i Meiriceá. Léigh an ríomhphost a scríobh Máire Áine chuig a cara. Ansin, freagair na ceisteanna a ghabhann leis.

Ó: maireainenicg@gaeilgemail.com
Chuig: aoibhenasiog@gaeilgemail.com
Ábhar: Post nua ag mo dheirfiúr!
Seolta: Aoine, 12/06/2020 17.22

Máire Áine

A Aoibhe, a chara,

Conas atá tú? Tá súil agam go bhfuil tú **i mbarr na sláinte**. Ar chuala tú an scéala? Fuair mo dheirfiúr Córa post mar *au pair* i Meiriceá. Tá sí ag obair i dteach Beyoncé agus Jay-Z!

Oibríonn sí **go dian** ach is maith léi an post. Gach lá, bíonn sí ag súgradh leis na páistí agus ag siúl timpeall Los Angeles.

Déanann sí cúraimí an tí gach lá freisin. Mar shampla, bíonn sí ag glanadh na seomraí, ag scuabadh, ag iarnáil agus ag cócaráil. Inné, **nigh** sí na héadaí. Amárach, creid é nó ná creid, déanfaidh sí **an gharraíodóireacht**!

Deir sí go bhfuil an teach go hálainn. Tá ocht seomra leapa, aon seomra folctha dhéag, seomra bia, cistin **nua-aimseartha** agus **seomra spraoi** ann do na páistí. Deir sí go bhfuil na seomraí mór agus compordach.

Murar leor sin, **taobh amuigh** den teach tá ceithre linn snámha, spá, garáiste do 15 charr agus héileapad acu.

Ba bhreá liom cuairt a thabhairt uirthi!

Abair heileo le gach duine!

Slán tamall,

Máire Áine

Gaeilge	Béarla
i mbarr na sláinte	in the best of health
go dian	hard
nigh / an gharraíodóireacht	washed / the gardening
Deir sí go / nua-aimseartha / seomra spraoi	she says that / modern / playroom
Murar leor sin / taobh amuigh	if that wasn't enough; outside
Ba bhreá liom cuairt a thabhairt uirthi	I'd love to visit her
Abair heileo le	say hello to

✏️ Buntuiscint

1. Cá bhfuair Córa an post mar *au pair*?
2. Cad a dhéanann sí gach lá leis na páistí?
3. Cá dtéann sí ag siúl?
4. Cén sórt cúraimí tí a dhéanann sí?
5. Cad a dhéanfaidh sí amárach?
6. Déan cur síos ar an teach.
7. Cad atá acu taobh amuigh den teach?
8. Ar mhaith le Máire Áine cuairt a thabhairt uirthi?

✏️ Léirthuiscint

An mbeidh Máire Áine ábalta cuairt a thabhairt ar Chóra, meas tú?

Léigh agus scríobh

Chuaigh Tomaí, dearthair Ivan, ar mhalartú scoile (*school exchange*) go dtí an Fhrainc. Faraor, is fuath leis é! Léigh an ríomhphost a scríobh Ivan chuig a chara. Ansin, freagair na ceisteanna a ghabhann leis.

Ó: ivanomuireasain@gaeilgemail.com
Chuig: brenbac@gaeilgemail.com
Ábhar: Tomaí bocht sa Fhrainc!
Seolta: Déardaoin, 18/06/2020 21.45

Ivan

A Bhreandáin, a chara,

Conas atá tú? Tá súil agam go bhfuil tú i mbarr na sláinte. **Conas atá cúrsaí?** Tá sé an-chiúin anseo mar tá mo dhearthair Tomaí sa Fhrainc! Chuaigh sé ar **mhalartú scoile**.

Tomaí bocht, is fuath leis é. Tá an teaghlach **an-dian**! **Caithfidh sé** cúraimí an tí a dhéanamh gach lá!

Glanann sé gach seomra gach lá. Déanann sé an dustáil, an **folúsghlanadh**, an scuabadh agus an mhapáil. Agus cé mhéad seomra atá sa teach? Fiche! Teach ollmhór atá ann! Tomaí bocht!

Inné, rinne sé **an gharraíodóireacht**. Amárach, déanfaidh sé an tsiopadóireacht agus an chócaireacht. **Tíoránaigh**! Bhí mé ag gáire nuair a chuala mé! Tomaí bocht!

Faraor, níl **a sheomra féin** aige. **Roinneann** sé seomra le buachaill eile. Bíonn an buachaill seo **ag srannadh** gach oíche!

Tá dhá leaba shingil, dhá thaisceadán agus vardrús sa seomra. Tá blaincéad aige freisin ach faraor, níl aon philiúr aige. Nílim **in éad leis**. Tomaí bocht!

Cogar, **caithfidh mé imeacht**. Slán!

Ivan

how are things?	
school exchange	
very strict; he has to	
vacuuming	
the gardening tyrants	
his own room; shares snoring	
jealous of him	
I have to go	

Mo Theach

Buntuiscint

1. Cén fáth a bhfuil sé an-chiúin i dteach Ivan?
2. Cén sórt teaghlaigh a bhfuil Tomaí ag fanacht leis?
3. Ainmnigh **trí** chúram tí a dhéanann sé gach lá.
4. Cé mhéad seomra atá sa teach?
5. Cad a rinne sé inné?
6. Cad a dhéanfaidh sé amárach?
7. Cad a deir Ivan faoin mbuachaill eile i seomra Thomaí?
8. Déan cur síos ar sheomra Thomaí.

Léirthuiscint

Ar mhaith le hIvan dul ar mhalartú scoile, meas tú?

Táim in ann ceisteanna ar ríomhphoist a fhreagairt.

Turas 2

SCRÍOBH

Ríomhphost faoi Mo Theach Nua

Léigh

Bhí Naoise agus a theaghlach ar an seó *Teach Nua*. Tá teach nua álainn acu anois. Léigh an ríomhphost a scríobh Naoise agus na noda ar leathanach 71.

Ó: naoiseobroin@gaeilgemail.com
Chuig: ainenagaillimhe@gaeilgemail.com
Ábhar: Teach nua
Seolta: Máirt, 14/01/2020 20.15

Naoise

Beannú

A Áine, a chara,

Conas atá tú? Tá súil agam go bhfuil tú **i mbarr na sláinte**. Ar chuala tú an scéala? Bhíomar ar an seó *Teach Nua*! Creid é nó ná creid, tá teach nua againn anois!

in the best of health

Corp

Sa seanbhungaló, bhí seacht seomra againn. Bhí trí sheomra codlata, cistin, seomra suí, seomra bia agus seomra folctha sa bhungaló. Faraor, bhí na seomraí codlata agus an chistin an-bheag. Chun an fhírinne a rá, bhí gach seomra fuar agus ní raibh siad compordach. Ní raibh an gairdín go deas **ach oiread**, le bheith macánta.

either

Anois, **áfach**, tá teach **trí stór** againn! Teach scoite is ea é. Tá cúig sheomra leapa, cistin, dhá sheomra suí agus trí sheomra folctha sa teach. Tá na seomraí codlata agus an chistin ollmhór anois.

however; three-storey

Ar ndóigh, tá gach seomra **te teolaí**. Tá an gairdín go hálainn freisin. Tá crann úll agus go leor bláthanna ag fás ann.

warm and cosy

Tá mé an-sásta anseo, caithfidh mé a rá.

Caithfidh tú cuairt a thabhairt orainn. Céard faoi Dé Sathairn?

you'll have to visit us

Críoch

Abair heileo le gach duine!

say hello to

Slán tamall,
Naoise

Scríobh agus labhair

Freagair na ceisteanna seo. Seiceáil na freagraí leis an duine atá in aice leat.

1. Cén seó a raibh Naoise agus a theaghlach air?
2. Cé mhéad seomra a bhí acu sa seanbhungaló?
3. Cad a deir Naoise faoi na seomraí codlata agus an chistin sa seanbhungaló?
4. Cad a deir sé faoin ngairdín a bhí acu?
5. Cén sórt tí atá acu anois?
6. Ainmnigh na seomraí atá sa teach nua.
7. An bhfuil na seomraí fós fuar agus míchompordach?
8. Cad atá ag fás sa ghairdín?

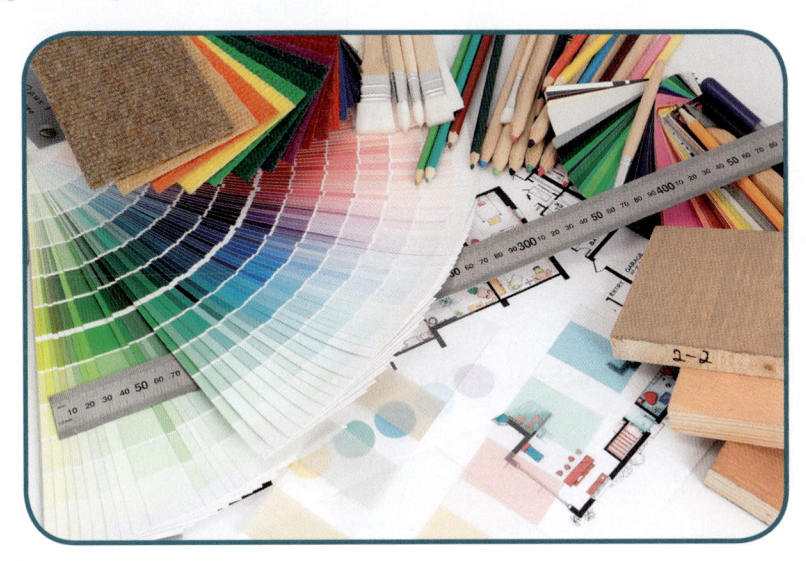

Noda!

- Tosaigh an ríomhphost le hainm an duine, mar shampla 'A Áine, a chara'/'A Liam, a chara', agus an beannú.
- Abair go raibh tú ar an seó *Teach Nua*.
- Déan cur síos ar an seanteach a bhí agat.
- Déan cur síos ar an teach nua atá agat.
- Abair cathain a fheicfidh tú é/í arís **nó** tabhair cuireadh dó/di chuig do theach.
- Cuir d'ainm ag deireadh an ríomhphoist.

Punann 3.3

Samhlaigh go raibh tú ar an seó *Teach Nua*. Scríobh ríomhphost chuig cara leat faoi do theach nua. Cuir an obair chríochnaithe i do phunann ar leathanach 16.

Táim in ann ríomhphost a scríobh faoi m'áit chónaithe.

LITRÍOCHT

Prós: Spás

Meaitseáil

Meaitseáil an Ghaeilge leis an mBéarla. Bain úsáid as d'fhoclóir nó as www.focloir.ie.

1	spás	A	a quiet corner
2	athruithe	B	pressure
3	príobháideacht	C	space
4	brú	D	locked up in a cell
5	cúinne ciúin	E	changes
6	faoi ghlas sa chillín	F	a sigh of happiness
7	i ndeireadh na feide	G	privacy
8	osna áthais	H	at her wits' end

1 = ___ 2 = ___ 3 = ___ 4 = ___ 5 = ___ 6 = ___ 7 = ___ 8 = ___

Léigh agus scríobh

Léigh an gearrscéal 'Spás' le Mícheál Ó Ruairc agus freagair na ceisteanna.

Téigh chuig www.educateplus.ie/resources/turas-2 (faoi 'Litríocht') chun éisteacht leis an ngearrscéal seo.

Spás

le Mícheál Ó Ruairc

Theastaigh spás uaithi. Spás di féin. Spás chun 'a rud féin' a dhéanamh. Spás lena saol féin a chaitheamh.	she needed space
Lig sí **osna**. Lean an múinteoir uirthi ag caint. Ach ní raibh Pádraigín ag éisteacht léi. Bhí a smaointe **i bhfad ar shiúl**.	sigh faraway
Bhí sí ag smaoineamh ar a saol féin agus **na hathruithe** a bhí tagtha air le tamall anuas. Trí mhí ó shin bhí seomra dá cuid féin aici sa bhaile. Ach nuair a **saolaíodh** leanbh óg dá tuismitheoirí tháinig deireadh leis sin ar fad. Cuireadh a deirfiúr Aoife isteach in aon seomra léi. Níor **réitigh** sí féin agus Aoife riamh lena chéile.	the changes born get on
Go dtí gur tháinig Aoife isteach léi, bhí **an saol ar a toil aici**. Bhí sí in ann **a rogha rud** a dhéanamh.	everything she could wish for whatever she wanted

Ní raibh éinne ag cur isteach ná amach uirthi. Bhí gach rud **in ord is in eagar** aici. Bhí sí in ann bheith ag léamh is ag éisteacht leis an raidió go dtí a haon a chlog ar maidin **dá mba mhian léi** é. **D'fhéadfadh sí** fanacht sa leaba go meán lae ag an deireadh seachtaine.	just right if she wanted to she could
Ach anois ní raibh aon phríobháideacht fágtha aici. **Cuireadh iachall** uirthi na soilse a mhúchadh aréir ag a deich a chlog agus	was forced

dhúisigh Aoife ag a seacht a chlog ar maidin í lena Playstation glórach, gránna. Agus arú aréir níor stop Peadar, an leanbh óg, ach ag gol is ag caoineadh an oíche go léir ….

Tháinig na **deora** léi. Ní raibh trua ag éinne di. Bhí a tuismitheoirí ag cur brú uirthi **de shíor** níos mó staidéir a dhéanamh. Ach ní raibh **ar a cumas** é a dhéanamh. Le teacht a dearthár óig, ní raibh sí in ann cúinne ciúin a aimsiú in aon áit. Agus **dá** rachadh a tuismitheoirí amach ag an deireadh seachtaine, bheadh uirthi **aire a thabhairt** d'Aoife agus do Pheadar.	tears constantly able if take care
Stop sí de bheith ag caoineadh. Bhí an múinteoir Fraincise ag scríobh ar an gclár dubh. Thosaigh sí ag breacadh na nótaí ina cóipleabhar. **Fiú amháin** ar scoil ní raibh **faoiseamh** le fáil aici. Bhíodh sí ina suí ar an mbinse cúil, ach cuireadh ina suí ar an mbinse tosaigh í an tseachtain seo caite. **Chuir an múinteoir staire ina leith** go raibh sí ag féachaint amach an fhuinneog agus b'in an fáth gur bogadh suas go dtí barr an ranga í. Agus bhíodh sí go breá socair sásta san áit ina raibh sí. Bhraith sí go raibh spás aici sa bhinse ar chúl an ranga, go raibh ar a cumas bheith **ar a sáimhín só** ann.	even relief the history teacher accused her happy and contented
Ach anois bhí sí **faoi bhois an chait acu**. Ní fhéadfadh sí **sméideadh**, ná a cluas a **thochas** fiú gan aire an mhúinteora a tharraingt uirthi féin. Lig sí osna eile. Bhí a saol **ina chíor thuathail** ar fad. Bhí gach éinne ina coinne. Mhothaigh sí go raibh gach rud ag druidim isteach uirthi is go raibh sí ar nós príosúnaigh **faoi ghlas sa chillín**.	under their thumb blink; scratch upside down locked up in a cell

Tháinig na deora léi arís. Smaoinigh sí ar Dhiarmaid, an buachaill álainn ar chuir sí aithne air an samhradh seo caite nuair a bhí sí ag fanacht lena seanmháthair faoin tuath. Ní fhéadfadh sí dearmad a dhéanamh ar Dhiarmaid. Buachaill caoin cneasta a bhí ann agus bhí sí socair **ina theannta**. Thosaigh siad ag scríobh chuig a chéile nuair a d'fhill sí ar an gcathair. Nuair a fuair a tuismitheoirí amach cad a bhí ar siúl d'iarr siad uirthi deireadh a chur leis.

by his side

'Ba chóir duit náire a bheith ort,' a dúirt a hathair léi, 'agus tú ag ullmhú do scrúdú na hArdteistiméireachta i mbliana!' Níor lig siad di scríobh chuig Diarmad **a thuilleadh**. Tháinig litir eile uaidh, ach nuair nach bhfuair sé freagra uaithi, tháinig deireadh leis na litreacha. Anois **bhíodar chun** cosc a chur uirthi dul chuig teach a seanmháthar. 'Níl tusa chun dul chuig do sheanmháthair i d'aonar arís agus sin sin,' a dúirt a máthair.

anymore

they were going to

Lean Pádraigín uirthi ag caoineadh. Bhí sí **i ndeireadh na feide**. Ba é teach a seanmháthar an t-aon áit amháin a raibh faoiseamh le fáil aici. Bhí a seomra féin aici ann. Bhí sí in ann teacht agus imeacht aon uair ba mhaith léi. Bhí sí féin agus a Mamó **an-cheanúil** ar a chéile. Bhí tuiscint eatarthu. Thug a Mamó spás di. Ní raibh sí riamh **faoi chuing na daoirse** i dteach a Mamó.

at her wits' end

very fond

oppressed

Stop sí de bheith ag caoineadh. Dhírigh sí í féin aniar sa bhinse. Rinne sí **rún daingean**. Scríobhfadh sí chuig a Mamó agus **chuirfeadh sí in iúl di** gur theastaigh uaithi saoire a chaitheamh léi arís i mbliana. Dá dtabharfadh a Mamó cuireadh di teacht ar cuairt chuici, ní fhéadfadh a tuismitheoirí **cur ina coinne**. Bheadh sí in ann mí a chaitheamh i dteannta a Mamó. Agus bheadh spás aici. Agus bheadh deis aici bualadh le Diarmaid arís agus a scéal go léir a mhíniú dó.

firm resolution; she would let her know

go against her

Bhuail an cloigín amuigh sa **dorchla**. Bhí deireadh leis an rang Fraincise. Ní raibh ach rang amháin fágtha – an rang Gaeilge, a rogha ábhar – agus bheadh sí ag dul abhaile don deireadh seachtaine. Lig sí osna eile. Ach osna áthais a bhí ann an t-am seo.

corridor

Buntuiscint

1. Cén rud a theastaigh ó Phádraigín?
2. Cad a bhí ag Pádraigín trí mhí ó shin?
3. Cad a tharla ag a seacht a chlog ar maidin?
4. Cad a bhí an múinteoir Fraincise ag déanamh?
5. Cad a chuir an múinteoir staire ina leith?
6. Cathain a bhuail Pádraigín le Diarmaid?
7. Cathain a thosaigh sí ag scríobh chuig Diarmaid?
8. Cén áit a raibh faoiseamh le fáil ag Pádraigín?
9. Cén rún daingean a rinne sí?
10. Cén rang a bhí ann tar éis Fraincise?

Bí ag caint!

An bhfuil comhbhá (*sympathy*) agat le Pádraigín? Cén fáth? I ngrúpa, pléigh do thuairim.

Táim in ann ceisteanna a fhreagairt ar an ngearrscéal 'Spás'.

Turas 2

✏️ Achoimre an ghearrscéil: Léigh agus scríobh

Léigh achoimre (*summary*) an ghearrscéil agus freagair na ceisteanna.

Is scéal é seo faoi chailín óg darb ainm Pádraigín. Sa ghearrscéal seo, tá sí ina seomra ranga. Tá sí **ag brionglóideach**. Tá sí **ag smaoineamh** ar a saol. Tá brón uirthi. Tá sí **ag déileáil le hathrú mór** ina saol.	**daydreaming** **thinking about; dealing with a big change**
Rugadh a deartháir óg, Peadar, cúpla mí ó shin. Anois, tá Pádraigín ag roinnt seomra lena deirfiúr Aoife. Níl sí sásta leis an athrú seo. Níl aon spás aici.	
Sa seomra ranga, bíonn sí ina suí ag **barr an ranga** in aice leis an múinteoir. Níl spás aici sa seomra ranga.	**top of the class**
Bhuail sí le buachaill darb ainm Diarmaid an samhradh seo caite. Faraor, níl cead aici scríobh chuig Diarmaid mar **caithfidh sí** staidéar a dhéanamh, dar le Mam agus Daid. Níl cead aici dul chuig **teach Mhamó** ina haonar. Is maith léi teach Mhamó mar bíonn spás aici ann.	**she has to** **Grandma's house**
Smaoiníonn Pádraigín ar phlean. Scríobhfaidh sí litir chuig Mamó. Déarfaidh sí gur mhaith léi **fanacht léi** arís. Gheobhaidh sí **cuireadh**. Buailfidh sí le Diarmaid freisin.	**stay with her invitation**
Cuireann an plean seo áthas uirthi.	

1. Cá bhfuil Pádraigín sa ghearrscéal seo?
2. Cén fáth a bhfuil brón ar Phádraigín?
3. Cén fáth nach bhfuil spás ag Pádraigín sa seomra ranga?
4. Cén fáth nach bhfuil cead aici scríobh chuig Diarmaid?
5. Cad a déarfaidh Pádraigín ina litir chuig Mamó?

Scríobh agus labhair

I ngrúpa de thriúr, scríobh comhrá gearr idir Mam, Daid agus Pádraigín. Beidh Aoife ag roinnt seomra le Pádraigín. Níl sí sásta. Bain úsáid as an stór focal thíos. Ansin, déan dráma den chomhrá.

Stór focal

Beidh tusa agus Aoife ag roinnt seomra.	You and Aoife will be sharing a room.	Ní chreidim é!	I don't believe it!
Nílim sásta.	I'm not happy.	Tá spás uaim.	I need space.
Caithfidh tú a bheith tuisceanach.	You have to be understanding.	Tá brú ar gach duine.	There is pressure on everyone.
Nílim ag iarraidh seomra a roinnt le hAoife mar …	I don't want to share a room with Aoife because …	Is maith liom mo sheomra féin a bheith agam mar …	I like having my own room because …

An scríbhneoir

Rugadh Mícheál Ó Ruairc i 1953. Tógadh sa Leitriúch i gCiarraí é. Is file, múinteoir agus scríbhneoir é. Tá ceithre leabhar filíochta agus trí úrscéal déag Gaeilge foilsithe aige. Tá go leor duaiseanna náisiúnta buaite aige as a chuid scríbhneoireachta.

Scríobh

Cruthaigh clár scéalta faoin scríbhneoir ar www.storyboardthat.com.
Gheobhaidh tú tuilleadh eolais faoi ar www.portraidi.ie/ga/micheal-o-ruairc/.
Tá samplaí le feiceáil ar www.educateplus.ie/go/storyboards.

Táim in ann páirt a ghlacadh i ndráma bunaithe ar an ngearrscéal 'Spás'.

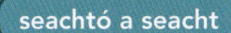

Turas 2

Na carachtair sa ghearrscéal: Meaitseáil

Meaitseáil an Ghaeilge leis an mBéarla. Bain úsáid as d'fhoclóir nó as www.focloir.ie.

1	machnamhach	A	kind
2	anailíseach	B	anxious
3	imníoch	C	protective
4	cosantach	D	understanding
5	cineálta	E	reflective
6	tuisceanach	F	analytical

1 = ___   2 = ___   3 = ___   4 = ___   5 = ___   6 = ___

Léigh agus scríobh

Léigh faoi na carachtair sa ghearrscéal agus freagair na ceisteanna.

Pádraigín

Is duine machnamhach anailíseach í Pádraigín. Sa ghearrscéal seo, déanann sí machnamh agus anailís ar a cuid fadhbanna. Níl spás aici ina saol. Mar sin, smaoiníonn sí ar phlean. Scríobhfaidh sí chuig Mamó.

Is duine imníoch í Pádraigín freisin. Tá imní uirthi mar ceapann sí nach mbeidh sí ábalta aon spás a fháil riamh. Faraor, ní labhraíonn sí **le héinne** faoin bhfadhb. — with anyone

Tuismitheoirí Phádraigín

Is tuismitheoirí cosantacha iad tuismitheoirí Phádraigín. Deir siad nach bhfuil **cead** aici scríobh chuig Diarmaid mar caithfidh sí staidéar a dhéanamh. Níl cead aici dul chuig teach Mhamó ina haonar. — permission

Mamó

Is duine cineálta tuisceanach é Mamó. Tuigeann sí nach bhfuil spás ag Pádraigín. Tugann Mamó spás agus saoirse do Phádraigín.

1. Cén sórt duine í Pádraigín?
2. Cad a dhéanann Pádraigín lena cuid fadhbanna sa ghearrscéal seo?
3. Cén fáth a bhfuil imní ar Phádraigín?
4. Cén sórt daoine iad tuismitheoirí Phádraigín?
5. Cad a thugann Mamó do Phádraigín?

Bí ag caint!

Smaoinigh ar chosúlacht amháin agus difríocht amháin idir tú féin agus Pádraigín. Pléigh do thuairim leis an duine atá in aice leat.

Táim in ann anailís a dhéanamh ar charachtair sa ghearrscéal 'Spás'.

Téamaí an ghearrscéil: Léigh agus labhair

Tá an triúr seo ag labhairt faoi théama an ghearrscéil 'Spás'. Cé leis a n-aontaíonn tú? Léigh na tuairimí agus déan vóta sa rang!

> Measaim gurb é **An Teaghlach** téama an ghearrscéil. Bíonn fadhbanna i ngach teaghlach. Seo sampla de roinnt fadhbanna teaghlaigh.

> Sílim gurb é **Saol an Déagóra** téama an ghearrscéil. Is gnáthdheagóir í Pádraigín. Ba mhaith léi níos mó spáis agus saoirse ina saol.

> Ceapaim gurb é **Athrú** téama an ghearrscéil. Tá Pádraigín ag déileáil le hathrú mór ina saol.

Stór focal

fadhbanna	problems	níos mó	more
saol an déagóra	life of a teenager	athrú	change
gnáthdhéagóir	ordinary teenager	ag déileáil le	dealing with

Mothúcháin an ghearrscéil: Léigh agus scríobh

Léigh an freagra samplach seo agus freagair na ceisteanna.

Ceist shamplach:

Cad é an mothúchán is láidre sa ghearrscéal 'Spás'?

Freagra samplach:

Is é **míshonas** an mothúchán is láidre sa ghearrscéal 'Spás'.

Ar an gcéad dul síos, tá Pádraigín **ag déileáil le** hathruithe móra ina saol. Tá deartháir nua aici. Níl a seomra féin aici. Níl spás aici agus mar sin tá sí míshona.

Ar an dara dul síos, tá sí míshona mar níl saoirse aici ina saol. Níl cead aici scríobh chuig Diarmaid mar caithfidh sí staidéar a dhéanamh. Níl cead aici dul chuig teach Mhamó ina haonar. Mar sin, tá sí míshona.

Mothúcháin eile: Imní, Brón, Uaigneas, Grá, Éadóchas, Dóchas

unhappiness

dealing with

1. Luaigh **dhá** athrú a bhfuil Pádraigín ag déileáil leo ina saol.
2. Cén fáth nach bhfuil cead aici scríobh chuig Diarmaid?
3. Cén áit nach bhfuil cead ag Pádraigín dul?

Punann 3.4

Samhlaigh gur cara le Pádraigín thú. Scríobh ríomhphost chuici chun comhairle (*advice*) a chur uirthi. Luaigh trí rud ba cheart do Phádraigín a dhéanamh. Scríobh an chéad dréacht (*draft*) i do chóipleabhar. Bain úsáid as na frásaí thíos.

ba cheart duit	you should	labhairt le duine éigin	talk to someone
labhairt le do Mhamó	talk to your Grandma	labhairt le do thuismitheoirí	talk to your parents
síocháin a dhéanamh le hAoife	make up with Aoife	cabhrú le Peadar	help with Peadar
cabhrú le do thuismitheoirí	help your parents	an taobh is fearr den scéal a fheiceáil	look on the bright side
teacht chuig mo theach	come to my house	smaoineamh ar an samhradh iontach a bheidh againn	think of the great summer we will have

Ansin, léigh an seicliosta ar leathanach 19 de do phunann agus léigh siar ar do dhréacht. Ansin, athdhréachtaigh (*redraft*) do chuid oibre. Scríobh an leagan deiridh (*final version*) i do phunann ar leathanach 18.

Táim in ann anailís a dhéanamh ar an ngearrscéal 'Spás'.

BÉALTRIAIL

Agallamh

💬 Labhair

Léirigh an t-agallamh seo leis an duine atá in aice leat.

1. **Cén sórt tí atá agat?**
   Tá mé i mo chónaí i dteach leathscoite.

2. **Cá bhfuil an teach suite?**
   Tá an teach suite in eastát tithíochta ar imeall na cathrach.

3. **Cé mhéad seomra atá ann? Céard iad?**
   Tá ocht seomra sa teach. Trí sheomra codlata, an chistin, an seomra suí, an seomra bia agus dhá sheomra folctha.

4. **Cén seomra is fearr leat?**
   Is breá liom an seomra suí ach is é mo sheomra codlata an seomra is fearr liom.

5. **Cén fáth?**
   Is breá liom mo scíth a ligean ann. Tá sé ciúin freisin. Tá mo leaba compordach agus tá deasc mhór agam chun mo chuid obair bhaile a dhéanamh.

Ruadhán

✏️ Scríobh

Freagair na ceisteanna seo i do chóipleabhar.

1. Cén sórt tí atá ag Ruadhán?
2. Cá bhfuil a theach suite?
3. Cé mhéad seomra atá ina theach?
4. Cad iad na seomraí ina theach?
5. Cén seomra is fearr leis?
6. Cén fáth a dtaitníonn an seomra sin leis?

✏️💬 Scríobh agus labhair

Freagair na ceisteanna a d'fhreagair Ruadhán (Ceisteanna 1–5) i do chóipleabhar. Ansin, cuir na ceisteanna seo ar an duine atá in aice leat.

✓ Táim in ann ceisteanna faoi mo theach a fhreagairt. 🙂 😐 ☹️

ochtó a dó

CLEACHTAÍ ATHBHREITHNITHE

Caibidil 3

Súil Siar

A. Ainmnigh an seomra ina bhfaighfeá na rudaí seo a leanas. Tá an chéad cheann déanta duit. Scríobh na freagraí i do chóipleabhar.

1	leaba	seomra codlata	6	miasniteoir	
2	folcadán		7	cuisneoir	
3	tolg		8	piliúr	
4	vardrús		9	tinteán	
5	cathaoir uilleach		10	leithreas	

B. Cén sórt tithe iad seo? Cá bhfuil siad suite?

Cluastuiscint

Cloisfidh tú dhá chomhrá sa chuid seo. Cloisfidh tú gach comhrá díobh faoi dhó. Éist go cúramach agus freagair na ceisteanna i do chóipleabhar.

Script: leathanach 122 de do Leabhar Gníomhaíochta.

Comhrá a hAon

1. Cén pictiúr a théann leis an gcomhrá seo?

   A, B,  C,  D

2. Cén seomra ina raibh an rud seo?
   - (A) seomra codlata Mham
   - (B) seomra codlata Mháire
   - (C) seomra codlata Dhaid
   - (D) an seomra suí

Comhrá a Dó

1. Cad is ainm don óstán seo?
   - (A) Óstán faoin Tuath
   - (B) Óstán na Cathrach
   - (C) Óstán na Farraige
   - (D) Óstán na Feirme

2. Cén dáta ar mhaith le hEva fanacht san óstán?
   - (A) 6 Eanáir
   - (B) 6 Aibreán
   - (C) 6 Lúnasa
   - (D) 6 Nollaig

Cultúr 3
Ráthanna agus Síóga

Ráthanna

Timpeall 500 AD, bhí Éireannaigh ina gcónaí i lonnaíochtaí ciorclacha.

'Ráth' is ainm don lonnaíocht ar fad. 'Lios' is ainm don áit ina raibh na tithe.

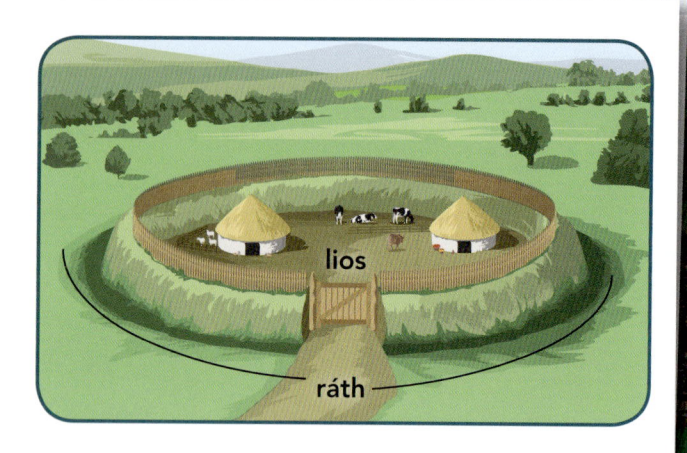

Bhí cónaí ar na ríthe sna lonnaíochtaí is tábhachtaí. 'Dún' is ainm don sórt lonnaíochta seo.

Ráth an tSratha, Co. Ros Comáin

Is ó na lonnaíochtaí seo a fhaigheann go leor bailte in Éirinn a n-ainm. Mar shampla, Ráth Fearnáin, Ráth Caola, Lios Ceannúir, Lios Mór, Dún Pádraig agus Dún Laoghaire.

Dún Pádraig, Co. an Dúin

Stór focal

lonnaíochtaí ciorclacha	circular settlements		is tábhachtaí	most important
tithe	houses		a fhaigheann	that get
ríthe	kings		bailte	towns

Sióga

Nuair a bhog na daoine amach as na ráthanna, chreid siad gur bhog na 'sióga', nó '*fairies*', isteach. B'fhéidir gur chuala tú an focal 'bean sí', nó '*fairy woman*' i mBéarla.

Uaireanta, bhí na sióga cineálta ach uaireanta eile, bhí siad go holc. De réir na seanscéalta, d'fhuadaigh siad go leor daoine agus uaireanta, ghortaigh siad iad. Mar sin, bhí eagla ar dhaoine rompu.

Bean sí

Stór focal

bhog	moved		de réir	according to
b'fhéidir	maybe		seanscéalta	old stories
cineálta	kind		d'fhuadaigh	kidnapped
go holc	evil		ghortaigh	injured

TASC CULTÚIR 3 — Taighde agus cur i láthair

Téigh chuig www.duchas.ie agus cuardaigh 'sióga' nó '*fairies*'. Léigh scéal **amháin** ón liosta. Breac síos nótaí. Ansin, cruthaigh leagan digiteach den scéal ar www.storyjumper.com.

Cuir an scéal i láthair an ranga.

Féinmheasúnú

I do thuairim, an raibh an cur i láthair seo deacair? Cén fáth? Tabhair **dhá** fháth le do thuairim.

Mo Cheantar

TURAS — **STAMPA TAISTIL** — **PAS BORDÁLA**

CAIBIDIL 4

✓ Faoi dheireadh na caibidle seo, beidh mé in ann:
- Cur síos a dhéanamh ar mo cheantar féin.
- Treoracha a lorg agus a thabhairt.
- Cárta poist a scríobh.

G Gramadach
- An Aimsir Chaite

Príomhscileanna
- Cumarsáid
- Obair le daoine eile

Punann
- Punann 4.1 – Léarscáil de Mo Cheantar a Tharraingt
- Punann 4.2 – Píchairt a Dhearadh
- Punann 4.3 – Cárta Poist a Scríobh
- Punann 4.4 – Cur i Láthair ar an Dán

Clár Ábhair

Foclóir	An Baile Mór	88
Foclóir	Treoracha sa Bhaile Mór	90
Foclóir	Cineálacha Siopaí	92
Léamhthuiscint	Dhá Bhaile Áille	94
Léamhthuiscint	Ionaid Siopadóireachta Iontacha	96
Gramadach	An Aimsir Chaite	98
Éisteacht	Comharsana Callánacha	100
Scríobh	Cárta Poist ón tSeapáin	102
Litríocht	Filíocht: An Ghealach	104
Béaltriail	Agallamh	110
Cleachtaí Athbhreithnithe	Súil Siar	111
Cultúr 4	Na Teangacha Ceilteacha	112

FOCLÓIR

An Baile Mór

> Dia daoibh. Is mise Muireann. Seo mo bhaile mór i dTiobraid Árann. Cá bhfuil tú i do chónaí?

Meaitseáil

Féach ar an bpictiúr den bhaile seo. Meaitseáil na háiseanna leis na pictiúir. Bain úsáid as d'fhoclóir nó as www.focloir.ie.

- banc ☐
- bialann ☐
- siopa grósaera ☐
- páirc imeartha ☐
- scairdeán ☐
- binse ☐
- linn snámha ☐
- oifig an phoist ☐
- ollmhargadh ☐
- ospidéal ☐
- gruagaire ☐
- siopa caife ☐
- siopa éadaí ☐
- club óige ☐
- stáisiún na nGardaí ☐
- stáisiún traenach ☐
- busáras ☐
- séipéal ☐
- ionad spóirt ☐

Scríobh agus labhair

Freagair na ceisteanna seo. Ansin, cuir na ceisteanna ar an duine atá in aice leat.

	Ceisteanna	Freagraí samplacha
1	Cá bhfuil tú i do chónaí?	Táim/Tá mé i mo chónaí i dTiobraid Árann.
2	An maith leat do cheantar?	Is breá liom mo cheantar.
3	An bhfuil a lán áiseanna i do cheantar?	Tá a lán áiseanna i mo cheantar. Mar shampla, linn snámha, club óige agus go leor siopaí.

Mo Cheantar

Táim in ann cur síos a dhéanamh ar an mbaile mór.

ochtó a naoi

Caibidil 4

89

Turas 2

FOCLÓIR

Treoracha sa Bhaile Mór

Gabh mo leithscéal, cá bhfuil an banc, le do thoil?

Ó, tá sé sin an-éasca. Tóg an dara casadh ar dheis. Feicfidh tú ar chlé é.

Meaitseáil

Meaitseáil na pictiúir leis na treoracha (*directions*). Bain úsáid as d'fhoclóir nó as www.focloir.ie.

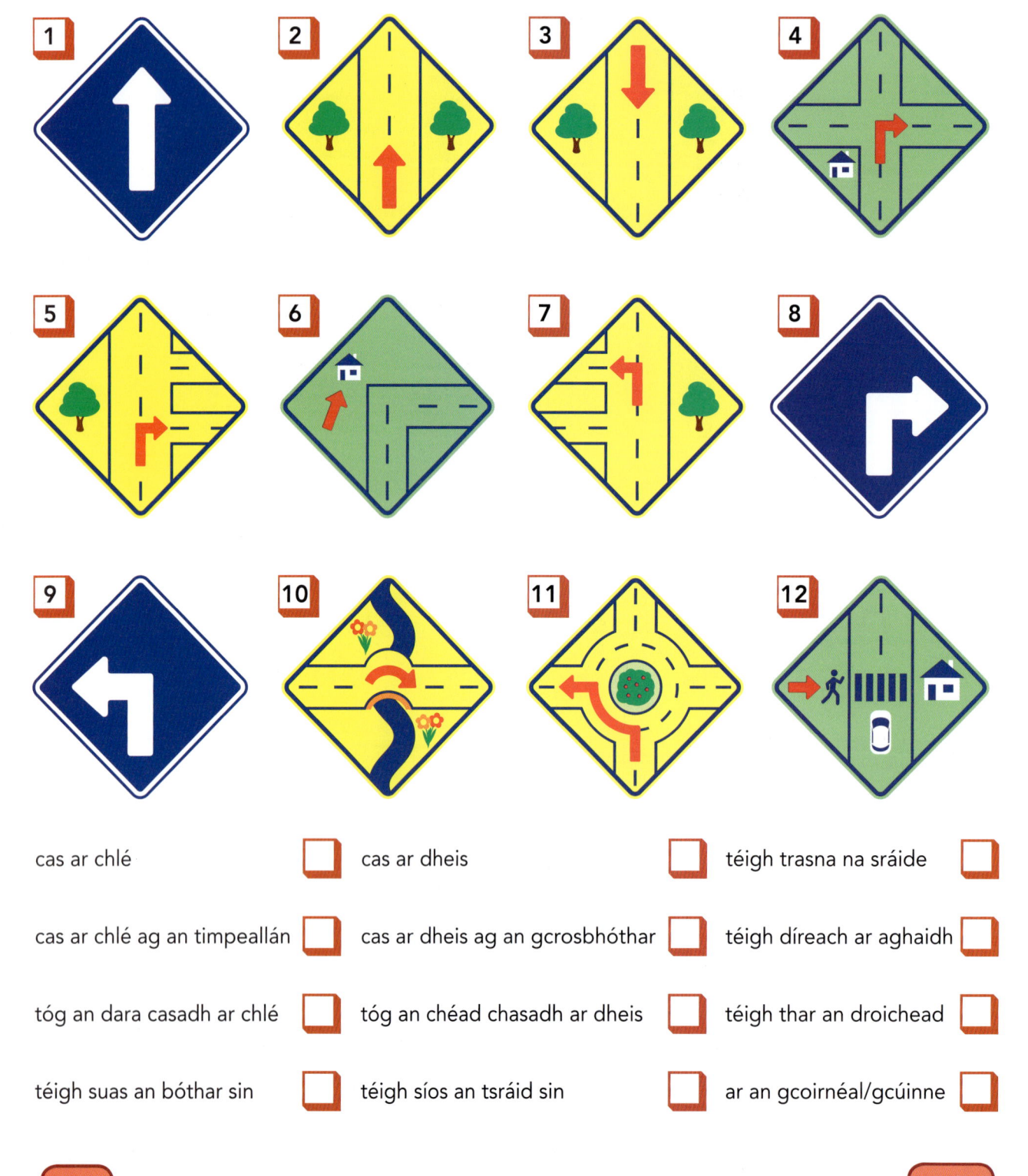

cas ar chlé ☐	cas ar dheis ☐	téigh trasna na sráide ☐
cas ar chlé ag an timpeallán ☐	cas ar dheis ag an gcrosbhóthar ☐	téigh díreach ar aghaidh ☐
tóg an dara casadh ar chlé ☐	tóg an chéad chasadh ar dheis ☐	téigh thar an droichead ☐
téigh suas an bóthar sin ☐	téigh síos an tsráid sin ☐	ar an gcoirnéal/gcúinne ☐

Scríobh

Conas a théann tú go dtí na háiteanna seo? Tosaigh ag an mbanc. Bain úsáid as na focail nua ar leathanach 90. Scríobh na treoracha i do chóipleabhar.

1. An club óige
2. An linn snámha
3. An stáisiún traenach

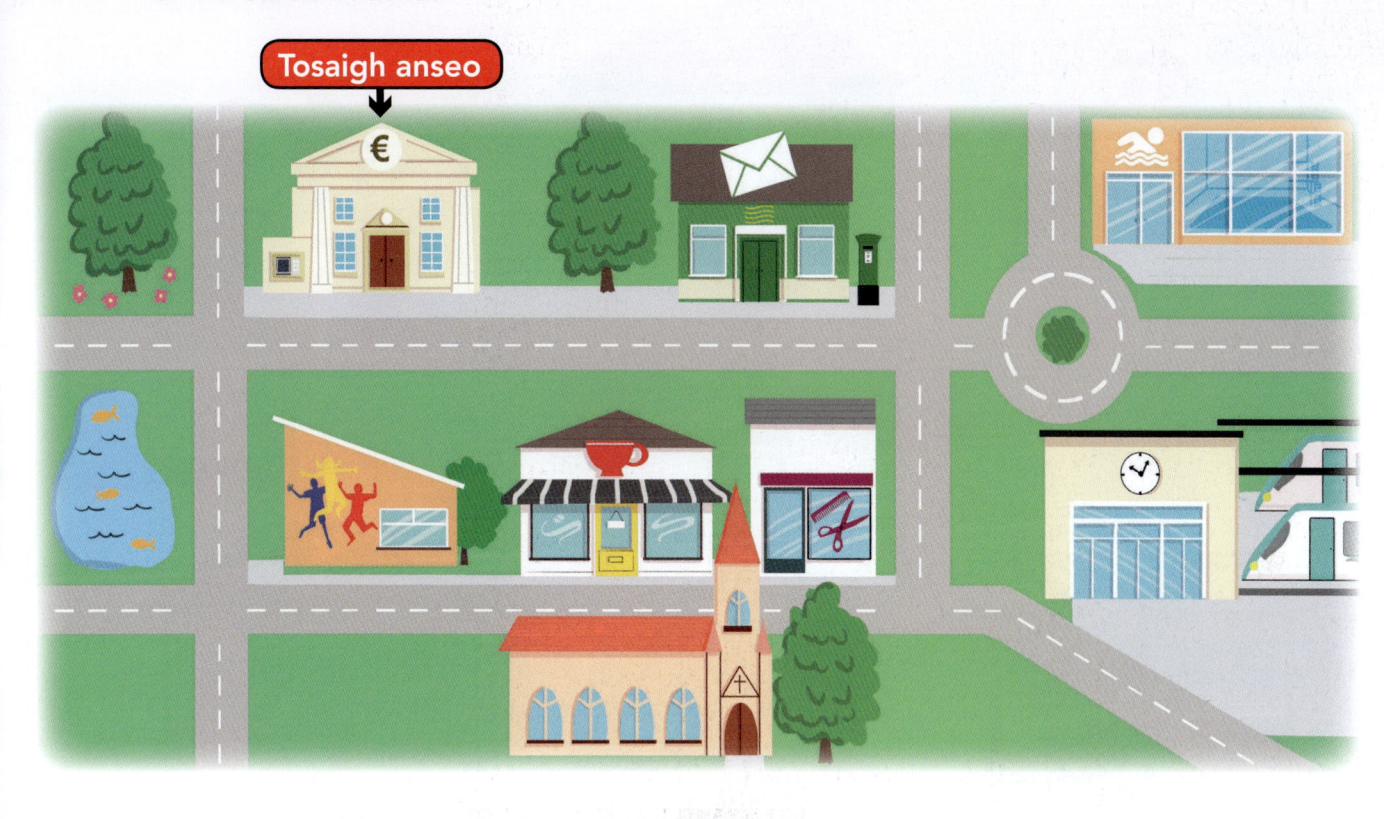

Tosaigh anseo

Bí ag caint!

Smaoinigh ar áit amháin i do cheantar. Lorg (*look for*) treoracha ón duine atá in aice leat. Bain úsáid as na focail nua ar leathanach 90.

Táim in ann treoracha a thabhairt agus a lorg.

nócha a haon

Turas 2

FOCLÓIR

Cineálacha Siopaí

Meaitseáil

Meaitseáil na pictiúir leis na siopaí.

- siopa ceoil ☐
- siopa búistéara ☐
- siopa peataí ☐
- siopa bróg ☐
- siopa bréagán ☐
- siopa spóirt ☐
- bácús ☐
- siopa éadaí ☐
- siopa guthán ☐
- siopa caife ☐

92 nócha a dó

Bí ag caint!

Cén siopa inar féidir leat na rudaí seo a cheannach? Cuir ceisteanna ar a chéile. Roghnaigh ocht n-earra (*items*) ón tábla thíos. Bain úsáid as an sampla.

> Cén áit inar féidir leat arán a cheannach?

> Is féidir leat arán a cheannach i mbácús.

arán	cultacha spóirt	feoil
bríste	cluichí do pháistí	Lego
cárta SIM	ispíní	slisíní
léinte	bronntanais do pháistí	DVDanna
CDanna	fón phóca	cupán tae
cluichí ríomhaire	croissants	ceapaire
cupán caife	pearóidí	éisc órga
geansaithe peile	bróga spóirt	bróga scoile

Bí ag caint!

I mbeirteanna, pléigh an cheist seo:

Cé mhéad earra (*items*) ón tábla thuas ar féidir leat a cheannach in ollmhargadh? Déan taifeadadh ar an gcomhrá.

> An féidir leat CDanna a cheannach in ollmhargadh?
> Can you buy CDs in a supermarket?

> Is féidir leat.
> You can.

> Ní féidir leat.
> You can't.

> Ceapaim gur féidir leat.
> I think you can.

Punann 4.1

Tarraing nó dear léarscáil (*map*) de do cheantar. Liostaigh na siopaí agus na háiseanna. Bain úsáid as Google Maps chun cabhrú leat. Cuir an obair chríochnaithe i do phunann ar leathanach 22.

Táim in ann cur síos a dhéanamh ar na siopaí i mo cheantar.

Mo Cheantar

nócha a trí

LÉAMHTHUISCINT

Dhá Bhaile Áille

Meaitseáil
Meaitseáil na pictiúir leis na séasúir.

1   2   3   4

earrach ☐   samhradh ☐   fómhar ☐   geimhreadh ☐

Léigh agus scríobh
Léigh an píosa seo agus freagair na ceisteanna a ghabhann leis.

Haigh, is mise Lorraine. Táim i mo chónaí i mBun Dobhráin i nDún na nGall. Tá sé suite **cois farraige**. Baile mór **bríomhar** is ea é.

Tá go leor áiseanna deasa sa cheantar. Tá pictiúrlann, bialanna, siopaí de gach sórt agus ionad spóirt anseo. **Chomh maith leis sin**, tá cúpla linn snámha agus páirc uisce anseo.

Do **thurasóirí**, tá óstáin, galfchúrsa agus **páirc eachtraíochta**.

An **áit** is fearr liom, áfach, ná an trá. Tá trá álainn againn. Is féidir leat dul ag surfáil freisin. Tá go leor scoileanna surfála anseo. Téim ag surfáil gach seachtain – san earrach, sa samhradh, san fhómhar agus **fiú** sa gheimhreadh nuair a bhíonn an aimsir **go hainnis**!

beside the sea; lively

as well as that

tourists; adventure park

place

even
miserable

1. Cá bhfuil Lorraine ina cónaí?
2. Cén sórt baile é?
3. Déan cur síos ar na háiseanna sa cheantar.
4. Cad atá ann do thurasóirí?
5. Cad é an áit is fearr léi? Cén fáth?
6. Cad a dhéanann Lorraine gach seachtain?

nócha a ceathair

Léigh agus scríobh

Léigh an píosa seo agus freagair na ceisteanna a ghabhann leis.

Is mise Faraj. Tá mé i mo chónaí i gCill Chainnigh. Is aoibhinn liom an **chathair** álainn seo. — city

Tá go leor áiseanna anseo. Mar shampla, tá óstáin, bialanna, clubanna spóirt, clubanna óige, pictiúrlanna, ionad siopadóireachta agus páirceanna deasa anseo.

Tá go leor áiseanna anseo do thurasóirí freisin. Tá caisleán i lár na cathrach. Tá **uaimheanna in aice láimhe** freisin. — caves; nearby

Is é an club leadóige an áis is fearr liom. Imrím leadóg gach lá le mo chairde.

1. Cá bhfuil Faraj ina chónaí?
2. An maith leis an chathair?
3. Déan cur síos ar na háiseanna sa cheantar.
4. Ainmnigh **dhá** áis atá ann do thurasóirí.
5. Cad é an áis is fearr leis?

Scríobh agus labhair

Freagair na ceisteanna seo. Ansin, cuir na ceisteanna ar an duine atá in aice leat.

1. Cá bhfuil tú i do chónaí?
2. An maith leat do cheantar?
3. Cad iad na háiseanna atá ann?
4. Cad iad na háiseanna atá ann do thurasóirí?
5. Cad í an áis is fearr leat?

Cur i láthair

Déan cur i láthair ar do cheantar ar PowerPoint nó Prezi os comhair an ranga. Tóg cúpla grianghraf nó bain úsáid as Google Street View chun pictiúir a chur leis. Luaigh na háiseanna agus na siopaí is fearr.

Táim in ann cur síos a dhéanamh ar mo cheantar.

Turas 2

LÉAMHTHUISCINT

Ionaid Siopadóireachta Iontacha

Léigh agus éist

Léigh agus éist leis an bpíosa seo.

Na hIonaid Siopadóireachta is Fearr ar Domhan

Marina Bay Sands
Singeapór
Téigh isteach i ngandala i Singeapór.

Dubai Mall
Dubai
Ar mhaith leat snámh le siorcanna?

Tá ionaid siopadóireachta **ag éirí níos mó agus níos fearr** gach lá. Tá ionaid siopadóireachta **i mbeagnach** gach contae in Éirinn.	becoming bigger and better; in nearly
Tá siopaí de gach sórt **iontu** – siopaí éadaí, siopaí bróg, siopaí spóirt, siopaí ceoil, siopaí bréagán agus siopaí guthán. Tá bialanna agus siopaí caife iontu freisin.	in them
Tá go leor **áiseanna** sna hionaid siopadóireachta Éireannacha freisin. Mar shampla, tá pictiúrlann i mbeagnach gach ionad siopadóireachta in Éirinn.	facilities
Tá na hionaid siopadóireachta **i dtíortha eile** go hiontach freisin. Mar shampla, in Marina Bay Sands i Singeapór, is féidir leat dul i n**gandala**. In Mall of American in Minnesota, is féidir leat dul ar **rollchóstóir**. In Dubai Mall, is féidir leat snámh le **siorcanna**.	in other countries gondola rollercoaster sharks

Mall of America
Minnesota
Téigh ar rollchóstóir in Minnesota.

Murar leor sin, in Printemps i mBéising, is féidir leat dul ar **shleamhnán cúig urlár**. **Ar deireadh**, is féidir leat dul ag sciáil agus ag snámh i bpáirc uisce in American Dream Mall, Miami.

**if that wasn't enough
five-storey slide; finally**

Printemps
Béising
An duine cróga thú?

American Dream Mall
Miami
An duine spórtúil thú?

✏️ Scríobh

Fíor nó bréagach?

		F	B
1.	Tá ionad siopadóireacht i mbeagnach gach contae in Éirinn.	☐	☐
2.	Tá siopaí de gach sórt sna hionaid siopadóireachta in Éirinn.	☐	☐
3.	Tá rollchóstóir i ngach ionad siopadóireachta in Éirinn.	☐	☐
4.	Is féidir leat dul ar shleamhnán trí urlár in Printemps i mBéising.	☐	☐
5.	Is féidir leat dul ag sciáil in American Dream Mall, Miami.	☐	☐

💬 Bí ag caint!

Tá cúig ionad siopadóireachta luaite san alt seo. Cén ceann is fearr leat? Cuir ceist ar an duine atá in aice leat.

Punann 4.2

Cad é an t-ionad siopadóireachta is mó a thaitníonn leis an rang? Dear pícairt chun tuairimí an ranga a léiriú. Cuir an obair chríochnaithe i do phunann ar leathanach 24.

✓ Táim in ann cur síos a dhéanamh ar ionad siopadóireachta. 🙂 😐 ☹️

nócha a seacht

Mo Cheantar

GRAMADACH

An Aimsir Chaite

Cuimhnigh!
An Aimsir Chaite = Rudaí a tharla san am atá thart

Na briathra rialta

An chéad réimniú

An Aimsir Chaite	Glan (*clean*)		Úsáid (*use*)	
	Leathan: briathar + … amar (muid)		**Caol:** briathar + … eamar (muid)	
	Uatha	**Iolra**	**Uatha**	**Iolra**
1	Ghlan mé	Ghlanamar	D'úsáid mé	D'úsáideamar
2	Ghlan tú	Ghlan sibh	D'úsáid tú	D'úsáid sibh
3	Ghlan sé/sí	Ghlan siad	D'úsáid sé/sí	D'úsáid siad
Diúltach	Níor ghlan		Níor úsáid	
Ceisteach	Ar ghlan?		Ar úsáid?	

An dara réimniú

An Aimsir Chaite	Ceannaigh (*buy*)		Foghlaim (*learn*)	
	Leathan: ~~aigh~~; briathar + … aíomar (muid)		**Caol:** ~~igh~~; briathar + … íomar (muid)	
	Uatha	**Iolra**	**Uatha**	**Iolra**
1	Cheannaigh mé	Cheannaíomar	D'fhoghlaim mé	D'fhoghlaimíomar
2	Cheannaigh tú	Cheannaigh sibh	D'fhoghlaim tú	D'fhoghlaim sibh
3	Cheannaigh sé/sí	Cheannaigh siad	D'fhoghlaim sé/sí	D'fhoghlaim siad
Diúltach	Níor cheannaigh		Níor fhoghlaim	
Ceisteach	Ar cheannaigh?		Ar fhoghlaim?	

Scríobh

Athscríobh na habairtí seo san Aimsir Chaite i do chóipleabhar.

1. [Úsáid: mé] _____ an scian agus forc agus ansin, [glan: mé] _____ iad.
2. [Ceannaigh: muid] _____ bronntanais dóibh agus ansin, [oscail: siad] _____ iad.
3. [Foghlaim: siad] _____ na focail agus ansin, [úsáid: siad] _____ iad san aiste.
4. Ar [glan: tú] _____ an chistin? Ar [nigh: tú] _____ na gréithe?
5. Níor [siúil: mé] _____ abhaile. [Fan: mé] _____ ar shíob ó mo Dhaid.
6. [Glan: siad] _____ an seomra ranga agus ansin, [siúil: siad] _____ abhaile.
7. Ar [foghlaim: tú] _____ na focail nua? Ar [caith: tú] _____ a lán ama orthu?
8. [Úsáid: mé] _____ na focail a [foghlaim: mé] _____.

Na briathra neamhrialta

Ní leanann gach briathar na gnáthrialacha. Tugtar 'Na briathra neamhrialta' orthu seo. Seo iad na 11 bhriathar neamhrialta:

Not all verbs follow the normal rules. These are called 'Na briathra neamhrialta'. The 11 irregular verbs are as follows:

Abair

1	Dúirt mé	Dúramar
2	Dúirt tú	Dúirt sibh
3	Dúirt sé/sí	Dúirt siad
Diúltach	Ní dúirt	
Ceisteach	An ndúirt?	

Beir

1	Rug mé	Rugamar
2	Rug tú	Rug sibh
3	Rug sé/sí	Rug siad
Diúltach	Níor rug	
Ceisteach	Ar rug?	

Clois

1	Chuala mé	Chualamar
2	Chuala tú	Chuala sibh
3	Chuala sé/sí	Chuala siad
Diúltach	Níor chuala	
Ceisteach	Ar chuala?	

Déan

1	Rinne mé	Rinneamar
2	Rinne tú	Rinne sibh
3	Rinne sé/sí	Rinne siad
Diúltach	Ní dhearna	
Ceisteach	An ndearna?	

Faigh

1	Fuair mé	Fuaireamar
2	Fuair tú	Fuair sibh
3	Fuair sé/sí	Fuair siad
Diúltach	Ní bhfuair	
Ceisteach	An bhfuair?	

Feic

1	Chonaic mé	Chonaiceamar
2	Chonaic tú	Chonaic sibh
3	Chonaic sé/sí	Chonaic siad
Diúltach	Ní fhaca	
Ceisteach	An bhfaca?	

Ith

1	D'ith mé	D'itheamar
2	D'ith tú	D'ith sibh
3	D'ith sé/sí	D'ith siad
Diúltach	Níor ith	
Ceisteach	Ar ith?	

Tabhair

1	Thug mé	Thugamar
2	Thug tú	Thug sibh
3	Thug sé/sí	Thug siad
Diúltach	Níor thug	
Ceisteach	Ar thug?	

Tar

1	Tháinig mé	Thángamar
2	Tháinig tú	Tháinig sibh
3	Tháinig sé/sí	Tháinig siad
Diúltach	Níor tháinig	
Ceisteach	Ar tháinig?	

Téigh

1	Chuaigh mé	Chuamar
2	Chuaigh tú	Chuaigh sibh
3	Chuaigh sé/sí	Chuaigh siad
Diúltach	Ní dheachaigh	
Ceisteach	An ndeachaigh?	

Bí

1	Bhí mé	Bhíomar
2	Bhí tú	Bhí sibh
3	Bhí sé/sí	Bhí siad
Diúltach	Ní raibh	
Ceisteach	An raibh?	

Tá tuilleadh cleachtaí ar leathanach 360.

Táim in ann an Aimsir Chaite a úsáid i gceart.

ÉISTEACHT

Comharsana Callánacha

Meaitseáil

Meaitseáil na pictiúir leis na fadhbanna.

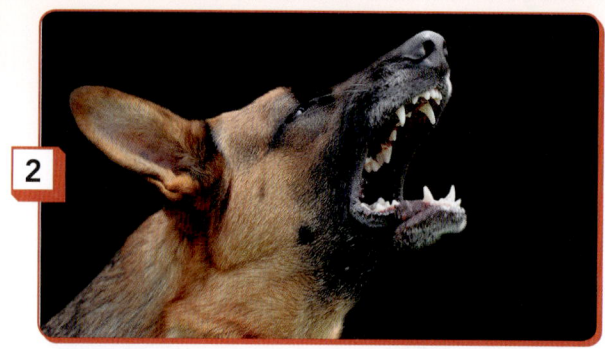

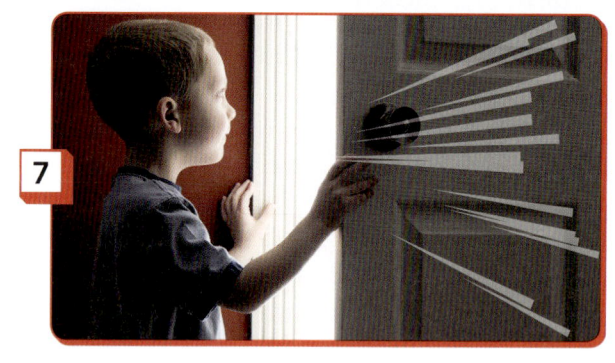

an madra ag tafann ☐	na tuismitheoirí ag seinm ceoil go hard ☐
an páiste ag plabadh na ndoirse ☐	an teaghlach ag damhsa ar an mbóthar ☐
an t-athair ag folúsghlanadh ag meán oíche ☐	an leanbh ag caoineadh agus ag béicíl ☐
na siblíní ag argóint ☐	an teilifís an-ard ☐

Éist agus scríobh

Tá Donncha agus Marta ag caint ar scoil. Tá tuirse an domhain ar Dhonncha mar bhí na comharsana an-challánach (*very noisy*) aréir. Ní dhearna sé néal codlata (*a wink of sleep*)! Éist leis an gcomhrá agus scríobh fíor nó bréagach i do chóipleabhar.

Script: leathanach 123 de do Leabhar Gníomhaíochta.

Donncha

Marta

	F	B
1. Ní dhearna Donnacha néal codlata.	☐	☐
2. Bhí na leanaí ag caoineadh agus ag béicíl.	☐	☐
3. Chuala sé na siblíní ag argóint.	☐	☐
4. Dúirt sé go raibh na madraí ag tafann.	☐	☐
5. Chonaic sé an teaghlach ag damhsa ar an mbóthar.	☐	☐
6. Bhí an teilifís an-ard.	☐	☐
7. Chuala sé na páistí ag plabadh na ndoirse.	☐	☐
8. Thosaigh duine éigin ag folúsghlanadh ag meán oíche.	☐	☐

Bí ag caint!

I ngrúpa, pléigh na fadhbanna ar leathanach 100. Liostaigh na trí fhadhb is measa.

Táim in ann cur síos a dhéanamh ar chomharsana callánacha.

céad a haon

Turas 2

SCRÍOBH

Cárta Poist ón tSeapáin

Léigh

Léigh an cárta poist seo faoi shaoire sa tSeapáin.

Beannú
- A Sheosaimh, a chara,
- Conas atá tú? Tá súil agam go bhfuil tú go maith! Táim ar saoire le mo theaghlach sa tSeapáin!

Corp
- Táim ag baint an-taitneamh as an tsaoire. Táimid ag fanacht in óstán deas i dTóiceo.
- Tá an aimsir go hiontach. Tá an chathair go hálainn. Tá áiseanna agus siopaí de gach sórt anseo. Téimid ag siopadóireacht fuinneoige gach lá!
- Chuamar go Páirc Inokashira inné. Tá zú agus uisceadán ollmhór ann.
- Rachaimid go cluiche rugbaí idir Éire agus an Nua-Shéalainn amárach. Táim ag tnúth go mór leis.

Críoch
- Beidh mé ar ais Dé Luain seo chugainn. Buailfidh mé aníos chugat!
- Slán!
- Bairbre

Greamaigh stampa anseo

Seosamh Mac Gabhann
Bóthar Lansdún
Baile Átha Cliath 4
Éire

Faraor nach bhfuil tú anseo!

Stór focal

siopadóireacht fuinneoige	window shopping
uisceadán	aquarium
an Nua-Shéalainn	New Zealand
ag tnúth go mór le	really looking forward to
beidh mé ar ais	I will be back
buailfidh mé aníos chugat	I'll call up to you

Noda!

Beannú
- Scríobh ainm an duine, mar shampla 'A Aintín Máire'/'A Uncail Seán'.
- Scríobh an líne oscailte.

Corp
- Déan cur síos ar gach rud, mar shampla an aimsir/an bia/an ceantar.
- Déan cur síos ar na rudaí a rinne tú/a dhéanann tú/a dhéanfaidh tú.

Críoch
- Abair cathain a bheidh tú ar ais.
- Luaigh cén áit a bhfeicfidh sibh a chéile.
- Scríobh an deireadh agus sínigh d'ainm.

✏️ 💬 Scríobh agus labhair

Freagair na ceisteanna seo. Seiceáil na freagraí leis an duine atá in aice leat.

1. Cá bhfuil Bairbre ar saoire?
2. Cá bhfuil siad ag fanacht?
3. Cad a dhéanann siad gach lá?
4. Cad a rinne siad inné?
5. Cad a dhéanfaidh siad amárach?
6. Cathain a bheidh sí ar ais?

💼 Punann 4.3

Tá tú ar saoire thar lear i gcathair mhór. Scríobh cárta poist chuig cara leat. Bain úsáid as an stór focal thíos. Cuir an obair chríochnaithe i do phunann ar leathanach 26.

áb Stór focal

Beannú	A Sheoirse, a chara	
	A Amal, a chara	
	Conas atá tú?	
	Tá súil agam go bhfuil tú go maith/i mbarr na sláinte. / *I hope you are well/in the best of health.*	
	Tá ag éirí go maith liom. / *I'm doing well.*	
	Táim ag baint an-taitneamh as na laethanta saoire. / *I'm really enjoying the holidays.*	
	Táim ar saoire sa Spáinn/sa Fhrainc/i Meiriceá.	
Corp		
Aimsir	Tá an aimsir go hálainn.	
Áiseanna	Tá go leor áiseanna anseo.	
Siopaí	Tá siopaí de gach sórt anseo.	
Óstán	Tá an t-óstán compordach.	
Daoine	Tá na daoine lách cairdiúil (*really friendly*).	
Bia	Tá an bia sárbhlasta (*really tasty*).	
Gníomhaíochtaí	Téim ag siúl/ag snámh/ag siopadóireacht gach maidin.	
	Chuaigh mé go dtí an pháirc inné.	
	Rachaidh mé go cluiche/ceolchoirm amárach.	
Críoch	Beidh mé ar ais … / *I will be back …*	
	Feicfidh mé thú … / *I will see you …*	
	Buailfidh mé aníos chugat … / *I'll call up to you …*	
	Dé Luain seo chugainn / *next Monday*	

✓ Táim in ann cárta poist a scríobh.   🙂 😐 🙁

LITRÍOCHT

Filíocht: An Ghealach

Éist agus labhair

Éist leis an múinteoir ag léamh an dáin seo os ard. Ansin, léigh an dán os ard leis an duine atá in aice leat.

Téigh chuig www.educateplus.ie/resources/turas-2 (faoi 'Litríocht') chun éisteacht leis an dán seo.

An Ghealach
le Caitríona Ní Chléirchín

Is í banríon na spéartha í
áilleacht na hoíche
réalta rúnda
a ritheann romham
mo chara ar an bhóthar
ar turas
sa dorchadas
a haghaidh anois
faoi cheilt
i gceo
thar pháirc is chrainn
a eitlíonn sí,
ag scaipeadh scáileanna.
Tá an tír ina baclainn.
Mo spéirbhean.
Mo chroí rúnda.

Stór focal

banríon	queen	faoi cheilt	hidden
áilleacht	beauty	i gceo	in fog
réalta	star	ag scaipeadh	scattering
rúnda	secret	scáileanna	shadows
romham	before me	ina baclainn	in her arms
dorchadas	darkness	spéirbhean	beautiful fairy woman

Scéal an dáin: Léigh agus scríobh

Léigh scéal an dáin agus freagair na ceisteanna.

Sa dán seo, cuireann an file síos ar an ngealach. Deir an file go bhfuil an ghealach go hálainn. Tá an ghealach **cumhachtach** freisin.	powerful
Tá an file ar turas pearsanta agus is í an ghealach a **réalta eolais**. Fanann an ghealach **in aice léi i gcónaí**. Mar shampla, nuair a bhíonn sé scamallach agus dorcha, bíonn an ghealach ann i gcónaí.	guiding light beside her always

1. Cad a deir an file faoin ngealach? Luaigh **dhá** phointe eolais.
2. Tá an file ar turas. Cén sórt turais?
3. An mbíonn an ghealach ann i gcónaí?

Bí ag caint!

I ngrúpa, pléigh na ceisteanna seo. Lig le do shamhlaíocht (*use your imagination*)!

1. Déan cur síos ar an bhfile. Cén sórt duine í?
2. Cén sórt aimsire atá ann? An bhfuil sé grianmhar nó dorcha? An bhfuil sé geal nó ceomhar?

Cur i láthair

Dear póstaer faoin dán. Is féidir póstaer digiteach a chruthú freisin ar www.canva.com. Scríobh nó clóscríobh (*type*) na focail ar an bpóstaer. Cuir pictiúir leis.

Cuir an póstaer i láthair an ranga.

Táim in ann póstaer faoin dán a dhearadh.

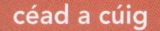

Caibidil 4

Mo Cheantar

céad a cúig

Turas 2

Teideal an dáin: Bí ag caint!

Féach ar na trí phictiúr seo. Cén ceann is fearr a léiríonn (*illustrates*) teideal an dáin, meas tú?

Pléigh do thuairim leis an duine atá in aice leat.

An file

Is as Contae Mhuineacháin do Chaitríona Ní Chléirchín. Is file, criticeoir agus léachtóir le Gaeilge í. Tá dhá leabhar filíochta foilsithe aici: *Crithloinnir* agus *An Bhrídeach Sí*.

Scríobh

Cruthaigh clár scéalta faoin bhfile ar www.storyboardthat.com. Gheobhaidh tú tuilleadh eolais fúithi ar www.portraidi.ie/en/caitriona-ni-chleirchin/. Tá samplaí le feiceáil ar www.educateplus.ie/go/storyboards.

Bí ag caint!

I dtriúir, déan dráma den dán. Léann an chéad duine an dán os ard, glacann an dara duine ról an fhile agus glacann an tríú duine ról na gealaí.

Íomhánna an dáin: Meaitseáil agus labhair

Meaitseáil na híomhánna leis na cuir síos. Cén íomhá is fearr leat? An bhfeiceann tú aon íomhá eile sa dán? I ngrúpa, pléigh do thuairim.

1 'banríon na spéartha'

2 'ar turas'

3 'Mo spéirbhean'

☐ Sa dán seo, tá **teachtaireacht speisialta** ag an spéirbhean. Deir an spéirbhean linn a bheith láidir. Deir sí linn éisteacht lenár gcroí.	special message
☐ Ceapann an file go bhfuil an ghealach cosúil le banríon. Tá **solas na gealaí níos gile** ná aon solas eile sa spéir.	moonlight brighter than
☐ Tá an file ar turas sa **dorchadas**. Tá solas na gealaí an-gheal. Beidh an ghealach **i gcónaí** in aice leis an bhfile.	darkness always

✏️ Taighde agus scríobh

Roghnaigh íomhá amháin ón dán a thaitníonn leat. Téigh ar líne agus aimsigh pictiúr a léiríonn (*represents*) an íomhá seo. Déan cur síos ar an bpictiúr seo i do chóipleabhar.

✓ Táim in ann cur síos a dhéanamh ar theideal, file agus íomhánna an dáin.   🙂 😐 ☹️

Caibidil 4 — Mo Cheantar

céad a seacht   107

Téama an dáin: Léigh agus labhair

Tá an triúr seo ag labhairt faoi théama an dáin 'An Ghealach'. Cé leis a n-aontaíonn tú? Léigh na tuairimí agus déan vóta sa rang!

> Measaim gurb í **An Ghealach** téama an dáin. Is réalta eolais í an ghealach. Tugann sí treoir dúinn.

> Sílim gurb é **Turas Pearsanta** téama an dáin. Táimid go léir ar turas pearsanta sa saol.

> Ceapaim gurb é **An Dúlra** téama an dáin. Is breá leis an bhfile a bheith amuigh sa dúlra. Ceapann sí go bhfuil an ghealach go hálainn. Is féidir linn solas na gealaí agus solas na réaltaí a shamhlú.

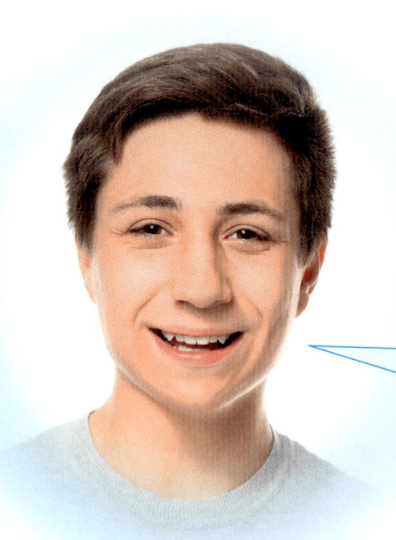

Stór focal

réalta eolais	guiding light	an dúlra	nature
treoir	guidance	solas na gealaí	moonlight
pearsanta	personal	a shamhlú	to imagine

Léigh

Léigh na freagraí samplacha seo.

Ceist shamplach:

Cad é an mothúchán is láidre sa dán 'An Ghealach'? Tabhair fáth **amháin** le do thuairim.

Freagra samplach:

Is é áthas an mothúchán is láidre sa dán 'An Ghealach'. Tá an ghealach **ag lonrú anuas** ar an bhfile. Tá áthas ar an bhfile mar tá sí ar a turas pearsanta féin. Faigheann sí **treoir** ón ngealach. Tá áthas uirthi mar beidh an ghealach léi **go deo**.

shining down

guidance

forever

Ceist shamplach:

An dtaitníonn an dán 'An Ghealach' leat? Tabhair **dhá** fháth le do thuairim.

Freagra samplach:

Taitníonn an dán 'An Ghealach' go mór liom. Is breá liom an **íomhá** den ghealach agus is breá liom an **dóchas** atá sa dán.

image
hope

Ar an gcéad dul síos, is breá liom an íomhá den ghealach. Deir an file go bhfuil an ghealach go hálainn. Tá sí cosúil le 'banríon'.

Ar an dara dul síos, is maith liom an dóchas atá sa dán seo. Tá an file ar turas san oíche. Is **réalta eolais** í an ghealach. Tugann sí dóchas don fhile.

guiding light

Punann 4.4

I ngrúpa, cruthaigh cur i láthair ar an dán seo ar PowerPoint nó Prezi. Bain úsáid as na cleachtaí a rinne tú ar an dán go dtí seo. Luaigh na topaicí seo a leanas:
- Scéal an dáin
- An file
- An íomhá **nó** an téama **nó** an mothúchán is fearr leat.

Scríobh an chéad dréacht (*draft*) i do chóipleabhar. Ansin, léigh an seicliosta ar leathanach 29 de do phunann agus léigh siar ar do dhréacht. Ansin, athdhréachtaigh (*redraft*) an cur i láthair. Cuir na sleamhnáin chríochnaithe isteach i do phunann ar leathanach 28. Déan an cur i láthair os comhair an ranga.

Táim in ann cur i láthair ar an dán a dhéanamh.

BÉALTRIAIL

Agallamh

🗨️ Labhair

Léirigh an t-agallamh seo leis an duine atá in aice leat.

1. **Cá bhfuil tú i do chónaí?**
   Táim i mo chónaí i nDroichead Átha. Baile mór bríomhar is ea é.

2. **Cad atá le déanamh ann?**
   Tá go leor le déanamh ann. Mar shampla, tá ionad siopadóireachta, pictiúrlann agus ionad spóirt ann.

3. **Cén sórt siopaí atá ann?**
   Tá siopaí de gach sórt ann. Mar shampla, tá siopaí éadaí, siopaí ceoil, siopaí bréagán, siopaí caife agus siopaí bróg ann. Níl aon rud ann nach bhfuil againn!

4. **Cad atá ann do thurasóirí?**
   Is féidir leo siúl thart ar an mbaile. Is féidir leo dul go Brú na Bóinne agus Sí an Bhrú freisin.

5. **Cad í an áis is fearr leat?**
   Is aoibhinn liom an siopa ceoil. Téim ann gach Satharn agus seinnim na giotáir iontacha atá acu.

Séamus

✏️ Scríobh

Freagair na ceisteanna seo i do chóipleabhar.

1. Cá bhfuil Séamus ina chónaí?
2. Cad atá le déanamh sa bhaile sin?
3. Luaigh **trí** chineál siopaí atá sa bhaile mór.
4. Cad is féidir le turasóirí a dhéanamh? Luaigh **dhá** rud.
5. Cén fáth a dtaitníonn an siopa ceoil leis?

✏️🗨️ Scríobh agus labhair

Freagair na ceisteanna a d'fhreagair Séamus (Ceisteanna 1–5) i do chóipleabhar. Ansin, cuir na ceisteanna seo ar an duine atá in aice leat.

✓ Táim in ann ceisteanna faoi mo cheantar a fhreagairt.

110   céad a deich

CLEACHTAÍ ATHBHREITHNITHE

Caibidil 4

Súil Siar

A. Cá bhfuil na daoine sna pictiúir seo?

B. Cén siopa ar féidir leat na hearraí seo a cheannach ann?

| 1 | arán | 3 | léine | 5 | Lego |
| 2 | feoil | 4 | fón póca | 6 | cupán caife |

C. Scríobh na treoracha.

Cluastuiscint

Éist le Linda agus le Seán Maitiú ag caint fúthu féin. Cloisfidh tú an taifeadadh faoi dhó. Líon isteach an t-eolas atá á lorg i do chóipleabhar.

Script: leathanach 123 de do Leabhar Gníomhaíochta.

An Chéad Chainteoir

Ainm	Linda Ní Fhearsíthe
1. Áit chónaithe	
2. Dhá áis a luann sí	(i) (ii)
3. An siopa is fearr léi	

An Dara Cainteoir

Ainm	Seán Maitiú Ó Cearúill
1. Áit chónaithe	
2. Dhá áis a luann sé	(i) (ii)
3. An áit a dtéann sé gach Satharn	

Mo Cheantar

céad a haon déag

111

Cultúr 4
Na Teangacha Ceilteacha

Stair

Is teangacha ársa iad na teangacha Ceilteacha. Sa bhliain 500 BC, labhair daoine ar fud na hEorpa, ó Éirinn go dtí an Tuirc, teangacha Ceilteacha.

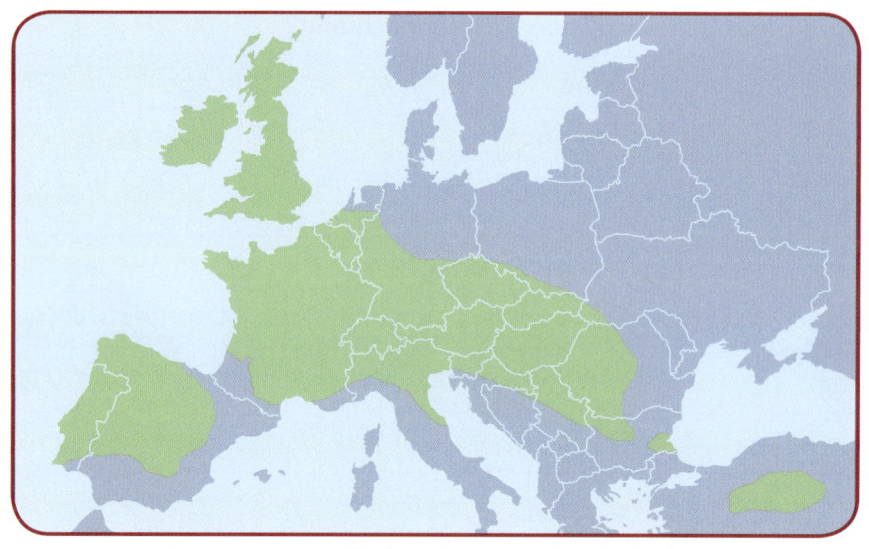

Na teangacha Ceilteacha san Eoraip, 500 BC

Na laethanta seo, tá sé theanga Cheilteach fós á labhairt ar fud an domhain. San Eoraip, labhraíonn daoine na teangacha seo in Éirinn, sa Bhreatain agus sa Fhrainc.

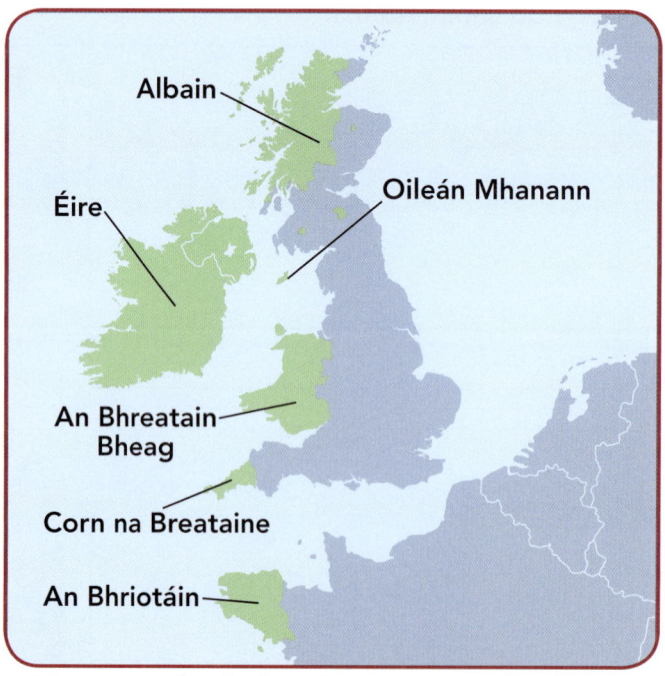

Na teangacha Ceilteacha san Eoraip faoi láthair

Chomh maith leis sin, tá grúpaí beaga daoine a labhraíonn na teangacha seo i gCeanada, sna Stáit Aontaithe, san Astráil agus fiú san Airgintín.

P-Cheilteach agus Q-Cheilteach

Tá dhá ghrúpa teangacha Ceilteacha ann: teangacha P-Cheilteacha agus teangacha Q-Cheilteacha.

Teangacha P-Cheilteacha	Teangacha Q-Cheilteacha
An Bhreatnais (*Welsh*)	An Ghaeilge (*Irish*)
An Bhriotáinis (*Breton*)	Gaeilge na hAlban (*Scots Gaelic*)
An Choirnis (*Cornish*)	Gaeilge Mhanann (*Manx*)

Cén fáth **P** agus **Q**? Úsáideann cainteoirí an fhuaim **p** go minic sna teangacha P-Cheilteacha. Úsáideann cainteoirí an fhuaim **q** (nó **c**) go minic sna teangacha Q-Cheilteacha.

Féach ar na samplaí seo. Cad iad na difríochtaí idir an Bhreatnais agus an Ghaeilge?

An Bhreatnais (P-Cheilteach)	An Ghaeilge (Q-Cheilteach)	An Béarla
pump	cúig	five
map/mab	mac	son
plant	clann	family

Stór focal

ársa	ancient	ar fud an domhain	all over the world
ar fud na hEorpa	all over Europe	cainteoirí	speakers
fós á labhairt	still being spoken	fuaim	sound

TASC CULTÚIR 4 — Taighde agus cur i láthair

Roghnaigh teanga Cheilteach **amháin** (seachas an Ghaeilge). Téigh ar líne agus faigh amach trí rud faoin teanga sin. Cruthaigh cur i láthair ar PowerPoint nó Prezi.

Déan an cur i láthair os comhair an ranga.

Féinmheasúnú

Cad iad na príomhscileanna a d'úsáid tú nuair a rinne tú an taighde agus an cur i láthair? Roghnaigh **dhá** cheann ón liosta ar leathanach vii agus luaigh conas a d'úsáid tú iad.

Mo Scoil

CAIBIDIL 5

TURAS — STAMPA TAISTIL — PAS BORDÁLA

✓ Faoi dheireadh na caibidle seo, beidh mé in ann:
- Cur síos a dhéanamh ar mo scoil.
- Aiste ghearr a scríobh.

G Gramadach
- An Aimsir Láithreach

Príomhscileanna
- Cumarsáid
- A bheith liteartha

Punann
- Punann 5.1 – Leagan Gaeilge de Mo Chlár Ama
- Punann 5.2 – M'Éide Scoile a Dhearadh
- Punann 5.3 – Aiste Ghearr faoi Mo Shaol ar Scoil
- Punann 5.4 – Póstaer faoi Dhumpáil a Dhearadh

Clár Ábhair

Foclóir	Na hÁbhair Scoile	116
Foclóir	An Lá Scoile	118
Léamhthuiscint	Mo Lá Scoile	120
Gramadach	An Aimsir Láithreach	122
Foclóir	An Seomra Ranga	124
Foclóir	Áiseanna na Scoile	126
Éisteacht	Éide Scoile	128
Gramadach	An Focal 'Bíonn'	130
Fógra	Rialacha na Scoile	131
Scríobh	Aiste: Mo Shaol ar Scoil	132
Litríocht	Dráma: Gleann Álainn	134
Béaltriail	Agallamh	154
Cleachtaí Athbhreithnithe	Súil Siar	155
Cultúr 5	Ogham	156

FOCLÓIR

Na hÁbhair Scoile

Meaitseáil

Meaitseáil na pictiúir leis na hábhair. Tá an chéad cheann déanta duit.

OSSP — 18	Iodáilis — ☐	Grafaic Theicniúil — ☐
Mata — ☐	Eacnamaíocht Bhaile — ☐	Gaeilge — ☐
Ceol — ☐	Adhmadóireacht — ☐	Miotalóireacht — ☐
Fraincis — ☐	Eolaíocht — ☐	OSPS — ☐
Creideamh — ☐	Stair — ☐	Ealaín — ☐
Gearmáinis — ☐	Spáinnis — ☐	Corpoideachas — ☐
Béarla — ☐	Tíreolaíocht — ☐	Staidéar Gnó — ☐

Scríobh agus labhair

Freagair na ceisteanna seo. Ansin, cuir na ceisteanna ar an duine atá in aice leat.

	Ceisteanna	Freagraí samplacha
1	Cá bhfuil tú ag dul ar scoil?	Táim ag freastal ar Choláiste na Gréine.
2	Cén t-ábhar is fearr leat?	Is í Gaeilge an t-ábhar is fearr liom.
3	An bhfuil aon ábhar ann nach maith leat?	Ní maith liom Béarla.

Bí ag caint!

I mbeirteanna, cuir ceisteanna mar seo ar a chéile. Bain úsáid as stór focal 1 agus 2 thíos.

An maith leat Eolaíocht?

Is breá liom Eolaíocht.

Cén fáth?

Mar tá sí praiticiúil. Cad a cheapann tú faoi Stair?

Hmm. Is maith liom Stair.

Cén fáth?

Mar tá sí suimiúil agus taitneamhach.

Stór focal 1

Is aoibhinn liom é.	I love it.	Is fuath liom é.	I hate it.
Is breá liom é.	I really like it.	Ní maith liom é.	I don't like it.
Is maith liom é.	I like it.	Tá sé ceart go leor.	It's OK.

Stór focal 2

mar tá sé	because it is	mar níl sé	because it isn't
suimiúil	interesting	leadránach	boring
taitneamhach	enjoyable	casta	complicated
éasca	easy	deacair	difficult

Táim in ann labhairt faoi na hábhair scoile a dhéanaim.

céad a seacht déag

FOCLÓIR

An Lá Scoile

Le foghlaim: An clog

Clock 1 labels:
- a dó dhéag (12)
- a haon (1)
- a dó (2)
- a trí (3)
- a ceathair (4)
- a cúig (5)
- a sé (6)
- a seacht (7)
- a hocht (8)
- a naoi (9)
- a deich (10)
- a haon déag (11)

Clock 2 labels:
- cúig tar éis
- deich tar éis
- ceathrú tar éis
- fiche tar éis
- fiche cúig tar éis
- leathuair tar éis
- fiche cúig chun
- fiche chun
- ceathrú chun
- deich chun
- cúig chun

Cén t-am é?

Tá sé a naoi a chlog ar maidin.

Scríobh

A. Scríobh an t-am i bhfoirm 24 uair. Bain úsáid as an stór focal thíos. Tá an chéad dá cheann déanta duit.

1	a sé a chlog ar maidin	06.00
2	a sé a chlog tráthnóna	18.00
3	cúig tar éis a cúig ar maidin	
4	deich chun a deich san oíche	
5	ceathrú chun a ceathair san iarnóin	
6	leathuair tar éis a ceathair san iarnóin	
7	meán oíche	
8	meán lae	

B. Scríobh an t-am i bhfocail. Déan comparáid leis an duine atá in aice leat.

1	06.00	3	08.30	5	11.00	7	23.00
2	18.15	4	16.05	6	00.00	8	12.00

Stór focal

ar maidin	in the morning	san iarnóin	in the afternoon
sa tráthnóna	in the evening	meán oíche	midnight
san oíche	at night	meán lae	midday

Táim in ann an t-am a rá.

céad a hocht déag

Léigh agus scríobh

Léigh clár ama Aoife agus freagair na ceisteanna a ghabhann leis.

Aoife

Clár Ama Aoife

	Dé Luain	Dé Máirt	Dé Céadaoin	Déardaoin	Dé hAoine
09.00	Gaeilge	Miotalóireacht	Ealaín	Iodáilis	Mata
09.40	Gaeilge	Ealaín	Béarla	Stair	Mata
10.20	Mata	Miotalóireacht	Béarla	Stair	Tíreolaíocht
11.00	Sos beag	Sos beag	Sos beag	Sos beag	Sos beag
11.10	OSPS	Mata	Gaeilge	Iodáilis	Iodáilis
11.50	Tíreolaíocht	Gaeilge	Tíreolaíocht	OSPS	Gaeilge
12.30	Lón	Lón	Lón	Lón	Lón
13.30	Ealaín	Ealaín	Miotalóireacht	Béarla	Stair
14.10	Béarla	Creideamh	Miotalóireacht	Corpoideachas	OSPS
14.50	Stair	Iodáilis	Tíreolaíocht	Corpoideachas	Béarla
Gníomhaíochtaí Seach-Churaclaim					
15.30	Spórt	Dráma	Spórt	Ceol	

Mo Scoil

1. Cén t-ábhar a bhíonn ag Aoife ag a naoi a chlog maidin Dé Luain?
2. Cén t-ábhar a bhíonn ag Aoife ag deich tar éis a haon déag maidin Dé hAoine?
3. Cén t-ábhar a bhíonn ag Aoife tar éis am lóin, Dé Máirt?
4. Cén t-ábhar a bhíonn ag Aoife ag fiche chun a deich, Déardaoin?
5. Cén ghníomhaíocht a bhíonn ag Aoife tar éis na scoile, Dé Céadaoin?

Punann 5.1

Déan leagan Gaeilge den chlár ama atá agat. Cuir an obair chríochnaithe i do phunann ar leathanach 32.

Táim in ann cur síos a dhéanamh ar mo chlár ama.

céad a naoi déag

LÉAMHTHUISCINT

Mo Lá Scoile

Léigh, éist agus scríobh

Léigh agus éist leis an bpíosa seo agus freagair na ceisteanna a ghabhann leis.

Dia daoibh. Is mise Ivan. Is as an Longfort mé. Táim ceithre bliana déag d'aois. Táim ag freastal ar Choláiste na Carraige. Táim sa dara bliain.

Creid é nó ná creid, tá mé ag déanamh ceithre ábhar déag. **Is iad sin** Gaeilge, Béarla, Mata, Stair, Tíreolaíocht, Eolaíocht, Ealaín, Ceol, Adhmadóireacht, Miotalóireacht, OSSP, **Folláine**, Creideamh agus Corpoideachas.

Is aoibhinn liom ábhair **chruthaitheacha** agus ábhair phraiticúla. Is í Ealaín an t-ábhar is fearr liom. Is aoibhinn liom í. Is maith liom Folláine agus Adhmadóireacht freisin. **Le bheith macánta**, ní maith liom Mata ná Eolaíocht. Tá siad an-deacair.

Bíonn ocht rang agam gach lá. **Tosaíonn** an lá scoile ag 09.00 (a naoi a chlog). Bíonn sos againn ag 11.00 (a haon déag a chlog). Bíonn lón againn ag 12.30 (leathuair tar éis a dó dhéag). **Críochnaíonn** an lá scoile ag 15.30 (leathuair tar éis a trí).

Uaireanta, imrím spórt tar éis na scoile. Uaireanta eile, déanaim rang ealaíne tar éis na scoile. Bím **gnóthach** gach lá!

they are	
Wellbeing	
creative	
to be honest	
begins	
finishes	
sometimes	
busy	

1. Cá bhfuil Ivan ag dul ar scoil?
2. Cén bhliain ina bhfuil Ivan?
3. Cé mhéad ábhar atá Ivan ag déanamh?
4. Cad iad na hábhair atá Ivan ag déanamh?
5. Cén t-ábhar is fearr le hIvan?
6. An bhfuil aon ábhar ann nach maith le hIvan?
7. Cé mhéad rang a bhíonn ag Ivan gach lá?
8. Cén t-am a thosaíonn agus a chríochnaíonn an lá scoile?
9. Cén t-am a bhíonn sos agus lón ag Ivan?
10. An ndéanann Ivan aon rud tar éis na scoile?

Scríobh agus labhair

Freagair na ceisteanna seo. Ansin, cuir na ceisteanna ar an duine atá in aice leat.

1. Cá bhfuil tú ag dul ar scoil?
   Táim ag freastal ar _____.

2. Cén bhliain ina bhfuil tú?
   Táim sa _____ bliain ar scoil.

3. Cé mhéad ábhar atá tú ag déanamh?
   Táim ag déanamh _____ ábhar déag.

4. Cad iad na hábhair atá tú ag déanamh?
   Táim ag déanamh Gaeilge, Béarla, _____.

5. Cén t-ábhar is fearr leat? Cén fáth?
   Is é/í _____ an t-ábhar is fearr liom mar _____.

6. An bhfuil aon ábhar ann nach maith leat?
   Ní maith liom _____ mar _____.

7. Cé mhéad rang a bhíonn agat gach lá?
   Bíonn _____ rang agam gach lá.

8. Cén t-am a thosaíonn agus a chríochnaíonn an lá scoile?
   Tosaíonn an lá scoile ag _____.
   Críochnaíonn an lá scoile ag _____.

9. Cén t-am a bhíonn sos agus lón agat?
   Bíonn sos agam ag _____.
   Bíonn lón agam ag _____.

10. An ndéanann tú aon rud tar éis na scoile?
    Uaireanta, déanaim/imrím/seinnim _____ tar éis na scoile.

Éist agus scríobh

Tá cleachtaí breise ar fáil ar www.tg4.ie/ga/foghlaim/ceachtanna/an-scoil/. Bain triail astu!

Táim in ann labhairt faoi mo lá scoile.

Mo Scoil

céad fiche a haon

GRAMADACH

An Aimsir Láithreach

Cuimhnigh!
An Aimsir Láithreach = Rudaí atá fíor anois nó fíor i gcónaí

Na briathra rialta

An chéad réimniú

An Aimsir Láithreach	Mol (*advise, praise*)		Éist (*listen*)	
	Leathan: briathar + … aim/aimid/ann		**Caol:** briathar + … im/imid/eann	
	Uatha	**Iolra**	**Uatha**	**Iolra**
1	Molaim	Molaimid	Éistim	Éistimid
2	Molann tú	Molann sibh	Éisteann tú	Éisteann sibh
3	Molann sé/sí	Molann siad	Éisteann sé/sí	Éisteann siad
Diúltach	Ní mholaim		Ní éistim	
Ceisteach	An molaim?		An éistim?	

An dara réimniú

An Aimsir Láithreach	Tosaigh (*begin*)		Foghlaim (*learn*)	
	Leathan: ~~aigh~~; briathar + … aím/aímid/aíonn		**Caol:** ~~igh~~; briathar + … ím/ímid/íonn	
	T~~osaigh~~		Foghla~~im~~	
	Uatha	**Iolra**	**Uatha**	**Iolra**
1	Tosaím	Tosaímid	Foghlaimím	Foghlaimímid
2	Tosaíonn tú	Tosaíonn sibh	Foghlaimíonn tú	Foghlaimíonn sibh
3	Tosaíonn sé/sí	Tosaíonn siad	Foghlaimíonn sé/sí	Foghlaimíonn siad
Diúltach	Ní thosaím		Ní fhoghlaimím	
Ceisteach	An dtosaím?		An bhfoghlaimím?	

Scríobh

Athscríobh na habairtí seo san Aimsir Láithreach i do chóipleabhar.

1. [Mol] _____ na múinteoirí na daltaí gach lá agus [éist: siad] _____ leo.

2. [Tosaigh] _____ na ranganna ag 09.00 agus [foghlaim: muid] _____ go leor.

3. [Críochnaigh] _____ na ranganna ag 16.00 agus ansin, [imigh: muid] _____ .

4. An [bailigh] _____ do Mham thú tar éis na scoile nó an [fan: tú] _____ leis an mbus?

5. Ní [éirigh: mé] _____ go dtí 08.00 agus ní [sroich: mé] _____ an scoil go dtí 08.55.

Na briathra neamhrialta

Ní leanann gach briathar na gnáthrialacha. Tugtar 'Na briathra neamhrialta' orthu seo. Seo iad na briathra neamhrialta:

Not all verbs follow the normal rules. These are called 'Na briathra neamhrialta'. The irregular verbs are as follows:

Abair

1	Deirim	Deirimid
2	Deir tú	Deir sibh
3	Deir sé/sí	Deir siad
Diúltach	Ní deirim	
Ceisteach	An ndeirim?	

Beir

1	Beirim	Beirimid
2	Beireann tú	Beireann sibh
3	Beireann sé/sí	Beireann siad
Diúltach	Ní bheirim	
Ceisteach	An mbeirim?	

Clois

1	Cloisim	Cloisimid
2	Cloiseann tú	Cloiseann sibh
3	Cloiseann sé/sí	Cloiseann siad
Diúltach	Ní chloisim	
Ceisteach	An gcloisim?	

Déan

1	Déanaim	Déanaimid
2	Déanann tú	Déanann sibh
3	Déanann sé/sí	Déanann siad
Diúltach	Ní dhéanaim	
Ceisteach	An ndéanaim?	

Faigh

1	Faighim	Faighimid
2	Faigheann tú	Faigheann sibh
3	Faigheann sé/sí	Faigheann siad
Diúltach	Ní fhaighim	
Ceisteach	An bhfaighim?	

Feic

1	Feicim	Feicimid
2	Feiceann tú	Feiceann sibh
3	Feiceann sé/sí	Feiceann siad
Diúltach	Ní fheicim	
Ceisteach	An bhfeicim?	

Ith

1	Ithim	Ithimid
2	Itheann tú	Itheann sibh
3	Itheann sé/sí	Itheann siad
Diúltach	Ní ithim	
Ceisteach	An ithim?	

Tabhair

1	Tugaim	Tugaimid
2	Tugann tú	Tugann sibh
3	Tugann sé/sí	Tugann siad
Diúltach	Ní thugaim	
Ceisteach	An dtugaim?	

Tar

1	Tagaim	Tagaimid
2	Tagann tú	Tagann sibh
3	Tagann sé/sí	Tagann siad
Diúltach	Ní thagaim	
Ceisteach	An dtagaim?	

Téigh

1	Téim	Téimid
2	Téann tú	Téann sibh
3	Téann sé/sí	Téann siad
Diúltach	Ní théim	
Ceisteach	An dtéim?	

Bí

1	Bím	Bímid
2	Bíonn tú	Bíonn sibh
3	Bíonn sé/sí	Bíonn siad
Diúltach	Ní bhím	
Ceisteach	An mbím?	

Tá

1	Táim/tá mé	Táimid
2	Tá tú	Tá sibh
3	Tá sé/sí	Tá siad
Diúltach	Nílim	
Ceisteach	An bhfuilim?	

Tá tuilleadh cleachtaí ar leathanach 364.

Táim in ann an Aimsir Láithreach a úsáid i gceart.

Turas 2

FOCLÓIR

An Seomra Ranga

Meaitseáil

Féach ar na pictiúir seo de sheomra ranga. Meaitseáil na pictiúir leis na focail.

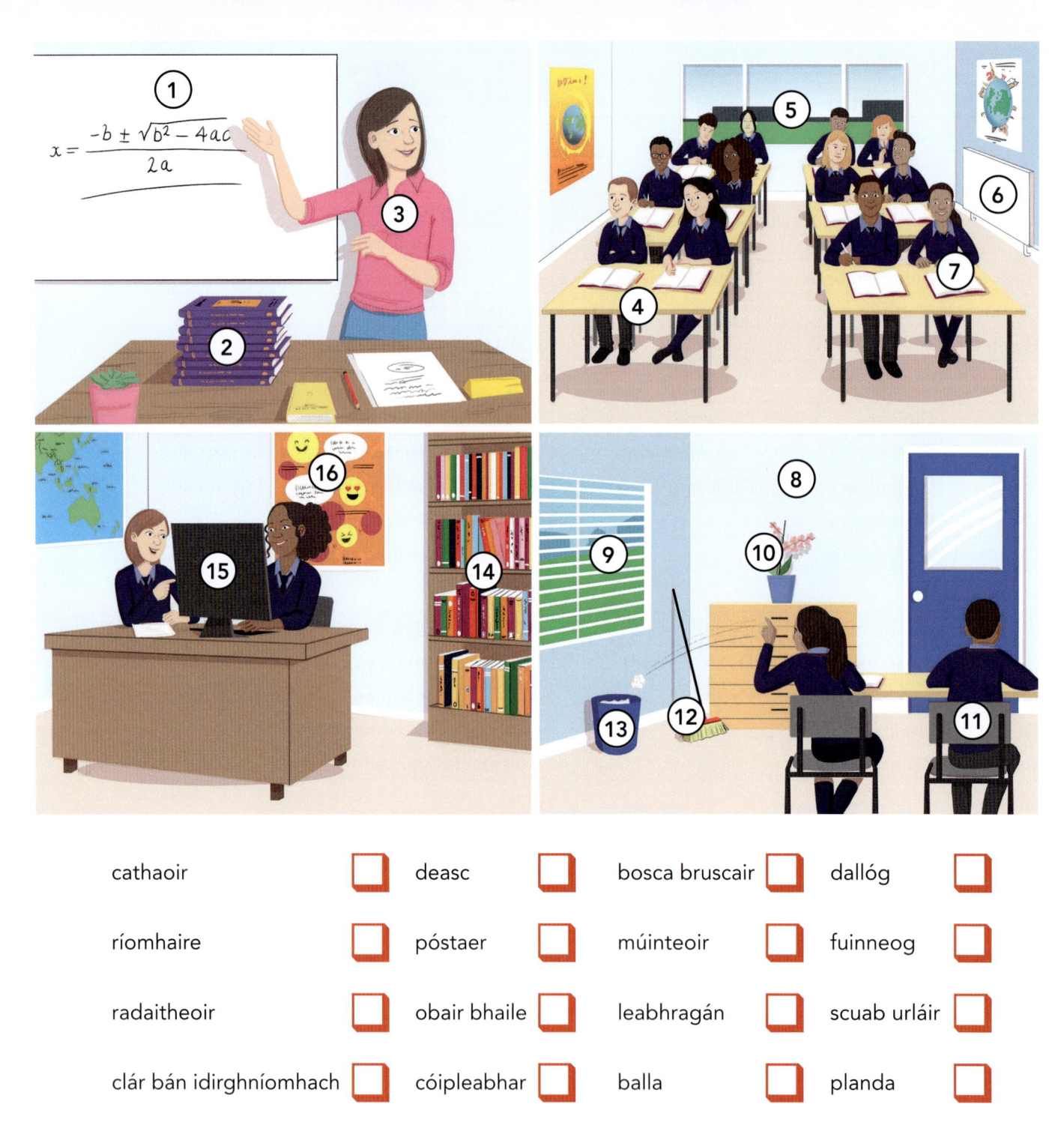

cathaoir ☐	deasc ☐	bosca bruscair ☐	dallóg ☐
ríomhaire ☐	póstaer ☐	múinteoir ☐	fuinneog ☐
radaitheoir ☐	obair bhaile ☐	leabhragán ☐	scuab urláir ☐
clár bán idirghníomhach ☐	cóipleabhar ☐	balla ☐	planda ☐

Bí ag caint!

Cad a fheiceann tú i do sheomra ranga? Inis don duine atá in aice leat. Bain úsáid as na frásaí thuas.

Feicim ...

Ní fheicim ...

céad fiche a ceathair

Le foghlaim: Ag comhaireamh rudaí

	Consain	Gutaí		Consain	Gutaí
1	cathaoir amháin	iris amháin	11	aon chathaoir déag	aon iris déag
2	dhá chathaoir	dhá iris	12	dhá chathaoir déag	dhá iris déag
3	trí chathaoir	trí iris	13	trí chathaoir déag	trí iris déag
4	ceithre chathaoir	ceithre iris	14	ceithre chathaoir déag	ceithre iris déag
5	cúig chathaoir	cúig iris	15	cúig chathaoir déag	cúig iris déag
6	sé chathaoir	sé iris	16	sé chathaoir déag	sé iris déag
7	seacht gcathaoir	seacht n-iris	17	seacht gcathaoir déag	seacht n-iris déag
8	ocht gcathaoir	ocht n-iris	18	ocht gcathaoir déag	ocht n-iris déag
9	naoi gcathaoir	naoi n-iris	19	naoi gcathaoir déag	naoi n-iris déag
10	deich gcathaoir	deich n-iris	20	fiche cathaoir	fiche iris

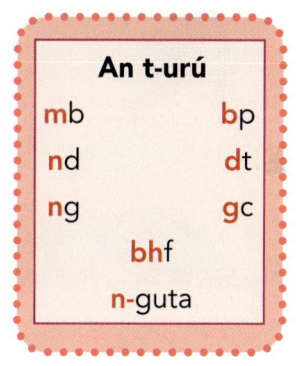

An t-urú

mb   bp
nd   dt
ng   gc
bhf
n-guta

Scríobh

Athscríobh na focail seo i do chóipleabhar.

1	fiche (cathaoir)	6	seacht (ábhar) déag
2	cúig (ríomhaire)	7	(bosca bruscair) amháin
3	ceithre (balla)	8	(leabhragán) amháin
4	cúig (póstaer) déag	9	ocht (fuinneog)
5	deich (oifig)	10	ocht (dallóg)

Cuimhnigh! Ní maith le LNR (ELEANOR) séimhiú ná urú!

Tá tuilleadh cleachtaí ar leathanach 355.

Táim in ann rudaí i mo sheomra ranga a chomhaireamh.

Turas 2

FOCLÓIR

Áiseanna na Scoile

Meaitseáil

Meaitseáil na pictiúir leis na focail.

ceaintín ☐	leabharlann ☐	clós ☐	seomra urnaí ☐
seomra ealaíne ☐	seomra foirne ☐	saotharlann ☐	seomra ríomhaireachta ☐
halla spóirt ☐	oifig an rúnaí ☐	seomra ceoil ☐	oifig an phríomhoide ☐

céad fiche a sé

Léigh agus scríobh

Léigh an píosa seo agus freagair na ceisteanna a ghabhann leis.

An scoil is mó ar domhan

Tá City Montessori School, nó CMS, suite in Lucknow san India. **De réir** *The Guinness Book of Records*, is é CMS an scoil is mó ar domhan.

Tá beagnach caoga míle (50,000) buachaill agus cailín **ag freastal** ar an scoil. Tá na scoláirí **idir** ceithre bliana d'aois agus ocht mbliana déag d'aois. Tá **timpeall** dhá mhíle cúig chéad (2,500) múinteoir sa scoil freisin! **De ghnáth**, bíonn timpeall cúig scoláire is daichead (45) i ngach rang.

Tá go leor **áiseanna** agus seomraí in CMS. Mar shampla, tá **níos mó ná** míle (1,000) seomra ranga inti! **Chomh maith leis sin**, tá saotharlanna eolaíochta; ceaintín mór; oifigí do na **rúnaithe**, na múinteoirí agus an príomhoide; seomraí ceoil; seomraí ealaíne; leabharlanna; hallaí spóirt; **spórtlanna**; linn snámha agus **páirc chruicéid**. Tá timpeall tríocha míle (30,000) ríomhaire sa scoil freisin!

	according to
	attending; between around usually
	facilities; more than as well as that secretaries
	gyms; cricket field

1. Cá bhfuil CMS suite?
2. Cé mhéad scoláire atá ag freastal ar an scoil?
3. Cén aois iad na scoláirí?
4. Cé mhéad scoláire a bhíonn i ngach rang?
5. Cé mhéad seomra ranga atá in CMS?
6. Liostaigh na seomraí agus na háiseanna atá in CMS.

Táim in ann cur síos a dhéanamh ar áiseanna na scoile.

ÉISTEACHT

Éide Scoile

Léigh agus scríobh

Féach ar an bpictiúr agus freagair na ceisteanna a ghabhann leis.

SIOPA ÉADAÍ

- carbhat glas €4.50
- sciorta dúghorm €16
- carbhat dearg €3.50
- geansaí glas €30
- bróga dubha €30
- léine bhán €7.99
- geansaí dubh €30
- blús bán €10
- sciorta fíondaite €16
- bríste liath €16
- bléasar dúghorm €29
- stocaí fíondaite €0.99
- seaicéad dubh €32

1. Cé mhéad atá ar an mblús bán? — Deich euro / Cúig euro déag
2. Cé mhéad atá ar an léine bhán? — Seacht euro nócha naoi / Ocht euro nócha naoi
3. Cé mhéad atá ar an gcarbhat glas? — Trí euro caoga / Ceithre euro caoga
4. Cé mhéad atá ar an mbríste liath? — Sé euro déag / Sé euro is fiche
5. Cé mhéad a chosnaíonn an bléasar dúghorm? — Cúig euro is fiche / Naoi euro is fiche
6. Cé mhéad a chosnaíonn na bróga dubha? — Tríocha euro / Daichead euro
7. Cé mhéad a chosnaíonn na stocaí fíondaite? — Nócha ceint / Naoi ceint is nócha
8. Cé mhéad a chosnaíonn an seaicéad dubh? — Trí euro is fiche / Dhá euro is tríocha

Bí ag caint!

Déan rólimirt (role-play). Samhlaigh gur tusa an custaiméir agus gur siopadóir é an duine atá in aice leat. Cuir ceisteanna faoi na praghsanna ar a chéile.

> Cé mhéad atá ar an mblús bán?

> Tá deich euro ar an mblús bán.

> Cé mhéad a chosnaíonn an bléasar dúghorm?

> Cosnaíonn an bléasar dúghorm naoi euro is fiche.

Éist agus scríobh

Éist leis na custaiméirí ag ceannach éadaí. Líon isteach an t-eolas atá á lorg i do chóipleabhar.

Eimear

Damien

		Cad a cheannaíonn siad?	Cé mhéad a chosnaíonn gach rud san iomlán?
Eimear	(i)		€
	(ii)		
Damien	(i)		€
	(ii)		
	(iii)		
	(iv)		

Script: leathanach 124 de do Leabhar Gníomhaíochta.

Punann 5.2

Tarraing d'éide scoile. Cuir lipéad ar gach rud. Cuir an obair chríochnaithe i do phunann ar leathanach 33.

Táim in ann cur síos a dhéanamh ar m'éide scoile.

céad fiche a naoi

GRAMADACH

An Focal 'Bíonn'

Tá and **Bíonn** both mean 'be'. They can also mean 'there is' or 'there are'.

If an action is taking place now, we use **Tá**. If an action takes place regularly, we use **Bíonn**:
- Tá ocras orm anois. / I am hungry now.
- Bíonn ocras orm go minic. / I am hungry often.

Bíonn is often used with the following time phrases:
- i gcónaí / always
- gach lá / every day
- riamh / ever/never
- de ghnáth / usually
- go minic / often
- gach bliain / every year
- go rialta / regularly
- uaireanta / sometimes
- ó am go ham / from time to time

Meaitseáil

Meaitseáil na habairtí leis na pictiúir.

1	Bíonn mo chlog aláraim do mo chrá gach maidin!	3	Bíonn na múinteoirí do mo chrá gach lá!	5	Bíonn an iomarca obair bhaile agam gach tráthnóna!	7	Bíonn an iomarca scrúduithe agam gach Nollaig!
2	Bíonn an trácht go trom gach maidin!	4	Bíonn siúlóid fhada agam gach maidin!	6	Bíonn na ranganna leadránach gach lá!	8	Bíonn ocras orm i gcónaí ach ní bhíonn cead agam ithe sa rang riamh!

1 = ___   2 = ___   3 = ___   4 = ___   5 = ___   6 = ___   7 = ___   8 = ___

Bí ag caint!

I ngrúpa, pléigh na habairtí seo. An aontaíonn tú leo? Cuir ciorcal thart ar do rogha.
1 = Ní aontaím ar chor ar bith. 2 = Ní aontaím. 3 = Tá mé idir dhá chomhairle.
4 = Aontaím. 5 = Aontaím go hiomlán.

1	Bíonn mo chlog aláraim do mo chrá gach maidin!	1	2	3	4	5
2	Bíonn an iomarca obair bhaile agam gach tráthnóna!	1	2	3	4	5
3	Bíonn an trácht go trom gach maidin!	1	2	3	4	5

Táim in ann an focal 'Bíonn' a úsáid i gceart.

FÓGRA

Rialacha na Scoile

Léigh

Léigh an fógra seo.

RIALACHA NA SCOILE

Tá cosc ar bhróga spóirt.
Tá cosc ar chaint sa rang.
Tá cosc ar mhilseáin.
Tá cosc ar an mbulaíocht.

Níl fóin ceadaithe.
Níl guma coganta ceadaithe.
Níl fáinní cluaise ceadaithe
Níl smideadh ceadaithe.

Stór focal

cosc ar	a ban on	guma coganta	chewing gum
bulaíocht	bullying	fáinní cluaise	earrings
ceadaithe	allowed	smideadh	make-up

Scríobh

Fíor nó bréagach?   F   B

1. Tá guma coganta ceadaithe. ☐ ☐
2. Tá cosc ar ghuma coganta. ☐ ☐
3. Tá smideadh ceadaithe. ☐ ☐
4. Tá cosc ar smideadh. ☐ ☐

Bí ag caint!

I ngrúpa, pléigh na rialacha seo. An aontaíonn tú leo? Cuir ciorcal thart ar do rogha.

1 = Ní aontaím ar chor ar bith. 2 = Ní aontaím. 3 = Tá mé idir dhá chomhairle.
4 = Aontaím. 5 = Aontaím go hiomlán.

1	Tá cosc ar bhróga spóirt.	1	2	3	4	5
2	Tá cosc ar chaint sa rang.	1	2	3	4	5
3	Níl fóin ceadaithe.	1	2	3	4	5

Táim in ann labhairt faoi rialacha na scoile.

Mo Scoil

Caibidil 5

céad tríocha a haon

SCRÍOBH

Aiste: Mo Shaol ar Scoil

Sa mhír seo, beidh ort aiste ghearr nó alt a scríobh ar do shaol ar scoil. Tá gach eolas atá uait agat anois. I dtús báire, léigh an plean. Ansin, léigh an sampla thíos.

In this section, you will have to write a short essay or piece on your school. You now have all the information that you need. First of all, read the plan. Then read the example below.

Plean

Alt 1 – M'ainm agus cá bhfuil mé ag dul ar scoil / My name and where I go to school

Alt 2 – Na hábhair a dhéanaim agus na hábhair is fearr liom / The subjects I do and the subjects I prefer

Alt 3 – Áiseanna na scoile / The school facilities

Alt 4 – M'éide scoile / My school uniform

Alt 5 – Rialacha na scoile / The school rules

Alt 6 – Mo thuairim faoi mo scoil / My opinion about my school

Léigh agus scríobh

Léigh an píosa seo agus freagair na ceisteanna a ghabhann leis.

(1) Haigh, is mise Caoimhe. Táim ag freastal ar Phobalscoil na Spéire.

(2) Táim ag déanamh trí ábhar déag. Is iad sin Gaeilge, Béarla, Mata, Stair, Tíreolaíocht, Eolaíocht, Fraincis, Spáinnis, OSSP, OSPS, Creideamh, Corpoideachas agus Ealaín. Is í Ealaín an t-ábhar is fearr liom mar is breá liom a bheith **ag péinteáil**. **Taitníonn Mata liom** freisin.

painting
I enjoy Maths

(3) Tá a lán áiseanna i mo scoil. Mar shampla, tá páirceanna imeartha, linn snámha, agus saotharlanna móra sa scoil.

(4) **Caithimid** éide scoile sa scoil seo. Caithim geansaí glas, blús bán, sciorta liath, stocaí bána agus bróga dubha.

we wear

(5) Tá a lán rialacha sa scoil. Mar shampla, tá cosc ar bhróga spóirt agus ar smideadh. Níl guma coganta ceadaithe **ach oiread**.

either

(6) **Ar an iomlán**, is breá liom an scoil. Tá na múinteoirí **fial** agus cabhrach. Tá a lán cairde agam anseo freisin.

overall
generous

Caoimhe

1. Cá bhfuil Caoimhe ag dul ar scoil?
2. Cad í an t-ábhar is fearr léi? Cén fáth?
3. Ainmnigh **trí** áis atá ina scoil.
4. Déan cur síos ar a héide scoile.
5. Ainmnigh **trí** riail sa scoil.
6. An maith léi a scoil? Cén fáth?

Caibidil 5

💬 Bí ag caint!

I mbeirteanna, imir an cluiche seo. Caith an dísle 🎲 agus freagair an cheist. Tá dísle digiteach ar fáil ag http://dice.virtuworld.net.

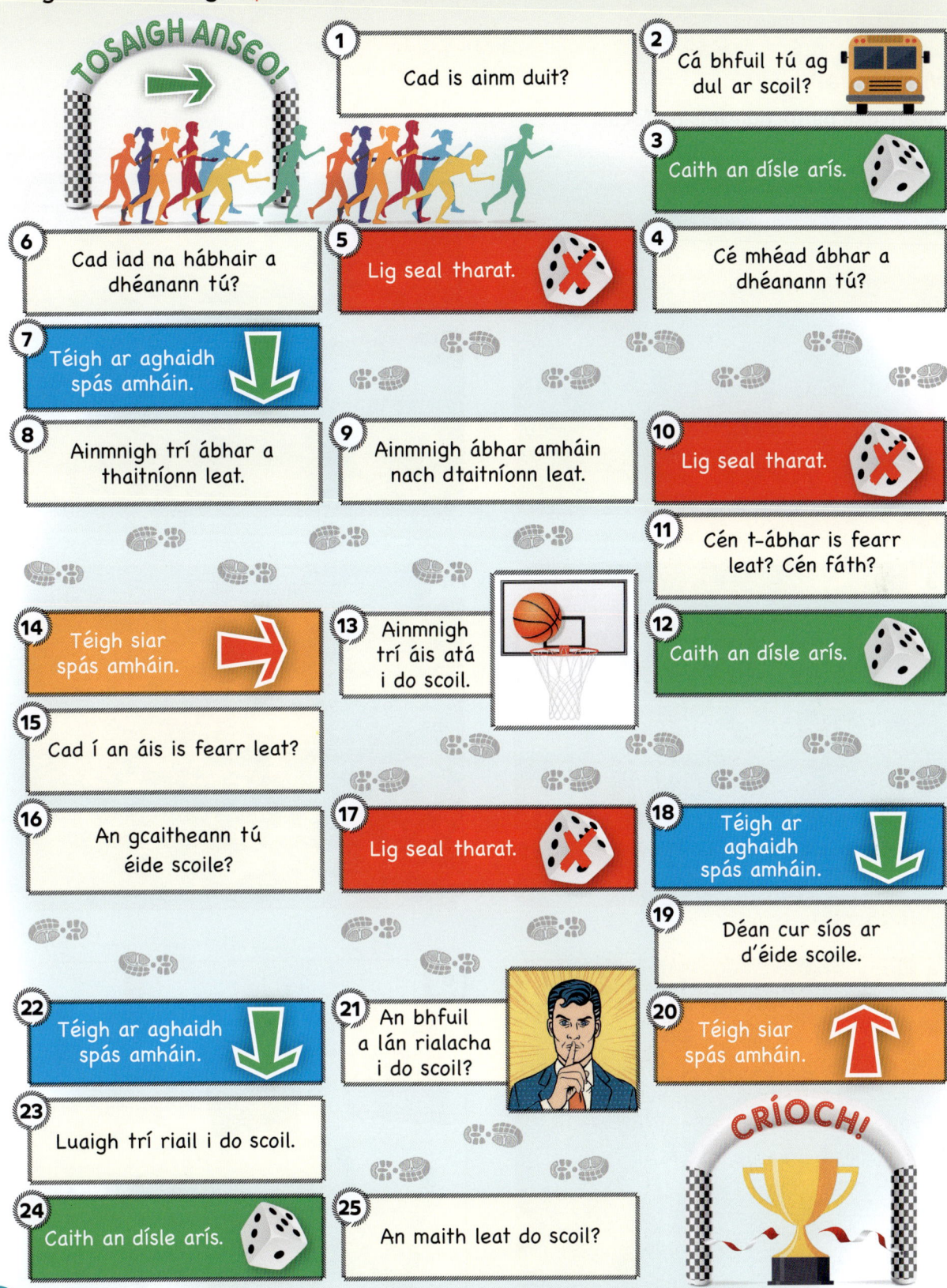

TOSAIGH ANSEO!

1. Cad is ainm duit?
2. Cá bhfuil tú ag dul ar scoil?
3. Caith an dísle arís.
4. Cé mhéad ábhar a dhéanann tú?
5. Lig seal tharat.
6. Cad iad na hábhair a dhéanann tú?
7. Téigh ar aghaidh spás amháin.
8. Ainmnigh trí ábhar a thaitníonn leat.
9. Ainmnigh ábhar amháin nach dtaitníonn leat.
10. Lig seal tharat.
11. Cén t-ábhar is fearr leat? Cén fáth?
12. Caith an dísle arís.
13. Ainmnigh trí áis atá i do scoil.
14. Téigh siar spás amháin.
15. Cad í an áis is fearr leat?
16. An gcaitheann tú éide scoile?
17. Lig seal tharat.
18. Téigh ar aghaidh spás amháin.
19. Déan cur síos ar d'éide scoile.
20. Téigh siar spás amháin.
21. An bhfuil a lán rialacha i do scoil?
22. Téigh ar aghaidh spás amháin.
23. Luaigh trí riail i do scoil.
24. Caith an dísle arís.
25. An maith leat do scoil?

CRÍOCH!

Mo Scoil

🧳 Punann 5.3

Scríobh aiste ghearr nó alt faoi do shaol ar scoil. Bain úsáid as plean Chaoimhe. Cuir an obair chríochnaithe i do phunann ar leathanach 34.

✓ Táim in ann aiste ghearr a scríobh faoi mo shaol ar scoil. 🙂 😐 ☹️

céad tríocha a trí

Turas 2

LITRÍOCHT

Dráma: Gleann Álainn

Meaitseáil

Meaitseáil na pictiúir leis na focail.

loch ☐   dumpáil ☐   sceacha ☐

ealaín ☐   sléibhte ☐   málaí plaisteacha ☐

céad tríocha a ceathair

Léigh agus scríobh

Léigh an dráma *Gleann Álainn* le Brian Ó Baoill agus freagair na ceisteanna.

Téigh chuig www.educateplus.ie/resources/turas-2 (faoi 'Litríocht') chun éisteacht leis an dráma seo.

Gleann Álainn
le Brian Ó Baoill

FOIREANN

Déagóirí óga:
- PÁDRAIG
- EILÍS
- ÉAMONN BEAG
- PÁDRAIGÍN
- SEOSAMH
- SINÉAD
- SLUA AR PHICÉAD

Daoine fásta:
- SÉAMUS
- PEADAIRÍN
- BREITHEAMH
- TADHG Ó CUILL *oifigeach sa Chomhairle Chontae*
- SEÁN MAC AN MHÁISTIR *polaiteoir*
- CLÉIREACH NA CÚIRTE
- MAC UÍ DHROMA
- MAC UÍ GHRÍOFA
- DOIRSEOIR

Fógraí agus bratacha faoi thruailliú.

Radharc 1

Suíomh:

Ar cúl ar clé, radharc tíre, **portach**, sliabh, coill, nó trá. **Sceacha**, crainn, **dumhcha** nó carraigeacha, **de réir mar a fheileann**. Ar deis, chun tosaigh, seomra le bord agus le dhá chathaoir. Bainfear **feidhm** as an seomra seo mar **aonaid éagsúla**, seomra i dteach, oifig, cúirt. Dhá radharc éagsúla iad seo agus **lonróidh** an solas **ar an gceann a bhíonn in úsáid** ag an am. Ar cúl ar clé, rud éigin ar féidir le daoine seasamh air, ba leor bosca nó dhó.

bog; bushes
dunes; as appropriate
use
various units
will shine; on the one that is in use

Tagann seisear daoine óga ar an stáitse ón taobh clé, iad **ag iompar** málaí agus ábhar péinteála, go dtí an radharc tíre álainn, loch agus sléibhte. **Sceach aitinn** agus carraig nó dhó ar an **ardán**, más féidir.

carrying

gorse bush; stage

EILÍS (*ag díriú méire ar an radharc*): Céard faoin áit seo?

PÁDRAIG: Tá sé go hálainn. Céard a dúirt an múinteoir linn? Áit a thaitníonn linn a roghnú. An dtaitníonn an áit seo le gach uile dhuine?

GACH DUINE: Taitníonn!

PÁDRAIG: Go hiontach!

(*Osclaíonn daoine a leabhair sceitseála, duine nó beirt ag cur suas **tacas** agus bord bán. Socraíonn ceathrar acu síos.*) — easels

SEOSAMH: Sílim go rachaidh mise suas ar an **ard**, beidh radharc níos fearr ar na sléibhte ón áit sin. Céard fútsa, a Shinéad? — hill

(*Breathnaíonn an chuid eile ar Shinéad, iad fiosrach. Tá SINÉAD beagán **trína chéile**.*) — addled

PÁDRAIG (**ag magadh**): Bhuel, a Shinéad? — teasing

SINÉAD: Ó! (*Éiríonn sí, tógann léi a cuid stuif agus leanann Seosamh.*)

PÁDRAIG: Ahá! Grá don ealaín nó, b'fhéidir, grá don ealaíontóir!

(*Gáire ón chuid eile. Feictear Seosamh agus Sinéad ag dul as radharc.*)

EILÍS: **Ní cóir** bheith ag magadh fúthu. — it's not right

PÁDRAIG (*le gáire beag*): Ó! Nach cuma. **Bheadh siad** féin sásta bheith ag magadh fúinne, **dá mbeadh an seans acu**. — they'd be / if they had the chance

(*Socraíonn siad síos arís agus bíonn siad ag péinteáil agus ag sceitseáil. Feictear SINÉAD ag teacht ar ais **go sciobtha**. Breathnaíonn an chuid eile suas agus iontas orthu.*) — quickly

PÁDRAIG: Ní raibh muid ag súil libhse go fóill. Titim amach idir ealaíontóirí nó … céard é seo … ar chaill tú Seosamh?

(*Briseann SINÉAD isteach ar a chuid cainte.*)

SINÉAD: **Éirigh as an tseafóid**, a Phádraig, tá rud gránna éigin thuas ansin. — stop the nonsense

PÁDRAIG: Ó, céard é féin? Seosamh?

(*Gáire ón chuid eile*)

SINÉAD (*go feargach*): Éirigh as, a dúirt mé! Tá Seosamh thuas ann go fóill. Tá bruscar caite ag amadán éigin thuas ansin!

EILÍS: Bruscar. Cén sórt bruscair?

SINÉAD: **Gabhaigí i leith** go bhfeicfidh sibh féin. — come on

(*Bailíonn siad go léir ar an taobh clé ar cúl agus breathnaíonn siad uathu. Casann* SEOSAMH *leo.*)

SEOSAMH:	Ansin, in aice an locha. An bhfeiceann sibh?	
SINÉAD:	Go hálainn, nach bhfuil? Málaí móra plaisteacha, **cannaí stáin**, buidéil, seanleapacha.	tin cans
PÁDRAIGÍN (*ag bogadh go dtí áit eile*):	Féach, tá tuilleadh anseo, sna sceacha. Málaí plaisteacha **stróicthe**. An bruscar **lofa** seo ar fad ar fud na háite! Tá sé gránna! **Milleann** sé áilleacht na háite.	ripped rotten ruins

(*Filleann siad ar na tacais.*)

PÁDRAIG:	Tá sé uafásach, ach céard is féidir linne a dhéanamh faoi?	
SINÉAD:	Caithfimid rud éigin a dhéanamh!	
SEOSAMH (*ag machnamh*):	Bhuel, má tá daoine ag cur stuif amach anseo, **bíonn orthu** teacht anseo leis.	they have to
SINÉAD:	Sin é! (*Go ciúin*) Is féidir linn **súil a choinneáil** ar an áit.	keep an eye

(*Breathnaíonn siad ar a chéile.*)

EILÍS:	Ach … an mbeadh sé sin dainséarach?	
SINÉAD:	Cén chaoi, dainséarach?	
EILÍS:	**Dá bhfeicfidís** muid?	if they were to see

(*Sos nóiméid*)

SINÉAD:	Caithfimid **dul sa seans**.	take a chance
SEOSAMH:	An bhfuil gach duine sásta fanacht?	
GACH DUINE:	Tá.	

(**Téann siad i bhfolach taobh thiar** *de na sceacha in áiteanna éagsúla ón lár go dtí an taobh deas den stáitse. Seosamh agus Sinéad le chéile.*) — they hide behind

céad tríocha a seacht

SINÉAD (*de chogar, ach an*-díograiseach): A Sheosaimh, an mbeifeá sásta bheith páirteach in agóid i gcoinne na dumpála seo?	in a whisper; enthusiastic; protest
SEOSAMH (*ag breathnú uirthi, miongháire ar a bhéal*): An bhfuil tú ag iarraidh an domhan a athrú arís? Ní féidir é a dhéanamh, tá a fhios agat.	are you trying
SINÉAD: Is féidir iarracht a dhéanamh feabhas éigin a chur ar an domhan.	some improvement
SEOSAMH: Tá an ceart agat. Beidh mé leat.	

(*Beireann* SEOSAMH *greim láimhe ar Shinéad agus suíonn siad síos taobh thiar de sceach.*

Cloistear fuaim *ghluaisteáin ag teacht agus ag stopadh.*

Fanann na gasúir uile taobh thiar de na sceacha, ach iad ag faire *go cúramach.*

Feictear beirt fhear, ar clé, ag iompar stuif ón veain, nach bhfuil le feiceáil, go dtí áit ar clé agus carn *de mhálaí plaisteacha, d'adhmad, srl, á dhéanamh acu.*

Glacann SEOSAMH *grianghraf faoi rún, feiceann* SINÉAD *é á dhéanamh seo. Cuireann* SEOSAMH *an ceamara síos ar an talamh taobh thiar den sceach.*

Feiceann SINÉAD *na fir agus cuireann sí lámh lena béal.*)

	sound
	watching
	pile

SEOSAMH (*de chogar*): Céard tá cearr?	
SINÉAD: Aithním na fir sin.	
SEOSAMH: Aithním féin iad, Séamus agus Peadairín, céard fúthu?	
SINÉAD: Dada, ach go mbíonn siad ag tacú le m'athair, is baill den chumann áitiúil iad.	supporting
SEOSAMH (*go báúil*): An bhfuil tú ag iarraidh éirí as an bhfeachtas, mar sin? Bheadh sé an-deacair ort, nach mbeadh?	sympathetically
SINÉAD: Beidh m'athair ar buile, níl a fhios agam céard a dhéanfaidh sé … ach caithfimid dul ar aghaidh.	we have to go on

(*Críochnaíonn* SÉAMUS *agus* PEADAIRÍN *a gcuid oibre agus seasann siad, ag breathnú thart.*)

PEADAIRÍN:	Meas tú, a Shéamaisín, an bhfuil aon seans **go mbéarfar orainn**?	that we'll be caught
SÉAMUS:	Go mbéarfear orainn! Céard sa diabhal atá i gceist agat, a mhac?	
PEADAIRÍN:	Muise, an fógra sin thoir **go gcaithfidh tú** €800 a íoc má bheirtear ort ag dumpáil.	that you have to
SÉAMUS:	€800, mo thóin. Nach raibh muide ag dumpáil anseo sular rugadh cibé **clabhta** a chuir an fógra sin in airde?	muppet
PEADAIRÍN:	Bhí muid, ó bhí, tá an ceart agat. Ach tá fógra ann anois agus …	
SÉAMUS (*ag briseadh isteach air*):	Dhera, éirigh as mar scéal, **cén chaoi a mbeadh a fhios acu** gur muide a rinne é?	how would they know
PEADAIRÍN (*ag casadh chun imeachta*):	Tá an ceart agat, tá an ceart agat.	
SÉAMUS:	Agus fiú dá mbeadh a fhios acu, nach bhfuil **na cairde cearta** againne?	the right friends
PEADAIRÍN:	Ar ndóigh, tá, Mac an Mháistir, nach Teachta Dála é? Ní féidir **dul thairis sin**.	get better than that
SÉAMUS:	Sin é an buachaill **a choinneoidh smacht ar** na hoifigigh sin!	that will keep control of

(*Imíonn an bheirt acu.*

Breathnaíonn SINÉAD *ar Sheosamh, uafás ina súile.*)

SINÉAD (*de chogar*):	Mo Dhaide!	

(*Cuireann* SEOSAMH *a lámh timpeall ar ghualainn Shinéad.*)

SEOSAMH:	Níl tada mícheart déanta ag do Dhaide. Ná bí buartha.	
SINÉAD:	Ach ceapann siad sin …	
SEOSAMH:	Ná bac leo, seans nach bhfuil ann ach **bladar**, tá a fhios agat an bheirt sin.	nonsense talk
SINÉAD:	Ach tá imní orm.	
SEOSAMH:	Céard faoi?	
SINÉAD (*de chogar buartha*):	Céard a dhéanfas muid **mura seasann an chuid eile linn**?	if the rest don't stand with us
SEOSAMH (*de chogar*):	Tuige nach seasfadh?	
SINÉAD (*de chogar*):	Uncail le hÉamonn Beag is ea Séamus.	

SEOSAMH (*de chogar*): Tuigim. Ní mór dúinn bheith an-chúramach.

(*Tagann an chuid eile as na háiteanna ina raibh siad i bhfolach.*)

PÁDRAIG: An bhfuil an bheirt agaibhse ag teacht nó an bhfuil sé i gceist agaibh an oíche a chaitheamh anseo?

PÁDRAIGÍN: Bhuel, tá a fhios againn cé a rinne é. Céard é **an chéad chéim eile**? — the next step

EILÍS (*go gliondrach*): Séamus agus Peadairín.

SINÉAD: Agóid! Agus an **dlí** a chur orthu! — law

ÉAMONN BEAG (*cuma bhuartha air*): Ní bhíonn sé ciallmhar … **sceitheadh ar** chomharsana. — telling on

(*Caitheann sé cúpla nóiméad* **ag fústráil** *anseo agus ansiúd, an chuid eile ag breathnú air. Ansin déanann sé* **cinneadh**.) — fidgeting / decision

Feicfidh mé ar ball sibh.

(*Imíonn ÉAMONN BEAG ina aonar. Breathnaíonn an chuid eile ina dhiaidh.*

Breathnaíonn SINÉAD agus SEOSAMH ar a chéile.

Imíonn siad uile amach go ciúin, ar clé.)

(*Soilse múchta*)

Ceisteanna 1

1. Céard atá an seisear déagóirí ag iompar?
2. Cad a fheiceann siad in aice an locha?
3. An aithníonn Sinéad an lucht dumpála?
4. Cén t-ainm atá ar Uncail Éamoinn Bhig?

Radharc 2

Soilse ag lasadh thaobh na láimhe deise den stáitse.

Suíomh:

Oifig sa Chomhairle Chontae. Fuinneog ar an mballa ar cúl. Oifigeach na Comhairle, TADHG Ó CUILL, ina shuí ag an mbord.

Cloistear béicíl taobh amuigh.

GUTHANNA:	Deireadh le dumpáil! An dlí ar **lucht na dumpála**.	dumpers
A LÁN GUTHANNA LE CHÉILE:		
	Hurú! Hurú! Hurú!	
	Deireadh le **truailliú**!	pollution
	Deireadh le dumpáil,	
	Deireadh le dumpáil,	
	Fíneáil mhór inniu!	fine

(*Éiríonn* TADHG *agus breathnaíonn sé an fhuinneog amach. Feiceann sé rud éigin* **a bhaineann geit as** *agus léiríonn sé é seo trí* **chnead** *beag a ligean agus lámh a chur lena smig.*

that surprises him
gasp

Tagann DOIRSEOIR *agus fógraíonn go bhfuil cuairteoir aige.*)

DOIRSEOIR: An tUasal Seán Mac an Mháistir.

(*Tagann* SEÁN MAC AN MHÁISTIR *isteach ag baint stuif buí dá aghaidh, é trí chéile agus ar buile.*)

SEÁN (*fós á ghlanadh féin*): An bhfaca tú é sin? Na dailtíní sráide sin? **Daoscarshlua**! Ní féidir le comhairleoir siúl isteach ina oifig féin gan bheith faoi ionsaí! Céard tá á dhéanamh ag na tuismitheoirí? **Easpa** smachta! Céard tá ar siúl?

mob

lack

TADHG (*duine tirim oifigiúil*): De réir mar a thuigim, a Sheáin, tá siad **ag éileamh** go gcuirfí an dlí ar an **dream** a bhíonn ag dumpáil **go mídhleathach**. Ní ormsa an **locht** faoi sin.

demanding; group
illegally; fault

SEÁN: An dlí? Cén **meas** atá acu siúd ar an dlí? Nach féidir leat **fáil réidh** leo?

respect
get rid

TADHG: Tá na Gardaí ag teacht **le súil a choinneáil orthu**.

to keep an eye on them

SEÁN (*le drochmheas*): Le súil a choinneáil orthu. Dhéanfadh trí mhí i bpríosún maitheas don daoscarshlua sin.

TADHG (*le miongháire rúnda*): Tá mé ag ceapadh go bhfaca mé d'iníon **ina measc**.

among them

SEÁN (*preab bainte as*): M'iníonsa! Ní féidir. Ag dul **thar bráid** a bhí sí, tá mé cinnte.

past

(*Déanann* TADHG *miongháire ach ní deir sé dada.*)

SEÁN: Ach ní faoi sin a tháinig mé isteach. De réir mar a thuigim, tá seanchairde liom, Séamus agus Peadairín, le bheith os comhair na cúirte **gan mhoill**. Daoine an-mhaith iad agus … bheinn an-bhuíoch … um … á … **dá bhféadfadh an Chomhairle** an cás a tharraingt siar … um … **fianaise** bhréige atá á cur **ina gcoinne**, tá mé cinnte. Tuigim, dár ndóigh, go mbíonn costas ag baint le cás mar seo, obair bhreise, agus mar sin de.

soon

if the Council could
evidence; against them

Turas 2

(*Tógann sé* clúdach *beag donn as a phóca agus cuireann sé síos ar an mbord os comhair Thaidhg é.*) — envelope

TADHG (ag déanamh neamhshuime *den chlúdach agus ag caint go tomhaiste*): Bhuel, a Sheáin, caithfidh an cás dul ar aghaidh … ach … **b'fhéidir go bhféadfaí pointí ina bhfabhar** a lua, nó **finné** ina bhfabhar a aimsiú. Labhróidh mé lenár ndlíodóir. Ach tá mé cinnte go dtuigeann tú nach í an Chomhairle, ach na daoine óga seo, atá ag cur an dlí orthu. Beidh sé deacair.

— ignoring measuredly maybe one could points in their favour; witness

SEÁN: **Fágfaidh mé fút féin é**. Tá mé cinnte go ndéanfaidh tú an rud ceart, mar a rinne tú riamh, a Thaidhg.

— I'll leave it up to you

(*Déanann* TADHG *miongháire.*)

(*Íslítear na soilse*)

Ceisteanna 2

1. Céard atá le cloisteáil taobh amuigh d'oifig sa Chomhairle Chontae?
2. Cad a thógann Seán Mac an Mháistir as a phóca?

Radharc 3

An chúirt. Bord bogtha isteach sa lár.

Spotsolas ar an gcúirt.

Séamus, Peadairín agus Mac Uí Dhroma, a ndlíodóir, ar clé. Mac Uí Ghríofa, dlíodóir na ndaoine óga, ar clé. Níl Seosamh ann. Tá Pádraig, Eilís, agus Pádraigín níos faide ar clé. Níl Éamonn Beag ann. Tá Cléireach na Cúirte ina shuí.

SINÉAD (*ag breathnú thart, agus ag caint lena dlíodóir*): Níl Seosamh **tagtha fós**.

come yet

(*Siúlann sí sall le labhairt leis na hógánaigh eile.*)

SINÉAD: Cá bhfuil Seosamh?

PÁDRAIG: Bhí mé ag caint leis ar maidin agus dúirt sé rud éigin faoina cheamara agus rith sé leis.

SINÉAD (*imní uirthi*): An ceamara! Bhí dearmad déanta agam de sin! Tá mé cinnte gur fhág sé ar an bportach é!

(*Ní thuigeann Pádraig an chaint seo faoi cheamara agus casann sé ar ais chuig na hógánaigh eile* **le searradh dá ghuaillí**. *Téann* SINÉAD *ar ais go dtí a dlíodóir agus cuma bhuartha uirthi.*

with a shrug of his shoulders

Éiríonn CLÉIREACH NA CÚIRTE.)

CLÉIREACH: Seasaigí don Bhreitheamh!

(*Tagann an* BREITHEAMH *isteach. Seasann sé taobh thiar den bhord ar feadh nóiméid. Suíonn sé. Suíonn na daoine eile a bhfuil suíocháin ann dóibh.*)

BREITHEAMH: **Móra dhaoibh**! Cad é an chéad chás ar maidin?

good morning all

CLÉIREACH: Cás dumpála. Is iad Séamus agus Peadairín na **cosantóirí**, a Dhuine Uasail.

defendants

BREITHEAMH: Céard é an cás in aghaidh na ndaoine ainmnithe?

MAC UÍ GHRÍOFA: Is é an cás, a Dhuine Uasail, gur chaith na daoine ainmnithe bruscar ar an bportach go mídhleathach, agus go bhfaca **scata** daoine óga iad á dhéanamh.

group

BREITHEAMH: An bhfuil na daoine óga sin i láthair?

(*Breathnaíonn* MAC UÍ GHRÍOFA *ar Shinéad agus cuireann ceist uirthi os íseal. Freagraíonn sí é os íseal.*)

MAC UÍ GHRÍOFA: Tá ceathrar den seisear a chonaic iad anseo, a Dhuine Uasail.

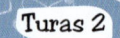

BREITHEAMH:	Ceathrar den seisear. Tuigim. **Lean ort**.	carry on
MAC UÍ GHRÍOFA:	Bhí an seisear ag péintéireacht ar an bportach ar an 20ú lá den mhí agus chonaic siad an bheirt **chosantóirí** seo ag dumpáil go mídhleathach.	defendants
BREITHEAMH:	Agus aontaíonn an seisear go bhfaca siad an bheirt ainmnithe ag dumpáil?	
MAC UÍ GHRÍOFA:	Aontaíonn an ceathrar atá anseo.	
BREITHEAMH:	Tuigim. Ceathrar. Go raibh maith agat. Anois, an bhfuil aon rud le rá ag an **dream** atá **cúisithe**?	group; accused
MAC UÍ DHROMA:	Ba mhaith liom ceist a chur ar Shinéad Nic an Mháistir. Tuige nach bhfuil an seisear a chonaic na daoine ainmnithe ag dumpáil, **mar dhea**, anseo?	allegedly
MAC UÍ GHRÍOFA:	Tá duine amháin acu, Seosamh Mac Domhnaill, **ag cuardach fianaise** atá fíorthábhachtach.	looking for evidence
MAC UÍ DHROMA:	Sin cúigear. Céard faoin séú duine?	
MAC UÍ GHRÍOFA:	Tá muid **ag súil leis** aon nóiméad feasta.	expecting him
MAC UÍ DHROMA:	Bhuel, b'fhéidir gur féidir liom lámh chúnta a thabhairt daoibh. Glaoim ar Éamonn Beag Ó Murchú.	
DOIRSEOIR:	Éamonn Beag Ó Murchú.	

(*Tagann* ÉAMONN BEAG *isteach agus seasann taobh le Mac Uí Dhroma.*
Breathnaíonn NA HÓGÁNAIGH *ar a chéile agus uafás orthu.*)

MAC UÍ GHRÍOFA (*de chogar le Sinéad*):	Ní maith liom é seo. Níl ag éirí go rómhaith le cúrsaí, tá faitíos orm.	
MAC UÍ DHROMA:	Is tusa Éamonn Beag Ó Murchú.	
ÉAMONN BEAG (*ag caint os íseal*):	Is mé.	
MAC UÍ DHROMA:	An raibh tú ar an turas péintéireachta seo leis an gcúigear eile?	
ÉAMONN BEAG (*os íseal*):	Bhí.	
MAC UÍ DHROMA:	An bhfaca tú daoine agus iad ag dumpáil bruscair?	
ÉAMONN BEAG (*os íseal*):	Chonaic.	
MAC UÍ DHROMA:	Agus arbh iad seo, na daoine ainmnithe, na daoine a rinne an dumpáil?	
ÉAMONN BEAG (*go neirbhíseach agus go héiginnte*):	Ní … ní féidir liom a bheith cinnte.	
MAC UÍ DHROMA:	Agus tuige nach féidir leat a bheith cinnte?	

ÉAMONN BEAG (*trí chéile*):	E … bhí sceach ann … ní cuimhin … ní raibh mé ábalta iad a fheiceáil i gceart.	
MAC UÍ DHROMA:	Mar sin, **ní féidir leat a rá gurbh iad seo** na daoine a rinne an dumpáil?	you cannot say that these
ÉAMONN BEAG:	Ní féidir.	
MAC UÍ DHROMA:	Is dóigh liomsa, a Dhuine Uasail, nach féidir na daoine seo a **chúiseamh** gan fianaise níos cinnte.	prosecute
SINÉAD (*de chogar lena dlíodóir*):	Iarr sos cúig nóiméad.	
MAC UÍ GHRÍOFA:	A Dhuine Uasail, iarraim ort sos cúig nóiméad a cheadú dom le dul i gcomhairle le mo chuid cliant.	
BREITHEAMH:	Tá go maith. Cúig nóiméad.	
CLÉIREACH NA CÚIRTE:	Seasaigí don Bhreitheamh!	

(*Seasann gach duine.*

Imíonn an BREITHEAMH.

Labhraíonn MAC UÍ DHROMA *le Séamus agus le Peadairín agus tagann cuma an-***ríméadach** *orthu, iad ag caint agus ag gáire. Is léir nach bhfuil* ÉAMONN BEAG *sona, áfach, agus seasann sé ar leataobh uathu.*

Bailíonn NA HÓGÁNAIGH *le chéile lena ndlíodóir siúd, iad an-chiúin.*)

excited

MAC UÍ GHRÍOFA:	**Tá ár gcosa nite** murar féidir linn teacht ar fhianaise chinnte.	our goose is cooked
PÁDRAIG:	An **cladhaire** sin Éamonn Beag, **ag cliseadh orainn** mar sin!	coward; letting us down
EILÍS:	Ach cén rogha a bhí aige, is é Séamus a uncail.	
PÁDRAIG (*feargach*):	**Tá a fhios aige chomh maith is atá a fhios againne** gurbh iad a bhí ann!	he knows as well as we know
MAC UÍ GHRÍOFA:	Is cuma faoi sin anois, mar níl sé sásta é a rá.	
PÁDRAIGÍN:	Ach cá bhfuil Seosamh?	
SINÉAD:	Nuair a bhí muid ar an bportach, ghlac Seosamh cúpla grianghraf de na daoine a bhí ag dumpáil. Ach tá mé ag ceapadh gur fhág sé an ceamara san áit ina raibh muid. Chuir sé síos é, ach ní fhaca mé é á thógáil leis. Rinne muid dearmad.	
(*Cuireann* SINÉAD *a lámha lena cloigeann* **go héadóchasach**.)		despairingly
PÁDRAIGÍN:	Caithfidh sé go ndeachaigh sé suas ansin ar maidin á lorg.	
EILÍS:	Má éiríonn leis …	

MAC UÍ GHRÍOFA: Beidh linn.

EILÍS (go mall): Ach … mura n-éiríonn …

(Breathnaíonn siad ar a chéile gan focal a rá ach iad **ag breathnú sall** ar an ngrúpa eile.) — looking over

CLÉIREACH NA CÚIRTE: Seasaigí don Bhreitheamh!

(Éiríonn gach duine.

Tagann an BREITHEAMH isteach agus suíonn sé síos.)

BREITHEAMH: An bhfuil aon rud breise le rá ag taobh ar bith sa chás seo?

(Breathnaíonn an BREITHEAMH ó ghrúpa go grúpa.)

BREITHEAMH: Níl? Bhuel, sa chás …

(Go tobann, cloistear **coiscéimeanna** agus briseann SEOSAMH isteach ar an gcúirt, cuma fhiáin air, é **stróicthe** ag **driseacha**, a chuid gruaige **in aimhréidh**, a léine stróicthe agus salach, **saothar air**.) — footsteps / torn; brambles / in a mess; out of breath

BREITHEAMH (ag glaoch amach): Stop an duine sin!

(Léimeann an DOIRSEOIR agus beireann greim ar Sheosamh.)

MAC UÍ GHRÍOFA: A Dhuine Uasail, creidim go bhfuil fianaise atá fíorthábhachtach ag an duine sin, Seosamh Mac Domhnaill. Iarraim cead í a ghlacadh uaidh.

(Tá na PÁISTÍ go léir ar bís. Tá Séamus agus a bhuíon ag breathnú ar Sheosamh agus iontas orthu. Níl a fhios acu céard tá ag tarlú.)

BREITHEAMH: Tá go maith. **Tá súil agam gur fiú é.** — I hope it's worth it

(Faoin am seo tá SEOSAMH ar tí titim ach síneann sé cúpla grianghraf chuig dlíodóir na n-ógánach. Breathnaíonn an DLÍODÓIR orthu, déanann miongháire agus síneann chuig an mBreitheamh iad. Breathnaíonn an BREITHEAMH orthu agus déanann **comhartha** do Mhac Uí Dhroma teacht chuige. Tagann MAC UÍ DHROMA. Taispeánann an BREITHEAMH na grianghraif dó. **Baintear preab uafásach** as Mac Uí Dhroma.) — sign / startled

Téann MAC UÍ DHROMA *ar ais chuig a ghrúpa féin, agus deir cúpla focal leo go ciúin.*

Tagann dreach scanraithe *ar Shéamus agus ar Pheadairín. Casann* MAC UÍ DHROMA *i dtreo an Bhreithimh.*) — a scared look

MAC UÍ DHROMA: Tá na cosantóirí ag tarraingt a gcáis siar agus ag admháil go bhfuil siad ciontach, a Dhuine Uasail. — withdrawing their case

BREITHEAMH: Gearraim fíneáil ocht gcéad euro an duine oraibh. — I impose a fine

(*Imíonn* MAC UÍ DHROMA, SÉAMUS *agus* PEADAIRÍN *as an gcúirt.*

Bualadh bos mór ó na hógánaigh, liú buach, *agus ardaíonn siad a gcuid bratach.* — victorious roar

Téann SINÉAD *chuig Seosamh agus tugann lámh chúnta dó lena choinneáil ar a chosa agus iad ar an mbealach amach.*

Breathnaíonn SINÉAD *siar ar Éamonn Beag atá ina sheasamh leis féin agus cuma an-uaigneach air.*

Tugann sí comhartha *dó lena cloigeann teacht leo agus ritheann sé chucu go háthasach.* — a signal

Casann na gasúir uile a n-amhrán ar an mbealach amach, bratacha ar crochadh.)

Hurú! Hurú! Hurú!

Cosc ar thruailliú!

Deireadh le dumpáil,

Deireadh le dumpáil,

Fíneáil mhór inniu!

CRÍOCH

Ceisteanna 3

1. Cad a d'fhág Seosamh ar an bportach?
2. Cén fáth nach raibh Éamonn Beag ábalta an lucht dumpála a fheiceáil i gceart?
3. Cén chuma atá ar Sheosamh nuair a bhriseann sé isteach sa chúirt?
4. Cad a ghearrann an Breitheamh ar na cosantóirí?

Bí ag caint!

Cén carachtar is fearr leat? I ngrúpa, pléigh do thuairim.

Táim in ann ceisteanna a fhreagairt ar an dráma *Gleann Álainn*.

Turas 2

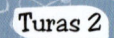

Achoimre an dráma: Léigh agus scríobh

Léigh achoimre (*summary*) an dráma agus freagair na ceisteanna.

Tá seisear déagóirí – Sinéad, Seosamh, Eilís, Éamonn Beag, Pádraig agus Pádraigín – **amuigh faoin tuath**. Feiceann siad beirt fhear, Séamus agus Peadairín, ag dumpáil bruscair in aice le loch. Is cairde le Daid Shinéad iad. Is Teachta Dála é Daid Shinéad. Glacann Seosamh cúpla grianghraf.	out in the countryside
Tosaíonn na déagóirí **agóid** in aghaidh na dumpála. Déanann siad agóid taobh amuigh d'oifig sa **Chomhairle Chontae**.	protest County Council
Cloiseann Daid Shinéad go mbeidh Séamus agus Peadairín **os comhair na cúirte**. Tugann sé **breab** do Thadhg, **oifigeach** sa Chomhairle Contae.	before the court; bribe an official
I seomra na cúirte, déanann ceathrar de na déagóirí **cur síos** ar an dumpáil. Faraor, d'fhág siad an ceamara ar an bportach. Tá Seosamh **ag cuardach** an cheamara.	description looking for
Ansin, tosaíonn Éamonn Beag, duine de na déagóirí, ag caint. Deir sé nach raibh siad ábalta aon rud a fheiceáil go soiléir.	
Go tobann, ritheann Seosamh isteach i seomra na cúirte leis na grianghraif. **Gearrann** an Breitheamh fíneáil €800 ar Shéamus agus ar Pheadairín. Tá áthas ar na déagóirí.	imposes

1. Cá bhfuil an seisear déagóirí nuair a fheiceann siad na fir ag dumpáil?
2. Cén post atá ag Daid Shinéad?
3. Cad a dhéanann na déagóirí taobh amuigh d'oifig sa Chomhairle Chontae?
4. Cad a thugann Daid Shinéad do Thadhg?
5. Cad a deir Éamonn Beag sa chúirt?
6. Cén fhíneáil a ghearrann an Breitheamh ar Shéamus agus ar Pheadairín?

Bí ag caint!

I ngrúpa de naonúr, déan dráma den radharc sa chúirt.
Is iad seo na príomhcharachtair: Sinéad, Seosamh,
Éamonn Beag, Séamus, Peadairín, An Breitheamh,
An Bheirt Dlíodóirí agus An Doirseoir.

An scríbhneoir

Rugadh Brian Ó Baoill i Ros Comáin i 1929. Tá go leor duaiseanna buaite aige as a scéalta agus drámaí. Bhuaigh a dhráma *Sútha Talún* Duais Oireachtais i 1995.

Scríobh

**Cruthaigh clár scéalta faoin scríbhneoir ar www.storyboardthat.com.
Gheobhaidh tú tuilleadh eolais faoi ar www.portraidi.ie/ga/brian-o-baoill/.
Tá samplaí le feiceáil ar www.educateplus.ie/go/storyboards.**

Táim in ann páirt a ghlacadh i ndráma bunaithe ar an dráma *Gleann Álainn*.

Turas 2

Na carachtair sa dráma: Meaitseáil

Meaitseáil an Ghaeilge leis an mBéarla. Bain úsáid as d'fhoclóir nó as www.focloir.ie.

1	cróga	A	disrespectful
2	diongbháilte	B	determined
3	cliste	C	dishonest
4	mímhacánta	D	brave
5	dímheasúil	E	clever

1 = ____   2 = ____   3 = ____   4 = ____   5 = ____

Léigh agus scríobh

Léigh faoi na carachtair sa ghearrscéal agus freagair na ceisteanna.

Sinéad

Is duine cróga agus diongbháilte í Sinéad. Tosaíonn sí **ag spiaireacht** ar an lucht dumpála. Feiceann sí Séamus agus Peadairín ag dumpáil bruscair in aice le loch. Is cairde le Daid Shinéad iad.

Tosaíonn sí agóid in aghaidh na dumpála. Téann sí os comhair na cúirte chun an scéal a insint.

spying

Seosamh

Is duine cliste agus diongbháilte é Seosamh. Tá a fhios aige **go dtiocfaidh an lucht dumpála ar ais**. Tá a fhios aige go mbeidh siad ábalta spiaireacht a dhéanamh orthu. Glacann sé grianghraif de na fir freisin.

that the dumpers will come back

Daid Shinéad

Is duine mímhacánta é Daid Shinéad. Is léir go mbíonn sé féin agus an lucht dumpála **ag obair as lámha a chéile**. Tugann sé **breab** do Thadhg freisin.

working in cahoots
bribe

Séamus agus Peadairín

Is daoine dímheasúla iad Séamus agus Peadairín. Níl meas acu ar an **timpeallacht**. Dumpálann siad bruscar in aice le loch álainn. Níl meas acu ar na déagóirí.

environment

1. Cén sórt duine í Sinéad?
2. Cad a thosaíonn sí in aghaidh na dumpála?
3. Cá bhfios dúinn gur duine cliste agus diongbháilte é Seosamh? Luaigh pointe eolais **amháin**.
4. Cén sórt duine é Daid Shinéad?
5. Cad a thugann sé do Thadhg?
6. Cén fáth ar daoine dímheasúla iad Séamus agus Peadairín? Luaigh pointe eolais **amháin**.

Scríobh agus labhair

Roghnaigh carachtar amháin. Scríobh dhá aidiacht faoi nó fúithi. Taispeáin an liosta don duine atá in aice leat. An féidir leo a thomhais (*guess*) cé hé nó cé hí?

✓ Táim in ann anailís a dhéanamh ar charachtair sa dráma *Gleann Álainn*. 🙂 😐 ☹

Téamaí an dráma: Léigh agus labhair

Tá an triúr seo ag labhairt faoi théama an dráma *Gleann Álainn*. Cé leis a n-aontaíonn tú? Léigh na tuairimí agus déan vóta sa rang!

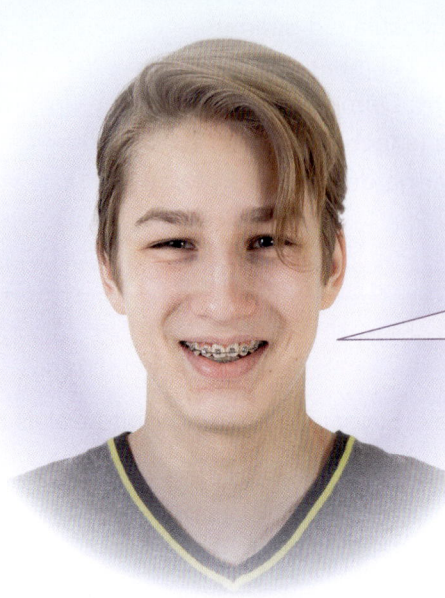

> Measaim gurb é **An Timpeallacht** téama an dráma. Tá meas ag na déagóirí ar an timpeallacht. Níl meas ag na fir ar an timpeallacht agus dumpálann siad bruscar in aice leis an loch.

> Sílim gurb é **An Óige** téama an dráma. Tá fuinneamh ag na daoine óga. Níl siad leisciúil. Feiceann siad na fir ag dumpáil agus déanann siad rud faoi.

> Ceapaim gurb é **An Dlí** téama an dráma. Briseann Séamus agus Peadairín an dlí. Ar deireadh, gearrann an Breitheamh fíneáil ar Shéamus agus Peadairín.

Stór focal

meas	respect	dlí	law
fuinneamh	energy	fíneáil	a fine

Mothúcháin an dráma: Léigh agus scríobh

Léigh an freagra samplach seo agus freagair na ceisteanna.

Ceist shamplach:

Céard iad na mothúcháin is láidre sa dráma *Gleann Álainn*?

Freagra samplach:

Ceapaim gurb iad **uafás** agus sásamh na mothúcháin is láidre sa dráma *Gleann Álainn*.	horror
Ar an gcéad dul síos, tá uafás sa dráma. Nuair a fheiceann na déagóirí an bheirt fhear ag dumpáil, tagann uafás orthu. Tá **meas** acu ar an **timpeallacht** ach faraor, níl meas ag na fir ar an timpeallacht. Cuireann sin uafás ar na déagóirí.	respect; environment
Ar an dara dul síos, tá sásamh sa dráma. Ag deireadh an dráma, **éiríonn leis** na déagóirí. Nuair a bhriseann Seosamh isteach i seomra na cúirte leis na grianghraif, tagann áthas orthu. Cailleann an lucht dumpála an cás cúirte. Gearrann an Breitheamh fíneáil €800 ar Shéamus agus ar Pheadairín.	succeed

Mothúcháin eile: Faoiseamh, Déistin, Eagla, Imní

1. Cén fáth a dtagann uafás ar na déagóirí?
2. An bhfuil meas ag na fir ar an timpeallacht?
3. Cé a chailleann an cás cúirte?
4. Cé mhéad euro d'fhíneáil a ghearrann an Breitheamh ar na fir?

Punann 5.4

Samhlaigh go bhfuil duine nó daoine ag dumpáil i do cheantar. Dear póstaer chun an dumpáil a stopadh.

Dear an chéad dréacht (*draft*) den phóstaer i do chóipleabhar. Bain úsáid as na frásaí thíos.

aire!	warning!	TCCI ar siúl	CCTV in operation
cosc ar dhumpáil	no dumping	ná caitear bruscar	don't throw rubbish
má fheiceann tú	if you see	glaoigh ar	call

Ansin, léigh an seicliosta ar leathanach 37 de do phunann agus léigh siar ar do dhréacht. Ansin, athdhréachtaigh (*redraft*) do chuid oibre. Dear an leagan deiridh (*final version*) i do phunann ar leathanach 36.

Táim in ann anailís a dhéanamh ar an dráma *Gleann Álainn*.

Turas 2

BÉALTRIAIL

Agallamh

💬 Labhair

Léirigh an t-agallamh seo leis an duine atá in aice leat.

1. **Cá bhfuil tú ag dul ar scoil?**
   Táim ag freastal ar Phobalscoil an Ghleanna.

2. **Cén bhliain ina bhfuil tú?**
   Tá mé sa tríú bliain.

3. **Cé mhéad ábhar atá tú ag déanamh? Cad iad?**
   Táim ag déanamh trí ábhar déag. Táim ag déanamh Gaeilge, Béarla, Mata, Stair, Tíreolaíocht, Eolaíocht, Spáinnis, Ealaín, Gnó, Adhmadóireacht, Teicneolaíocht, Creideamh agus Corpoideachas.

4. **Cén t-ábhar is fearr leat? Cén fáth?**
   Is í Adhmadóireacht an t-ábhar is fearr liom mar tá sí praiticiúil agus corraitheach.

5. **An bhfuil aon ábhar nach maith leat?**
   Ní maith liom Gnó mar faighimid a lán obair bhaile.

6. **Déan cur síos ar do lá scoile.**
   Éirím ag a seacht ar maidin. Faighim síob ar scoil. Tosaíonn an lá scoile ag a ceathrú chun a naoi. Críochnaíonn an lá scoile ag a leathuair tar éis a trí. Bíonn sos againn ag a haon déag a chlog agus bíonn lón againn ag a haon a chlog.

7. **An ndéanann tú aon rud tar éis na scoile?**
   Imrím spórt tar éis na scoile.

8. **An gcaitheann tú éide scoile?**
   Caithim. Caithim geansaí dúghorm, sciorta liath, blús bán agus bróga dubha.

Clár

✏️ Scríobh

Freagair na ceisteanna seo i do chóipleabhar.

1. Cá bhfuil Clár ag dul ar scoil?
2. Cad iad na hábhair a dhéanann Clár?
3. Cén fáth a dtaitníonn Adhmadóireacht léi?
4. Déan cur síos ar a lá scoile.
5. Déan cur síos ar a héide scoile.

✏️💬 Scríobh agus labhair

Freagair na ceisteanna a d'fhreagair Clár (Ceisteanna 1–8) i do chóipleabhar. Ansin, cuir na ceisteanna seo ar an duine atá in aice leat.

✓ Táim in ann ceisteanna faoi mo shaol ar scoil a fhreagairt. 🙂 😐 ☹️

céad caoga a ceathair

CLEACHTAÍ ATHBHREITHNITHE

Caibidil 5

Súil Siar

A. Tá roinnt focal san ord mícheart. Scríobh san ord ceart iad.
1. Is liom suimiúil mar tá sí Gaeilge maith.
2. Ní liom OSSP tá sé mar leadránach maith.
3. Is liom mar Adhmadóireacht aoibhinn tá sí praiticiúil.
4. Is liom úsáideach mar tá sí Tíreolaíocht breá.
5. Ceapaim bhfuil go Fraincis corraitheach.

B. Déan cur síos ar na héidí scoile seo.

C. Seo cur síos ar lá scoile Eoin. Scríobh na habairtí san ord ceart.
1. Críochnaíonn an lá scoile ag a ceathair a chlog.
2. Sroichim an scoil ag leathuair tar éis a hocht.
3. Dúisím ag a seacht a chlog.
4. Imrím spórt tar éis na scoile.
5. Bíonn sos againn ag a deich chun a deich.

Cluastuiscint

Script: leathanach 125 de do Leabhar Gníomhaíochta.

Cloisfidh tú dhá chomhrá sa chuid seo. Cloisfidh tú gach comhrá díobh faoi dhó. Éist go cúramach agus freagair na ceisteanna i do chóipleabhar.

Comhrá a hAon
1. Cén pictiúr a théann leis an gcomhrá seo?

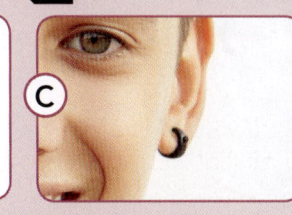

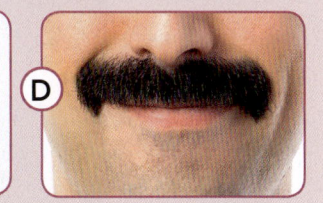

   A   B   C   D

2. Cad a deir an príomhoide?
   - (A) téigh go dtí mo sheomra
   - (B) téigh go dtí m'oifig
   - (C) téigh abhaile
   - (D) téigh go dtí oifig an rúnaí

Comhrá a Dó
1. Cén dath gruaige atá ar Aoife?
   - (A) dearg   (C) bándearg
   - (B) corcra   (D) glas

2. Cé leis a mbeidh an príomhoide ag caint?
   - (A) múinteoir eile   (C) deirfiúr Aoife
   - (B) leas-phríomhoide   (D) tuismitheoirí Aoife

Mo Scoil

céad caoga a cúig 155

Turas 2

Cultúr 5
Ogham

An script Ogham

Is cineál scripte é Oghaim. Scríobh Éireannaigh Ogham ar chlocha idir 300 AD agus 800 AD.

Tá clocha Oghaim le feiceáil ar fud na tíre fós, go háirithe i gCiarraí agus i gCorcaigh. Tá go leor clocha Oghaim i músaeim ar fud na hÉireann freisin.

Is minic a bhíonn ainmneacha daoine tábhachtacha scríofa ar chlocha. Féach an sampla seo:

COILLABBOTAS MAQI CORBBI MAQI MOCOI QERAI
Coillabus mac Corbos mac mhuintir Chiarraí
Cáelbad, son of Corb, son of the people of Kerry

An aibítir

Seo aibítir Oghaim. Tá meascán de phoncanna agus línte sa script.

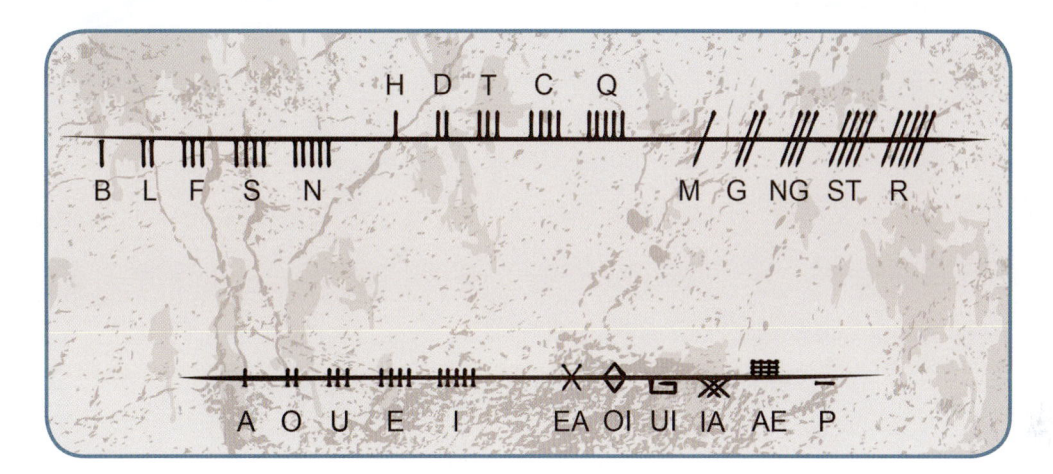

Stór focal

Ogham	an ancient alphabet or script	aibítir	alphabet
clocha	stones	meascán	mix
daoine tábhachtacha	important people	poncanna agus línte	dots and lines

TASC CULTÚIR 5 — Taighde agus cur i láthair

Tá eolas ar go leor clocha Oghaim in Éirinn ar https://ogham.celt.dias.ie. Tá an suíomh ar fáil i nGaeilge agus i mBéarla.

Cliceáil ar 'Brabhsáil'/'*Browse*' agus féach ar an léarscáil. Cliceáil ar na bioráin 📍 chun eolas faoin gcloch a fheiceáil.

Cruthaigh cur i láthair ar PowerPoint nó Prezi. I do chur i láthair:
- Liostaigh **trí** chontae ina bhfuil clocha Oghaim
- Litrigh d'ainm in Ogham.

Déan an cur i láthair os comhair an ranga.

Féinmheasúnú
An raibh tú in ann na clocha Oghaim a chuardach (*search*) go héasca? An raibh aon deacrachtaí agat?

Mo Chaithimh Aimsire

CAIBIDIL 6

✓ Faoi dheireadh na caibidle seo, beidh mé in ann:
- Cur síos a dhéanamh ar na caithimh aimsire atá agam.
- Labhairt faoi scannáin agus cláir theilifíse.
- Labhairt faoi chluichí ríomhaire agus na meáin shóisialta.
- Litir a scríobh.

G Gramadach
- An Aimsir Fháistineach

Príomhscileanna
- A bheith liteartha
- Fanacht folláin

Punann
- Punann 6.1 – Sceideal Teilifíse a Dhearadh
- Punann 6.2 – Suirbhé faoi Úsáid Ríomhairí
- Punann 6.3 – Litir chuig Scoláire i gContae Eile
- Punann 6.4 – Comhrá le Bainisteoir Bainc

Clár Ábhair

Foclóir	Caithimh Aimsire	160
Foclóir	Ag Féachaint ar an Teilifís	162
Fógra	Sceideal Teilifíse	163
Léamhthuiscint	An Clár is Fearr Liom	164
Gramadach	An Aimsir Fháistineach	166
Éisteacht	Ag Dul go dtí an Phictiúrlann	168
Léamhthuiscint	Cluichí Ríomhaire	170
Léamhthuiscint	Na Meáin Shóisialta	172
Léamhthuiscint	Léitheoireacht	173
Scríobh	Litir: An Deireadh Seachtaine	174
Litríocht	Prós: Quick Pick	176
Béaltriail	Agallamh	194
Cleachtaí Athbhreithnithe	Súil Siar	195
Cultúr 6	An Ghaeilge agus na Meáin	196

céad caoga a naoi

Turas 2

FOCLÓIR

Caithimh Aimsire

Cén caitheamh aimsire is fearr leat?

Is breá liom a bheith ag seinm ceoil.

Meaitseáil

Meaitseáil na pictiúir leis na caithimh aimsire.

ag péinteáil	☐	ag damhsa	☐
ag seinm ceoil	☐	ag léamh leabhar	☐
ag canadh	☐	ag éisteacht le ceol	☐
ag cócaráil	☐	ag dul ar líne	☐
ag féachaint ar an teilifís	☐	ag imirt cluichí ríomhaire	☐

Scríobh agus labhair

Liostaigh na caithimh aimsire thuas in ord tosaíochta (*in order of preference*). I ngrúpa, déan comparáid le chéile.

Meaitseáil

Meaitseáil na pictiúir leis na caithimh aimsire.

ag campáil	☐	ag rith	☐
ag snámh	☐	ag iascaireacht	☐
ag siopadóireacht fuinneoige	☐	ag siúl	☐
ag clárscátáil	☐	ag imirt spóirt	☐

Cuimhnigh!
Is maith liom **a bheith** ag léamh. ✓
Is maith liom ag léamh. ✗

Scríobh agus labhair

Freagair na ceisteanna seo. Ansin, cuir na ceisteanna ar an duine atá in aice leat.

	Ceisteanna	Freagraí samplacha
1	Cad iad na caithimh aimsire is fearr leat?	Is breá liom a bheith ag iascaireacht agus ag snámh.
2	An maith leat siopadóireacht fuinneoige?	Is aoibhinn liom siopadóireacht fuinneoige.
3	An maith leat spórt?	Ní maith liom spórt.

Táim in ann labhairt faoi na caithimh aimsire atá agam.

Mo Chaithimh Aimsire

céad seasca a haon

FOCLÓIR

Ag Féachaint ar an Teilifís

Scríobh

Cad is brí leis na cineálacha clár teilifíse seo?
Bain úsáid as d'fhoclóir nó as www.focloir.ie.

> clár thráth na gceist   clár spóirt
> clár faisin   clár nuachta   cartún
> sobaldráma   clár ceoil   clár grinn
> clár réaltachta   clár faisnéise
> seó taistil   clár aicsin

Scríobh agus labhair

Cén sórt clár teilifíse is fearr leat? Scríobh na cineálacha clár teilifíse thuas in ord tosaíochta (*in order of preference*). Ansin, déan comparáid leis an duine atá in aice leat.

Scríobh agus labhair

Freagair na ceisteanna seo. Ansin, cuir na ceisteanna ar an duine atá in aice leat.

	Ceisteanna	Freagraí samplacha
1	Cén cineál clár teilifíse is fearr leat?	Is aoibhinn liom cláir faisin agus sobaldrámaí.
2	Cén clár teilifíse is fearr leat?	Is é *America's Next Top Model* an clár is fearr liom.
3	Cén cainéal teilifíse is fearr leat?	Is é G24 an cainéal is fearr liom. Is maith liom a bheith ag féachaint ar chláir ar Netflix freisin.

Táim in ann labhairt faoin gclár teilifíse is fearr liom.

FÓGRA

Sceideal Teilifíse

Caibidil 6

✏️ **Léigh agus scríobh**

Léigh an sceideal seo agus freagair na ceisteanna a ghabhann leis.

Dé Céadaoin — Sceideal Teilifíse

	G24	ITF	RTG1	RTG2	TG3
19.00	The Simpsons	Aifric san Afraic	Nuacht @ 7	Shocked!	Cad atá i do Vardrús?
19.30	Paisean Faisean	Seó Spóirt na Seachtaine			An Saol sna 1990í
20.00	Scannán: Tapa agus ar Buile (aicsean)		An tSráid	Sraith Curadh UEFA	Ar Deireadh Thiar
20.30		Dioscó na mBó	Gearrscannán: Yu Ming is Ainm Dom		Ceol T
21.00			Gearrscannán: An Gadaí		Beirt Fhear go Leith
21.30		Sláinte!	An tSráid	An Pháirc Theas	Na Cailíní Órga

- 🟧 clár ceoil
- 🟩 scannán
- 🟥 cartún
- ⬛ clár faisin
- 🟦 clár nuachta
- 🟦 clár grinn
- 🟪 clár spóirt
- 🟪 sobaldráma
- 🟨 clár faisnéise
- 🟩 seó taistil

Mo Chaithimh Aimsire

1. Cad a bheidh ar siúl ag 19.30 ag G24?
2. Cad a bheidh ar siúl ag 20.30 ag RTG1?
3. Cé mhéad cartún a bheidh ar siúl?
4. Cé mhéad clár nuachta a bheidh ar siúl?
5. Ainmnigh **dhá** chlár ceoil a bheidh ar siúl.
6. Ainmnigh **dhá** shobaldráma a bheidh ar siúl.

💼 Punann 6.1

Dear sceideal teilifíse. Roghnaigh ceithre chainéal agus liostaigh na cláir a bheidh ar siúl oíche Dé Céadaoin. Luaigh an cineál cláir é freisin. Cuir an obair chríochnaithe i do phunann ar leathanach 39.

✓ Táim in ann sceideal teilifíse a léamh agus a dhearadh. 🙂 😐 🙁

céad seasca a trí

Turas 2

LÉAMHTHUISCINT

An Clár is Fearr Liom

✎ Léigh agus scríobh

Léigh an píosa seo agus freagair na ceisteanna a ghabhann leis.

Hawaii Five-0

Haigh, is mise Pól. Is maith liom cláir spóirt agus cláir cheoil. Thar aon rud eile, áfach, is aoibhinn liom cláir bhleachtaireachta.

Is breá liom na cláir *CSI* agus *Criminal Minds*. Is é an clár *Hawaii Five-0* an clár is fearr liom, áfach. Is breá liom é mar tá sé corraitheach. Bíonn an plota suimiúil i gcónaí.

Tá an clár seo faoi thascfhórsa speisialta i Havaí. Tá ceathrar bleachtairí sa tascfhórsa speisialta. Steve McGarrett, Chin Ho Kelly, Kono Kalakaua agus Daniel Williams is ainm dóibh.

Steve McGarrett is ainm don phríomhcharachtar. Is duine cróga agus dílis é. Labhraíonn sé a lán teangacha.

Thar aon rud eile, áfach	over anything else; however
cláir bhleachtaireachta	detective programmes
plota	plot
i gcónaí	always
thascfhórsa	task force
bleachtairí	detectives
phríomhcharachtar	main character
teangacha	languages

1. Cén sórt clár teilifíse is maith le Pól?
2. Cén sórt clár is fearr leis?
3. Ainmnigh **trí** chlár a thaitníonn leis.
4. Cad a deir Pól faoin bplota?
5. Cé mhéad bleachtaire atá sa tascfhórsa speisialta?
6. Cén sórt duine é an príomhcharactar?

👥 Taighde

Téigh chuig www.tg4.ie/ga/sceideal. Aimsigh trí chlár ar mhaith leat féachaint orthu. Cén sórt clár iad? Déan comparáid leis an duine atá in aice leat.

Scríobh

Scríobh alt gearr faoin gclár is fearr leat. Bain úsáid as an teimpléad agus stór focal thíos.

Teimpléad

In the first paragraph, write your name and three types of programmes you like. Keep your favourite type of programme for the last space.

Haigh, is mise _____. Is maith liom cláir _____ agus cláir _____. Thar aon rud eile, áfach, is aoibhinn liom _____.

In the second paragraph, list two programmes you like. Then list your favourite programme and say why you like it.

Is breá liom _____ agus _____. Is é _____ an clár is fearr liom, áfach. Is breá liom é mar tá sé _____. Bíonn an plota _____ i gcónaí.

In the third paragraph, write the name of the main character and say what type of person he/she is.

_____ is ainm don phríomhcharactar. Is duine _____ agus _____ é/í.

In the last paragraph, write the names of the other characters.

_____ agus _____ is ainm do na carachtair eile.

Stór focal

cineálta	kind	leisciúil	lazy
fuinniúil	energetic	ceanndána	stubborn
fial	generous	glic	sly
greannmhar	funny	cancrach	cranky
macánta	honest	santach	greedy
cabhrach	helpful	suarach	mean

Táim in ann scríobh faoi na cláir theilifíse is fearr liom.

céad seasca a cúig

GRAMADACH

An Aimsir Fháistineach

Cuimhnigh!
An Aimsir Fháistineach = Rudaí a tharlóidh sa todhchaí

Na briathra rialta

An chéad réimniú

An Aimsir Fháistineach	Can (*sing*)		Fill (*return*)	
	Leathan: briathar + … faidh/faimid		**Caol:** briathar + … fidh/fimid	
	Uatha	**Iolra**	**Uatha**	**Iolra**
1	Canfaidh mé	Canfaimid	Fillfidh mé	Fillfimid
2	Canfaidh tú	Canfaidh sibh	Fillfidh tú	Fillfidh sibh
3	Canfaidh sé/sí	Canfaidh siad	Fillfidh sé/sí	Fillfidh siad
Diúltach	Ní chanfaidh		Ní fhillfidh	
Ceisteach	An gcanfaidh?		An bhfillfidh?	

An dara réimniú

An Aimsir Fháistineach	Damhsaigh (*dance*)		Éirigh (*get up/become*)	
	Leathan: ~~aigh~~; briathar + … óidh/óimid		**Caol:** ~~igh~~; briathar + … eoidh/eoimid	
	D~~amhs~~aigh		É~~irigh~~	
	Uatha	**Iolra**	**Uatha**	**Iolra**
1	Damhsóidh mé	Damhsóimid	Éireoidh mé	Éireoimid
2	Damhsóidh tú	Damhsóidh sibh	Éireoidh tú	Éireoidh sibh
3	Damhsóidh sé/sí	Damhsóidh siad	Éireoidh sé/sí	Éireoidh siad
Diúltach	Ní dhamhsóidh		Ní éireoidh	
Ceisteach	An ndamhsóidh?		An éireoidh?	

✏️ Scríobh

Athscríobh na habairtí seo san Aimsir Fháistineach i do chóipleabhar.

1. [Fill: mé] _____ abhaile tar éis an scannáin.
2. Ní [éirigh: sé] _____ go moch amárach!
3. An [damhsaigh: tú] _____ liom anocht?
4. [Can: mé] _____ cúpla amhrán ach ní [damhsaigh: mé] _____!
5. [Éirigh: muid] _____ go moch ar maidin agus [féach: muid] _____ ar an gcluiche.
6. An [éist: tú] _____ le ceol nó an [seinn: tú] _____ é?
7. Ní [éirigh: sí] _____ go moch agus mar sin, ní [rith: sí] _____ sa rás.
8. [Brostaigh: mé] _____ go dtí an siopa agus [ceannaigh: mé] _____ an bia.

Na briathra neamhrialta

Ní leanann gach briathar na gnáthrialacha. Tugtar 'Na briathra neamhrialta' orthu seo. Seo iad na 11 bhriathar neamhrialta:

Not all verbs follow the normal rules. These are called 'Na briathra neamhrialta'. The 11 irregular verbs are as follows:

Abair

1	Déarfaidh mé	Déarfaimid
2	Déarfaidh tú	Déarfaidh sibh
3	Déarfaidh sé/sí	Déarfaidh siad
Diúltach	Ní déarfaidh	
Ceisteach	An ndéarfaidh?	

Beir

1	Béarfaidh mé	Béarfaimid
2	Béarfaidh tú	Béarfaidh sibh
3	Béarfaidh sé/sí	Béarfaidh siad
Diúltach	Ní bhéarfaidh	
Ceisteach	An mbéarfaidh?	

Clois

1	Cloisfidh mé	Cloisfimid
2	Cloisfidh tú	Cloisfidh sibh
3	Cloisfidh sé/sí	Cloisfidh siad
Diúltach	Ní chloisfidh	
Ceisteach	An gcloisfidh?	

Déan

1	Déanfaidh mé	Déanfaimid
2	Déanfaidh tú	Déanfaidh sibh
3	Déanfaidh sé/sí	Déanfaidh siad
Diúltach	Ní dhéanfaidh	
Ceisteach	An ndéanfaidh?	

Faigh

1	Gheobhaidh mé	Gheobhaimid
2	Gheobhaidh tú	Gheobhaidh sibh
3	Gheobhaidh sé/sí	Gheobhaidh siad
Diúltach	Ní bhfaighidh	
Ceisteach	An bhfaighidh?	

Feic

1	Feicfidh mé	Feicfimid
2	Feicfidh tú	Feicfidh sibh
3	Feicfidh sé/sí	Feicfidh siad
Diúltach	Ní fheicfidh	
Ceisteach	An bhfeicfidh?	

Ith

1	Íosfaidh mé	Íosfaimid
2	Íosfaidh tú	Íosfaidh sibh
3	Íosfaidh sé/sí	Íosfaidh siad
Diúltach	Ní íosfaidh	
Ceisteach	An íosfaidh?	

Tabhair

1	Tabharfaidh mé	Tabharfaimid
2	Tabharfaidh tú	Tabharfaidh sibh
3	Tabharfaidh sé/sí	Tabharfaidh siad
Diúltach	Ní thabharfaidh	
Ceisteach	An dtabharfaidh?	

Tar

1	Tiocfaidh mé	Tiocfaimid
2	Tiocfaidh tú	Tiocfaidh sibh
3	Tiocfaidh sé/sí	Tiocfaidh siad
Diúltach	Ní thiocfaidh	
Ceisteach	An dtiocfaidh?	

Téigh

1	Rachaidh mé	Rachaimid
2	Rachaidh tú	Rachaidh sibh
3	Rachaidh sé/sí	Rachaidh siad
Diúltach	Ní rachaidh	
Ceisteach	An rachaidh?	

Bí

1	Beidh mé	Beimid
2	Beidh tú	Beidh sibh
3	Beidh sé/sí	Beidh siad
Diúltach	Ní bheidh	
Ceisteach	An mbeidh?	

Tá tuilleadh cleachtaí ar leathanach 370.

✓ Táim in ann an Aimsir Fháistineach a úsáid i gceart.

Turas 2

ÉISTEACHT

Ag Dul go dtí an Phictiúrlann

Bí ag caint!

Cén sórt scannán iad seo? Cuir an cheist ar an duine atá in aice leat. Bain úsáid as an stór focal thíos.

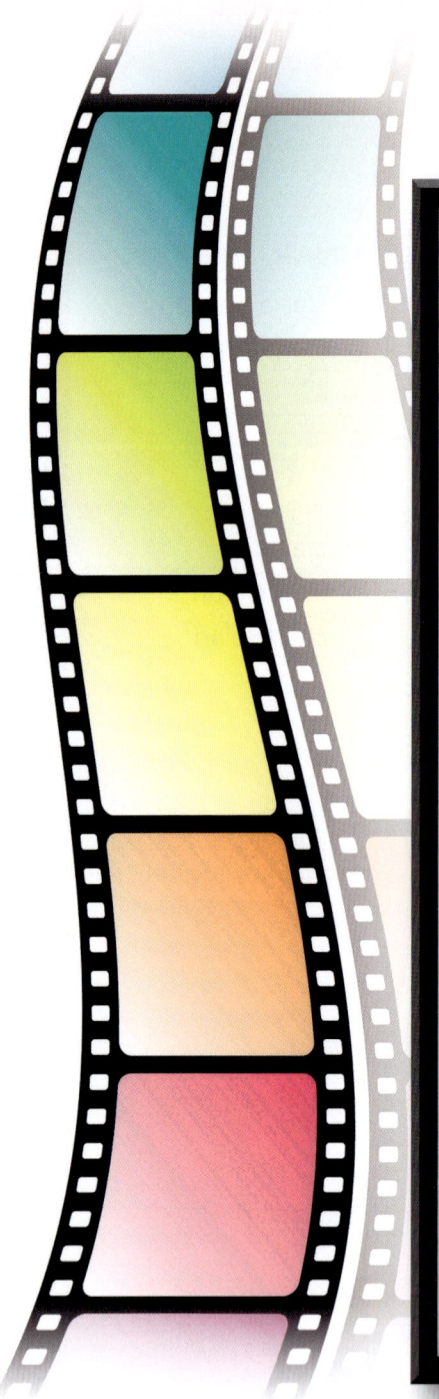

AR TAISPEÁINT
PICTIÚRLANN RETRO

FOTHEIDIL *(SUBTITLES)* GHAEILGE

Scannán	Am
COGAÍ RÉALTAÍ (*STAR WARS*)	20.00
PÍORÁIDÍ NA CAIRIBE (*PIRATES OF THE CARIBBEAN*)	21.00
PLÚIRÍN SNEACHTA (*SNOW WHITE*)	15.30
101 DALMÁTACH (*101 DALMATIANS*)	17.30
ABHATÁR (*AVATAR*)	19.00
PÁIRC IÚRASACH (*JURASSIC PARK*)	20.30
FEAR DAMHÁN ALLA (*SPIDER-MAN*)	16.00
NACH MISE AN TÚTACHÁN (*DESPICABLE ME*)	14.30
TAPA AGUS AR BUILE (*THE FAST AND THE FURIOUS*)	19.30
DRACULA (*DRACULA*)	21.00

Grán rósta €2   Uachtar reoite 99c   Madraí teo €1.50

Stór focal

scannán grinn	comedy film	scannán aicsin	action film
coiméide rómánsúil	romantic comedy	scéinséir	thriller
scannán ficsean eolaíochta	science fiction film	scannán fantaisíochta	fantasy film
scannán beochana	animated film	scannán uafáis	horror film

Bí ag caint!

Déan rólimirt (*role-play*) leis an duine atá in aice leat. Samhlaigh go bhfuil tú ar cur glao fóin ar an oifig ticéad i bPictiúrlann Retro. Cuir ceisteanna faoi na hamanna orthu.

> Cén t-am a bheidh *Dracula* ar siúl?

> Beidh *Dracula* ar siúl ag a naoi a chlog.

Éist agus scríobh

Éist le Seán agus Máirín ag caint faoi dhul go dtí an phictiúrlann. Tá an comhrá roinnte ina dhá mhír: Mír 1 agus Mír 2.

Script: leathanach 126 de do Leabhar Gníomhaíochta.

Seán

Máirín

Scríobh

Fíor nó bréagach?   F   B

Mír 1

1. Beidh an scannán aicsin *Abhatár* ar siúl ag 19.00.
2. Chonaic Seán *Abhatár* inné.
3. Ba mhaith le Seán *Abhatár* a fheiceáil arís.
4. Beidh an scannán ficsean eolaíochta *Cogaí Réaltaí* ar siúl ag 20.00.
5. Ní maith le Seán scannáin ficsean eolaíochta.

Mír 2

1. Beidh an scannán uafáis *Dracula* ar siúl ag 21.00.
2. Tá eagla ar Sheán roimh scannáin vaimpírí.
3. Ba bhreá le Seán *Tapa agus ar Buile* a fheiceáil.
4. Beidh *Tapa agus ar Buile* ar siúl ag 19.30.
5. Buailfidh siad le chéile ag an siopa ag 19.00.

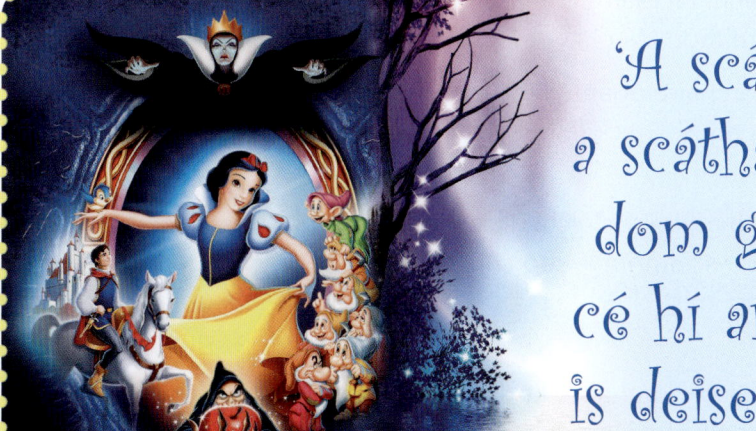

'A scátháin, a scátháin, inis dom go fíor, cé hí an cailín is deise sa tír?'

Táim in ann comhrá faoi dhul go dtí an phictiúrlann a thuiscint.

Mo Chaithimh Aimsire

céad seasca a naoi

LÉAMHTHUISCINT

Cluichí Ríomhaire

Meaitseáil

Meaitseáil na pictiúir leis na focail.

| scáileán ☐ | meáin shóisialta ☐ | fotha Instagram ☐ | méarchlár ☐ |
| suíomh gréasáin ☐ | teachtaireacht téacs ☐ | ríomhaire glúine ☐ | fón cliste ☐ |

Léigh agus scríobh

Léigh an píosa seo agus freagair na ceisteanna a ghabhann leis.

Haigh, is mise Máirtín. Is aoibhinn liom a bheith ag imirt cluichí ríomhaire. Tá **consól cluichí** agam i mo sheomra suí. PlayStation atá ann. Ní maith liom a bheith ag imirt cluichí ríomhaire ar m'fhón. — games console

Tá go leor cluichí ríomhaire agam. Is breá liom *Gran Turismo Sport* agus *Knack II*. Is é *Minecraft* an cluiche is fearr liom.

Is breá liom a bheith ag imirt cluichí ríomhaire le mo chairde agus **i m'aonar**. Imrím le mo chairde i mo theach nó **ar líne**. Is breá liom a bheith ag imirt **cluichí rásaíocht cairr** le mo chairde. Tá siad an-taitneamhach. — on my own; online; car racing games

Ní chaithim a lán ama ag imirt cluichí ríomhaire. Imrím **beagáinín** san oíche, nuair a bhíonn mo chuid obair bhaile **críochnaithe** agam. Ag an deireadh seachtaine, caithim **níos mó ama** ag imirt cluichí ríomhaire. — I don't spend; a little bit; finished; more time

Deir mo Mham go bhfuilim **tugtha do** chluichí ríomhaire ach **ní aontaím** léi! — addicted to; I don't agree

Buntuiscint

1. An maith le Máirtín a bheith ag imirt cluichí ríomhaire?
2. An bhfuil consól cluichí aige? Cén ceann?
3. Cad é an cluiche ríomhaire is fearr leis?
4. An imríonn sé cluichí ríomhaire lena chairde nó ina aonar?
5. An gcaitheann sé a lán ama ag imirt cluichí ríomhaire?
6. An bhfuil sé tugtha do chluichí ríomhaire, dar lena mháthair?

Léirthuiscint

Deir Máirtín, 'Ní maith liom a bheith ag imirt cluichí ríomhaire ar m'fhón.' Cén fáth, meas tú?

Scríobh agus labhair

Freagair na ceisteanna seo. Ansin, cuir na ceisteanna ar an duine atá in aice leat.

1. An maith leat a bheith ag imirt cluichí ríomhaire?
2. An bhfuil consól cluichí agat? Cén ceann?
3. Cad é an cluiche ríomhaire is fearr leat?
4. An imríonn tú cluichí ríomhaire le do chairde nó i d'aonar?
5. An imríonn tú cluichí ar d'fhón?
6. An bhfuil tú tugtha do chluichí ríomhaire?

Táim in ann labhairt faoi chluichí ríomhaire.

Mo Chaithimh Aimsire

Na Meáin Shóisialta

Léigh agus scríobh

Léigh an píosa seo agus freagair na ceisteanna a ghabhann leis.

Heileo, is mise Dana. Táim cúig bliana déag d'aois. Is breá liom dul ar líne. Úsáidim Facebook agus Snapchat go rialta.

Postálaim ar Facebook agus ar Snapchat cúpla uair sa tseachtain. Cliceálaim 'Is maith liom é' go minic, uaireanta cúpla uair san uair!

Tá fón cliste agus táibléad agam. Cheannaigh mé fón nua le déanaí. Tá sé an-phraiticiúil. Seolaim a lán téacsanna ar Messenger nó WhatsApp, cúpla téacs san uair, b'fhéidir.

1. Cé chomh minic is a úsáideann Dana Facebook agus Snapchat?
2. Cé chomh minic is a phostálann Dana ar Facebook agus Snapchat?
3. Cé chomh minic is a chliceálann Dana 'Is maith liom é'?
4. Cé chomh minic is a sheolann Dana téacsanna?

Bí ag caint!

Cuir na ceisteanna seo ar an duine atá in aice leat. Bain úsáid as an tábla thíos.

1. Cé mhéad **uair san uair** a sheolann tú téacs? *Seolaim téacs …*
2. Cé mhéad **uair sa lá** a sheiceálann tú d'fhotha Facebook? *Seiceálaim m'fhotha …*
3. Cé mhéad **uair sa tseachtain** a fhéachann tú ar Instagram? *Féachaim ar …*
4. Cé mhéad **uair sa mhí** a phostálann tú ar Snapchat? *Postálaim ar …*
5. Cé mhéad **uair sa bhliain** a cheannaíonn tú fón nua? *Ceannaím fón nua …*

uair amháin	ceithre huaire	seacht n-uaire	deich n-uaire
dhá uair	cúig huaire	ocht n-uaire	fiche uair
trí huaire	sé huaire	naoi n-uaire	tríocha uair

Punann 6.2

Déan suirbhé faoin méid ama a chaitheann tú ar do ríomhaire. Tá suirbhé ar leathanach 40 de do phunann. Cuir na ceisteanna sin ar dhaoine eile sa rang. Dear pícháirt chun na torthaí a léiriú.

Táim in ann labhairt faoi na meáin shóisialta i mo shaol.

LÉAMHTHUISCINT

Caibidil 6

Léitheoireacht

✏️ Scríobh

Scríobh na briathra seo sa cholún ceart i do chóipleabhar. Tá an chéad cheann déanta duit.

~~léigh mé~~	ceannaím	d'fhoghlaim mé	tosaím	gheobhaidh mé
foghlaimeoidh mé	ceannóidh mé	léim	thosaigh mé	fuair mé
foghlaimím	léifidh mé	cheannaigh mé	tosóidh mé	faighim

Briathar	Aimsir Chaite	Aimsir Láithreach	Aimsir Fháistineach
léigh (*read*)	léigh mé		
ceannaigh (*buy*)			
faigh (*get*)			
foghlaim (*learn*)			
tosaigh (*begin*)			

👂 ✏️ 💿 (CD 1, Traic 27) Léigh, éist agus scríobh

Léigh agus éist leis an bpíosa seo agus freagair na ceisteanna a ghabhann leis.

Haigh, is mise Leah. Is í an léitheoireacht an caitheamh aimsire is fearr ar domhan. Cén fáth? Foghlaimíonn tú. **Samhlaíonn** tú. Ligeann tú do scíth.

Caithim go leor ama ag léamh. Léim **ar an mbealach** ar scoil. Léim i mo sheomra leapa san oíche. Léim sa leabharlann agus i siopaí leabhar.

Is í **an tsraith** *Harry Potter* le J. K. Rowling an tsraith leabhar is fearr liom. Is é *Harry Potter and the Philosopher's Stone* an leabhar is fearr liom. Léigh mé an leagan Gaeilge freisin, *Harry Potter agus an Órchloch*. Is breá liom iad mar tá siad corraitheach agus **samhlaíoch**.

Ceannaím leabhar nua gach cúpla seachtain sa siopa leabhar **áitiúil**. Faighim leabhair **ar iasacht** ón leabharlann **go rialta** freisin. Fuair mé *The Book of Dust* le Philip Pullman inné. Tosóidh mé **á léamh** amárach.

imagine
on the way
the series
imaginative
local
on loan; regularly
reading it

✏️ Buntuiscint

1. Cad í an caitheamh aimsire is fearr ar domhan, dar le Leah? Cén fáth?
2. Ainmnigh **dhá** áit ina léann Leah leabhair.
3. Cad é an leabhar is fearr le Leah?
4. Cén fáth a dtaitníonn leabhair *Harry Potter* le Leah?
5. Cá bhfaigheann Leah leabhair? Ainmnigh **dhá** áit.

✏️ 👥 Léirthuiscint

Ar léigh tú aon leabhair atá léite ag Leah? Déan liosta de na **trí** leabhar is fearr leat. Déan comparáid leis an duine atá in aice leat.

✓ | Táim in ann labhairt faoi na leabhair is fearr liom. | 🙂 😐 ☹️

Mo Chaitheamh Aimsire

céad seachtó a trí — 173

SCRÍOBH

Litir: An Deireadh Seachtaine

Léigh

Gach bliain, scríobhann scoláirí Éireannacha litreacha chuig a chéile. Léigh an ceann seo.

Do Sheoladh

Coláiste na Cúlóige
Baile Átha Cliath

An dáta — 10 Samhain 2019

Beannú

A Dhónaill, a chara,

Conas atá tú? Tá súil agam go bhfuil tú i mbarr na sláinte.

Corp

Chuaigh mé go dtí an phictiúrlann an deireadh seachtaine seo caite. Chonaic mé *Tapa agus ar Buile 9*. Bhí sé go hiontach. Is scannán aicsin é. Tá an scannán seo faoi robáil bainc agus rásaíocht sráide.

Thaitin sé liom mar bhí sé corraitheach agus lán d'aicsean. Dominic Toretto (Vin Diesel) is ainm don phríomhcharactar. Is duine láidir agus cróga é.

An maith leat a bheith ag imirt cluichí ríomhaire? Cad é an cluiche ríomhaire is fearr leat? Is aoibhinn liom cluichí ríomhaire. Is é *The Legend of Zelda* an cluiche is fearr liom.

Cad a dhéanfaidh tú ag an deireadh seachtaine? Buailfidh mé aníos chuig mo chara Karl agus féachfaimid ar an teilifís. Is aoibhinn liom cláir ghrinn. An maith leatsa cláir ghrinn?

Críoch

Bhuel, sin a bhfuil uaim. Táim ag tnúth le litir uait.

Slán,

Jan

Jan

Stór focal

rásaíocht sráide	street racing	sin a bhfuil uaim	that's all from me
lán d'aicsean	action-filled	ag tnúth le	looking forward to

Noda!

- Scríobh do sheoladh agus an dáta sa chúinne ag an mbarr ar dheis.
- Tosaigh an litir le 'A _____, a chara', agus an beannú.
- Déan cur síos ar na caithimh aimsire a thaitníonn leat. Sa litir seo, scríobhann Jan faoi scannáin, cluichí ríomhaire agus cláir theilifíse.
- Fág slán agus sínigh d'ainm.

Scríobh

Freagair na ceisteanna seo i do chóipleabhar.

1. Cá ndeachaigh Jan an deireadh seachtaine seo caite?
2. Cén scannán a chonaic sé?
3. Cén sórt scannáin é?
4. Cén sórt duine is ea an príomhcharactar?
5. An maith le Jan a bheith ag imirt cluichí ríomhaire?
6. Cad a dhéanfaidh Jan ag an deireadh seachtaine?

Punann 6.3

Scríobh litir chuig scoláire i gcontae eile faoi na scannáin, cluichí ríomhaire agus cláir theilifíse a thaitníonn leat agus faoin deireadh seachtaine seo chugainn. Cuir an obair chríochnaithe i do phunann ar leathanach 44. Bain úsáid as an stór focal thíos.

Stór focal

An deireadh seachtaine seo caite ...		An deireadh seachtaine seo chugainn ...	
chuaigh mé ...	I went ...	rachaidh mé ...	I will go ...
chonaic mé ...	I saw ...	feicfidh mé ...	I will see ...
d'fhéach mé ar ...	I watched ...	féachfaidh mé ar ...	I will watch ...
bhuail mé le ...	I met ...	buailfidh mé le ...	I will meet ...
bhuail mé aníos chuig ...	I called up to ...	buailfidh mé aníos chuig ...	I will call up to ...
d'imir mé ...	I played ...	imreoidh mé ...	I will play ...

Táim in ann litir a scríobh faoi mo dheireadh seachtaine.

LITRÍOCHT

Prós: Quick Pick

Meaitseáil

Meaitseáil an Ghaeilge leis an mBéarla. Bain úsáid as d'fhoclóir nó as www.focloir.ie.

1	ag scuabadh an urláir	A	working as a lifeguard
2	ag obair mar gharda tarrthála	B	serving a customer at the till
3	ag freastal ar chustaiméir ag an scipéad	C	hacking a website
4	ag ceannach ticéid don Lató	D	sweeping the floor
5	ag bradaíl ar shuíomh ghréasáin	E	examining the Lotto machine
6	ag scrúdú an mheaisín Lató	F	buying a Lotto ticket

1 = ___   2 = ___   3 = ___   4 = ___   5 = ___   6 = ___

Léigh agus scríobh

Léigh an gearrscéal 'Quick Pick' le hOrna Ní Choileáin agus freagair na ceisteanna.

Téigh chuig www.educateplus.ie/resources/turas-2 (faoi 'Litríocht') chun éisteacht leis an ngearrscéal seo.

Quick Pick

le hOrna Ní Choileáin

Cuid 1

Sa chuid seo den ghearrscéal, buaileann Emmet le hAoife, cailín ón scoil. Tá Emmet ag obair i siopa. Is duine faiseanta í Aoife.

'Emmet?'

D'ardaigh Emmet **a chloigeann** agus d'fhéach **go leamh ar an té** a bhí ag cur cainte air agus é i mbun urlár **an mhionmhargaidh** a scuabadh.

| | his head; drearily at the person |
| | the mini-market |

'Emmet! Shíl mé gur tú a bhí ann!' arsa an bhean óg.

Sheas Emmet suas díreach, réitigh na spéaclaí ar a shrón agus d'fhéach sé **go grinn** uirthi. Bean **sheang** dhea-chumtha a bhí os a chomhair amach, cóta lánfhada a raibh **bóna fionnaidh** air á chaitheamh aici. **An raibh aithne aige uirthi?** Arbh í seo Saoirse? Nó Fionnuala? Éimear, b'fhéidir? Cárbh as di fiú?

carefully; slim

fur collar; did he know her?

'Aoife! Ó Mheánscoil Chaoimhín!' ar sí, agus **aoibh an gháire uirthi go fóill**. 'Bhíomar sa rang Fisice le chéile!'

still beaming

Ní raibh **aon chuimhne** ag Emmet ar Aoife ar bith a bheith sa rang fisice leis. **Ní nach ionadh** nuair a bhí a chloigeann **sáite** i gcónaí i gcúrsaí ríomhaireachta agus anailíse. Bhí cuimhne ag an gcailín **dathúil** seo air siúd áfach. **Chlaon** sé ar an scuab agus **rinne lagiarracht meangadh beag gáire** a chur ar a aghaidh. **Níor theastaigh uaidh ligean air féin** go raibh **dearmad glan déanta** aige uirthi.

any memory
it's no wonder
absorbed
good-looking
leaned; made a weak effort
a small smile; he didn't want to show
completely forgotten

'Aoife, ar ndóigh! Tá cuma dhifriúil ort – dath na gréine ort – agus dath do … do chuid gruaige níos … **níos gile** ná mar a bhí sí, sílim?'

brighter

'Tá! Mar táim díreach tar éis filleadh ó Lake Tahoe! Ag obair go páirtaimseartha mar **gharda tarrthála** a bhí mé ann. Áit aoibhinn ar fad is ea é – an ghrian ag scoilteadh na gcloch gach uile lá den tseachtain! **Ag tabhairt aghaidh ar** Thrá Bondi i gceann coicíse eile a bheidh mé. **Tá an-sceitimíní orm** faoi sin!'	**lifeguard** **heading to** **I'm really excited**
'**Ní fheadar cad chuige** ar tháinig tú ar ais chuig an dumpa seo in aon chor mar sin?' arsa Emmet, pas beag **searbhasach**. **Is amhlaidh a chuir dea-scéalta eachtraíochta dhaoine eile olc air**.	**I don't know why** **bitterly** **other people's adventure stories annoyed him**
Níor thóg Aoife aon cheann den leadrán a bhí air. '**Oíche na n-iarscoláirí** ar siúl an tseachtain seo chugainn gan amhras! An mbeidh tú ann? Samhlaigh – tá deich mbliana **curtha dínn** againn ó bhíomar ar scoil!'	**school reunion** **gone by**
'Ní bhfuaireas **cuireadh**.'	**an invitation**
Dhearg Aoife. Bhí a béal **ar leathadh** agus í ag lorg **rud éigin le rá** nuair a bhris seanbhean isteach orthu.	**open** **something to say**
'**An mbeadh a fhios ag ceachtar agaibhse** cá bhfuil an **snasán** troscáin? Táthar tar éis gach rud a athrú timpeall arís sa siopa. Ní féidir **liom teacht** ar rud ar bith.'	**would either of you know** **polish** **find**
Chrom Emmet síos, d'aimsigh canna snasáin agus **shín chuici é**.	**crouched** **handed it to her**
'Buíochas,' arsa an tseanbhean agus bhailigh sí léi síos an pasáiste.	
Dhírigh Emmet ar Aoife **an athuair**. Bhí sí fós **ag bladar léi mar gheall** ar oíche na n-iarscoláirí. 'Beimid ag bualadh le chéile sa chathair le haghaidh cúpla deoch. **Seans** nach raibh a fhios ag daoine go raibh tú fós timpeall na háite!'	**again; going on about** **maybe**
'**Tháinig siad ortsa** agus tú **breis is** ocht míle ciliméadar ón áit seo.'	**they found you; more than**
Thug Aoife **sracfhéachaint fhiosrach** ar Emmet ach chuir sí **meangadh** ar a béal arís ar an bpointe.	**inquiring look** **smile**
'**Ócáid neamhfhoirmeálta** atá i gceist,' ar sí **chomh gealgháireach** is a bhí riamh. 'Éist, cuardaigh m'ainm ar Facebook! Tá na sonraí ansin. Dé Céadaoin seo chugainn …'.	**informal occasion; as cheerfully**
'Tráthnóna Dé Céadaoin?' arsa Emmet. 'Ní bheidh mé saor. Beidh mé ag obair.'	
'**D'fhéadfá** teacht tar éis na hoibre. Ní thosóidh sé go dtí a seacht nó a hocht. Mar a dúirt mé – rud neamhfhoirmeálta atá ann.'	**you could**
'Beidh mé **teannta** san obair go dtí meán oíche.'	**stuck**

'Go dtí meán oíche? Ach cá bhfuil tú ag obair?'

'Anseo.'

'Ach cá bhfuil … Ó!'

Chuir Aoife lámh lena béal. Bhí fáinne mór diamaint ar an lámh chéanna. **D'amharc sí** ar an scuab a bhí ina lámh i gcónaí ag Emmet. **Leath** a súile nuair a **rith sé léi cad a bhí i gceist aige**.

she looked
widened; she realised what he meant

'Anseo … sa siopa seo! Ó! **Thuig mé gur** ag ceannach na scuaibe sin a bhí tú! Ó, a Emmet. Bhí tusa ar an duine is fearr sa rang fisice. **Shíl mé i gcónaí** gur i saotharlann **faoi rún daingean** a bheifeá ag saothrú …'

I assumed that
I always thought
top secret

Tháinig guth eile ar snámh chucu tríd an aer agus bhris isteach ar an gcomhrá. Bainisteoir an tsiopa a bhí ann agus í thar a bheith **cantalach**, **mar ba ghnách léi**.

cranky; as was usual for her

'A Emmet!'

'Caithfidh mé filleadh ar an obair,' arsa Emmet **go drogallach** le hAoife.

reluctantly

'Ar ndóigh!' arsa Aoife de ghuth **íseal**. Thug sí cúl d'Emmet agus **lig uirthi** go raibh sí ag déanamh mionscrúdú ar an **réimse táirgí glantacháin** a bhí ar fáil sa siopa.

low
she pretended
range of cleaning products

'A Emmet,' arsa an bainisteoir an athuair. 'Tá súil agam nach **ag meilt ama** ansin thiar a bhí tú! **Bhíos do d'iarraidh**. Nár chuala tú an **dordánaí** ag bualadh? Nó an mbeidh orm **glaoire** pearsanta a fháil duit?'

wasting time; I was looking for you; buzzer
pager

'**Ag cur comhairle** ar chustaiméir a bhí mé,' a d'fhreagair Emmet, agus an **searbhas** le cloisteáil ina ghlór **i gcónaí**. Bhí fuath aige don bhean seo agus a **cumhrán nimhiúil**.	advising bitterness; still toxic perfume
'Tá custaiméirí **ag feitheamh** ag barr an tsiopa,' ar sí. 'Ar mhiste leat **dul i bhfeighil an scipéid** seachas a bheith ag crochadh thart anseo?'	waiting take charge of the till
Gheit croí Emmet. Ní raibh sé ag súil **go n-iarrfadh sí é seo air** go fóill. **Ardú céime** ab ea é bheith ag glacadh le hairgead sa siopa, rud a raibh sé ag feitheamh leis ón gcéad lá. **Ghread sé leis** go barr an tsiopa.	that he'd be asked to do this; promotion he headed off
Sheas an bainisteoir **taobh thiar de** agus Emmet ag déileáil leis an gcéad **bhuíon** custaiméirí. **Ba bheag comhairle a bhí uaidh** chun tabhairt faoin gcúram. **Bhí cur amach aige cheana féin** ar fheidhmiú an scipéid airgid. Bhí sé ag obair leis **gan dua**.	behind him group; he needed little advice; he already knew without stress
Shroich Aoife barr na **scuaine** agus Emmet a bhí ag freastal uirthi. Seampú **an t-aon earra** a bhí aici ina ciseán.	reached; queue the only thing
'Agus Lató na hoíche anocht,' ar sí.	
'Déanfaidh mise é sin,' arsa an bainisteoir.	
'**Ní gá**,' arsa Emmet. 'Tá a fhios agam conas é a dhéanamh. An bhfuil na huimhreacha **ullamh** agat, a Aoife?'	no need ready
'**Déanfaidh an Quick Pick cúis**,' a d'fhreagair sí.	the Quick Pick will do
'Agus an Plus?'	
'Agus an Plus.'	
Chas Emmet chun an mheaisín in aice leis. **Gléas bunúsach** a bhí ann. An ceann céanna a bhí sa siopa le deich mbliana anuas ar a laghad. **Scáileán tadhaill** a bhí air. **Ní raibh le déanamh aige** ach an cineál Lató a bhí ag teastáil a roghnú – gnáth-Lató oíche Shathairn a bhí i gceist ag Aoife – an **cnaipe** Quick Pick a bhrú agus **ar an gcéad taispeáint eile** an Plus a bhrú.	basic device touchscreen; he only had to button; on the next screen
'Ceithre euro don Lató agus trí caoga don seampú. Sin seacht caoga ar fad,' arsa Emmet. Thug sé an ticéad d'Aoife agus **shín** sí chuige nóta airgid.	handed
Chaith sé an t-airgead isteach i d**trach** an mheaisín agus thóg **an tsóinseáil** amach. Leis an tsóinseáil, chuir sé an **íocaíocht** don seampú isteach i scipéad airgid an tsiopa. **Bearta** airgid **éagsúla** ab ea an dá rud – íocaíocht an Lató agus airgead an tsiopa.	tray the change payment transactions; different

'D'fhéadfása fós bualadh linn níos moille oíche Dé Céadaoin,' arsa Aoife de chogar, agus í ag glacadh leis an tsóinseáil uaidh. Chuir sí an seampú isteach ina mála. 'Bím sáite i gcónaí sa ríomhaire agus beidh mé ag faire amach duit. Cuirfidh mé tú ar an eolas ar an toirt ach mé a chuardach ar Facebook – nó Twitter!'	you could still in a whisper; taking the change looking out for you immediately
'Déanfaidh mé é sin!' arsa Emmet agus d'fhág slán aici.	
D'fhair sé ina diaidh, agus í ag bailiú léi. Ní fheadar an mó 'Aoife' a bhí ar na suíomhanna a luaigh sí mar ní raibh tuairim faoin spéir ag Emmet cén sloinne a bhí uirthi.	he looked at her; he didn't know how many
Díreach ag an nóiméad sin, tháinig mearchuimhne chuige go raibh Aoife i rang éigin ar scoil leis. Ina suí taobh thiar de. Ba chuimhin leis gur léirigh an Aoife seo an-suim ann. B'in toisc go raibh sé de dhrochnós aici a chuid oibre a chóipeáil!	a dim memory came to him he remembered that was because
Ach cailín trom goiríneach ab ea í siúd, a bhíodh de shíor ag cur as dó. Shíl Emmet nach bhfeicfeadh sé go deo arís í agus bhí súil aige nach bhfeicfeadh. Scéal eile ar fad a bhí san Aoife seo. Ógbhean ard chaol ab ea í agus cuma an rachmais uirthi. Ní fhéadfadh gurbh í seo an duine céanna.	spotty; always annoying him he wouldn't see wealthy appearance couldn't
Ba chuma faoi sin anois. Mar ba chuma sa sioc le hEmmet faoin gcruinniú sa teach tábhairne agus faoin dream a d'fhág sé ina dhiaidh sa mheánscoil. Ní fhaca sé duine ar bith díobh ón lá a chríochnaigh sé an páipéar scrúdaithe deireanach – fisic, mar a tharla. Ní raibh sé ar intinn aige iarracht a dhéanamh Aoife ná duine ar bith eile ón rang a chuardach ar Facebook ná Twitter ná in aon áit eile. Bhí cúraimí níos práinní air ná a bheith ag meilt ama agus ag cur airgid amú leis an scata amadán a bhí sa ghrúpa sin.	didn't give a damn group any of them he had no intention of trying more urgent tasks wasting money
Dhírigh sé ar an gcéad chustaiméir eile. Quick Pick eile á cheannach aici.	he turned to

Ceisteanna 1

1. Cad a bhí Emmet ag scuabadh nuair a chuala sé Aoife a rá a ainm?
2. Cén sórt cóta a bhí á chaitheamh ag Aoife?
3. Cén rang ina raibh siad le chéile, dar le hAoife?
4. Cá raibh Aoife ag obair mar gharda tarrthála?
5. Cé mhéad bliain a bhí ann ó bhí siad ar scoil?
6. Cad a bheidh ar siúl ag Emmet tráthnóna Dé Céadaoin?
7. An raibh Emmet go maith sa rang Fisice, dar le hAoife?
8. Cár sheas an bainisteoir agus Emmet ag déileáil leis na custaiméirí?
9. Cén **dá** rud a cheannaigh Aoife?
10. Cén mearchuimhne a tháinig chuig Emmet nuair a d'fhág Aoife an siopa?

Cuid 2

Sa chuid seo den ghearrscéal, faighimid amach go mbíonn Emmet **ag haiceáil isteach** i **suíomh an Lató**. Tá **ríomhchlár** speisialta scríofa aige.

*hacking into; Lotto website
computer program*

Cúpla mí roimhe sin, **sular** thosaigh sé ag obair sa siopa, thosaigh Emmet **ag póirseáil thart ar** shuíomh an Lató. **B'iomaí tréimhse ama a chaitheadh sé** ag scimeáil ar an Idirlíon agus **nuair a bhíodh fonn air, dhéanadh sé bradaíl ar** roinnt suíomhanna chun **sonraí** a bhailiú agus anailís a dhéanamh orthu.

*before
fishing around
he spent a lot of time
when he felt like it; he hacked
details*

Ba é an rud ba thábhachtaí a bhain sé as an anailís a rinne sé ar shuíomh an Lató ná **nach gceannódh** sé ticéad Lató go deo arís. Thuig sé **gurbh fhíorannamh** a bhíodh an **mheáníocaíocht a tairgeadh** oíche ar bith *níos mó* ná costas na dticéad féin. B'ionann sin agus go raibh an **dóchúlacht** (**codán bídeach**) go roghnódh sé na huimhreacha cuí **méadaithe faoin** íocaíocht a bheadh le fáil, níos lú ná cúpla euro. An cúpla euro **a chaithfí** ar an ticéad.

*the most important thing
that he wouldn't buy
it was very rare
the average payment offered

probability; a tiny fraction
multiplied by
that'd be spent*

Níos measa fós a bheadh an toradh, sa chás go mbuafadh sé, **dá mbeadh na huimhreacha céanna roghnaithe ag imreoirí eile**. Bheadh air an duais a roinnt leo siúd.

*even worse
if other players had chosen
the same numbers*

Fíorbheagán daoine a thuig an cluiche Lató i gceart. **Chreid roinnt díobh** nach bhféadfadh na huimhreacha céanna a bheith mar thoradh air **dhá uair as a chéile**. Ach níorbh fhíor sin. Nó shíl daoine **nach bhféadfadh sraith uimhreacha ar nós** 1, 2, 3, 4, 5, 6 … tarlú riamh. Ach d'fhéadfadh an **toradh** sin a bheith air chomh maith.

*very few
some of them believed
twice in a row
couldn't
a series of numbers such as
result*

Go teoiriciúil.	theoretically
Ar ndóigh, bhí gach seans ann gur liathróidí **calaoiseacha** a bhí sa bhosca ag **ceanncheathrú** an Lató. D'fhéadfadh ceann amháin a bheith níos troime ná ceann eile – de thimpiste nó **d'aon ghnó**. Ní bheadh aon deis aige féin anailís a dhéanamh ar a leithéid toisc nach raibh sé in ann **mionscrúdú** a dhéanamh ar na liathróidí. Agus toisc **go n-athraítí** na liathróidí ó am go ham.	fraudulent headquarters

on purpose; he'd have no chance to analyse closely examine be changed |
| **Mhaolaigh an seans ag duine ar bith airgead a ghnóthú ón Lató** le hathrú an phróisis iontrála agus buachana. Bhí an próiseas tar éis éirí níos casta le himeacht ama de bharr **méadú ar líon** na n-uimhreacha, an Plus, na réaltaí agus eile. | the chance of someone winning money from the Lotto reduced increase in the amount |
| Nuair a rinne Emmet an bhradaíl, thuig sé **go bhféadfadh sé a fháil amach** cá raibh imreoir a bhí ag ceannach ticéid nó ag seiceáil uimhreacha Lató ar an Idirlíon. **Thug sé faoi deara** an líon daoine a chuaigh i muinín an Quick Pick. **Ceal ama agus leisce faoi deara an claonadh sin**, dar leis. | that he could find out

he noticed lack of time and laziness was the reason for that tendency |
| Bhí gach buaiteoir in ann an t-airgead a bhuaigh sé nó sí, **faoi bhun suim áirithe**, a bhailiú ó shiopa ar bith ina raibh an Lató ar díol. Ach chun airgead buaite, a bhí **os cionn** suim áirithe a éileamh, **níor mhór don bhuaiteoir** dul isteach chuig an gceanncheathrú chun é a bhailiú. | under a certain sum

over the winner had to |
| Bhí Emmet den tuairim go mba bhreá leis dul ag obair i gceanncheathrú an Lató chun tuilleadh eolais a fháil agus **leas a bhaint as** an eolas sin. Ach **bheadh sé níos éasca** post a fháil in Spar nó Centra ina raibh an Lató ar díol. Bhí **féidearthachtaí** aige ansin fós. B'in é an fáth ar chuir sé isteach ar phost ag glanadh urlár mionmhargaidh i lár na cathrach. **B'éigean dó** an t-iarratas aige a shimpliú ar ndóigh, agus fuair sé an post. | to use; it'd be easier

possibilities

he had to |
| Bhí **clár** speisialta scríofa ag Emmet. **Dúshlán** ab ea é an clár a scríobh agus thóg sé tamall air, ach d'éirigh leis. **Córas oibriúcháin comhoiriúnach** – Linux – a bhí aige ar ríomhaire dá chuid sa bhaile. **D'uaslódáil** sé an clár ar a fhón póca. B'in **a raibh uaidh**. | program; challenge compatible working system uploaded all he needed |

Ceisteanna 2

1. Cén fáth a ndéanadh Emmet bradaíl ar roinnt suíomhanna?
2. Céard é an rud ba thábhachtaí a bhain Emmet as an anailís?
3. Cá raibh gach buaitear in ann an t-airgead a bhuaigh sé nó sí, faoi bhun suim áirithe, a bhailiú?
4. Cén fáth ar bhreá le hEmmet dul ag obair i gceanncheathrú an Lató?
5. Cad a bhí scríofa ag Emmet?

Cuid 3

Sa chuid seo den ghearrscéal, tagann **an teicneoir** go dtí an siopa. Tá fadhb le meaisín an Lató. Tá dhá chóip de gach Quick Pick á phriontáil ach tá cód difriúil ag gach cóip. Ní thuigeann an teicneoir cad atá ag tarlú, ach tuigeann Emmet go maith.

the technician

D'ardaigh an teicneoir **clúdach** mheaisín **ársa** Lató an tsiopa agus bhreathnaigh isteach.

cover; ancient

'**Níl an chuma air** go bhfuil aon rud **cearr** go fisiciúil leis an meaisín. An mbíonn ort rolla nua páipéir a chur ann níos minice ná de ghnáth?'

doesn't look like; wrong

Bhain Emmet **croitheadh as a chloigeann**.

shook his head

Shéid an teicneoir anáil trína **pholláirí**. 'Bhuel,' ar sé agus é ag cur síos an chlúdaigh, 'is é an rud is fearr ná **an rud a thástáil**. Ar mhiste leat líne Quick Pick a dhéanamh dom?'

nostrils
test the thing

Rinne Emmet amhlaidh, fuair an Quick Pick agus shín an **duillín Lató** chuig an teicneoir.

Emmet did so
Lotto slip

'Cóip amháin a tháinig amach!' arsa an teicneoir. Ba léir go raibh ionadh air. 'Deir sé sa tuairisc ón gceanncheathrú go bhfuil gach líne Lató **á roghnú faoi dhó** sa siopa seo! Ní dóigh liom go bhfuil an t-eolas sa tuairisc i gceart. Ní bheadh gach uile chustaiméir ag ceannach **ticéad sa bhreis** leis na huimhreacha céanna don aon chluiche Lató! Ní bheadh **ciall dá laghad** leis sin!'

being chosen twice

an extra ticket
no sense at all

'Ciall dá laghad,' arsa Emmet. 'Ach, nach bhféadfadh beirt chustaiméirí na huimhreacha céanna a roghnú?'

Rinne an teicneoir a **mhachnamh** air seo. 'Cinnte, **d'fhéadfadh sé go dtarlódh sé sin** ó am go chéile, ach tá líne sa bhreis á ceannach gach uile uair don chluiche céanna agus níl ach íocaíocht amháin ag teacht isteach!'	thought that could happen
'Cuirfimid an dara ticéad **ar ceal** mar sin,' arsa Emmet.	cancel
Bhain an teicneoir croitheadh as a chloigeann an uair seo. '**Is ticéad bailí atá i ngach aon cheann díobh**. Ní féidir ceann acu a chur ar ceal. Féach, tá **uimhir aitheantóra uathúil** – fiche a hocht ndigit – ag dul le gach ticéad.'	every one of them is a valid ticket unique identifying number
Dhírigh an teicneoir a mhéar ar an ticéad a bhí Emmet tar éis a phriontáil dó agus thaispeáin an uimhir aitheantóra ag bun an duillín dó. '**Tuigtear dúinn** go bhfuil na huimhreacha céanna á roghnú **an dara huair**, ach níl an uimhir aitheantóra chéanna ar an dara cóip. Uimhir dhifriúil atá ann. **Sin é an fáth** gur ticéad bailí é an dara cóip. **Ní fios dúinn cé acu** ticéad 'an chóip' nó más cóip í in aon chor.'	pointed we believe the second time that's the reason we don't know which
'Tá sé sin an-chasta!' arsa Emmet agus é **ag déanamh mionscrúdú** ar na huimhreacha ar an ticéad.	carefully examining
'**Cor aisteach** ar fad is ea é. Níor tháinig mé air go dtí anois. Níl mé ábalta **bun ná barr** a dhéanamh den scéal. Ní ortsa an **locht**. Tá mé **do do chiapadh** is dócha!'	strange twist head nor tail fault; annoying you
'Fadhb ar bith!' arsa Emmet. 'An bhfuil aon rud eile **a d'fhéadfainn** a dhéanamh duit?'	that I could
'Ní dóigh liom go bhfuil. Tá an meaisín seo go breá. Táim ag ceapadh anois gur san oifig istigh – sa cheanncheathrú – atá an fhadhb. **De réir** an taifid ansin, is dhá líne atá á gceannach. **B'fhearr dom** na meaisíní istigh a scrúdú – iad ar fad!'	according I had better
'Is tusa an **saineolaí** ar ndóigh!' arsa Emmet.	expert
D'fhág an teicneoir slán aige, agus dúirt **go bhfillfeadh sé** laistigh de choicís chun meaisín nua a chur isteach **mura dtiocfaidís ar réiteach ar bith eile air idir an dá linn**. Chrom Emmet ar a chuid oibre an athuair gan bacadh le híocaíocht a bhailiú don líne Quick Pick a thug an teicneoir leis.	that he'd return if they didn't find another solution in the meantime
Ní raibh **puinn trua** ag Emmet do lucht an Lató, a bhí ag cailleadh íocaíocht amháin as gach péire ticéad a bhí **á eisiúint** sa siopa seo. Dar le Emmet íocaíocht bhreise a bhí a lorg acu as ucht an dara ticéad, **cé nach raibh aon mhéadú ag teacht** ar an gciste airgid a bhí á bhronnadh acu.	no pity at all being issued even though there was no increase

Go déanach an tráthnóna sin nuair a bhí an siopa ciúin, bhí Emmet i mbun urlár an tsiopa a scuabadh. Stad sé nóiméad chun sos beag a ghlacadh in aice an mheaisín Lató. Agus é ina sheasamh san áit ina raibh sé, **shín sé lámh timpeall** an mheaisín, **amhail is nach raibh sé ach ag claonadh i gcoinne** an chuntair agus é ag feitheamh ansin.	late that evening he reached his hand around as if he was only leaning against
Bhrúigh sé cábla a bhí ceangailte leis an bhfón póca **isteach sa phort srathach**. **D'íoslódáil** sé ar an bhfón **na sraitheanna uimhreacha go léir** a bhí stóráilte sa mheaisín. Sa chlár a bhí **cumtha** aige, **cuardaíodh** gach líne uimhreacha ina raibh **breis is** trí uimhir **cothrom leis na huimhreacha a bhí i dtorthaí Lató** na hoíche sin. Go randamach, **cuireadh uimhir aitheantóra nua le** gach ceann de na línte sin.	into the serial port; downloaded all of the series of numbers created; searched more than; equal to the Lotto numbers a new identifying number was added to
Bhuail sé an cnaipe cuí ar an meaisín agus amach leis na duillíní Lató go léir a raibh luach cúpla míle de bhua orthu ar a laghad – **níor bhac sé le** mioníocaíochtaí. Níor bhac sé le móríocaíochtaí ach oiread. **Níor mhian leis aird a tharraingt** air féin. **Chloígh sé leis** na roghanna Quick Pick amháin.	 he didn't bother with he didn't want to attract attention he stuck to
Ina dhiaidh sin, bhuail Emmet cnaipe a phriontáil cóipeanna de thorthaí Lató na hoíche sin. D'fhág sé ar an seastán iad **le go mbeidís** ar fáil do chustaiméirí. Chuir sé a dhuillíní féin isteach ina phóca.	 so that they'd be
Bhain Emmet an cábla amach as an bport srathach agus chuir é sin agus an fón ar ais ina phóca. Bhí **an beart curtha i gcrích go discréideach** aige.	 completed the action discreetly
Rachadh sé isteach lá arna mhárach chuig oifig an Lató chun an t-airgead a bhí **ag dul dó** a bhailiú. **Chuirfidís-sean** isteach ina chuntas airgid é.	he'd go in due to him; they'd put
Bhí sé i gceist aige an siopa a fhágáil chomh maith. **Bhraith** sé go mbeadh sé deas **ligean dóibh a cheapadh** go raibh an fhadhb **réitithe** acu nuair a chuirfí an meaisín nua isteach sa siopa. Is é an **dearadh céanna** a bhí ar na meaisíní nua, **rud a chiallaigh** nach mbeadh mórán oibre i gceist chun an rud céanna a dhéanamh arís amach anseo **dá mba mhian leis**, i siopa éigin eile.	he intended; felt let them think solved same design which meant if he wanted

Ceisteanna 3

1. Ar cheap an teicneoir go raibh aon rud cearr go fisiciúil leis an meaisín Lató?
2. Cad a deirtear sa tuairisc ón gceanncheathrú?
3. Cár chuir Emmet a dhuillíní féin?
4. Cad a rinne Emmet leis an gcábla a bhí ceangailte lena fhón póca?
5. Cén fáth a rachaidh Emmet chuig oifig an Lató?

Cuid 4

Sa chuid seo den ghearrscéal, foghlaimímid níos mó faoi Aoife. Is **caimiléir** í freisin agus tá **a scéim speisialta féin** aici.

con artist; her own special scheme

Bhrúigh Aoife a **beola** le chéile chun go suífeadh an **béaldath** i gceart orthu. Chuir sí síos an bata agus chas ar ais ar an ríomhaire **chun a teachtaireachtaí a sheiceáil** an athuair. **Dada**.

*pressed; lips
lipstick
to check her messages
nothing*

Bhí Aoife **dóite** den saol. Bhí sí tar éis **slám** airgid a chailleadh i gcluiche pócair ar maidin agus bhí sí amuigh as an gcluiche anois. Bhí sí **idir dhá chomhairle** faoi **thosú as an nua**. **Ba bheag eile a bhí le déanamh aici** agus bhí **géarghá** aici cur lena ciste pearsanta.

*bored; pile

in two minds; starting afresh
she had little else to do
serious need*

Bhí sí **ar tí diúltú** a bheith páirteach sa turas domhanda pócair – Pócar i bParthas, is é sin le rá an Astráil – nuair a las an **clúdach beag litreach ag cur in iúl di** go raibh teachtaireacht nua ann di. Bhrúigh sí an cnaipe agus nuair a chonaic sí cad a bhí ann, **tháinig straois ar a haghaidh**.

*about to decline

little envelope letting her know

she smiled*

Bhí **duine díobh siúd a raibh sí á gcreachadh** tar éis carn mór a chur i dtaisce sa bhanc. Bhí stór maith airgid **gnóthaithe** aige faoin am seo, agus é ag ceapadh gan amhras, go raibh a **shealúchas** slán sábháilte i gcuntais **éagsúla** i mbainc éagsúla. Ach bhí Aoife **ag faire** go géar air le tamall anuas. **Ní de bharr a bheith** ag scuabadh urláir siopaí a bhí Emmet tar éis an t-airgead seo a **shaothrú** ach **faoi cheilt**. Níorbh **eol** di go cinnte go fóill conas a **d'éirigh leis** é a dhéanamh ach ní ró-éagsúil lena mhodhanna féin a bhí sé.	one of those she was tracking earned savings various; watching it wasn't from earn in secret; know; he managed to
Bheadh tuarastal maith á thuilleamh ag Aoife inniu **dá mbeadh** sí páirteach go gairmiúil i **scuad calaoise**. Ach bhí **brabús** níos fearr le tuilleamh aici as a bheith **ag baint bairr de chuntais choigiltis**.	would be earning a good salary if she was; fraud squad profit skimming savings accounts

Ceisteanna 4

1. Cén fáth ar bhrúigh Aoife a beola le chéile?
2. Conas a chaill Aoife slám mór airgid ar maidin?
3. Cá raibh an turas domhanda pócair – Pócar i bParthas – le bheith ar siúl?

Bí ag caint!

Cé hé nó hí an carachtar is cliste, meas tú: Aoife nó Emmet? Cén fáth? I ngrúpa, pléigh do thuairim.

Táim in ann ceisteanna a fhreagairt ar an ngearrscéal 'Quick Pick'.

Achoimre an ghearrscéil: Léigh agus scríobh

Léigh achoimre (*summary*) an ghearrscéil agus freagair na ceisteanna.

Is scéal é seo faoi bheirt **chaimiléirí** – Emmet agus Aoife.	con artists
Is duine **an-éirimiúil** é Emmet. Feiceann sé fadhb i g**córas** an Lató agus tá sé ábalta **haiceáil isteach ann**.	very intelligent; system hack in
Scríobhann sé **ríomhchlár** speisialta agus faigheann sé post i mionmhargadh. Leis an ríomhchlár, déanann sé cóip de gach Quick Pick **saor in aisce**. Tá cód difriúil ag bun gach Quick Pick.	computer program free of charge
Nuair a bhuann aon Quick Pick, **coimeádann** sé é. Piocann sé amach na **meánduaiseanna** agus **éilíonn** sé an t-airgead i g**ceanncheathrú** an Lató.	keeps average prizes; claims headquarters
Lá amháin, buaileann sé le cailín darb ainm Aoife sa siopa. Deir sí go raibh siad ar scoil le chéile ach **ní cuimhin le** hEmmet í. Is caimiléir cliste í Aoife freisin, áfach. Tá Aoife ábalta haiceáil isteach i gcuntais bhainc. **Scimeálann** sí airgead astu.	doesn't remember skims
Tá a fhios ag Aoife go bhfuil rud éigin **neamhghnách** faoi Emmet. Haiceálann sí isteach ina chuntas bainc agus feiceann sí go bhfuil go leor airgid aige. Tosaíonn sí ag scimeáil airgid as a chuntas.	unusual

1. Cén sórt duine é Emmet?
2. Cad a scríobhann Emmet?
3. Cad a dhéanann sé le Quick Picks a bhuachan?
4. Cad atá Aoife ábalta a dhéanamh?
5. Cad a dhéanann sí le cuntas bainc Emmet?

An scríbhneoir

Rugadh Orna Ní Choileáin i gCorcaigh ach tá cónaí uirthi i mBaile Átha Cliath. Tá go leor duaiseanna buaite aici as a cuid scéalta, filíochta agus drámaí.

Scríobh

Cruthaigh clár scéalta faoin scríbhneoir ar www.storyboardthat.com.
Gheobhaidh tú tuilleadh eolais fúithi ar www.portraidi.ie/ga/orna-ni-choileain/.
Tá samplaí le feiceáil ar www.educateplus.ie/go/storyboards.

Táim in ann ceisteanna a fhreagairt ar achoimre an ghearrscéil 'Quick Pick'

Mo Chaithimh Aimsire

Na carachtair sa ghearrscéal: Meaitseáil

Meaitseáil an Ghaeilge leis an mBéarla. Bain úsáid as d'fhoclóir nó as www.focloir.ie.

1	éirimiúil	A	dishonest
2	mímhacánta	B	unfriendly
3	míchairdiúil	C	cheerful
4	cairdiúil	D	intelligent
5	gealgháireach	E	clever
6	cliste	F	friendly

1 = ___   2 = ___   3 = ___   4 = ___   5 = ___   6 = ___

Léigh agus scríobh

Léigh faoi na carachtair sa ghearrscéal agus freagair na ceisteanna.

Emmet

Is duine éirimiúil é Emmet. Deir Aoife go raibh sé **ar an duine is fearr** sa rang Fisice, nuair a bhí siad ar scoil. Chomh maith leis sin, scríobhann sé **ríomhchlár** speisialta **chun haiceáil isteach** i meaisín an Lató.

the best person

computer program; to hack into

Is duine glic agus mímhacánta é freisin. **Goideann** sé airgead ón Lató gach seachtain. Scríobhann sé an ríomhchlár speisialta. Ansin, faigheann sé post i siopa chun an meaisín Lató a úsáid. Priontálann sé cóipeanna de na **Quick Picks buaiteacha** dó féin agus bailíonn sé an t-airgead ó oifigí an Lató.

steals

winning Quick Picks

Is duine míchairdiúil é freisin. Níor mhaith leis **bualadh le daoine** ón scoil. Ní maith leis **dea-scéalta daoine** a chloisteáil.

meet people

people's good stories

Aoife

Is duine cairdiúil gealgháireach í Aoife. Tosaíonn sí ag caint le hEmmet sa siopa. Tugann sí **cuireadh** dó dul chuig **oíche na n-iarscoláirí**.

an invite; school reunion

Is duine glic agus cliste í freisin. Imríonn sí pócar go rialta agus fuair sí cuireadh dul chuig comórtas mór san Astráil. Chomh maith leis sin, tá a fhios aici chuig bhfuil Emmet ag déanamh rud éigin mímhacánta.

Is duine mímhacánta í freisin. Bíonn sí ag scimeáil as cuntais bhainc. **Leanann** sí Emmet agus haiceálann sí isteach ina chuntas bainc.

follows

1. An duine éirimiúil é Emmet? Cá bhfios dúinn? Is leor pointe eolais **amháin**.
2. Cá bhfios dúinn gur duine mímhacánta é Emmet?
3. Cá bhfios dúinn gur duine cairdiúil í Aoife? Luaigh pointe eolais **amháin**.
4. An duine cliste í Aoife? Cén fáth?
5. Cad a dhéanann Aoife le cuntas bainc Emmet?

Bí ag caint!

Smaoinigh ar chosúlacht amháin agus difríocht amháin idir Aoife agus Emmet. Pléigh do thuairim leis an duine atá in aice leat.

Táim in ann anailís a dhéanamh ar charachtair sa ghearrscéal 'Quick Pick'.

Téamaí an ghearrscéil: Léigh agus labhair

Tá an triúr seo ag labhairt faoi théama an ghearrscéil 'Quick Pick'. Cé leis a n-aontaíonn tú? Léigh na tuairimí agus déan vóta sa rang!

> Measaim gurb í **Mímhacántacht** téama an ghearrscéil. Tá Aoife agus Emmet ag déanamh rudaí mímhacánta. Haiceálann Emmet isteach i meaisín an Lató chun airgead a ghoid. Haiceálann Aoife isteach i gcuntais bhainc chun airgead a ghoid.

> Sílim gurb í **An Obair** téama an ghearrscéil. Oibríonn Emmet i siopa. Tá go leor post ag Aoife. Tá obair mhímhacánta ar siúl acu freisin, áfach.

> Ceapaim gurb é **Ní mar a Shíltear a Bhítear** téama an ghearrscéil. Tá cuma chairdiúil ar Aoife ach is duine mímhacánta í. Ceapann daoine gur gnáthdhuine é Emmet ach is duine mímhacánta é.

Stór focal

mímhacántacht	dishonesty	áfach	however
chun airgead a ghoid	to steal money	ní mar a shíltear a bhítear	things are not always as they seem
obair mhímhacánta	dishonest work	gnáthdhuine	normal person

Mothúcháin an ghearrscéil: Léigh agus scríobh

Léigh an freagra samplach seo agus freagair na ceisteanna.

Ceist shamplach:

Cad é an mothúchán is láidre sa ghearrscéal 'Quick Pick'?

Freagra samplach:

Is é **saint** an mothúchán is láidre sa ghearrscéal 'Quick Pick'. — greed

Ar an gcéad dul síos, tá Emmet éirimiúil agus go maith ag ríomhairí. Tá sé **santach** mar ba mhaith leis a bheith **saibhir** go tapa, áfach. **Is cuma leis** go bhfuil sé ag goid airgid ón Lató. — greedy; rich / he doesn't care

Ar an dara dul síos, tá Aoife cliste agus gealgháireach. Tá sí santach freisin, áfach, agus haiceálann sí isteach i gcuntais bhainc **chun airgead a scimeáil astu**. — to skim money

Mothúcháin eile: Áthas, Sásamh, Míshásamh, Uaigneas

1. Cén fáth a bhfuil Emmet santach?
2. Cén fáth a haiceálann Aoife isteach i gcuntais bhainc?

Punann 6.4

Samhlaigh go bhfuil beagán airgid ag imeacht as do chuntas bainc gach cúpla seachtain. Scríobh an comhrá a bheadh agat leis an mbainisteoir bainc. Scríobh an chéad dréacht (*draft*) i do chóipleabhar. Bain úsáid as na frásaí thíos.

gabh mo leithscéal	excuse me	ceapaim go bhfuil	I think that
bhí €100 agam i mo chuntas bainc	I had €100 in my bank account	tá €100 agam i mo chuntas bainc	I have €100 in my bank account
an féidir leat	can you	mo chuntas a sheiceáil	check my account
caithfidh mé	I have to	do shonraí a sheiceáil	to check your details
uimhir an chuntais	bank account number	d'ainm agus do sheoladh	your name and address
cuirfidh mé glao ar	I will call	go raibh maith agat	thank you

Ansin, léigh an seicliosta ar leathanach 47 de do phunann agus léigh siar ar do dhréacht. Ansin, athdhréachtaigh (*redraft*) do chuid oibre. Scríobh an leagan deiridh (*final version*) i do phunann ar leathanach 46.

Táim in ann anailís a dhéanamh ar an ngearrscéal 'Quick Pick'.

céad nócha a trí

BÉALTRIAIL

Agallamh

💬 Labhair

Léirigh an t-agallamh seo leis an duine atá in aice leat.

1. **Cad iad na caithimh aimsire is fearr leat?**
   Is breá liom a bheith ag imirt spóirt agus ag seinm ceoil. Thar aon rud eile, áfach, is aoibhinn liom dul ar líne.

2. **Cad é an scannán deireanach a chonaic tú?**
   Chonaic mé *Cogaí Réaltaí XI* an deireadh seachtaine seo caite.

3. **Ar thaitin sé leat?**
   Thaitin sé go mór liom.

4. **Cén cineál clár teilifíse a thaitníonn leat?**
   Is maith liom cláir cheoil agus cláir spóirt. Thar aon rud eile, áfach, is aoibhinn liom seónna taistil.

5. **Cé chomh minic is a théann tú ar líne?**
   Téim ar líne cúpla uair san uair.

6. **Cad a dhéanann tú ar líne?**
   Seiceálaim m'fhotha Facebook agus Instagram. Postálaim uaireanta. Seolaim téacsanna freisin.

7. **An imríonn tú cluichí ríomhaire?**
   Imrím cluichí ríomhaire ó am go ham.

8. **Cad a dhéanfaidh tú ag an deireadh seachtaine?**
   Buailfidh mé le mo chairde. Rachaimid go dtí an phictiúrlann. Ba bhreá liom *Godzilla* a fheiceáil.

Jamila

✏️ Scríobh

Freagair na ceisteanna seo i do chóipleabhar.

1. Liostaigh **trí** chaitheamh aimsire atá ag Jamila.
2. Liostaigh **trí** chineál clár teilifíse a thaitníonn le Jamila.
3. Cé chomh minic is a théann Jamila ar líne?
4. Cad a dhéanann Jamila ar líne?
5. Cad a dhéanfaidh Jamila ag an deireadh seachtaine?

✏️💬 Scríobh agus labhair

Freagair na ceisteanna a d'fhreagair Jamila (Ceisteanna 1–8) i do chóipleabhar. Ansin, cuir na ceisteanna seo ar an duine atá in aice leat.

✓ Táim in ann ceisteanna faoi mo chaithimh aimsire a fhreagairt.   🙂 😐 ☹️

céad nócha a ceathair

CLEACHTAÍ ATHBHREITHNITHE

Caibidil 6

Súil Siar

A. An ndéantar na caithimh aimsire seo (i) istigh, (ii) amuigh nó (iii) istigh agus amuigh?

1. ag iascaireacht
2. ag campáil
3. ag siopadóireacht
4. ag snámh
5. ag léamh leabhar
6. ag imirt cluichí ríomhaire

B. Cad iad na rudaí seo?

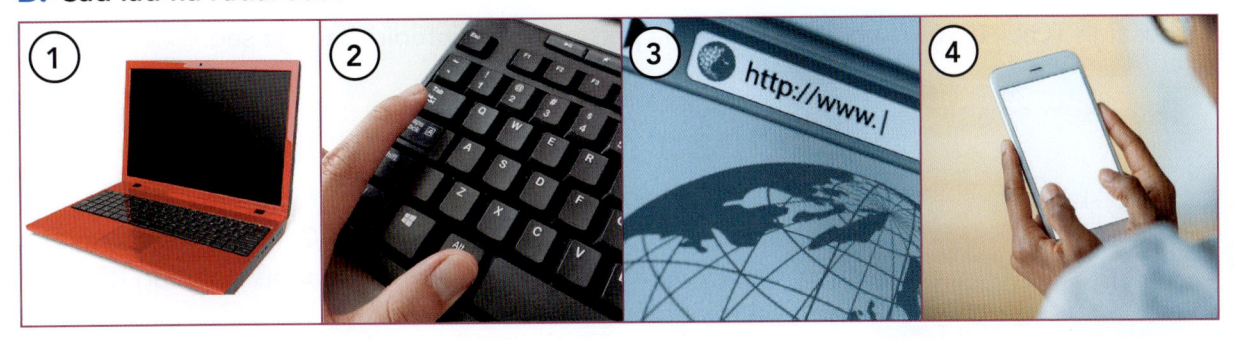

Cluastuiscint

Cloisfidh tú dhá chomhrá sa chuid seo. Cloisfidh tú gach comhrá díobh faoi dhó. Éist go cúramach agus freagair na ceisteanna i do chóipleabhar.

Script: leathanach 127 de do Leabhar Gníomhaíochta.

Comhrá a hAon

1. Cén cineál scannán a mholann Anraí?

   A   B   C   D

2. Cén t-am a bhuailfidh siad le chéile?

   (A) 22.00   (B) 22.30   (C) 23.00   (D) 23.30

Comhrá a Dó

1. Cén cineál cláir a bheidh ar siúl?
   (A) sobaldráma
   (B) clár faisnéise
   (C) clár spóirt
   (D) clár grinn

2. Cén t-am a bheidh an clár seo ar siúl?
   (A) 20.30
   (B) 21.00
   (C) 21.30
   (D) 22.00

céad nócha a cúig

Mo Chaithimh Aimsire

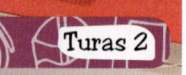

Cultúr 6
An Ghaeilge agus na Meáin

TG4

Thosaigh TG4 i 1996. Thug TG4 deiseanna poist do na cainteoirí Gaeilge seo.

Eoghan McDermott

Thosaigh Eoghan McDermott mar aisteoir i ndráma TG4 Seacht in 2008. Craoladh an dráma ar BBC freisin. Tar éis sin, fuair sé post ar POP4, seó ceoil ar TG4. Tar éis sin, thug RTÉ post d'Eoghan.

Tá cláir curtha i láthair aige ar RTÉ, Channel 5, 2FM agus XFM. Chuir sé The Voice of Ireland i láthair le Kathryn Thomas freisin.

Dáithí Ó Sé

Thosaigh Dáithí Ó Sé le TG4 freisin. Láithreoir aimsire a bhí ann ar dtús, ach tar éis tamaill, fuair sé a sheó féin. Tá seónna aige ar RTÉ agus 2FM. Cuireann sé Rós Thrá Lí i láthair gach bliain freisin.

Síle agus Gráinne Seoige

Tá clú agus cáil ar Ghráinne agus ar Shíle Seoige. Oibríonn siad mar láithreoirí teilifíse agus raidió. Thosaigh an bheirt acu ar TG4 freisin. D'oibrigh Síle le RTÉ agus Today FM. D'oibrigh Gráinne le TV3, RTÉ agus Sky News.

Sharon Ní Bheoláin

Is léitheoir nuachta ar RTÉ í Sharon Ní Bheoláin. Cuireann sí Crimecall i láthair freisin.

Thosaigh sí ar Raidió na Life i mBaile Átha Cliath. Fuair sí post mar léitheoir nuachta in RTÉ tamall ina dhiaidh sin.

Hector Ó hEochagáin

Tá go leor seónna taistil déanta ag Hector. Rinne sé a chéad seó ar TG4. Thaistil sé ar fud an domhain ina chlár *Amú le Hector*. Tá go leor seónna curtha i láthair aige ar RTÉ, i102–104FM agus Today FM.

Mairéad Ní Chuaig

Thosaigh Mairéad Ní Chuaig mar láithreoir aimsire ar TG4. Tar éis tamaill, fuair sí a seó féin. Sa seó sin, thaistil sí ar fud an domhain ag obair in áiteanna difriúla. *Wwoofáil* an t-ainm atá ar an seó.

An í Mairéad an chéad réalta teilifíse eile a bheidh againn in Éirinn?

Stór focal

deiseanna	opportunities	láithreoirí	presenters
ag craoladh	broadcasting	léitheoir nuachta	newsreader
curtha i láthair	presented	seónna taistil	travel shows
a sheó féin	his own show	an chéad réalta teilifíse eile	the next television star

TASC CULTÚIR 6 — Taighde agus cur i láthair

Téigh ar líne chun tuilleadh a fhoghlaim faoi dhuine amháin de na pearsana teilifíse a oibríonn nó a d'oibrigh le TG4. Dear póstaer faoi/fúithi. Is féidir leat póstaer digiteach a dhearadh ar www.canva.com.

Cuir an póstaer i láthair an ranga.

Féinmheasúnú

Cad iad na príomhscileanna a d'úsáid tú nuair a rinne tú an taighde agus an cur i láthair? Roghnaigh **dhá** cheann ón liosta ar leathanach vii agus luaigh conas a d'úsáid tú iad.

céad nócha a seacht

Ceol

CAIBIDIL 7

TURAS • STAMPA TAISTIL • PAS BORDÁLA

✓ Faoi dheireadh na caibidle seo, beidh mé in ann:

- Cur síos a dhéanamh ar chineálacha ceoil.
- Próifíl de cheoltóir cáiliúil a dhearadh.
- Postáil bhlag a scríobh.

G Gramadach

- Na focail 'faoi' agus 'ó'

Príomhscileanna

- Cumarsáid
- Eolas agus smaointeoireacht a bhainistiú

Punann

- Punann 7.1 – Póstaer do Cheolchoirm a Dhearadh
- Punann 7.2 – Próifíl de Cheoltóir a Dhearadh
- Punann 7.3 – Postáil Bhlag faoi Cheolchoirm
- Punann 7.4 – Cur Síos ar Fhíseán Ceoil

Clár Ábhair

Foclóir	Cén Sórt Ceoil a Thaitníonn Leat?	200
Foclóir	An Ceol Gaelach	202
Éisteacht	An Cheolfhoireann	204
Gramadach	Na Focail 'faoi' agus 'ó'	206
Fógra	Ceolchoirm	207
Léamhthuiscint	Próifíl de Cheoltóir Cáiliúil	208
Scríobh	Postáil Bhlag faoi Cheolchoirm Iontach	210
Litríocht	Ceol: Solas	212
Béaltriail	Agallamh	218
Cleachtaí Athbhreithnithe	Súil Siar	219
Cultúr 7	An Ceol Gaelach	220

Turas 2

FOCLÓIR

Cén Sórt Ceoil a Thaitníonn Leat?

Scríobh agus labhair

I ngrúpa, ainmnigh ceoltóir amháin nó banna ceoil amháin i ngach catagóir thíos. Déan comparáid le grúpaí eile.

Cuimhnigh!
ag seinm – píosa ceoil nó amhrán
ag imirt – spórt nó cluiche
ag súgradh – spraoi ginearálta

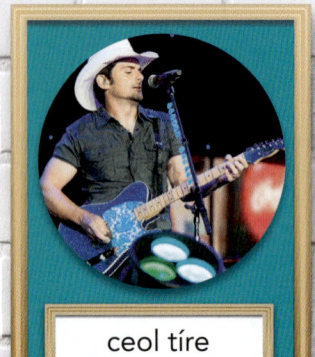

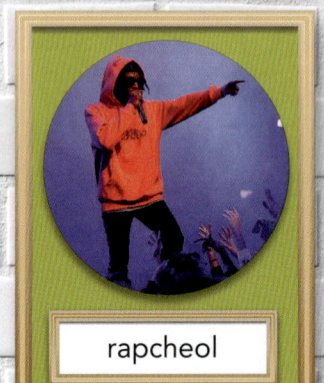

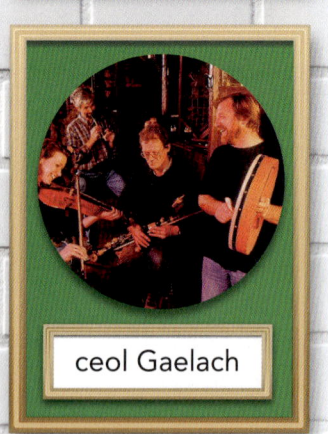

- ceol tíre
- rac-cheol
- ceol rince
- rapcheol
- popcheol
- punc-cheol
- miotal trom
- snagcheol
- ceol Gaelach
- ceol clasaiceach

dhá chéad

Bí ag caint!

I ngrúpa, pléigh na ráitis seo. Cuir ciorcal thart ar do rogha. Bain úsáid as an stór focal a leanas. Déan comparáid le grúpaí eile.

1 = Ní aontaím ar chor ar bith. **2** = Ní aontaím. **3** = Tá mé idir dhá chomhairle.
4 = Aontaím. **5** = Aontaím go hiomlán.

1	Tá rac-cheol fuinniúil.	1	2	3	4	5
2	Tá popcheol beoga.	1	2	3	4	5
3	Tá snagcheol leadránach.	1	2	3	4	5
4	Tá ceol tíre corraitheach.	1	2	3	4	5
5	Tá rapcheol cruthaitheach.	1	2	3	4	5
6	Tá miotal trom suaimhneach.	1	2	3	4	5

Stór focal

fuinniúil	energetic	corraitheach	exciting
beoga	lively	cruthaitheach	creative
leadránach	boring	suaimhneach	relaxing

Scríobh agus labhair

Freagair na ceisteanna seo. Ansin, cuir na ceisteanna ar an duine atá in aice leat.

	Ceisteanna	Freagraí samplacha
1	Cén sórt ceoil a thaitníonn leat?	Taitníonn rac-cheol agus popcheol liom.
2	Cén cineál ceoil is fearr leat?	Is é miotal trom an cineál ceoil is fearr liom.
3	Cén fáth?	Taitníonn sé liom mar tá sé fuinniúil agus beoga.

Táim in ann labhairt faoin gceol a thaitníonn liom.

dhá chéad a haon

Turas 2

FOCLÓIR

An Ceol Gaelach

Meaitseáil

Meaitseáil na pictiúir leis na huirlisí ceoil.

consairtín ☐	feadóg mhór ☐
bosca ceoil ☐	píb uilleann ☐
bainseó ☐	fidil ☐
bodhrán ☐	giotár ☐
cláirseach ☐	feadóg stáin ☐

Éist agus scríobh

Éist le sampla gearr de gach uirlis Ghaelach thuas. Ansin, éist leis na daoine seo ag seinm uirlisí Gaelacha agus freagair na ceisteanna seo.

1. Cén uirlis atá á seinm ag Pilip?
2. Cén uirlis atá á seinm ag Bríd?
3. Cén uirlis atá á seinm ag Seoirse?
4. Cén uirlis atá á seinm ag Lenka?

Script: leathanach 128 de do Leabhar Gníomhaíochta.

Léigh agus scríobh

Léigh an píosa seo agus freagair na ceisteanna a ghabhann leis.

Is mise Audrey. Is as Gaillimh mé. Is breá liom popcheol agus rapcheol. Thar aon rud eile, áfach, is aoibhinn liom ceol Gaelach. **Éistim le** ceol Gaelach gach lá. — I listen to

Seinnim trí uirlis cheoil. Seinnim an fhidil, an bosca ceoil agus an fheadóg stáin.

Thosaigh mé ag seinm ceoil nuair a bhí mé cúig bliana d'aois. Thosaigh mé leis an mbosca ceoil mar seinneann mo mháthair é.

Thosaigh mé an fhidil i rang a trí. Fuair mé **ceachtanna** tar éis na scoile. Thosaigh mé an fheadóg stáin sa chéad bhliain. — lessons

Caithim a lán ama **ag cleachtadh**. Caithim uair an chloig ar an bhfidil gach lá. Caithim uair an chloig ar an bhfeadóg stáin **gach dara lá**. — practising / every second day

Seinnim an bosca ceoil le mo chairde gach Déardaoin tar éis na scoile.

Ag an deireadh seachtaine, téim **ag buscáil** ar Shráid na Siopaí le triúr cairde. Seinnimid ceol Gaelach. **Tuillimid** beagán airgid. — busking / we earn

1. Cén sórt ceoil a thaitníonn le Audrey? Ainmnigh **trí** chineál.
2. Cé na huirlisí ceoil a sheinneann sí? Ainmnigh **trí** cinn.
3. Cathain a thosaigh sí ag seinm ceoil?
4. Cathain a thosaigh sí an fhidil?
5. Cathain a thosaigh sí an fheadóg stáin?
6. Cá fhad a chaitheann sí ag cleachtadh ar an bhfidil gach lá?
7. Cá fhad a chaitheann sí ag cleachtadh ar an bhfeadóg stáin gach dara lá?
8. Cad a dhéanann sí ag an deireadh seachtaine?

Taighde

Téigh chuig www.songsinirish.com agus éist leis na hamhráin atá sa 'Top 10'. Cén t-amhrán traidisiúnta agus cén popamhrán is fearr leat? Déan comparáid le daoine eile sa rang.

Táim in ann labhairt faoin gceol Gaelach.

dhá chéad a trí

Turas 2

ÉISTEACHT

An Cheolfhoireann

Meaitseáil

Meaitseáil na pictiúir leis na huirlisí ceoil. Tá an chéad dá cheann déanta duit. Bain úsáid as d'fhoclóir nó as www.focloir.ie. Féach freisin www.educateplus.ie/go/instruments.

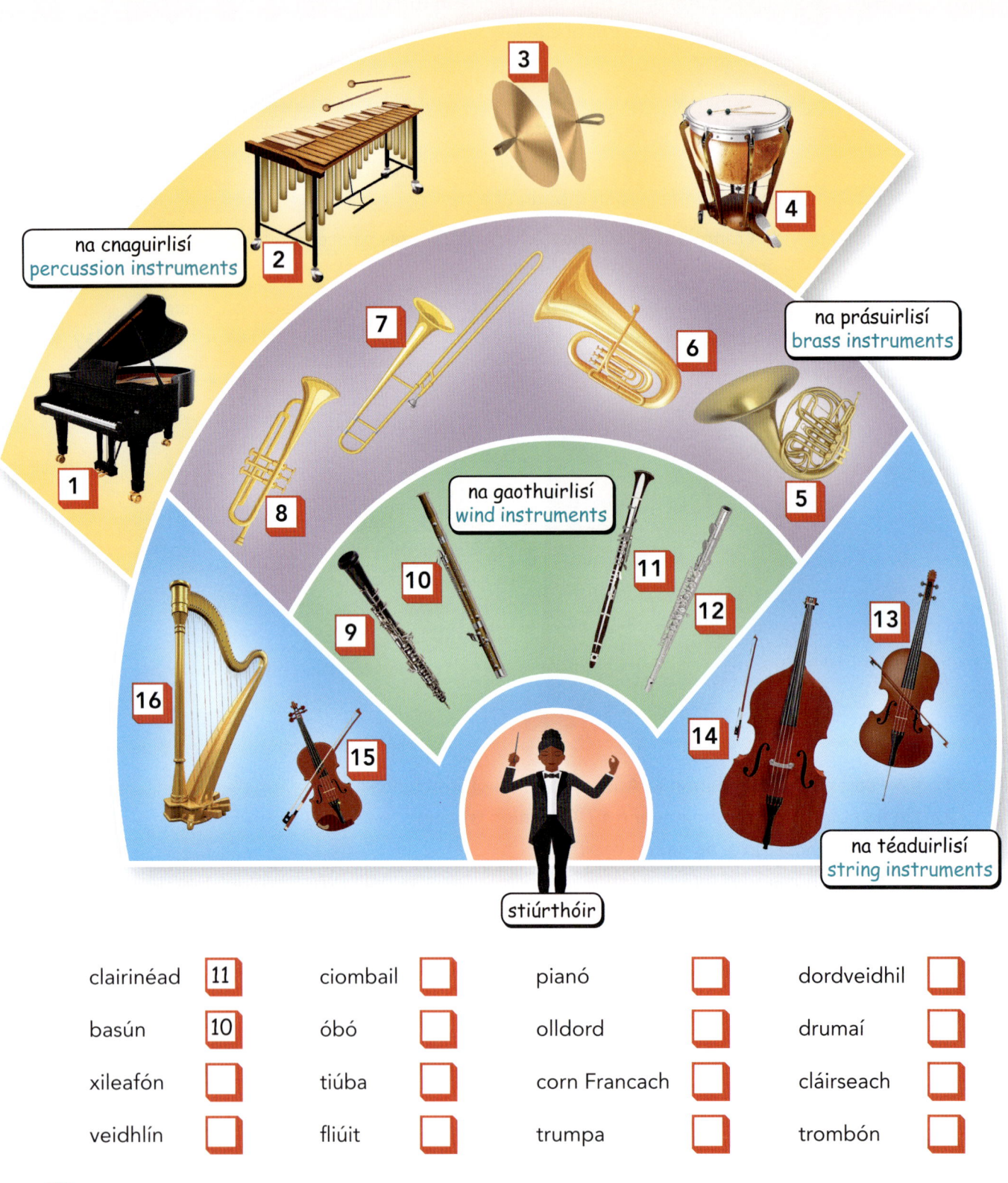

na cnaguirlisí — percussion instruments
na prásuirlisí — brass instruments
na gaothuirlisí — wind instruments
na téaduirlisí — string instruments
stiúrthóir

clairinéad	11	ciombail	☐	pianó	☐	dordveidhil	☐
basún	10	óbó	☐	olldord	☐	drumaí	☐
xileafón	☐	tiúba	☐	corn Francach	☐	cláirseach	☐
veidhlín	☐	fliúit	☐	trumpa	☐	trombón	☐

Éist

Ar chuala tú amhrán Gaeilge le ceolfhoireann riamh? Téigh chuig www.educateplus.ie/go/solas agus éist leis an amhrán 'Solas'. Tá na liricí ar leathanach 212.

Éist agus scríobh

A. Éist le sampla gearr de na ceithre ghaothuirlis. Ansin, éist le Siobhán agus Colm ag seinm gaothuirlise agus freagair na ceisteanna seo.
  1. Cén uirlis atá á seinm ag Siobhán?
  2. Cén uirlis atá á seinm ag Colm?

B. Éist le sampla gearr de na ceithre théaduirlis. Ansin, éist le hÚna agus Aogán ag seinm téaduirlise agus freagair na ceisteanna seo.
  1. Cén uirlis atá á seinm ag Úna?
  2. Cén uirlis atá á seinm ag Aogán?

C. Éist le sampla gearr de na ceithre phrásuirlis. Ansin, éist le Josh agus Yvonne ag seinm prásuirlise agus freagair na ceisteanna seo.
  1. Cén uirlis atá á seinm ag Josh?
  2. Cén uirlis atá á seinm ag Yvonne?

D. Éist le sampla gearr de na ceithre chnaguirlis. Ansin, éist le Ross agus Zainab ag seinm cnaguirlise agus freagair na ceisteanna seo.
  1. Cén uirlis atá á seinm ag Ross?
  2. Cén uirlis atá á seinm ag Zainab?

Script: leathanaigh 128 agus 129 de do Leabhar Gníomhaíochta.

Éist agus scríobh

Éist leis na daoine seo ag caint faoi na huirlisí ceoil a sheinneann siad. I do chóipleabhar, líon isteach an t-eolas atá á lorg sa tábla thíos.

	An uirlis cheoil a sheinneann sé/sí	An fad ama a sheinneann sé/sí an uirlis cheoil sin
Conchúr		
Adrienne		
Esther		
Fabio		

Script: leathanach 129 de do Leabhar Gníomhaíochta.

Táim in ann uirlisí na ceolfhoirne a liostú.

dhá chéad a cúig

Turas 2

GRAMADACH

Na Focail 'faoi' agus 'ó'

Go dtí seo, tá na focail 'ag', 'ar', 'do' agus 'le' cleachtaithe againn. Sa mhír seo, cleachtfaimid na focail 'faoi' agus 'ó'.

*So far, we have practised the words **ag**, **ar**, **do** and **le**.*
*In this section, we will practise the words **faoi** and **ó**.*

Le foghlaim: 'faoi'

fúm	fút	faoi	fúithi	fúinn	fúibh	fúthu
[faoi + mé]	[faoi + tú]	[faoi + é]	[faoi + í]	[faoi + muid]	[faoi + sibh]	[faoi + iad]

Nathanna samplacha: 'faoi'

Chuala an ceoltóir fúm.	The musician heard about me.
Thosaigh siad ag caint fúinn.	They started talking about us.
Ná bí ag magadh fúthu.	Don't be slagging them.
Tá uisce faoin droichead.	There is water under the bridge.

Cuimhnigh! Ciallaíonn 'faoi' **about** nó **under**.

Le foghlaim: 'ó'

uaim	uait	uaidh	uaithi	uainn	uaibh	uathu
[ó + mé]	[ó + tú]	[ó + é]	[ó + í]	[ó + muid]	[ó + sibh]	[ó + iad]

Nathanna samplacha: 'ó'

Thóg sé an tiúba uaithi.	He took the tuba from her.
An bhfaca tú an téacs uainn?	Did you see the text from us?
Tá giotár uaim.	I want a guitar.
Cad atá uait?	What do you want?

Cuimhnigh! Ciallaíonn 'ó' **from**. Úsáidimid 'ó' chun **want** a rá freisin.

Scríobh

Athscríobh na focail idir lúibíní i do chóipleabhar. Ansin, aistrigh iad.

1. Ar chuala Muracha [faoi: tú] _____?

2. Hé! Ná bí ag magadh [faoi: iad] _____!

3. An bhfuil aon rud [ó: tú] _____?

4. Ghoid siad mo sparán [ó: mé] _____.

5. An bhfaca sibh an téacs [ó: í] _____ [faoi: sibh] _____?

Tá tuilleadh cleachtaí ar leathanach 353.

✓ Táim in ann na focail 'faoi' agus 'ó' a úsáid i gceart.

FÓGRA

Ceolchoirm

Léigh agus scríobh

Léigh an fógra seo agus freagair na ceisteanna a ghabhann leis.

Ceolchoirm Mhór an tSamhraidh

Páirc an Chrócaigh, Baile Átha Cliath

Dhá Threoir

An chéad ghig ar an turas domhanda
23 Meitheamh • Ticéid €30

Ticéid ar fáil ar líne ag www.ticéidanseo.ie • Geataí ar oscailt ag 19.00

SCAIP AN SCÉAL!
Tuilleadh eolais ag www.2threoir.com

1. Cá mbeidh ceolchoirm mhór an tsamhraidh ar siúl?
2. Cé a bheidh ag seinm?
3. Cén dáta a bheidh an cheolchoirm ar siúl?
4. Cá bhfuil ticéid ar fáil?
5. Cén t-am a bheidh na geataí ar oscailt?
6. Cá bhfuil tuilleadh eolais ar fáil?

Punann 7.1

Beidh banna ceoil cáiliúil ag teacht go hÉirinn chun ceolchoirm a thabhairt. Dear póstaer don cheolchoirm. Bain úsáid as an teimpléad i do phunann ar leathanach 50.

Táim in ann póstaer le haghaidh ceolchoirme a dhearadh.

| Turas 2 | **LÉAMHTHUISCINT** |

Próifíl de Cheoltóir Cáiliúil

Léigh, éist agus scríobh

Léigh agus éist leis an bpíosa seo agus freagair na ceisteanna a ghabhann leis.

Rugadh Lorde in Takapuna sa **Nua-Shéalainn** ar 7 Samhain 1996. Seinneann sí popcheol agus popcheol **leictreo**. De ghnáth **canann** sí, ach seinneann sí an giotár agus an **méarchlár** ó am go ham freisin.

Sonja Yelich is ainm dá máthair agus Vic O'Connor is ainm dá hathair. Tá beirt deirfiúracha agus deartháir amháin aici. Jerry, India agus Angelo is ainm dóibh.

Thosaigh sí ag canadh agus ag déanamh drámaíochta nuair a bhí sí ar scoil. Nuair a bhí sí sé bliana déag d'aois, **d'eisigh** sí an singil 'Royals'. Chuaigh an singil go **barr na gcairteacha**.

Taitníonn **réimse leathan** ceoil léi. Taitníonn snagcheol, rac-cheol agus ceol **sól** léi.

Bhuaigh sí **a lán gradam**. Mar shampla, bhuaigh sí dhá ghradam Grammy, dhá ghradam Billboard agus gradam amháin MTV.

Nua-Shéalainn	New Zealand
leictreo; canann	electro; sings
méarchlár	keyboard
d'eisigh	released
barr na gcairteacha	top of the charts
réimse leathan	wide range
sól	soul
a lán gradam	a lot of awards

Takapuna

1. Cathain a rugadh Lorde?
2. Cén sórt ceoil a sheinneann sí?
3. Cad is ainm dá tuismitheoirí?
4. Cén aois a bhí sí nuair a d'eisigh sí 'Royals'?
5. Cén sórt ceoil a thaitníonn léi?
6. Ainmnigh **dhá** ghradam a bhuaigh sí.

Déanann Coláiste Lurgan leaganacha Gaeilge (*Irish versions*) de go leor amhráin cháiliúla. Rinne siad leagan Gaeilge de na hamhráin 'Royals' agus 'Green Light'. Féach ar na físeáin anseo: www.youtube.com/user/tglurgan/videos.

Próifíl

Tá ocht bpíosa eolais faoi Lorde ar iarraidh (*missing*). Líon na bearnaí i do chóipleabhar.

Ainm	Ella Marija Lani Yelich-O'Connor
Ainm stáitse	Lorde
Áit bhreithe	
Dáta breithe	
Oidhreacht	Éireannach, Crótach
Teaghlach	(i) Sonja Yelich (máthair) (ii) (athair) (iii) Jerry & India (deirfiúracha) (iv) (deartháir)
Uirlisí ceoil	guth, giotár agus méarchlár
An cineál ceoil a sheinneann sí	(i) popcheol (ii)
An cineál ceoil a thaitníonn léi	(i) (ii) (iii) ceol sól
Gradaim	(i) dhá Ghradam Grammy (ii) (iii) Gradam MTV
Na hamhráin is cáiliúla	'Royals', 'Green Light'
A suíomh gréasáin	https://lorde.co.nz

Punann 7.2

Smaoinigh ar cheoltóir a thaitníonn leat. Dear próifíl de/di. Cuir an obair chríochnaithe i do phunann ar leathanach 52.

Táim in ann próifíl de cheoltóir cáiliúil a dhearadh.

dhá chéad a naoi

Turas 2 — SCRÍOBH

Postáil Bhlag faoi Cheolchoirm Iontach

Scríobhann go leor daoine blaganna. Scríobhann siad faoi thaisteal nó spórt nó ceol. Tá blag cosúil le dialann ach is minic a bhíonn pictiúir ann freisin.

Léigh agus scríobh

Léigh an blag seo agus freagair na ceisteanna a ghabhann leis.

http://www.blagannajohnny.ie

An Ceol Abú

Kendrick Lamar, Adele, Ariana Grande agus Niall Horan i bPáirc Thuamhan!

Fúm féin
Is mise Johnny Cól. Is as Luimneach mé. Is aoibhinn liom ceol, go háirithe rapcheol agus popcheol.

Eolas faoin gceolchoirm
Chuaigh mé chuig ceolchoirm iontach Dé Sathairn seo caite. Bhí an cheolchoirm ar siúl i bPáirc Thuamhan. Creid é nó ná creid, bhí Kendrick Lamar, Adele, Ariana Grande agus Niall Horan **ar stáitse**. — on stage

Roimh an gceolchoirm
Cheannaigh mé mo thicéad ar líne. Bhí na ticéid **díolta amach** tar éis 30 nóiméad! Chosain siad €49. Chuaigh mé go dtí an cheolchoirm le ceathrar cairde. **Thaispeánamar** ár dticéid don **fhreastalaí** agus chuamar isteach. — sold out / we showed / attendant

An cheolchoirm féin
Bhí an cheolchoirm thar barr. Bhí an áit **dubh le daoine**. Thosaigh Niall Horan an cheolchoirm ag 19.00. Sheinn sé **ar feadh uair an chloig**. Ansin, sheinn Ariana Grande, Adele agus Kendrick Lamar. Ag deireadh na hoíche, tháinig an ceathrar acu amach ar stáitse agus sheinn siad trí amhrán **le chéile**! — packed with people / for an hour / together

Tar éis na ceolchoirme
Nuair a chríochnaigh an cheolchoirm, d'fhágamar an staid agus shiúlamar isteach go cathair Luimnigh. Fuaireamar **sceallóga** agus ansin fuaireamar an bus abhaile. — chips

Ní dhéanfaidh mé dearmad ar an gceolchoirm sin go deo.

1. Cathain a bhí an cheolchoirm iontach seo ar siúl?
2. Cá raibh an cheolchoirm ar siúl?
3. Cé mhéad a bhí ar na ticéid?
4. Cé a chuaigh in éineacht le Johnny?
5. Cén ceoltóir a thosaigh an cheolchoirm?
6. Cé hiad na ceoltóirí eile a sheinn ar stáitse an oíche sin?
7. Cad a rinne na ceoltóirí ag deireadh na hoíche?
8. Cad a rinne Johnny agus a chairde tar éis na ceolchoirme?

Punann 7.3

D'fhreastail tú ar cheolchoirm mhór. Scríobh postáil bhlag faoin gceolchoirm. Bain úsáid as na nathanna úsáideacha thíos. Cuir an obair chríochnaithe i do phunann ar leathanach 54.

Nathanna úsáideacha

Eolas faoin gceolchoirm	Information about the concert
Bhí Adele ag seinm/ar stáitse.	Adele was playing/on stage.
Bhí an cheolchoirm ar siúl …	The concert was on …
… an samhradh seo caite.	… last summer.
… an deireadh seachtaine seo caite.	… last weekend.
… i bPáirc an Chrócaigh.	… in Croke Park.
Roimh an gceolchoirm	**Before the concert**
Cheannaigh mé na ticéid …	I bought the tickets …
… ar líne.	… online.
… sa siopa ceoil áitiúil.	… in the local music shop.
Fuair mé an ticéad mar bhronntanas breithlae.	I got the ticket as a birthday present.
Chosain an ticéad €20.	The ticket cost €20.
An cheolchoirm féin	**The concert itself**
Chuaigh mé le beirt chairde/le triúr cairde.	I went with two friends/with three friends.
Fuaireamar an traein/síob ó mo Mham.	We got the train/a lift from my Mam.
Bhí an cheolchoirm go hiontach/thar barr.	The concert was great/excellent.
Bhí an staidiam dubh le daoine.	The stadium was packed.
Bhí an t-atmaisféar leictreach.	The atmosphere was electric.
Thosaigh sé ag 20.00.	It started at 20.00.
Chríochnaigh sé ag 23.00.	It finished at 23.00.
Chaitheamar an oíche ag canadh agus ag damhsa.	We spent the evening singing and dancing.
Tar éis na ceolchoirme	**After the concert**
Chuamar go siopa sceallóg/fuaireamar sceallóga.	We went to a chipper/we got chips.
Ní dhéanfaidh mé dearmad ar an gceolchoirm sin go deo.	I'll never ever forget that concert.

Táim in ann postáil bhlag a scríobh faoi cheolchoirm mhór.

Ceol: Solas

Éist agus labhair

Téigh go www.educateplus.ie/go/solas agus éist leis an amhrán 'Solas' le Seo Linn. Ansin, léigh na lirící os ard leis an duine atá in aice leat. An dtaitníonn an t-amhrán leat? Cén sórt ceoil é?

Solas

Véarsa 1
Is minic triail a d'fhan liom le fada 'na dhiaidh
Dá mhéad an stró 'sea 's fearr na ceachtanna
Tá mé ag siúl liom gan beann orm féin ná'r mo threo
Anois caithfidh mé tiontú 's filleadh ar ais chun bairr

Curfá
Seo'd an lá
A leagadh amach dom, rith liom i gcónaí im' chroí
Agus tá
An solas ag titim, ag sileadh anuas ar an aoibh

Véarsa 2
B'í an lasair im' chroí a spreag dom an tseanmhian
Meangadh machnaimh 's mé i bhfolach ann
D'fhág mé an lorg ar lár an lá sin a rith mé
'Bíodh leat 's ná lean an té a lean …'

Curfá

Droichead
Ná bí ann – ins an dorchacht
Oh no ná bí ann – ins an bhforaois
Ná bí ann – ins an dorchacht
Oh no ná bí ann – ins an bhforaois
Oh no ná bí ann – rith le solas
Oh no ná bí ann – ins an bhforaois
Oh bíodh tú ann – ins an solas
Bíodh tú ann – tú ann – tú ann

Curfá x 3

Críoch
B'í an lasair im' chroí a spreag dom an tseanmhian
Meangadh machnaimh 's mé i bhfolach ann

Stór focal

is minic triail	often a difficult experience	aoibh	smile
a d'fhan liom le fada 'na dhiaidh	that stayed with me for a long time after	lasair im' chroí	a flame in my heart
dá mhéad an stró	the greater the stress/effort	spreag	inspired
'sea 's fearr na ceachtanna	the better the lessons	seanmhian	old desire
gan beann orm féin	not caring about myself	meangadh machnaimh	thoughtful smile
mo threo	my direction	i bhfolach	in hiding
caithfidh mé tiontú	I have to turn around	d'fhág mé an lorg ar lár	I cast off the old scar
filleadh ar ais chun bairr	return to the top	ná lean an té a lean	don't follow the one who follows
seo'd (seo) an lá	this is the day	droichead	bridge
a leagadh amach dom	that was set out for me	dorchacht	darkness
ag sileadh anuas	streaming down	foraois	forest

Scéal an amhráin: Léigh agus scríobh

Léigh scéal an amhráin agus freagair na ceisteanna.

San amhrán seo, scríobhann **an liriceoir** faoina **sheansaol** agus a shaol nua.	the songwriter; old life
Sa seansaol, ní raibh sé ar an m**bóthar ceart**. Níor thóg sé sos. Níor smaoinigh sé ar a shaol.	right road
Lá amháin, tharla rud iontach. **Fuair sé réidh leis** an seansaol. Ansin, thosaigh sé ag dul ar bhóthar nua – a bhóthar féin.	cast off
Lá speisialta ab ea an lá sin. Bhí áthas an domhain air.	

1. Cad faoi a scríobhann an liriceoir san amhrán seo?
2. Cén sórt seansaoil a bhí ag an liriceoir? Luaigh **dhá** rud.
3. Cén rud iontach a tharla lá amháin?

Cur i láthair

Dear póstaer faoin gcurfá. Is féidir póstaer digiteach a chruthú freisin ar www.canva.com. Scríobh nó clóscríobh (*type*) na focail ar an bpóstaer. Cuir pictiúir leis.

Cuir an póstaer i láthair an ranga.

Táim in ann póstaer faoin amhrán a dhearadh.

dhá chéad a trí déag

Turas 2

Bí ag caint!

I ngrúpa, pléigh na ceisteanna seo.

1. An dtaitníonn na liricí leat? Cad é an líne nó an véarsa is fearr leat?
2. An dtaitníonn an ceol leat? Cén sórt ceoil é?
3. Téigh chuig www.educateplus.ie/go/solas chun féachaint ar an bhfíseán. An dtaitníonn an físeán leat? Cén fáth?
4. Cad is brí le teideal an amhráin 'Solas'? An teideal maith é?

An banna

Tá ceathrar ceoltóirí sa bhanna ceoil Seo Linn: Daithí Ó Ruaidh, Keith Ó Briain, Kevin Shortall agus Stiofán Ó Fearail. Is as Cill Chainnigh do Dhaithí, Keith agus Kevin agus is as Ros Comáin do Stiofán.

Scríobh

Cruthaigh clár scéalta faoin mbanna ceoil ar www.storyboardthat.com. Gheobhaidh tú tuilleadh eolais fúthu ar www.seolinn.com. Tá samplaí le feiceáil ar www.educateplus.ie/go/storyboards.

Bí ag caint!

I ngrúpa, déan iarracht canadh in éineacht leis an gcurfá. Cé hé/hí an t-amhránaí nó an grúpa amhránaithe is fearr sa rang?

Íomhánna an amhráin: Meaitseáil agus labhair

Meaitseáil na híomhánna leis na cuir síos. Cén íomhá is fearr leat? An bhfeiceann tú aon íomhá eile sa dán? I ngrúpa, pléigh do thuairim.

1
'Tá mé ag siúl liom gan beann orm féin ná'r mo threo'

2
'An solas ag titim, ag sileadh anuas ar an aoibh'

3
'B'í an lasair im' chroí a spreag dom an tseanmhian'

☐ Tá solas na gréine **ag lonrú** ar an liriceoir. Tá áthas air. Feiceann sé an solas ina shaol.	shining
☐ Mothaíonn an liriceoir rud speisialta ina chroí. Mothaíonn sé **ceangal** lena óige.	connection
☐ Tá an liriceoir ag siúl ar bhóthar. Níl aon **suim** aige ina shaol.	interest

Taighde agus scríobh

Roghnaigh íomhá amháin ón amhrán a thaitníonn leat. Téigh ar líne agus aimsigh pictiúr a léiríonn (*represents*) an íomhá seo. Déan cur síos ar an bpictiúr seo i do chóipleabhar.

✓ Táim in ann cur síos a dhéanamh ar an amhrán.   🙂 😐 ☹

dhá chéad a cúig déag

Turas 2

Téamaí an amhráin: Léigh agus labhair

Tá an triúr seo ag labhairt faoi théama an amhráin 'Solas'. Cé leis a n-aontaíonn tú? Léigh na tuairimí agus déan vóta sa rang!

> Measaim gurb é **Tús Nua** téama an amhráin. Téann an liriceoir ar turas san amhrán seo. Fágann sé a sheansaol agus tosaíonn sé saol nua.

> Sílim gurb é **Féinmhachnamh** téama an amhráin. Smaoiníonn an liriceoir siar ar a shaol san amhrán seo.

> Ceapaim gurb é **Athrú** téama an amhráin. D'athraigh an liriceoir a shaol agus tá áthas air anois.

Stór focal

tús nua	new beginning	saol nua	new life
turas	journey	féinmhachnamh	self-reflection
a sheansaol	his old life	athrú	change

dhá chéad a sé déag

Léigh

Léigh na freagraí samplacha seo.

Ceist shamplach:

Cad é an mothúchán is láidre san amhrán 'Solas', meas tú?

Freagra samplach:

Is é **dóchas** an mothúchán is láidre san amhrán 'Solas', i mo thuairim. — hope

Ag tús an amhráin, níl aon dóchas ag an liriceoir. Níl sé sásta lena shaol. Lá amháin, tógann sé **sos**. Smaoiníonn sé ar a shaol. Ansin, feiceann sé bóthar nua. — break

Ag deireadh an amhráin, tá dóchas ag an liriceoir. Tá áthas air faoina shaol. Mothaíonn sé ceangal lena óige arís. Tosaíonn sé ag siúl ar bhóthar nua.

Ceist shamplach:

An dtaitníonn an ceol san amhrán 'Solas' leat? Cén fáth?

Freagra samplach:

Taitníonn an ceol san amhrán 'Solas' go mór liom. Is breá liom an popcheol. Is breá liom an **cheolfhoireann** san fhíseán freisin. — orchestra

Tosaíonn an ceol **go han-chiúin**. Cloisimid an pianó, na téaduirlisí, na cnaguirlisí, na gaothuirlisí agus na prásuirlisí. Sa churfá, éiríonn an ceol an-láidir. Críochnaíonn an ceol go ciúin. — very quietly

Punann 7.4

I ngrúpa, samhlaigh go bhfuil tú ag déanamh físeán nua (*a new video*) don amhrán 'Solas'. Luaigh na pointí seo a leanas:

- Scéal
- Suíomh (*setting*)
- Carachtair (*characters*).

Scríobh an chéad dréacht (*draft*) den chur síos i do chóipleabhar. Ansin, léigh an seicliosta ar leathanach 57 de do phunann agus léigh siar ar do dhréacht. Ansin, athdhréachtaigh (*redraft*) do chuid oibre. Scríobh an leagan deiridh (*final version*) i do phunann ar leathanach 56.

Táim in ann cur i láthair ar an amhrán a dhéanamh.

BÉALTRIAIL

Agallamh

Labhair

Léirigh an t-agallamh seo leis an duine atá in aice leat.

1. **Cén sórt ceoil a thaitníonn leat?**
   Taitníonn réimse leathan ceoil liom. Is maith liom rac-cheol agus popcheol. Thar aon rud eile, áfach, is aoibhinn liom rapcheol.

2. **Cén fáth?**
   Is maith liom na liricí agus is maith liom na buillí. Tá sé fuinniúil.

3. **An éisteann tú le ceol go minic?**
   Éistim le ceol gach lá. Éistim le ceol ar an mbus ar scoil agus ar an mbus abhaile. Éistim le ceol i mo sheomra codlata freisin.

4. **Cén ceoltóir nó banna ceoil is fearr leat?**
   Hmm, ceist dheacair í sin. Kendrick Lamar nó NF, b'fhéidir.

5. **Cén físeán ceoil (*music video*) is fearr leat?**
   Is maith liom 'Finesse' le Bruno Mars.

6. **An seinneann tú aon uirlis cheoil?**
   Seinnim an méarchlár. Cleachtaim gach lá.

7. **An bhfuil aithne agat ar éinne a sheinneann ceol?**
   Seinneann m'athair an giotár agus seinneann mo dheartháir Tim an fhliúit.

8. **An raibh tú riamh ar cheolchoirm?**
   Bhí. Chuaigh mé go Kendrick Lamar i mBéal Feirste. Chuaigh mé le m'athair agus le mo chara Caolán.

Kim

Scríobh

Freagair na ceisteanna seo i do chóipleabhar.

1. Cén sórt ceoil a thaitníonn le Kim? Cén fáth?
2. Cé chomh minic is a éisteann sí le ceol?
3. Cé hiad na ceoltóirí is fearr léi?
4. An seinneann sí aon uirlis cheoil?
5. Cad iad na huirlisí ceoil a sheinneann a hathair agus a deartháir?

Scríobh agus labhair

Freagair na ceisteanna a d'fhreagair Kim (Ceisteanna 1–8) i do chóipleabhar. Ansin, cuir na ceisteanna seo ar an duine atá in aice leat.

Táim in ann ceisteanna faoin gceol i mo shaol a fhreagairt.

CLEACHTAÍ ATHBHREITHNITHE

Caibidil 7

Súil Siar

A. Meaitseáil na pictiúir leis na huirlisí.

| ① | ② | ③ | ④ | ⑤ | ⑥ |

tiúba ☐   olldord ☐   bainseó ☐   bodhrán ☐   cláirseach ☐   fliúit ☐

B. Tá na habairtí san ord mícheart. Cuir san ord ceart iad chun cur síos ar cheolchoirm a scríobh.
1. Bhuail mé le mo chairde roimh an gceolchoirm.
2. Tar éis na ceolchoirme, fuaireamar an bus abhaile.
3. Chuaigh mé chuig ceolchoirm Beyoncé Dé Sathairn seo caite.
4. Ní dhéanfaimid dearmad ar an gceolchoirm sin go deo.
5. Tháinig Beyoncé amach ar stáitse ag 20.00.

C. Líon na bearnaí i do chóipleabhar.

> bodhrán   fuinniúil   taitníonn   Gaelach   bus   gach

Is mise Samir. _____ rac-cheol agus popcheol liom. Thar aon rud eile, áfach, is aoibhinn liom ceol _____. Taitníonn ceol Gaelach liom mar tá sé _____ agus beoga. Éistim le ceol ar an m_____ ar scoil. Seinnim an _____ agus an giotár. Cleachtaim _____ lá.

Cluastuiscint

Cloisfidh tú fógra agus píosa nuachta sa chuid seo. Cloisfidh tú gach ceann díobh faoi dhó. Éist go cúramach leo agus freagair na ceisteanna i do chóipleabhar.

Script: leathanach 129 de do Leabhar Gníomhaíochta.

Fógra
1. Cén pictiúr a théann leis an bhfógra seo? ☐

A   B   C   D

2. Cé mhéad euro a chosnóidh ticéid?
   (A) €5   (B) €15   (C) €50   (D) €500 ☐

Píosa Nuachta
1. Cén duais a bhuaigh Liam Ó Gallchóir?
   (A) an chéad duais san amhránaíocht
   (B) an chéad duais sa ghiotár clasaiceach
   (C) an chéad duais san aisteoireacht
   (D) an chéad duais sa rince céime ☐

2. Cé mhéad airgid a bhuaigh sé?
   (A) €30
   (B) €130
   (C) €300
   (D) €330 ☐

dhá chéad a naoi déag

Turas 2

Cultúr 7
An Ceol Gaelach

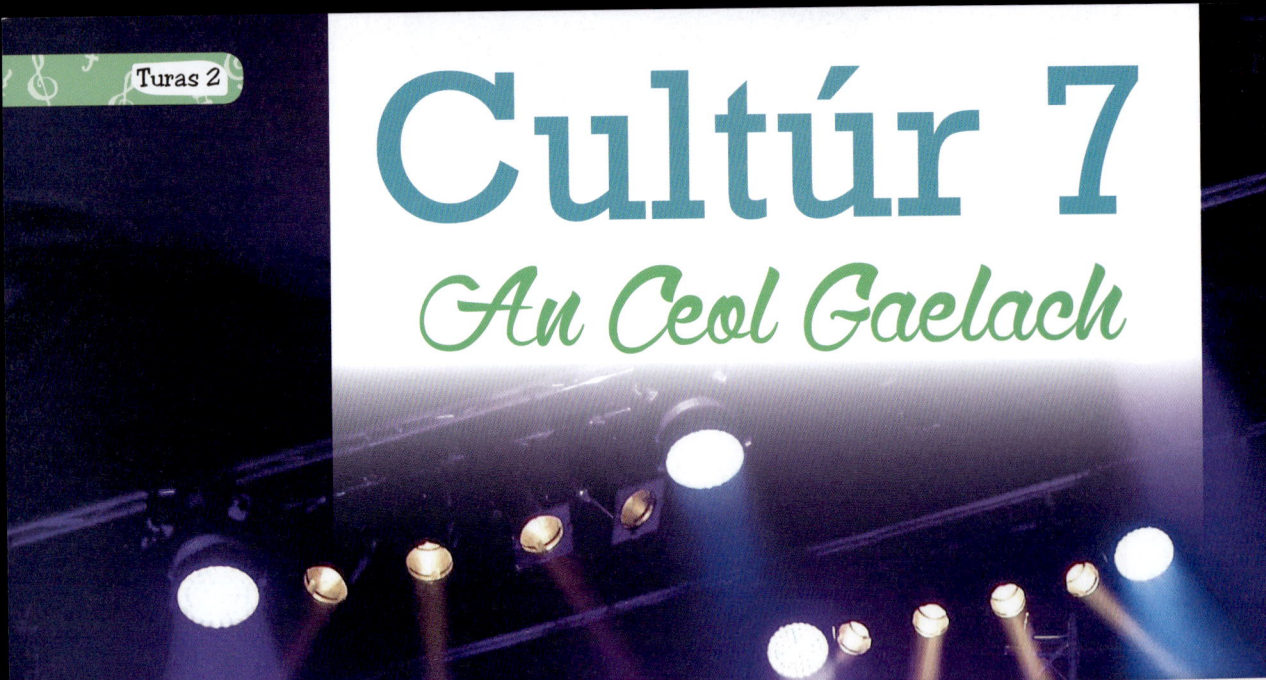

Ceoltóirí Gaelacha

Tá clú agus cáil ar an gceol Gaelach, nó ceol traidisiúnta na hÉireann, ar fud an domhain.

Ar na bannaí ceoil is cáiliúla in Éirinn, tá Kíla, Altan, The Bothy Band agus The Bonny Men.

Kíla

Ar na ceoltóirí is mó cáil in Éirinn, tá Mairéad Ní Mhaonaigh (fidil, guth), Martin Hayes (fidil), Maitiú Ó Casaide (píb uilleann) agus Lisa Canny (cláirseach).

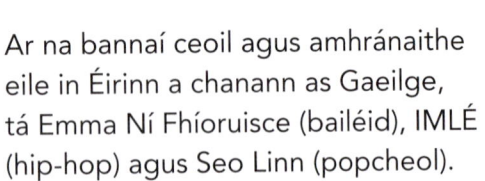

Mairéad Ní Mhaonaigh

Ar na bannaí ceoil agus amhránaithe eile in Éirinn a chanann as Gaeilge, tá Emma Ní Fhíoruisce (bailéid), IMLÉ (hip-hop) agus Seo Linn (popcheol).

Tá amhráin Ghaeilge déanta ag Ed Sheeran, Wheatus agus The Riptide Movement.

Ed Sheeran

Sean-nós

Is cineál amhránaíochta é 'an sean-nós'. Tá an traidisiún seo beo leis na glúnta.

Ní sheinntear aon uirlisí ceoil in amhránaíocht ar an sean-nós.

Ar na hamhránaithe ar an sean-nós is cáiliúla, tá Seosamh Ó hÉanaí, Nell Ní Chróinín, Iarla Ó Lionáird agus Saileog Ní Cheannabháin.

Iarla Ó Lionáird

Stór focal

clú agus cáil — very well known	cineál amhránaíochta — type of singing
amhránaithe — singers	beo leis na glúnta — alive for generations

TASC 7 CULTÚIR — Taighde agus cur i láthair

I mbeirteanna, cruthaigh suíomh gréasáin faoi cheoltóir nó faoi bhanna ceoil as Éirinn. Is féidir www.emaze.com nó suíomh eile a úsáid.

Cuir an suíomh i láthair an ranga.

Féinmheasúnú

1. Nuair a bhí tú ag obair le duine eile, luaigh (i) príomhscil **amháin** a d'úsáid tú agus (ii) príomhscil **amháin** a d'úsáid an duine eile. Tá na príomhscileanna liostaithe ar leathanch vii.
2. Ar fhoghlaim tú aon rud suimiúil ón duine ar oibrigh tú leis/léi?

Spórt

CAIBIDIL 8

TURAS — STAMPA TAISTIL — PAS BORDÁLA

✓ Faoi dheireadh na caibidle seo, beidh mé in ann:

- Cur síos a dhéanamh ar chineálacha spórt.
- Próifíl de phearsa spóirt cháiliúil a dhearadh.
- Postáil bhlag faoi ócáid mhór spóirt a scríobh.

G Gramadach

- Céimeanna comparáide na haidiachta

Príomhscileanna

- Fanacht folláin
- Obair le daoine eile

Punann

- Punann 8.1 – Fógra Nuachtáin agus Fógra Raidió a Dhéanamh
- Punann 8.2 – Próifíl de Phearsa Spóirt a Dhearadh
- Punann 8.3 – Postáil Bhlag faoi Ócáid Mhór Spóirt
- Punann 8.4 – Ríomhphost chuig File faoi Dhán

Clár Ábhair

Foclóir	Cén Spórt is Fearr Leat?	224
Foclóir	Trealamh Spóirt	226
Fógra	Sladmhargadh Spóirt	227
Léamhthuiscint	Tuairimí ar Spórt	228
Foclóir	Ag Cur Síos ar Phearsana Spóirt	230
Gramadach	Céimeanna Comparáide na hAidiachta	231
Éisteacht	Áiseanna Spóirt	232
Léamhthuiscint	Próifíl de Phearsa Spóirt Cáiliúil	234
Scríobh	Postáil Bhlag faoi Chluiche Peile	236
Litríocht	Filíocht: Ceist na Teangan	238
Béaltriail	Agallamh	244
Cleachtaí Athbhreithnithe	Súil Siar	245
Cultúr 8	Spórt in Éirinn	246

dhá chéad fiche a trí

Turas 2

FOCLÓIR

Cén Spórt is Fearr Leat?

Meaitseáil

Meaitseáil na pictiúir leis na spóirt.

snámh	☐	lúthchleasaíocht	☐	rámhaíocht	☐
seoltóireacht	☐	badmantan	☐	dornálaíocht	☐
gleacaíocht	☐	rugbaí	☐	cispheil	☐
haca	☐	peil Ghaelach	☐	iománaíocht	☐
leadóg	☐	sacar	☐	rothaíocht	☐

Scríobh agus labhair

Scríobh na spóirt i do chóipleabhar in ord tosaíochta. Déan comparáid leis an duine atá in aice leat. Cad iad na difríochtaí?

dhá chéad fiche a ceathair

Scríobh agus labhair

Freagair na ceisteanna seo. Ansin, cuir na ceisteanna ar an duine atá in aice leat.

	Ceisteanna	Freagraí samplacha
1	Cad é an spórt is fearr leat?	Is aoibhinn liom gleacaíocht agus sacar. Is é cruicéad an spórt is fearr liom.
2	An imríonn tú aon spórt?	Imrím spórt. Ní imrím spórt.
3	Cad iad na spóirt a imríonn tú?	Imrím leadóg agus badmantan. Déanaim dornálaíocht agus snámh.
4	An bhfuil aon spórt ann nach maith leat?	Ní maith liom cispheil. Ní thaitníonn galf liom.

Táim in ann labhairt faoi chúrsaí spóirt.

dhá chéad fiche a cúig

FOCLÓIR

Trealamh Spóirt

Meaitseáil

Meaitseáil na pictiúir leis an trealamh spórt.

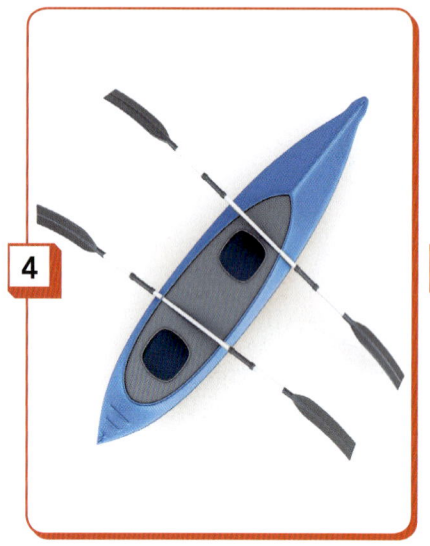

1	2	3
4	5	6

clogad
cosaint fiacla ☐
lámhainní

maidí rámha
bád ☐

clogad
camán ☐
sliotar

caipín snámha
gloiní snámha
culaith shnámha ☐
bríste snámha

cosaint fiacla
liathróid rugbaí ☐
bróga rugbaí

raicéad
eiteán ☐
bróga spóirt

Bí ag caint!

I mbeirteanna, ainmnigh na spóirt ina n-úsáidtear an trealamh sna pictiúir.

Sampla: clogad = iománaíocht, dornálaíocht, rothaíocht

Táim in ann trealamh spóirt a liostú.

FÓGRA

Sladmhargadh Spóirt

Caibidil 8

Léigh agus scríobh

Léigh an fógra seo agus freagair na ceisteanna a ghabhann leis.

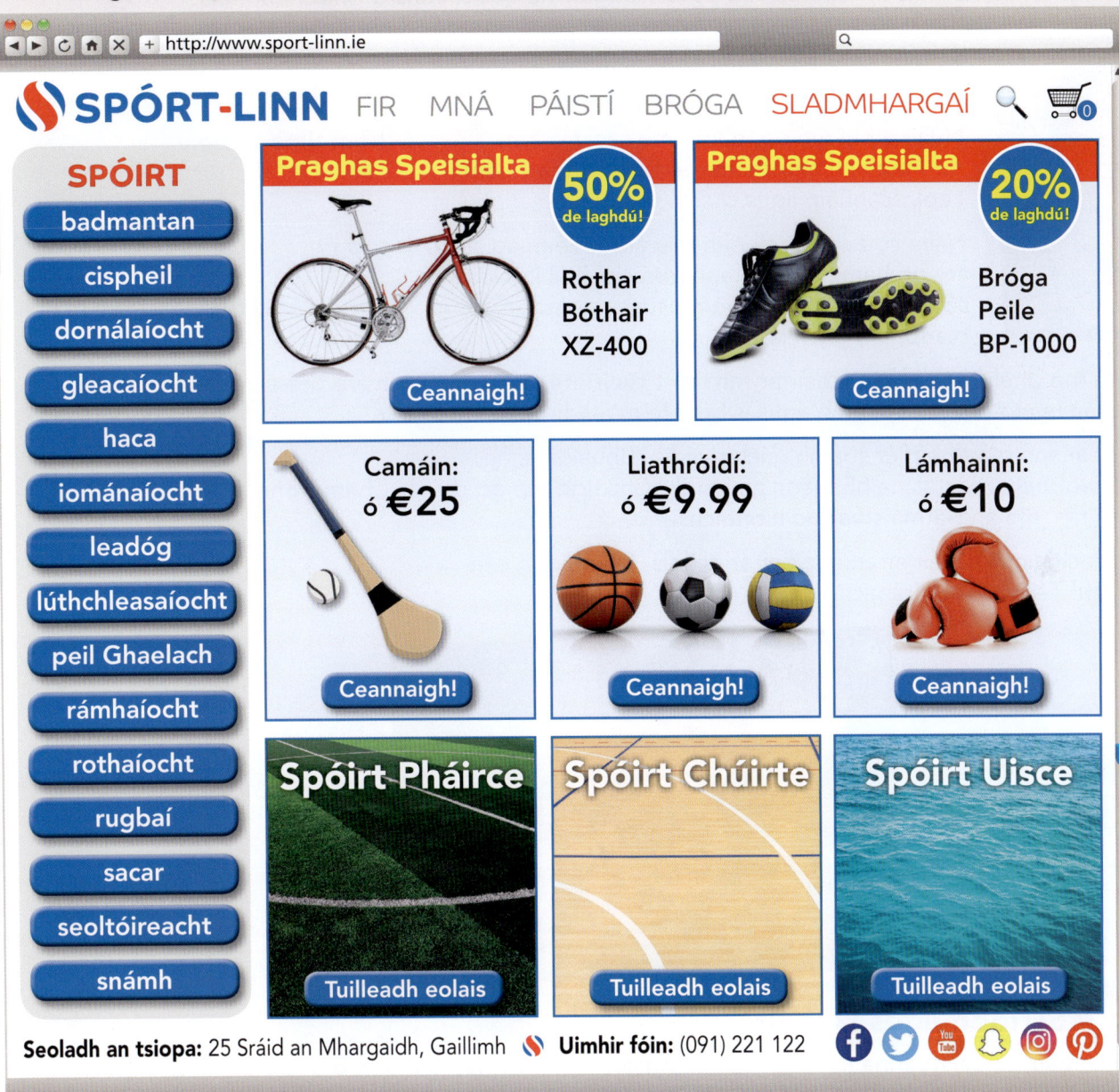

---

http://www.sport-linn.ie

SPÓRT-LINN   FIR   MNÁ   PÁISTÍ   BRÓGA   **SLADMHARGAÍ**

SPÓIRT
- badmantan
- cispheil
- dornálaíocht
- gleacaíocht
- haca
- iomanaíocht
- leadóg
- lúthchleasaíocht
- peil Ghaelach
- rámhaíocht
- rothaíocht
- rugbaí
- sacar
- seoltóireacht
- snámh

Praghas Speisialta — 50% de laghdú!
Rothar Bóthair XZ-400
Ceannaigh!

Praghas Speisialta — 20% de laghdú!
Bróga Peile BP-1000
Ceannaigh!

Camáin: ó €25 — Ceannaigh!

Liathróidí: ó €9.99 — Ceannaigh!

Lámhainní: ó €10 — Ceannaigh!

Spóirt Pháirce — Tuilleadh eolais

Spóirt Chúirte — Tuilleadh eolais

Spóirt Uisce — Tuilleadh eolais

Seoladh an tsiopa: 25 Sráid an Mhargaidh, Gaillimh   **Uimhir fóin:** (091) 221 122

Buntuiscint

1. Cén laghdú atá ar phraghas an rothair bhóthair XZ-400?
2. Cén laghdú atá ar phraghas na mbróg peile BP-1000?
3. Cén praghas ag a dtosaíonn na camáin?
4. Cén praghas ag a dtosaíonn na lámhainní?
5. Cad é seoladh an tsiopa?
6. Cad é uimhir fóin an tsiopa?

Léirthuiscint

Cad é an margadh is fearr (*best deal*), meas tú?

✓ Táim in ann trealamh spóirt a cheannach ar líne.

dhá chéad fiche a seacht

Turas 2 — LÉAMHTHUISCINT

Tuairimí ar Spórt

Léigh, éist agus scríobh

Léigh agus éist leis an bpíosa seo agus freagair na ceisteanna a ghabhann leis.

Haigh, is mise Colmán agus is fuath liom spórt! Tá sé leadránach agus **cuireann sé soir mé**!

Nuair a bhí mé óg, d'imir mé sacar **ó am go ham** ach níor thaitin sé liom. Is fearr liom ceol, scannáin agus cluichí ríomhaire.

Nílim **ró-aclaí**, le bheith macánta. Téim ag siúl ó am go ham. Uaireanta, imrím cispheil i gclós na scoile. **É sin ráite**, táim réasúnta **sláintiúil**. Ithim bia **folláin** gach lá.

Tá mo dheirfiúr agus m'athair **ar mhalairt tuairime**, áfach. Is breá le mo dheirfiúr snámh agus is breá le m'athair galf.

Déanann mo dheirfiúr snámh gach maidin. Bhuaigh sí **Craobhchomórtas** na hÉireann anuraidh. Chuaigh mé go dtí an rás. Bhí an t-atmaisféar go hiontach.

Féachann m'athair ar an ngalf ar an teilifís. Ní thuigim cén fáth! Tá sé an-leadránach!

cuireann sé soir mé	it really annoys me
ó am go ham	from time to time
ró-aclaí	too fit
É sin ráite; sláintiúil	having said that; healthy
folláin	healthy
ar mhalairt tuairime	have the opposite opinion
Craobhchomórtas	Championship

Scríobh agus labhair

Freagair na ceisteanna in A agus in B. Ansin, cuir na ceisteanna in B ar an duine atá in aice leat.

	Colún A		Colún B
1	An maith le Colmán spórt?	1	An maith leat spórt?
2	Ar imir Colmán spórt nuair a bhí sé óg?	2	Ar imir tú spórt nuair a bhí tú óg?
3	An bhfuil Colmán aclaí?	3	An bhfuil tú aclaí?
4	An bhfuil Colmán sláintiúil?	4	An bhfuil tú sláintiúil?
5	An maith le teaghlach Cholmáin spórt? Cén spórt?	5	An maith le do theaghlach spórt? Cén spórt?
6	An ndeachaigh Colmán chuig ócáid spóirt riamh? Cén ócáid?	6	An ndeachaigh tú chuig ócáid spóirt riamh? Cén ócáid?
7	An bhféachann teaghlach Cholmáin ar spórt ar an teilifís? Cén spórt?	7	An bhféachann do theaghlach ar spórt ar an teilifís? Cén spórt?

Léigh agus scríobh

Léigh an píosa seo agus freagair na ceisteanna a ghabhann leis.

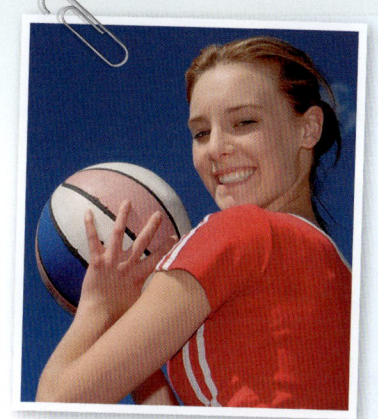

Haigh, is mise Síne agus is aoibhinn liom spórt! Tá sé corraitheach agus tá sé **san fhuil ionam**! — in my blood

Nuair a bhí mé óg, thosaigh mé ag imirt peile sa pháirc le mo dhearthair. **Na laethanta seo**, imrím peil, camógaíocht agus cispheil. — these days

Táim an-aclaí, le bheith macánta. Téim ag traenáil gach lá. Imrím cluiche peile **gach dara** Satharn agus cluiche camógaíochta gach dara Domhnach. Imrím cluiche cispheile gach Céadaoin. — every second

Imríonn mo dheartháir leadóg agus cruicéad. Creid é nó ná creid, imríonn sé cruicéad **ar fhoireann na hÉireann**. — on the Irish team

Ní maith le m'athair spórt. Ní thuigim cén fáth! Is fearr leis a bheith ag imirt cártaí agus ag léamh.

Is í Anna Geary an réalta spóirt is fearr liom. Tá sí sciliúil agus cliste.

Scríobh agus labhair

Freagair na ceisteanna in A agus in B. Ansin, cuir na ceisteanna in B ar an duine atá in aice leat.

	Colún A		Colún B
1	An maith le Síne spórt?	1	An maith leat spórt?
2	Cathain a thosaigh Síne ag imirt spóirt? Cén spórt?	2	Cathain a thosaigh tú ag imirt spóirt? Cén spórt?
3	Cad iad na spóirt a imríonn Síne anois?	3	Cad iad na spóirt a imríonn tú anois?
4	Cé chomh minic is a théann Síne ag traenáil?	4	Cé chomh minic is a théann tú ag traenáil?
5	Cé chomh minic is a bhíonn cluiche ag Síne?	5	Cé chomh minic is a bhíonn cluiche agat?
6	An imríonn teaghlach Shíne spórt? Cén spórt?	6	An imríonn do theaghlach spórt? Cén spórt?
7	Cé hé/hí an réalta spóirt is fearr le Síne?	7	Cé hé/hí an réalta spóirt is fearr leat?

Táim in ann labhairt faoin spórt i mo shaol.

dhá chéad fiche a naoi

Turas 2 — FOCLÓIR

Ag Cur Síos ar Phearsana Spóirt

Bí ag caint!

I mbeirteanna, déan cur síos ar na pearsana spóirt seo. Bain úsáid as an stór focal thíos. Tá an chéad cheann déanta duit.

1. Síofra Cléirigh-Büttner (reathaí)
Is reathaí í Síofra Cléirigh-Büttner.
Tá sí <u>tapa</u> agus <u>misniúil</u>.

2. Katie Taylor (dornálaí)
Is dornálaí í Katie Taylor.
Tá sí _____ agus _____.

3. Dan Martin (rothaí)
Is rothaí é Dan Martin. Tá sé _____ agus _____.

4. Joe Canning (iománaí)
Is iománaí é Joe Canning. Tá sé _____ agus _____.

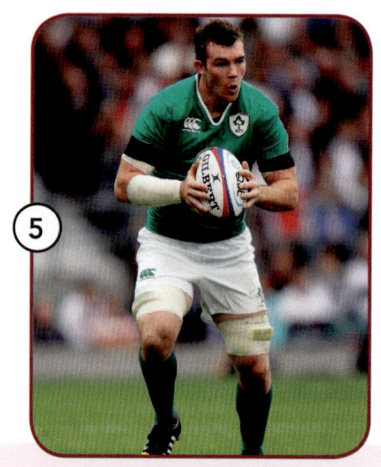

5. Peter O'Mahony (imreoir rugbaí)
Is imreoir rugbaí é Peter O'Mahony. Tá sé _____ agus _____.

6. Noelle Lenihan (caiteoir teisce)
Is caiteoir teisce (discus thrower) í Noelle Lenihan.
Tá sí _____ agus _____.

Stór focal

ard	tall	tapa	fast	sciliúil	skilful
éadrom	light	solúbtha	flexible	aclaí	fit
láidir	strong	crua	tough	misniúil	courageous
cróga	brave	foighneach	patient	diongbháilte	determined

✓ Táim in ann cur síos a dhéanamh ar phearsana spóirt.

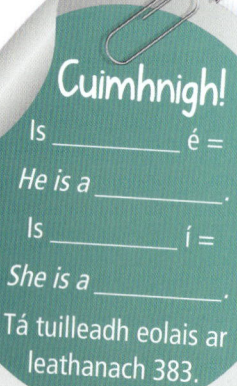

Cuimhnigh!
Is _____ é = He is a _____.
Is _____ í = She is a _____.
Tá tuilleadh eolais ar leathanach 383.

GRAMADACH

Caibidil 8

Céimeanna Comparáide na hAidiachta

Scríobh

Líon na bearnaí. Bain úsáid as an stór focal thíos.

| C. J. Stander | níos airde ná | is láidre | Devin Toner |

1. Tá C. J. Stander _____ Andrew Porter.
2. Is é _____ an duine is airde.
3. Tá _____ níos láidre ná Devin Toner.
4. Is é Andrew Porter an duine _____.

Andrew Porter, Devin Toner agus C. J. Stander

Stór focal

| ard | tall | níos airde ná | taller than | is airde | tallest |
| láidir | strong | níos láidre ná | stronger than | is láidre | stronger |

Le foghlaim

Aidiachtaí rialta		
ard (*tall/high*)	níos airde	is airde
láidir (*strong*)	níos láidre	is láidre
éadrom (*light*)	níos éadroime	is éadroime
foighneach (*patient*)	níos foighní	is foighní
sciliúil (*skilful*)	níos sciliúla	is sciliúla
cróga (*brave*)	níos cróga	is cróga

Aidiachtaí neamhrialta		
deacair (*difficult*)	níos deacra	is deacra
maith (*good*)	níos fearr	is fearr
olc (*bad*)	níos measa	is measa
mór (*big*)	níos mó	is mó
beag (*small*)	níos lú	is lú
tapa (*fast*)	níos tapúla	is tapúla

Scríobh

Líon na bearnaí i do chóipleabhar.

1. Bíonn surfálaithe níos [cróga] _____ ná galfairí ach is iad na dornálaithe na daoine is [cróga] _____.
2. Bíonn snámhóirí níos [éadrom] _____ ná imreoirí rugbaí ach is iad na reathaithe na daoine is [éadrom] _____.
3. Bíonn imreoirí camógaíochta níos [láidir] _____ ná imreoirí badmantain ach is iad na hiomrascálaithe (*wrestlers*) na daoine is [láidir] _____.
4. Bíonn rothaithe níos [tapa] _____ ná snámhóirí ach is iad na rábálaithe na daoine is [tapa] _____.
5. Bíonn imreoirí peil Ghaelach níos [mór] _____ ná imreoirí sacair ach is iad na himreoirí rugbaí na daoine is [mór] _____.

Tá tuilleadh cleachtaí ar leathanach 377.

Táim in ann céimeanna comparáide na haidiachta a úsáid.

dhá chéad tríocha a haon

ÉISTEACHT

Áiseanna Spóirt

Meaitseáil

Meaitseáil na pictiúir leis na háiseanna.

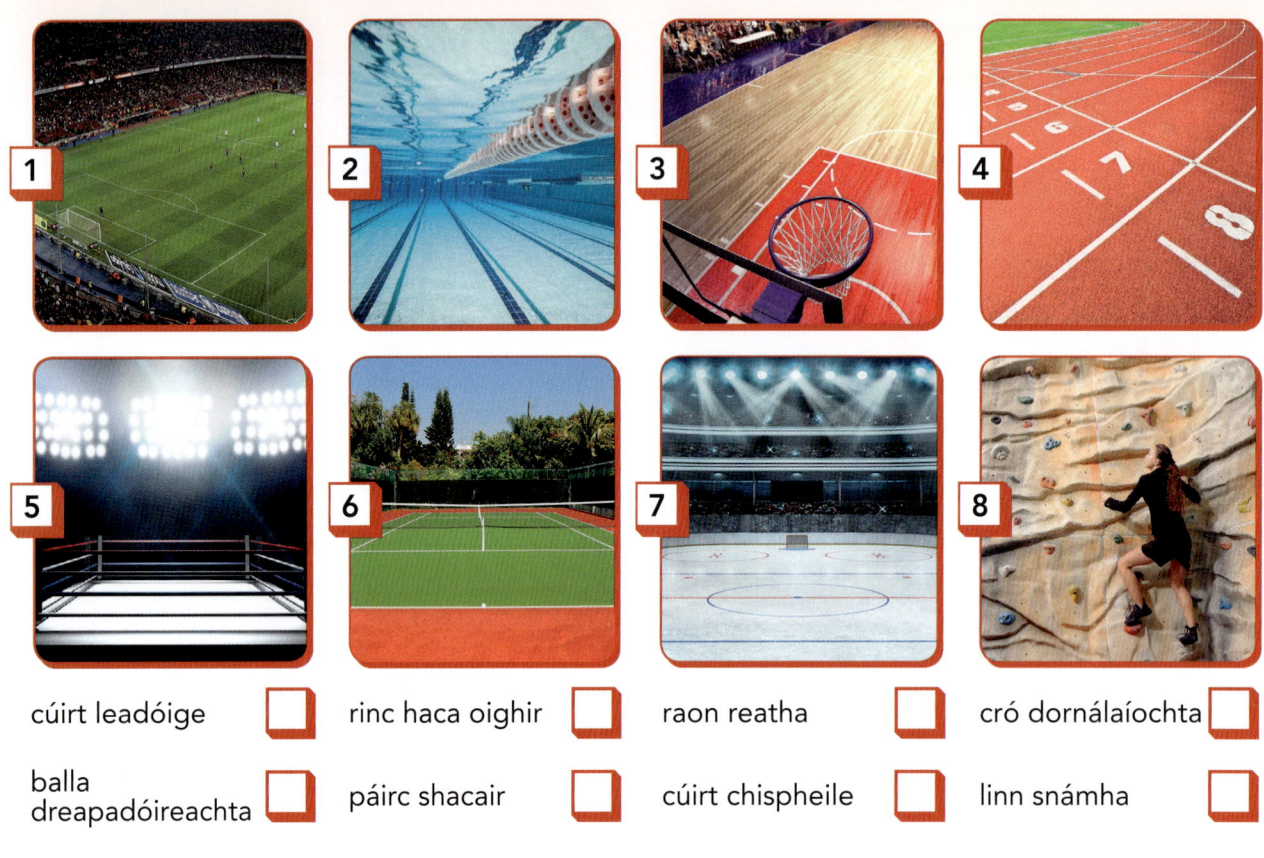

| 1 | 2 | 3 | 4 |
| 5 | 6 | 7 | 8 |

cúirt leadóige ☐   rinc haca oighir ☐   raon reatha ☐   cró dornálaíochta ☐

balla dreapadóireachta ☐   páirc shacair ☐   cúirt chispheile ☐   linn snámha ☐

Éist agus scríobh

Éist leis na fógraí seo agus líon isteach an t-eolas atá á lorg i do chóipleabhar.

Script: leathanach 130 de do Leabhar Gníomhaíochta.

Ainm	Áis	Am oscailte	Am dúnta	Suíomh gréasáin
Club na Páirce				
Astro Teoranta				
Cispheil BI				
Ballaí Inse Cóir				

Taighde agus cur i láthair

Déan taighde ar staidiam in Éirinn nó i dtír eile. Cruthaigh cúig shleamhnán (*slides*) ar PowerPoint nó Prezi. Luaigh na rudaí seo:
- Mapa
- Pictiúr den staidiam
- Liosta de na spóirt a imrítear ann
- Liosta de na háiseanna
- Fíricí (*facts*) (mar shampla, an bhliain a tógadh é, cé mhéad áit atá ann).

Déan an cur i láthair os comhair an ranga.

Léigh agus scríobh

Léigh an fógra nuachtáin seo agus freagair na ceisteanna a ghabhann leis.

Galf Teoranta

Ceachtanna gailf as Gaeilge

Gach tráthnóna ó Luan go hAoine
16.30–17.45
Galfchúrsa Ros Láir
€10 an ceacht

Tuilleadh eolais ar fáil ag www.ceachtannagailf.ie
Teagmháil: galf@gaeilgemail.ie nó (053) 92 362 035

1. Cathain a bhíonn na ceachtanna gailf ar siúl?
2. Cá mbíonn na ceachtanna ar siúl?
3. Cé mhéad a chosnaíonn ceacht?
4. Cá bhfuil tuilleadh eolais ar fáil?
5. Conas is féidir teagmháil a dhéanamh?

Punann 8.1

A. Dear fógra nuachtáin le haghaidh ceachtanna spóirt.
B. Dear fógra raidió bunaithe ar an bhfógra scríofa. Taifead an fógra seo.
   Cuir an obair chríochnaithe i do phunann ar leathanach 60.

Táim in ann fógra faoi cheachtanna spóirt a dhearadh.

dhá chéad tríocha a trí

LÉAMHTHUISCINT

Próifíl de Phearsa Spóirt Cáiliúil

Léigh agus scríobh

Léigh an píosa seo agus freagair na ceisteanna a ghabhann leis.

Rugadh Ryan Burnett i mBéal Feirste ar 21 Bealtaine 1992. Is dornálaí é. Tá sé **cúig troithe ceithre horlaí ar airde**. — 5′4″ tall

Thosaigh sé ag dornálaíocht nuair a bhí sé an-óg. **Bhí sé ina bhall de** Chlub Dornálaíochta Holy Family le **dornálaithe ar nós** Paddy Barnes agus Carl Frampton. — he was a member of; boxers such as

Faraor, ní raibh gach rud **breá éasca** do Ryan. Bhí go leor fadhbanna aige. Mar shampla, bhí sé **gan dídean ar feadh tamaill**. — fine and easy; homeless for a while

Tar éis sin, fuair Ryan drochscéal ó na dochtúirí. Dúirt siad go raibh fadhb lena **inchinn** agus **gan** troid arís. **Níor chaill sé misneach**, áfach. — brain; not to; he didn't lose heart

Thosaigh a athair ag déanamh staidéir ar an inchinn. Léigh sé leabhair agus labhair sé leis na dochtúirí. Ar deireadh, **chruthaigh** sé go raibh Ryan ábalta troid! — proved

Thosaigh Ryan ag troid arís. **Nuair nach raibh sé ach** cúig bliana is fiche d'aois, bhuaigh sé **Craobh an Domhain**. — when he was only; World Title

Is léir gur duine cróga, sciliúil agus **misniúil** é Ryan. — it is clear; courageous

Béal Feirste

Buntuiscint

1. Cén airde é Ryan Burnett?
2. Cén club dornálaíochta a raibh sé ina bhall de nuair a bhí sé óg?
3. Luaigh fadhb **amháin** a bhí ag Ryan.
4. Cén ball den chorp ar thosaigh athair Ryan ag déanamh staidéar air?
5. Cad a bhuaigh sé nuair a bhí sé cúig bliana is fiche d'aois?

Léirthuiscint

An aontaíonn tú leis an líne: 'Is léir gur duine cróga, sciliúil agus misniúil é Ryan'? Cén fáth? Tabhair fáth **amháin** le do thuairim.

Próifíl

Tá seacht bpíosa eolais faoi Ryan Burnett ar lár. Líon na bearnaí i do chóipleabhar.

Ainm	Ryan Burnett
Spórt	dornálaíocht
Áit bhreithe	
Dáta breithe	
Airde	
Club spóirt	
Fadhbanna ina shaol	(i) (ii) Dúirt na dochtúirí go raibh fadhb lena inchinn agus gan troid arís.
Buaicphointe (*high point*) a shaoil	Bhuaigh sé Craobhchomórtas an Domhain.
Tréithe	(i) cróga (ii) (iii)

Punann 8.2

Smaoinigh ar phearsa spóirt a thaitníonn leat. Dear próifíl de/di. Ansin, scríobh alt gearr faoin bpearsa spóirt seo. Cuir an obair chríochnaithe i do phunann ar leathanach 62.

Táim in ann próifíl de phearsa spóirt cáiliúil a dhearadh.

dhá chéad tríocha a cúig

Turas 2

SCRÍOBH

Postáil Bhlag faoi Chluiche Peile

✏️ Scríobh

Tá na habairtí seo san ord mícheart. Scríobh san ord ceart iad chun scéal faoi chluiche a scríobh. Tá an chéad cheann déanta duit.

#			#		
1	Bhí an cluiche ar siúl i bPáirc an Chrócaigh.		5	Fuaireamar an bus go Páirc an Chrócaigh.	
2	Sa nóiméad deiridh, chothromaigh captaen Baile Átha Cliath scór.		6	Ag leath ama, bhí Maigh Eo dhá phointe chun tosaigh.	 Maigh Eo 0-10 Baile Átha Cliath 0-08
3	Thosaigh Maigh Eo go maith sa chéad leath.		7	Thaispeánamar ár dticéid don fhreastalaí.	
4	Shéid an réiteoir an fheadóg dheiridh – comhscór!	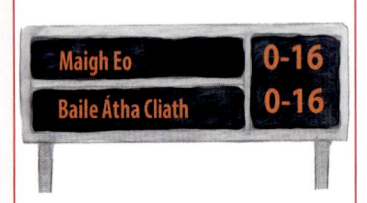 Maigh Eo 0-16 Baile Átha Cliath 0-16	8	Sa dara leath, tháinig Baile Átha Cliath ar ais.	

🔤 Stór focal

thaispeánamar	we showed		nóiméad deiridh	last minute
don fhreastalaí	to the attendant		chothromaigh	levelled
sa chéad leath	in the first half		shéid an réiteoir	the referee blew
chun tosaigh	ahead		an fheadóg dheiridh	the final whistle
sa dara leath	in the second half		comhscór	a draw

Léigh agus scríobh

Léigh an blag seo agus freagair na ceisteanna a ghabhann leis.

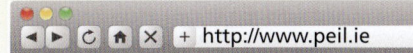

http://www.peil.ie

An Pheil Abú

Baile Átha Cliath agus Maigh Eo i bPáirc an Chrócaigh!

Fúm féin
Is mise Córa Nic Cuilín. Is as Baile Átha Cliath mé. Táim ag freastal ar Choláiste na Cathrach. Is aoibhinn liom spórt, go háirithe an pheil.

Eolas faoin gcluiche
Chuaigh mé go dtí Cluiche Ceannais na hÉireann sa pheil Dé Domhnaigh seo caite. Bhí an cluiche ar siúl i bPáirc an Chrócaigh. Bhí Baile Átha Cliath agus Maigh Eo ag imirt.

Roimh an gcluiche
Fuair mé an ticéad mar bhronntanas breithlae. Chuaigh mé go dtí an cluiche le ceathrar cairde. Fuaireamar an bus go Páirc an Chrócaigh. Thaispeánamar ár dticéid don fhreastalaí agus shiúlamar suas go Cnoc 16.

An cluiche féin
Bhí an cluiche thar barr. Thosaigh Maigh Eo go maith sa chéad leath. Ag leath ama bhí Maigh Eo dhá phointe chun tosaigh.

Sa dara leath, tháinig Baile Átha Cliath ar ais. Sa nóiméad deiridh, fuair captaen Bhaile Átha Cliath scór. Shéid an réiteoir an fheadóg deiridh – comhscór! Beidh an athimirt ar siúl Dé Sathairn seo chugainn.

Tar éis an chluiche
Nuair a chríochnaigh an cluiche, d'fhágamar an staid agus shiúlamar go dtí an siopa sceallóg. Ansin, fuaireamar an bus abhaile.

Ní dhéanfaidh mé dearmad ar an gcluiche sin go deo.

1. Cathain a bhí Cluiche Ceannais na hÉireann ar siúl?
2. Cá raibh sé ar siúl?
3. Cé a chuaigh in éineacht le Córa?
4. Cé a bhí chun tosaigh ag leath ama?
5. Cad a tharla sa nóiméad deiridh?
6. Cad a rinne Córa agus a cairde tar éis an chluiche?

Punann 8.3

D'fhreastail tú ar ócáid mhór spóirt. Scríobh postáil bhlag faoin ócáid. Cuir an obair chríochnaithe i do phunann ar leathanach 64.

Táim in ann postáil bhlag a scríobh faoi ócáid mhór spóirt.

LITRÍOCHT

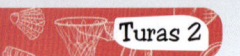

Filíocht: Ceist na Teangan

Éist agus labhair

Éist leis an múinteoir ag léamh an dáin seo os ard. Ansin, léigh an dán os ard leis an duine atá in aice leat.

Téigh chuig www.educateplus.ie/resources/turas-2 (faoi 'Litríocht') chun éisteacht leis an dán seo.

Ceist na Teangan
le Nuala Ní Dhomhnaill

Cuirim mo dhóchas ar snámh
i mbáidín teangan
faoi mar a leagfá naíonán
i gcliabhán
a bheadh fite fuaite
de dhuilleoga feileastraim
is bitiúman agus pic
bheith cuimilte lena thóin

ansan é a leagadh síos
i measc na ngiolcach
is coigeal na mban sí
le taobh na habhann,
féachaint n'fheadaraís
cá dtabharfaidh an sruth é,
féachaint, dála Mhaoise,
an bhfóirfidh iníon Fhorainn?

Léigh agus labhair

Léigh an t-aistriúchán 'The Language Issue' le Paul Muldoon. An maith leat é?
I ngrúpa, pléigh do thuairim.

The Language Issue
le Nuala Ní Dhomhnaill
aistrithe ag Paul Muldoon

I place my hope on the water
in this little boat
of the language, the way a body might put
an infant

in a basket of intertwined
iris leaves,
its underside proofed
with bitumen and pitch,

then set the whole thing down amidst
the sedge
and bulrushes by the edge
of a river

only to have it borne hither and thither,
not knowing where it might end up;
in the lap, perhaps,
of some Pharaoh's daughter.

Bí ag caint!

I ngrúpa, pléigh na ceisteanna seo. Lig le do shamhlaíocht (*use your imagination*)!

Déan cur síos ar an áit ina bhfuil an file. An bhfuil an abhainn mór nó beag? An bhfuil páirceanna nó sléibhte le feiceáil?

Cur i láthair

Dear póstaer faoin dán. Is féidir póstaer digiteach a chruthú freisin ar www.canva.com. Scríobh nó clóscríobh (*type*) na focail ar an bpóstaer. Cuir pictiúir leis.

Cuir an póstaer i láthair an ranga.

Táim in ann póstaer faoin dán a dhearadh.

dhá chéad tríocha a naoi

Scéal an dáin: Léigh agus scríobh

Léigh scéal an dáin agus freagair na ceisteanna.

Sa dán seo, tá **imní** ar an bhfile faoin nGaeilge.	worry
Cuireann sí an Ghaeilge i mbáidín beag **go cúramach**, cosúil le '**naíonán i gcliabhán**'. **Leagann** sí an bád beag seo síos ar **bhruach abhann**. Fanann an file ar bhruach na habhann. Féachann sí ar an mbád. Níl a fhios aici cá rachaidh an bád.	carefully infant in a cradle; lays river bank
Ceapann an file go bhfuil an scéal cosúil le scéal **Mhaois**. Sa scéal sin, chuir máthair Mhaois i gcliabhán beag é. Ba mhaith léi é a **shábháil** ó **Fharó** na hÉigipte.	Moses save; Pharaoh

1. Cá gcuireann an file an Ghaeilge?
2. Cá leagann sí an bád síos?
3. Cad a tharlaíonn i scéal Mhaois?

Teideal an dáin: Bí ag caint!

Cad is brí le teideal an dáin 'Ceist na Teangan'? Cén rogha is fearr, i do thuairim?

Pléigh do thuairim leis an duine atá in aice leat.

1	Tá fadhb ann leis an nGaeilge.	2	Tá fadhb le gach teanga.	3	Níl aon fhadhb ann leis an nGaeilge.

An file

Rugadh Nuala Ní Dhomhnaill in Lancashire. Bhog sí go Gaeltacht Chiarraí nuair a bhí sí cúig bliana d'aois. Tá go leor duaiseanna buaite aici as a cuid leabhar filíochta.

Scríobh

**Cruthaigh clár scéalta faoin bhfile ar www.storyboardthat.com.
Gheobhaidh tú tuilleadh eolais fúithi ar www.portraidi.ie/en/nuala-ni-dhomhnaill/.
Tá samplaí le feiceáil ar www.educateplus.ie/go/storyboards.**

Bí ag caint!

I mbeirteanna, déan dráma den dán. Léann an chéad duine an dán os ard agus glacann an dara duine ról an fhile.

Íomhánna an dáin: Meaitseáil agus labhair

Meaitseáil na híomhánna leis na cuir síos. Cén íomhá is fearr leat? An bhfeiceann tú aon íomhá eile sa dán? I ngrúpa, pléigh do thuairim.

1 'Cuirim mo dhóchas ar snámh / i mbáidín teangan / faoi mar a leagfá naíonán / i gcliabhán'

2 'i measc na ngiolcach / is coigeal na mban sí'

3 'féachaint n'fheadaraís / cá dtabharfaidh an sruth é'

☐ Leagann an file an báidín síos ar bhruach na habhann. Fásann **giolcacha** agus **coigeal na mban sí** ar bhruach na habhann. | reeds; rushes

☐ Tá an file ag féachaint ar an mbáidín beag san abhainn. Tá imní uirthi. Níl a fhios aici cá rachaidh an báidín.

☐ Cuireann an file a **dóchas** don Ghaeilge i mbáidín beag go cúramach, cosúil le leanbh a chur isteach ina leaba. | hope

Taighde agus scríobh

Roghnaigh íomhá amháin ón dán a thaitníonn leat. Téigh ar líne agus aimsigh pictiúr a léiríonn (*represents*) an íomhá seo. Déan cur síos ar an bpictiúr seo i do chóipleabhar.

✓ Táim in ann cur síos a dhéanamh ar theideal, file agus íomhánna an dáin.

Turas 2

Téama an dáin: Léigh agus labhair

Tá an triúr seo ag labhairt faoi théama an dáin 'Ceist na Teangan'. Cé leis a n-aontaíonn tú? Léigh na tuairimí agus déan vóta sa rang!

> Measaim gurb é **Grá Tuismitheora** téama an dáin. Ba mhaith leis an bhfile an Ghaeilge a chosaint, cosúil le tuismitheoir agus leanbh.

> Sílim gurb é **An Dúlra** téama an dáin. Cuireann sí a muinín sa dúlra nuair a chuireann sí an báidín san abhainn.

> Ceapaim gurb í **An Ghaeilge** téama an dáin. Tá imní ar an bhfile faoin nGaeilge. Tá an Ghaeilge cosúil le báidín beag ar snámh in abhainn. Níl a fhios aici cá rachaidh an báidín.

Stór focal

a chosaint	to protect	muinín	trust
an dúlra	nature	ar snámh	afloat

242   dhá chéad daichead a dó

Léigh

Léigh an freagra samplach seo.

Ceist shamplach:

An dtaitníonn an dán 'Ceist na Teangan' leat? Tabhair fáth **amháin** le do thuairim.

Freagra samplach:

Taitníonn an dán 'Ceist na Teangan' go mór liom. Is breá liom é mar déanann an file comparáid idir ceist na Gaeilge agus scéal Mhaois. — comparison

I scéal Mhaois, tá eagla ar mháthair Mhaoise roimh Fharó na hÉigipte. Ba mhaith léi Maois a shábháil. Cuireann sí Maois ar snámh san uisce i gcliabhán beag. — fear; Pharaoh save

Aimsíonn iníon an Fharó Maois. Tá trua aici do Mhaois. Tugann sí abhaile é. — finds; pity

Ceapann an file go bhfuil sí cosúil le máthair Mhaois. Ba mhaith léi an Ghaeilge a shábháil. Cuireann sí an Ghaeilge ar snámh san uisce i mbáidín beag.

Punann 8.4

Scríobh ríomhphost chuig an bhfile.
Abair léi go bhfuil tú dóchasach faoin nGaeilge.
Luaigh na pointí seo a leanas:

- Gur léigh tú an dán
- Gur/nár thaitin an dán leat
- Gur maith leat an Ghaeilge agus cén fáth.

Scríobh an chéad dréacht (*draft*) i do chóipleabhar.
Bain úsáid as na frásaí thíos.

Léigh mé an dán 'Ceist na Teangan'.	Labhraíonn go leor daoine óga Gaeilge …
Thaitin an dán go mór liom mar …	Tá Gaelscoil i mo cheantar.
Aontaím/Ní aontaím le do thuairim mar …	Téann daoine óga go dtí an Ghaeltacht.
Is maith liom Gaeilge mar …	Tá go leor cláir iontacha ar TG4.

Ansin, léigh an seicliosta ar leathanach 67 de do phunann agus léigh siar ar do dhréacht. Ansin, athdhréachtaigh (*redraft*) an ríomhphost. Cuir an obair chríochnaithe i do phunann ar leathanach 66.

Táim in ann ríomhphost a scríobh bunaithe ar an dán seo.

dhá chéad daichead a trí

BÉALTRIAIL

Agallamh

💬 Labhair

Léirigh an t-agallamh seo leis an duine atá in aice leat.

1. **Cén sórt spóirt a thaitníonn leat?**
   Taitníonn réimse leathan spóirt liom.
   Is maith liom sacar agus leadóg. Thar aon rud eile, áfach, is aoibhinn liom an iománaíocht.

2. **Cén fáth?**
   Is maith liom í mar tá sí tapa agus sciliúil.

3. **An imríonn tú spórt?**
   Imrím. Imrím iománaíocht agus sacar.

4. **Cé chomh minic is a imríonn tú spórt?**
   Imrím spórt gach lá. Imrím iománaíocht le mo chlub CLG. Imrím sacar le mo chairde ar an mbóthar nó sa pháirc.

5. **An maith leat a bheith ag féachaint ar spórt?**
   Is breá liom a bheith ag féachaint ar spórt. Féachaim ar na cluichí móra.

6. **An bhféachann tú ar spórt go rialta?**
   Féachaim ar na cluichí móra – go háirithe iománaíocht, peil Ghaelach, sacar agus leadóg.

7. **An ndeachaigh tú chuig ócáid spóirt le déanaí?**
   Chuaigh. Chuaigh mé go dtí an cluiche idir Sleacht Néill agus Na Piarsaigh. Bhuaigh Sleacht Néill. Cluiche an-chorraitheach a bhí ann.

8. **Cé hiad na réaltaí spóirt is fearr leat?**
   Is iad Annalise Murphy agus Cristiano Ronaldo na réaltaí spóirt is fearr liom. Is breá leo a bheith ag traenáil go dian.

Zak

✏️ Scríobh

Freagair na ceisteanna seo i do chóipleabhar.

1. Cén sórt spóirt a thaitníonn le Zak?
2. Cé chomh minic is a imríonn sé spórt?
3. Cá n-imríonn sé iománaíocht agus sacar?
4. An maith leis a bheith ag féachaint ar spórt?
5. Cé hiad na réaltaí spóirt is fearr leis?

✏️💬 Scríobh agus labhair

Freagair na ceisteanna a d'fhreagair Zak (Ceisteanna 1–8) i do chóipleabhar. Ansin, cuir na ceisteanna seo ar an duine atá in aice leat.

✓ Táim in ann ceisteanna a fhreagairt faoin spórt i mo shaol.   🙂 😐 ☹️

CLEACHTAÍ ATHBHREITHNITHE

Caibidil 8

Súil Siar

A. Cén trealamh a úsáideann tú chun na spóirt seo a imirt?
1. iománíocht
2. snámh
3. rámhaíocht
4. rothaíocht

B. Cén áit a n-imrítear na spóirt seo?
1. sacar
2. dornálaíocht
3. haca oighir
4. reathaíocht

C. Scríobh na habairtí seo san ord ceart chun scéal faoi chluiche a scríobh. Tá an chéad cheann déanta duit.
1. Fuaireamar an bus go Páirc Uí Chaoimh.
2. D'imir Corcaigh go maith sa chéad leath.
3. D'imir Ciarraí níos fearr sa dara leath.
4. Thaispeánamar ár dticéid don fhreastalaí.
5. Comhscór a bhí ann ag an deireadh.
6. Bhí Corcaigh chun tosaigh ag leath ama.

Cluastuiscint

CD 1 Traic 44–45

Éist le Chloe agus le Roibeard ag caint faoi na spóirt a imríonn siad. Cloisfidh tú an taifeadadh faoi dhó. Líon isteach an t-eolas atá á lorg i do chóipleabhar.

Script: leathanach 130 de do Leabhar Gníomhaíochta.

An Chéad Chainteoir

Ainm	Chloe Ní Laoi
1. **Dhá** spórt a imríonn sí	(i) (ii)
2. **Dhá** thréith atá aici	(i) (ii)
3. An phearsa spóirt is fearr léi	

An Dara Cainteoir

Ainm	Roibeard Mac an tSaoi
1. **Dhá** spórt a imríonn sé	(i) (ii)
2. **Dhá** thréith atá aige	(i) (ii)
3. An phearsa spóirt is fearr leis	

Spórt

Cultúr 8
Spórt in Éirinn

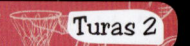

Na spóirt Ghaelacha

Tá clú agus cáil ar na spóirt Ghaelacha ar fud an domhain. Is iad peil Ghaelach, iománaíocht, camógaíocht agus liathróid láimhe na spóirt Ghaelacha is mó cáil.

Peil Ghaelach

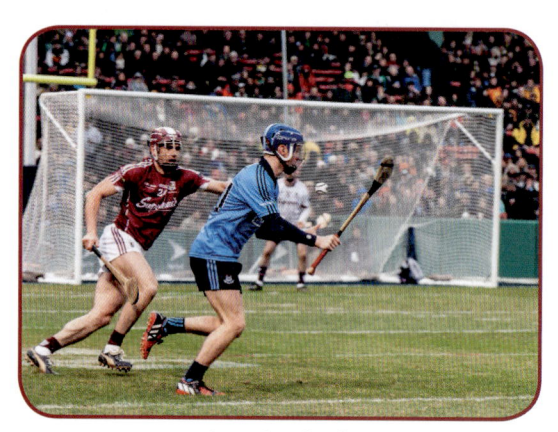

Iománaíocht

Camógaíocht

Liathróid láimhe

Páirc an Chrócaigh

Is í Páirc an Chrócaigh an staid is mó in Éirinn agus an tríú staid is mó san Eoraip. Tá sé suite i dtuaisceart Bhaile Átha Cliath.

Tá áit sa staid do bheagnach 83,000 duine. Chomh maith leis sin, tá músaem, bialanna, oifigí agus turas spéirlíne ann.

Is iad na Cluichí Ceannais sa pheil, san iománaíocht agus sa chamógaíocht buaicphointí na bliana. Bíonn ócáidí móra eile ar siúl ann freisin, ar nós ceolchoirmeacha móra. Sheinn U2, Ed Sheeran, One Direction, Beyoncé agus Taylor Swift ann.

Páirc an Chrócaigh

Staideanna eile

Tá go leor staideanna ag Cumann Lúthchleas Gael ar fud na hÉireann agus ar fud an domhain. Mar shampla, tá Staid Semple i dTiobraid Árann, Páirc na nGael i Luimneach, Páirc Uí Chaoimh i gCorcaigh, Páirc Emerald i Londain agus Páirc na nGael i Nua-Eabhrac.

Stór focal

áit sa staid	capacity of the stadium	buaicphointí	highlights
turas spéirlíne	skyline tour	ócáidí	occasions/events

Taighde agus cur i láthair

Tá amlíne Pháirc an Chrócaigh le feiceáil i músaem Pháirc an Chrócaigh agus ar líne ag www.educateplus.ie/go/paircanchrocaigh. Léigh tríd an amlíne. Ansin, cruthaigh amlíne Ghaeilge de do chuid féin i do chóipleabhar nó ar www.educateplus.ie/go/timelines.

Cuir an amlíne i láthair an ranga.

Féinmheasúnú

Is príomhscil é 'Eolas agus smaointeoireacht a bhainistiú'. Luaigh bealach **amháin** inar úsáid tú an scil seo nuair a bhí tú ag obair ar do chur i láthair.

Laethanta Saoire

TURAS
STAMPA TAISTIL
PAS BORDÁLA
CAIBIDIL 9

✓ Faoi dheireadh na caibidle seo, beidh mé in ann:
- Cur síos a dhéanamh ar mo chuid laethanta saoire.
- Cárta poist a scríobh.

G Gramadach
- An aidiacht agus an dobhriathar

Príomhscileanna
- A bheith liteartha
- A bheith cruthaitheach

Punann
- Punann 9.1 – An tSaoire is Measa Riamh
- Punann 9.2 – Cárta Poist ó Pháras
- Punann 9.3 – Cur Síos ar Fhíseán Ceoil

Clár Ábhair

Foclóir	Cineálacha Saoire	250
Foclóir	Saoire Ghréine Thar Lear	252
Léamhthuiscint	Cárta Poist ón Spáinn	254
Léamhthuiscint	Cárta Poist ón nGaeltacht	255
Foclóir	Saoire Sciála	256
Fógra	Ag Sciáil sna hAlpa	257
Gramadach	An Aidiacht agus an Dobhriathar	258
Léamhthuiscint	An tSaoire is Measa Riamh!	260
Foclóir	Tíreolaíocht na hÉireann	262
Éisteacht	Saoirí in Éirinn	264
Scríobh	Cárta Poist ón Róimh	266
Litríocht	Ceol: Fún Orm	268
Béaltriail	Agallamh	276
Cleachtaí Athbhreithnithe	Súil Siar	277
Cultúr 9	Pobail Ghaelacha	278

Turas 2

FOCLÓIR

Cineálacha Saoire

Meaitseáil

Meaitseáil na pictiúir leis na focail.

1. 
2. 
3. 
4. 
5. 
6.

saoire sciála ☐   saoire ghréine ☐   saoire charthanachta ☐

turas safari ☐   saoire champála ☐   saoire ghníomhaíochta ☐

dhá chéad caoga

Meaitseáil

Meaitseáil na cuir síos leis na cineálacha saoire.

1	Téann tú ag sciáil síos na sléibhte.	A	saoire charthanachta
2	Cabhraíonn tú le daoine bochta.	B	saoire ghréine
3	Caitheann tú an lá ar an trá.	C	saoire ghníomhaíochta
4	Téann tú ag campáil i bpuball.	D	saoire sciála
5	Feiceann tú ainmhithe allta.	E	saoire champála
6	Déanann tú spóirt cosúil le ziplíneáil.	F	turas safari

1 = ____   2 = ____   3 = ____   4 = ____   5 = ____   6 = ____

Tar ar saoire linn!

Scríobh agus labhair

Freagair na ceisteanna seo. Ansin, cuir na ceisteanna ar an duine atá in aice leat.

	Ceisteanna	Freagraí samplacha
1	Cén sórt saoire a thaitníonn leat? Cén fáth?	Taitníonn saoirí gréine liom. Is aoibhinn liom an trá.
2	An ndeachaigh tú ar saoire i mbliana nó anuraidh?	Chuaigh mé go dtí an Spáinn anuraidh.
3	An rachaidh tú ar saoire i mbliana nó an bhliain seo chugainn?	Rachaidh mé go Corcaigh le mo theaghlach.

Táim in ann labhairt faoin gcineál saoire is fearr liom.

Laethanta Saoire

dhá chéad caoga a haon

FOCLÓIR

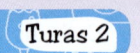

Saoire Ghréine Thar Lear

Scríobh agus labhair

Féach ar na pictiúir. Cad atá ar siúl? Scríobh abairtí i do chóipleabhar. Déan comparáid leis an duine atá in aice leat. Tá dhá shampla déanta duit:

1. Tá buachaill óg ag surfáil.
2. Tá cailín ag snámh san fharraige.

Pictiúr 1:
- ag dul ar thuras mara
- ag snámh san fharraige
- ag sciáil ar uisce
- na tonnta
- ag surfáil

Pictiúr 2:
- ag imirt eitpheile
- an fharraige
- ag lapadáil
- ag déanamh bolg le gréin
- uachtar gréine
- portán
- spád
- buicéad
- ag déanamh caisleáin ghainimh

Caibidil 9

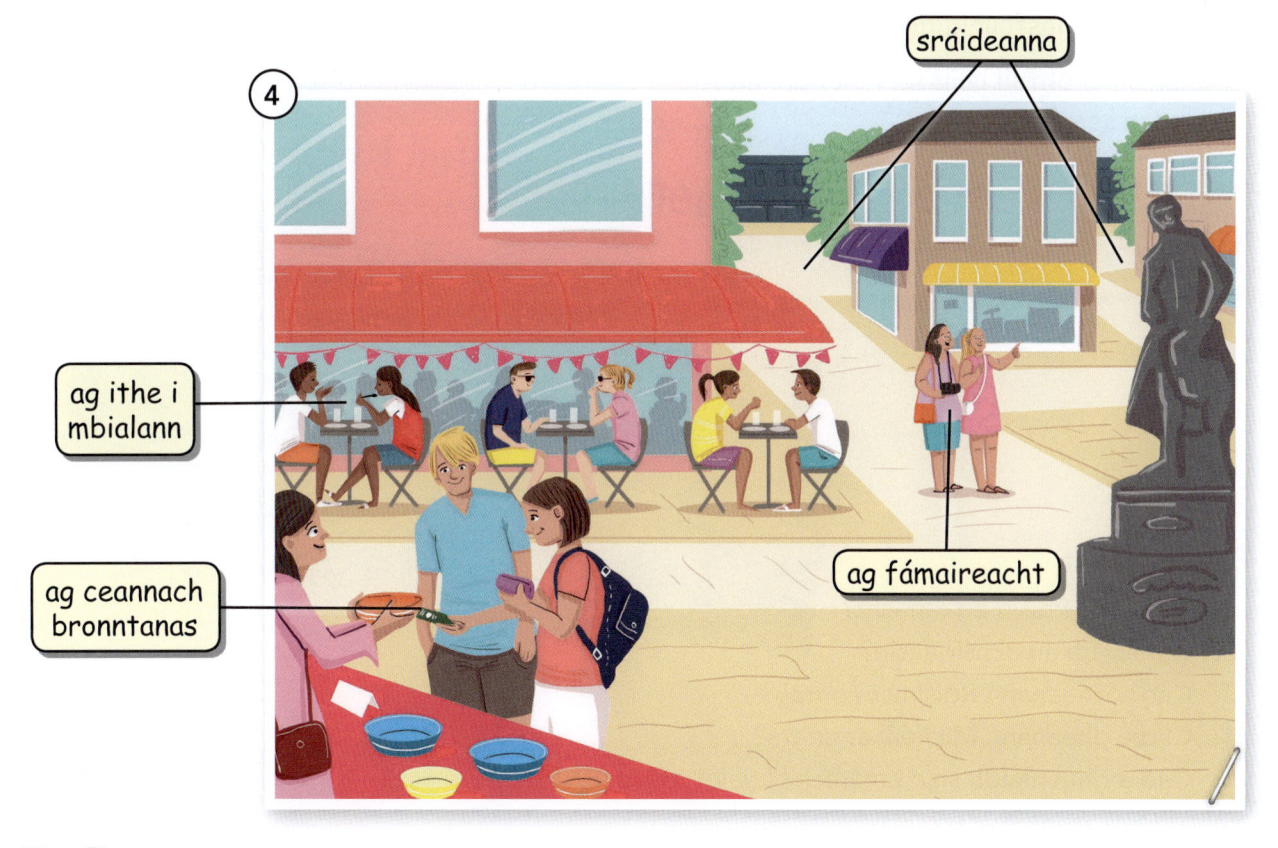

3
- ag scríobh cárta poist
- ag ithe uachtar reoite
- ag seiceáil isteach
- turasóirí
- óstán

4
- sráideanna
- ag ithe i mbialann
- ag ceannach bronntanas
- ag fámaireacht

Laethanta Saoire

🗨️ 👥 **Bí ag caint!**

Léigh abairt amháin leis an duine atá in aice leat. An féidir leo an pictiúr ceart a aimsiú?

Sampla: Tá grúpa mór ag dul ar thuras mara. (pictiúr 1)

✓ Táim in ann cur síos a dhéanamh ar shaoire ghréine thar lear. 🙂 😐 ☹️

dhá chéad caoga a trí

LÉAMHTHUISCINT

Cárta Poist ón Spáinn

Léigh agus scríobh

Léigh an cárta poist agus freagair na ceisteanna a ghabhann leis.

A Mhamó dhil,

Conas atá tú? Tá súil agam go bhfuil tú i mbarr na sláinte.

Tá an Spáinn go hálainn. Táimid ag fanacht in óstán deas cois trá.

Tá an aimsir go breá. Tá sé te agus grianmhar anseo.

Téimid go dtí an trá gach lá. Tá an fharraige go hálainn. Is breá liom a bheith ag snámh san fharraige agus ag déanamh bolg le gréin. Déanann Mícheál caisleáin ghainimh agus téann sé ag lapadaíl freisin. Creid é nó ná creid, chuaigh Mam agus Daid ag sciáil ar uisce inné!

Amárach, rachaimid ar thuras mara. Tar éis sin, rachaimid ag fámaireacht agus ag siopadóireacht. Rachaimid chuig bialann agus íosfaimid dinnéar blasta.

Bhuel, sin a bhfuil uaimse. Feicfidh mé thú i gceann seachtaine!

Slán,
Róisín

Greamaigh stampa anseo

Mamó Uí Rua
Bóthar Cholmcille
An Cabhán
Éire

Faraor nach bhfuil tú anseo!

Buntuiscint

1. Cá bhfuil Róisín ag fanacht?
2. Conas atá an aimsir ansin?
3. Cad a dhéanann Róisín ar an trá?
4. Cad a dhéanann Mícheál ar an trá?
5. Cad a dhéanfaidh siad amárach? Luaigh **trí** rud.

Léirthuiscint

An dóigh leat gur saoire dheas í seo? Cén fáth? Tabhair fáth **amháin** le do fhreagra.

Stór focal

i mbarr na sláinte	in the best of health	ag sciáil ar uisce	waterskiing
cois trá	beside the beach	ag fámaireacht	sightseeing

LÉAMHTHUISCINT

Caibidil 9

Cárta Poist ón nGaeltacht

Léigh agus scríobh

Léigh an cárta poist agus freagair na ceisteanna a ghabhann leis.

A Mham agus a Dhaid,

Conas atá sibh? Tá súil agam go bhfuil sibh i mbarr na sláinte.

Tá an cúrsa Gaeilge go hiontach. Tá Inis Oírr go hálainn.

Bíonn ranganna Gaeilge againn ar maidin ach déanaimid go leor gníomhaíochtaí freisin. Imrímid peil Ghaelach nó iománaíocht gach lá. Inné, chuamar ag dreapadóireacht. Amárach, déanfaimid spóirt uisce.

Tá an radharc tíre go hálainn anseo. Tá an aimsir go breá freisin. Nílim griandóite, buíochas le Dia.

Tá ár dteach go hálainn. Teach nua-aimseartha atá ann. Tá beirt eile sa seomra liom. Tá bean an tí agus fear an tí an-chineálta. Ithimid béile deas gach tráthnóna.

Táim ag dul a chodladh anois. Abair le ar duine go raibh mé ag cur a dtuairisce.

Slán tamall,
Gavin

Greamaigh stampa anseo

Clann Uí hArgáin

Sráid an Chapaill Bhuí

Cathair Chorcaí

Faraor nach bhfuil tú anseo!

Laethanta Saoire

Buntuiscint

1. Cá bhfuil Gavin ar chúrsa Gaeilge?
2. Cad a bhíonn acu ar maidin?
3. Cad iad na spóirt a imríonn siad gach lá?
4. Cad a rinne siad inné?
5. Cad a dhéanfaidh siad amárach?
6. Déan cur síos ar an teach.

Léirthuiscint

An dóigh leat gur saoire dheas í seo? Cén fáth? Tabhair fáth **amháin** le do fhreagra.

Stór focal

gníomhaíochtaí	activities		griandóite	sunburnt
ag dreapadóireacht	climbing		nua-aimseartha	modern
radharc tíre	scenery		ag cur a dtuairisce	asking for them

Táim in ann ceisteanna a fhreagairt ar chártaí poist.

dhá chéad caoga a cúig

FOCLÓIR

Saoire Sciála

Scríobh agus labhair

Féach ar na pictiúir. Cad atá ar siúl? Scríobh abairtí i do chóipleabhar. Déan comparáid leis an duine atá in aice leat. Tá dhá shampla déanta duit:

1. Tá cailín ag sciáil síos le fána.
2. Tá gach duine ag caitheamh éadaí teo.

- ag dreapadh sléibhte
- ag dul i gcarr cábla
- ag sciáil síos le fána
- ag clársciáil
- scíonna
- ag léim
- clogad
- teagascóir
- ag titim
- pas sciála
- maidí
- ag caitheamh éadaí teo
- ag déanamh ceachtanna
- ag baint lámhainní díot
- ag cur buataisí ort
- cathaoir chábla

Táim in ann cur síos a dhéanamh ar shaoire sciála.

FÓGRA

Ag Sciáil sna hAlpa

Léigh agus scríobh

Léigh an fógra seo agus freagair na ceisteanna a ghabhann leis.

http://www.taistil-linn.ie

Taistil Linn

Pacáistí Sciála go dtí na hAlpa ar €399!
(Eitiltí + Lóistín + Pas Sciála)

Trealamh sciála ar fáil freisin
Praghas sa teachtain:

Earra	Daoine fásta	Daoine óga (faoi 16)
Scíonna + maidí	€50.00	€40.00
Clár sneachta	€25.00	€20.00
Buataisí + lámhainní	€15.00	€10.00
Clogad + spéaclaí sneachta	€7.00	€5.00
Bríste + seaicéad sciála	€25.00	€15.00

CEACHTANNA

Ceachtanna ar fáil gach lá:
10.00–12.00
agus 14.00–16.00

Seachtain amháin:
€65 do dhaoine fásta
€55 do dhaoine óga

TEAGMHÁIL
Uimhir fóin: (076) 879 8789   Ríomhphost: taistil-linn@gaeilgemail.com

Laethanta Saoire

1. Cé mhéad a chosnaíonn pacáistí sciála go dtí na hAlpa?
2. Cé mhéad sa tseachtain a chosnaíonn scíonna agus maidí do dhaoine fásta?
3. Cé mhéad sa tseachtain a chosnaíonn clár sneachta do dhaoine óga?
4. Cé mhéad sa tseachtain a chosnaíonn bríste agus seaicéad sciála do dhaoine óga?
5. Cén t-am den lá a bhíonn ceachtanna ar siúl?
6. Conas is féidir teagmháil a dhéanamh le Taistil Linn?

Táim in ann pacáiste sciála a cheannach ar líne.

GRAMADACH

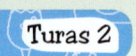

An Aidiacht agus an Dobhriathar

An aidiacht

> Úsáidimid aidiachtaí chun cur síos ar ainmfhocail.
> *We use adjectives to describe nouns.*

✏️ Scríobh

Cad is brí leis na haidiachtaí seo?

te	fuar	grianmhar	beag	mór	suimiúil	cairdiúil
	blasta	ard	lách	iargúlta	deas	

⚙️ Le foghlaim

A. Nuair a chuirimid an réimír '**an-**' (*very*) roimh an aidiacht, seo thíos na rialacha.
*When we put the prefix '**an-**' (very) before the adjective, we follow the rules below.*

Roimh chonsain (seachas d, s agus t) + fleiscín (*hyphen*) + séimhiú (h)		Roimh ghutaí nó d, s agus t + fleiscín (*hyphen*)	
beag	an-bheag	ard	an-ard
cairdiúil	an-chairdiúil	lách	an-lách
fuar	an-fhuar	deas	an-deas
grianmhar	an-ghrianmhar	te	an-te

B. Nuair a chuirimid an réimír '**ró**' (*too*) roimh an aidiacht, seo thíos na rialacha.
*When we put the prefix '**ró**' (too) before the adjective, we follow the rules below.*

Roimh chonsain + séimhiú (h)		Roimh ghutaí + fleiscín (*hyphen*)	
beag	róbheag	ard	ró-ard
te	róthe	iargúlta	ró-iargúlta

✏️ Scríobh

A. Cuir an réimír '**an-**' roimh na haidiachtaí seo.

1	blasta	3	beag	5	mór	7	te	9	suimiúil	11	deas
2	óg	4	íseal	6	iargúlta	8	éasca	10	láidir	12	taitneamhach

B. Cuir an réimír '**ró**' roimh na haidiachtaí seo.

1	fuar	2	beag	3	mór	4	te	5	óg	6	iargúlta

An dobhriathar

> Úsáidimid dobhriathra chun eolas ar bhriathra a thabhairt.
> We use adverbs to give information about verbs.

Le foghlaim

A. Cuirimid '-ly' ag deireadh na haidiachta i mBéarla. Cuirimid 'go' roimh an aidiacht i nGaeilge.

We add '-ly' to the end of the adjective in English. We put 'go' before the adjective in Irish.

mall	slow	go mall	slowly
tapa	quick	go tapa	quickly
ard	high	go hard	highly
sona	happy	go sona	happily

B. Tá roinnt eisceachtaí i mBéarla ach níl aon eisceachtaí i nGaeilge.

There are some exceptions in English but there are none in Irish.

maith	good	go maith	well
tapa	fast	go tapa	fast

C. I roinnt abairtí a thosaíonn le 'Tá' agus 'Níl' ('Tá an aimsir go deas'), cuirimid 'go' roimh na haidiachtaí seo a leanas.

In some sentences that begin with 'Tá' and 'Níl' ('The weather is nice'), we put 'go' before the following adjectives.

go deas	go breá	go hálainn	go maith
go dona	go haoibhinn	go holc	go huafásach

Meaitseáil

Meaitseáil na habairtí le chéile.

1	Tá Tomás tapa.	A	Labhraíonn sí go cúramach.
2	Tá Órla cúramach.	B	Gléasann sí go galánta.
3	Tá Seáinín leisciúil.	C	Ritheann sé go tapa.
4	Tá Gráinne galánta.	D	Oibríonn sé go leisciúil.

1 = ___   2 = ___   3 = ___   4 = ___

Scríobh

Líon na bearnaí i do chóipleabhar.

> mall   grianmhar   maith   go maith   go hálainn

1. Conas atá tú? An bhfuil tú _____?
2. Is dalta _____ é Alex. Oibríonn sé go dian.
3. Tá an ríomhaire sin _____. Ní maith liom é.
4. Tá an aimsir _____. Tá sé te agus _____.

> Táim in ann 'an-', 'ró' agus 'go' a chur roimh aidiachtaí.

dhá chéad caoga a naoi

LÉAMHTHUISCINT

Turas 2

An tSaoire is Measa Riamh!

🎧 Léigh agus éist

Léigh agus éist leis an léirmheas (*review*) seo.

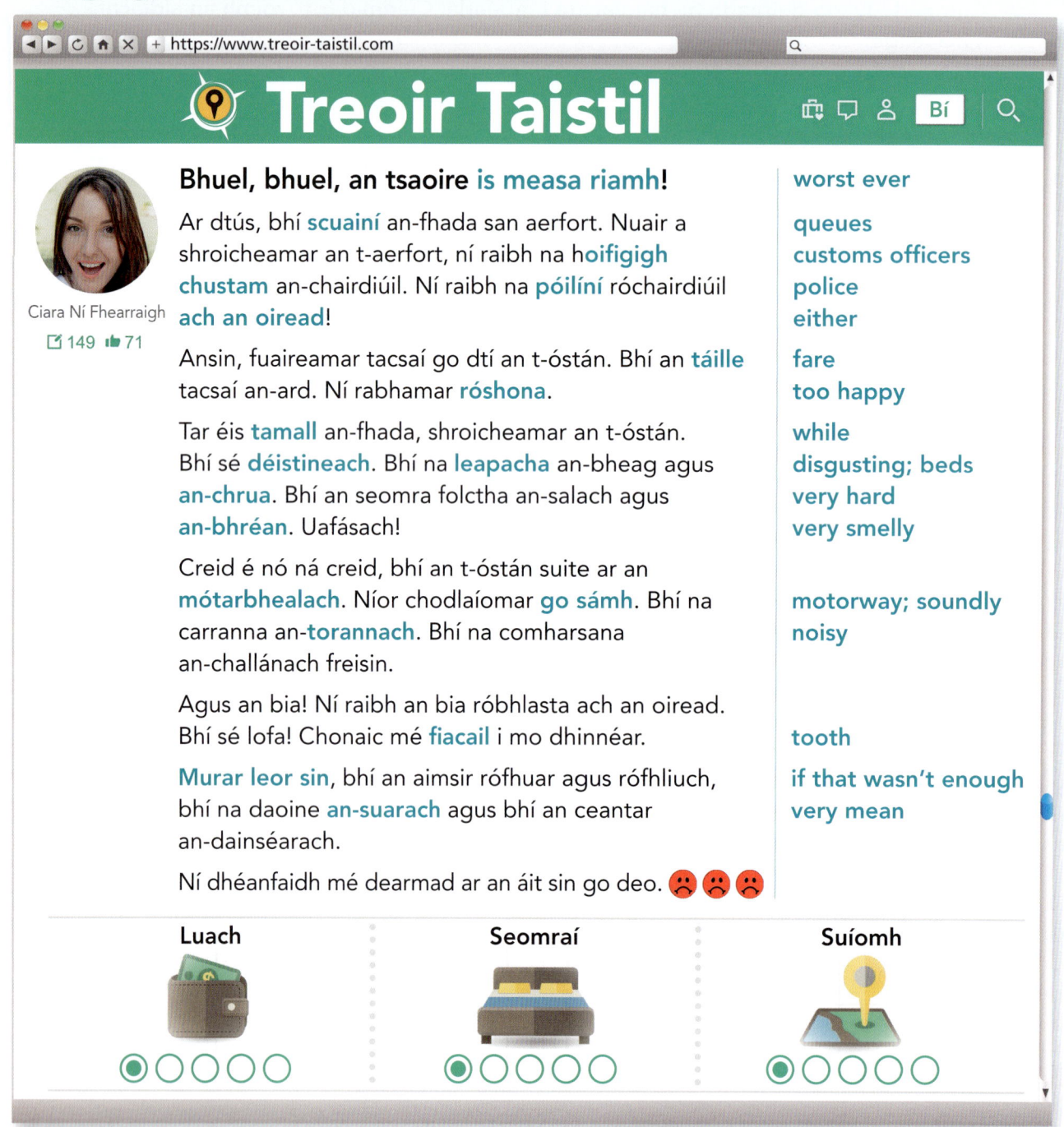

🧭 Treoir Taistil

Ciara Ní Fhearraigh
📎 149 👍 71

Bhuel, bhuel, an tsaoire is measa riamh!

Ar dtús, bhí **scuainí** an-fhada san aerfort. Nuair a shroicheamar an t-aerfort, ní raibh na **hoifigigh chustam** an-chairdiúil. Ní raibh na **póilíní** róchairdiúil **ach an oiread**!

Ansin, fuaireamar tacsaí go dtí an t-óstán. Bhí an **táille** tacsaí an-ard. Ní rabhamar **róshona**.

Tar éis **tamall** an-fhada, shroicheamar an t-óstán. Bhí sé **déistineach**. Bhí na **leapacha** an-bheag agus **an-chrua**. Bhí an seomra folctha an-salach agus **an-bhréan**. Uafásach!

Creid é nó ná creid, bhí an t-óstán suite ar an **mótarbhealach**. Níor chodlaíomar **go sámh**. Bhí na carranna an-**torannach**. Bhí na comharsana an-challánach freisin.

Agus an bia! Ní raibh an bia róbhlasta ach an oiread. Bhí sé lofa! Chonaic mé **fiacail** i mo dhinnéar.

Murar leor sin, bhí an aimsir rófhuar agus rófhliuch, bhí na daoine **an-suarach** agus bhí an ceantar an-dainséarach.

Ní dhéanfaidh mé dearmad ar an áit sin go deo. ☹☹☹

	worst ever
scuainí	queues
hoifigigh chustam	customs officers
póilíní	police
ach an oiread	either
táille	fare
róshona	too happy
tamall	while
déistineach; leapacha	disgusting; beds
an-chrua	very hard
an-bhréan	very smelly
mótarbhealach; go sámh	motorway; soundly
torannach	noisy
fiacail	tooth
Murar leor sin	if that wasn't enough
an-suarach	very mean

Luach ●○○○○   **Seomraí** ●○○○○   **Suíomh** ●○○○○

✏️ Scríobh

Fíor nó bréagach?   F   B

1. Bhí scuainí an-fhada san aerfort. ☐ ☐
2. Bhí na póilíní an-chairdiúil. ☐ ☐
3. Ní raibh an táille tacsaí ró-ard. ☐ ☐
4. Ní raibh na leapacha róbheag. ☐ ☐
5. Ní raibh na carranna róthorannach. ☐ ☐
6. Ní raibh an aimsir rómhaith. ☐ ☐

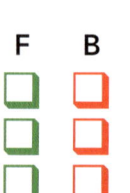

dhá chéad seasca

Bí ag caint!

I mbeirteanna, imir an cluiche seo. Caith an dísle agus freagair an cheist. Tá dísle digiteach ar fáil ag http://dice.virtuworld.net.

Cad a deir Ciara faoi _____?

Caibidil 9

Laethanta Saoire

TOSAIGH ANSEO!

1. na scuainí san aerfort
2. na hoifigigh chustam
3. Caith an dísle arís.
4. na póilíní
5. Lig seal tharat.
6. an táille tacsaí
7. na leapacha san óstán
8. Téigh ar aghaidh spás amháin.
9. an seomra folctha
10. Lig seal tharat.
11. na carranna
12. Caith an dísle arís.
13. na comharsana
14. Téigh siar spás amháin.
15. an bia
16. Lig seal tharat.
17. an aimsir
18. Téigh siar spás amháin.
19. na daoine
20. Téigh ar aghaidh spás amháin.
21. an ceantar

CRÍOCH!

Punann 9.1

Samhlaigh go raibh saoire uafásach agat. Scríobh deich n-abairt faoin tsaoire. Cuir an obair chríochnaithe i do phunann ar leathanach 70.

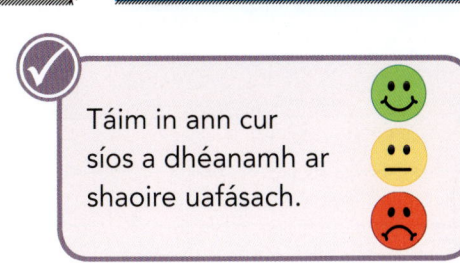

Táim in ann cur síos a dhéanamh ar shaoire uafásach.

dhá chéad seasca a haon

Turas 2

FOCLÓIR

Tíreolaíocht na hÉireann

Meaitseáil

Meaitseáil na cúigí (Cúige Laighean, Cúige Chonnacht, Cúige Uladh agus Cúige Mumhan) leis na siombailí.

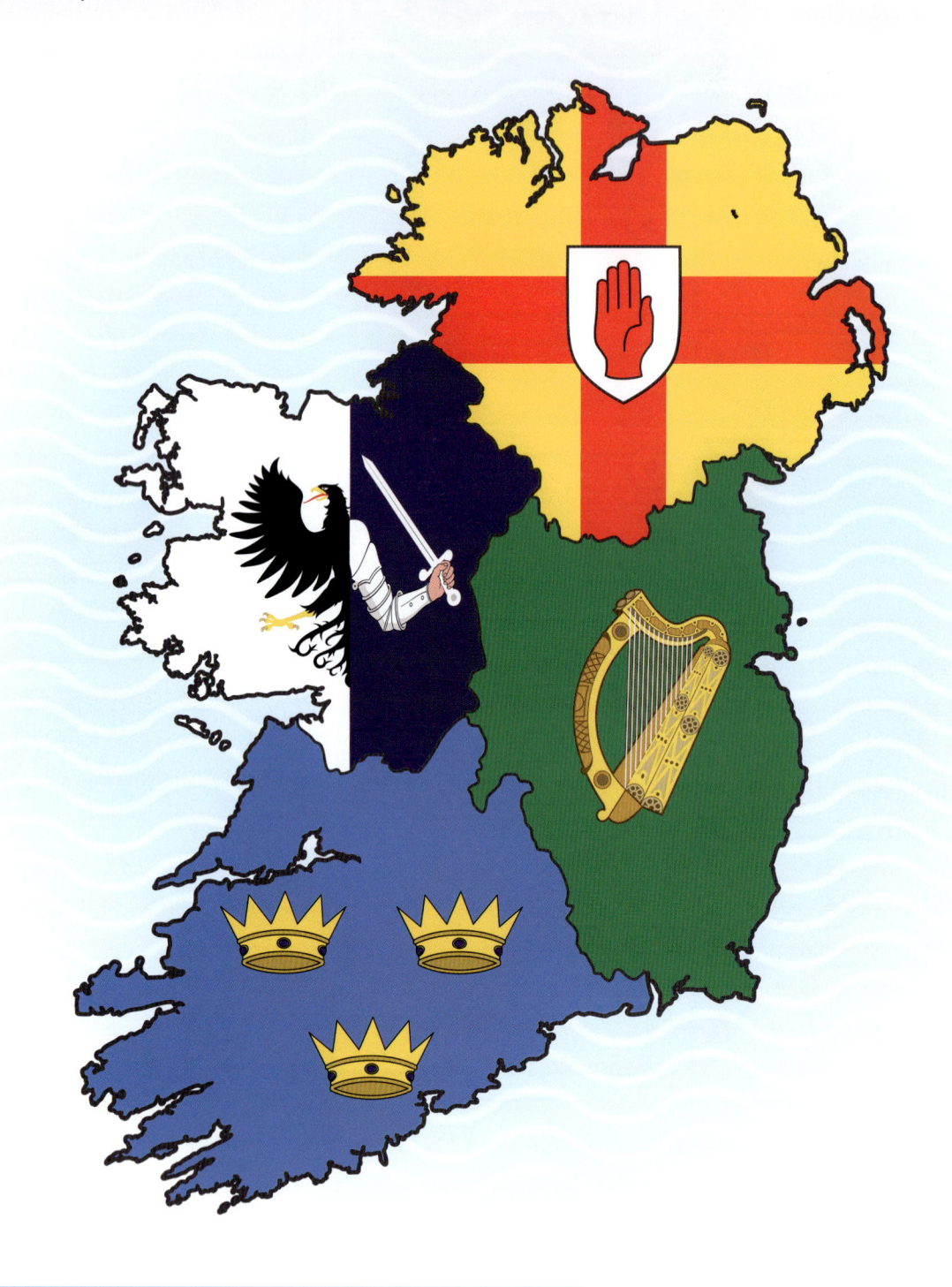

Cúige	Siombail
	trí choróin órga
	an chláirseach órga
	an lámh dhearg
	an t-iolar dubh, an lámh agus an claíomh

dhá chéad seasca a dó

Scríobh

Scríobh an cúige ceart i do chóipleabhar. Ansin, foghlaim na contaetha de ghlanmheabhair.

Éist agus seiceáil.

Chonnacht   Mumhan   Laighean   Uladh

Cúige _____	Cúige _____	Cúige _____	Cúige _____
Baile Átha Cliath	Fear Manach	Gaillimh	Corcaigh
An Lú	Aontroim	Maigh Eo	Ciarraí
An Mhí	Tír Eoghain	Liatroim	An Clár
An Iarmhí	Doire	Sligeach	Luimneach
An Longfort	Ard Mhacha	Ros Comáin	Port Láirge
Uíbh Fhailí	An Dún		Tiobraid Árann
Laois	Dún na nGall		
Cill Chainnigh	Muineachán		
Ceatharlach	An Cabhán		
Loch Garman			
Cill Mhantáin			
Cill Dara			

Script: leathanach 131 de do Leabhar Gníomhaíochta.

Meaitseáil

Téigh chuig www.logainm.ie/cluichi/iarbunscoil.html. Cliceáil ar 'Cluiche tarraing agus scaoil: Contaetha na hÉireann' (Aonad 2). Meaitseáil na hainmneacha leis na contaetha.

Bí ag caint!

Ainmnigh contae. An féidir leis an duine atá in aice leat an cúige ceart a rá?

Táim in ann na contaetha ar fad in Éirinn a rá.

Laethanta Saoire

dhá chéad seasca a trí

Turas 2

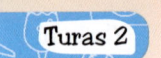

ÉISTEACHT

Saoirí in Éirinn

Meaitseáil

Meaitseáil na pictiúir ar an léarscáil leis na radhairc.

Éist agus seiceáil.

Cruach Phádraig, Co. Mhaigh Eo ☐	Teach Solais Fhanada, Co. Dhún na nGall ☐
Clochán an Aifir, Co. Aontroma ☐	Gleann Dá Loch, Co. Chill Mhantáin ☐
Brú na Bóinne, Co. na Mí ☐	Coláiste na Tríonóide, Co. Bhaile Átha Cliath ☐
Cloch na Blarnan, Co. Chorcaí ☐	Dún Aonghasa, Inis Mór, Co. na Gaillimhe ☐
Mórchuaird Chiarraí, Co. Chiarraí ☐	Aillte an Mhothair, Co. an Chláir ☐

Script: leathanach 131 de do Leabhar Gníomhaíochta.

Bí ag caint!

Cuir ceisteanna mar seo ar an duine atá in aice leat.

Ceisteanna samplacha	Freagraí samplacha
An raibh tú riamh i gClochán an Aifir?	Bhí/Ní raibh
An ndeachaigh tú riamh go Dún Aonghasa?	Chuaigh/Ní dheachaigh

Caibidil 9

Éist agus scríobh

Éist leis na daoine seo ag caint faoi shaoire in Éirinn. Líon isteach an t-eolas atá á lorg i do chóipleabhar.

Script: leathanach 131 de do Leabhar Gníomhaíochta.

Keith  | Nuala  | Ciarán

Ainm	Áit ina raibh siad	Áit ar mhaith leo dul
Keith		
Nuala		
Ciarán		

Laethanta Saoire

Cur i láthair

Roghnaigh trí chontae in Éirinn. Cad atá le déanamh sna contaetha sin? Téigh chuig www.tripadvisor.ie/Attractions. Cruthaigh naoi sleamhnán (*slides*) ar PowerPoint nó Prezi – trí shleamhnán in aghaidh an chontae. Déan an cur i láthair os comhair an ranga.

Táim in ann cur i láthair a dhéanamh ar chontaetha in Éirinn.

dhá chéad seasca a cúig

265

Turas 2

SCRÍOBH

Cárta Poist ón Róimh

Léigh agus scríobh

Léigh an cárta poist seo faoi thuras scoile sa Róimh agus freagair na ceisteanna a ghabhann leis.

Beannú
A Uncail Liam,

Conas atá tú? Tá súil agam go bhfuil tú i mbarr na sláinte!

Corp
Táim ar thuras scoile sa Róimh. Tá sé go hiontach anseo. Tá an aimsir go hálainn anseo. Tá sé te agus grianmhar.

Tá go leor le déanamh anseo. Téimid ag fámaireacht gach lá. Tá go leor siopaí deasa anseo. Táimid ag fanacht i mbrú óige. Tá sé compordach agus nua-aimseartha.

Tá an bia sárbhlasta anseo. Ithimid i mbialann gach oíche. De ghnáth, ithim pizza agus pasta.

Chuamar go dtí an Colasaem inné. Bhí sé thar barr. Chonaiceamar an Séipéal Sistíneach arú inné. Bhí sé go hálainn. Amárach, rachaimid go dtí an Circus Maximus. Arú amárach, rachaimid go Catacómaí na Róimhe. Táim ag tnúth go mór leis sin.

Críoch
Beidh mé ar ais in Éirinn Dé hAoine. Buailfidh mé aníos chuig do theach.

Slán go fóill!
Carla

Greamaigh stampa anseo

Liam Mac Congáil

Sord Choilm Cille

Baile Átha Cliath

Éire

Faraor nach bhfuil tú anseo!

1. Cá bhfuil Carla ar saoire?
2. Cén sórt aimsire atá ann?
3. Cad a dhéanann siad gach lá?
4. Cad a chonaic siad inné agus arú inné?
5. Cén áit a rachaidh siad amárach agus arú amárach?
6. Cathain a bheidh Carla ar ais in Éirinn?

Caibidil 9

Nathanna úsáideacha

Beannú	A Liam, a chara; A Labhaoise, a chara	Dear Liam; Dear Labhaoise
	Conas atá tú?	How are you?
	Tá súil agam go bhfuil tú go maith.	I hope that you are well.
	Táim ar saoire san Iodáil/sa Spáinn/sa Fhrainc/i Meiriceá.	I am on holidays in Italy/in Spain/in France/in America.
	Tá sé go hiontach anseo.	It is great here.
Corp		
Aimsir	Tá an aimsir go hálainn. Bíonn sé te agus grianmhar gach lá.	The weather is lovely. It is hot and sunny every day.
Dúlra	Tá an trá/an fharraige/na sléibhte/na lochanna go hálainn.	The beach/the sea/the mountains/the lakes are beautiful.
Bia	Tá an bia sárbhlasta. D'ith mé pizza/stéig i mbialann dheas.	The food is really tasty. I ate pizza/steak in a nice restaurant.
Lóistín	Tá an t-óstán/an t-árasán compordach.	The hotel/the apartment is comfortable.
Áiseanna	Tá an ceantar go deas. Tá go leor rudaí le déanamh anseo. Tá na siopaí thar barr. (Cheannaigh mé …)	The area is nice. There are a lot of things to do here. The shops are fantastic. (I bought …)
Daoine	Tá na daoine lách cairdiúil. (Bhuail mé le …)	The people are very friendly. (I met …)
Gníomhaíochtaí	Téim go dtí an trá gach lá.	I go to the beach every day.
	Chonaic mé an Colasaem inné.	I saw the Colosseum yesterday.
	Rachaidh mé go dtí an Circus Maximus amárach.	I will go to the Circus Maximus tomorrow.
Críoch	Beidh mé ar ais in Éirinn Dé hAoine.	I will be back in Ireland on Friday.
	Feicfidh mé thú ar scoil Dé Luain.	I will see you at school on Monday.
	Buailfidh mé aníos chugatsa.	I will call up to you.

Laethanta Saoire

Punann 9.2

Tá tú ar thuras scoile i bPáras. Scríobh cárta poist chuig cara leat. Cuir an obair chríochnaithe i do phunann ar leathanach 72.

Táim in ann cárta poist a scríobh. 😀 😐 ☹️

dhá chéad seasca a seacht

LITRÍOCHT

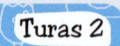

Ceol: Fún Orm

🎧 💬 Éist agus labhair

Téigh go www.educateplus.ie/go/fun-orm **agus éist leis an amhrán 'Fún Orm' le IMLÉ. Ansin, léigh na liricí os ard leis an duine atá in aice leat. An dtaitníonn an t-amhrán leat? Cén sórt ceoil é?**

Fún Orm

Intreoir/Réamhrá
Scaití ní dhéanann tú na rudaí a theastaíonn uait
mar gheall go bhfuil an iomarca imní ort go dteipfidh ort

Véarsa 1
Nuair a bhíonn fonn orm, déanaim gleo ag na gigeanna
is den chuid is mó den am, sin an chaoi a n-imíonn mé
is breá liom a bheith ag úsáid suas mo chuid fuinnimh
nuair a thagann sé go dtí ceol cumadh canadh

Véarsa 2
Is breá liom sin, chun a bheith ag labhairt m'intinne
má dhéanann tú sin tabharfaidh sé cumhacht duit
nach dtuigfeá riamh a bheadh agat dá uireasa
'sé seo an chumhacht atá againne mar dhaoine

Véarsa 3
'Sé sin do mheon do spiorad agus do shaoirse
a chur i bhfeidhm, déanaim sin le seinnt
ceoil le mo ghlór i gclubanna agus roinnt
pubanna, féilte chomh maith le tithe cairde

Véarsa 4
Admhálaim nuair a thagann sé go dtí taifeadadh
go bhfaigheann mise é seo i bhfad níos deacra
ní de bharr na focla abairtí a dheirimse
ach de bharr an fuaimniú fuinnimh atáim ag iarraidh

Curfá × 2
A chur amach ins an domhan, ach tá mé óg
tá sé ráite roimhe seo an dallamullóg
a chuirim orm féin ó am go ham
ach coinneoidh mé orm ag foghlaim agus beidh mé slán

Véarsa 5
Ceann de na fáthanna ar thosaigh mise a' leagan focla
síos ar pháipéar ná chun go mbeadh rudaí soiléir
i mo shaol mo shlí níos éasca dá bharr seo
go daonna mar go gcruthaím i nGaeilge

Véarsa 6
Mo dhúchas, mo thús, an chéad teanga
a tháinig amach as mo chlab gan stad
go dtí gur labhair mé le máthair an Penguin
orm a bhí an déistin nach raibh mé in ann ciall a bhaint

Véarsa 7
Ón teilifís go dtí ní bheinn ar bís
buachaill beag mar mé, is orm a bhí an straois
gan i bhfad caite gan mé ach sé bliana d'aois
d'fhoghlaim mé Béarla is níor lig mé duine ar bith síos

Véarsa 8
Mar sílim féin is mó teangain ab fhearr
is má bhíonn tú líofa, is cuma fiú níos fearr
seasann sé leat níos mó a thugann tú isteach
agus sin é go díreach atá mé ag rá leat

Éist.

Déan athrá ar Véarsaí 3 agus 4

Curfá × 4

Laethanta Saoire

dhá chéad seasca a naoi

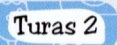

Léigh
Léigh an leagan Béarla den amhrán 'Fún Orm'.

Fún Orm

Intro
Sometimes you don't do the things that you want
because you have so much fear that you will fail

Verse 1
When I'm feeling the desire, I make a racket at gigs
and most of the time, that's exactly how I go
I love using up all of my energy
when it comes to music, creating, singing

Verse 2
I love that, to be speaking my mind
and if you do that, it will empower you
more than you could ever imagine without it
this is exactly the power we have as people

Verse 3
This is your mindset, your spirit and your freedom
to enact this perspective, I do it through playing
music with my voice, in clubs and some
pubs, festivals as well as the homes of friends

Verse 4
I admit that when it comes to recording
I find this way more difficult
not because of the words that I project
but because of the sound of energy I am trying to

Chorus × 2
Put out into the world, but I am young
it has been said before that it's the blindfold
I put on from time to time
but I'll just keep on learning and I'll be fine

Verse 5
One of the reasons I first started writing words
down on paper was to make things clear
in my life and so that my way would be easier
in life as I create in Irish

Verse 6
My origin, my beginning, the first language
that came out of my mouth continually
until I spoke to my mate Penguin's mother
I was disgusted that I couldn't make any sense

Verse 7
Of television and until I could I wouldn't be happy
a little boy such as me, pulling a face
having not lived much, only being six
I learned English and I didn't let anyone down

Verse 8
Because I feel that, the more languages the better
and if you are fluent, and creating is even better
it stands to you, the more you absorb
and that's exactly what I'm telling you

Listen.

Repeat Verses 3 and 4

Chorus × 4

Bí ag caint!

I ngrúpa, déan iarracht canadh in éineacht leis an gcurfá. Cé hé/hí an t-amhránaí nó an grúpa amhránaithe is fearr sa rang?

Scéal an amhráin: Léigh

Léigh scéal an amhráin.

San amhrán 'Fún Orm', canann an liriceoir faoi dhá rud: saoirse cainte agus tábhacht na Gaeilge.	lyricist freedom of speech; importance
Ar an gcéad dul síos, is breá leis ceolchoirmeacha mar is breá leis an fuinneamh. Is breá leis rudaí a rá amach gan scáth gan eagla. Tá cead ag gach duine rudaí a rá amach gan scáth gan eagla, dar leis.	energy fearlessly; permission
Ar an dara dul síos, is í an Ghaeilge a theanga dhúchais. Is fearr leis liricí a scríobh i nGaeilge. Deir sé go bhfuil sé tábhachtach teangacha a fhoghlaim freisin. Ní stopfaidh seisean ag foghlaim.	his native language languages

Bí ag caint!

I ngrúpa, pléigh na ceisteanna seo.

1. An dtaitníonn an ceol leat san amhrán seo? Cén sórt ceoil é?
2. Téigh chuig www.educateplus.ie/go/fun-orm chun féachaint ar an bhfíseán. An dtaitníonn an físeán leat? Cén fáth?

An banna

Tá triúr ceoltóirí sa bhanna ceoil IMLÉ. Is iad sin an dordghiotáraí Cian Mac Cárthaigh, an t-amhránaí agus giotáraí Fergal Moloney agus an fíodóir focal MC Muipéad.

Cur i láthair

Dear póstaer faoin gcurfá nó faoi aon véarsa a thaitníonn leat. Is féidir póstaer digiteach a chruthú freisin ar www.canva.com. Scríobh nó clóscríobh (*type*) na focail ar an bpóstaer. Cuir pictiúir leis.

Cuir an póstaer i láthair an ranga.

✓ Táim in ann póstaer faoin amhrán a dhearadh.

Íomhánna an amhráin: Meaitseáil agus labhair

Meaitseáil na híomhánna leis na cuir síos. Cén íomhá is fearr leat? An bhfeiceann tú aon íomhá eile san amhrán? I ngrúpa, pléigh do thuairim.

'déanaim gleo ag na gigeanna'    'ag labhairt m'intinne'    'coinneoidh mé orm ag foghlaim'

Cruthaíonn an liriceoir íomhánna trí chur síos a dhéanamh ar ghníomhartha difriúla. Cruthaíonn na gníomhartha seo íomhá dhifriúil in intinn gach duine.

The lyricist creates images through describing different actions. These actions create a different image in each person's mind.

☐ Labhraíonn an liriceoir amach **gan scáth gan eagla** san amhrán seo. | **fearlessly**

☐ Cruthaíonn an liriceoir atmaisféar **bríomhar** ag na gigeanna. Faigheann sé fuinneamh ón **lucht féachana**. | **lively audience**

☐ Tá an fhoghlaim **tábhachtach** don liriceoir. Deir sé nach stopfaidh sé de bheith ag foghlaim. | **important**

Taighde agus scríobh

Roghnaigh íomhá amháin ón amhrán a thaitníonn leat. Téigh ar líne agus aimsigh pictiúr a léiríonn (*represents*) an íomhá seo. Déan cur síos ar an bpictiúr seo i do chóipleabhar.

✓ Táim in ann cur síos a dhéanamh ar an amhrán.

Laethanta Saoire

dhá chéad seachtó a trí

Turas 2

Téamaí an amhráin: Léigh agus labhair

Tá an triúr seo ag labhairt faoi théama an amhráin 'Fún Orm'. Cé leis a n-aontaíonn tú? Léigh na tuairimí agus déan vóta sa rang!

Measaim gurb é **Saoirse Cainte** téama an amhráin. Is breá leis an liriceoir a bheith ag labhairt amach gan scáth gan eagla.

Sílim gurb é **Ag Foghlaim** téama an amhráin. Deir an liriceoir go bhfaigheann sé cumhacht ón bhfoghlaim.

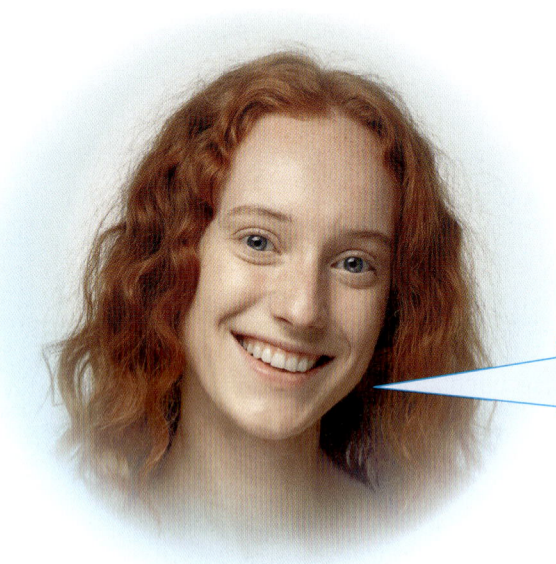

Ceapaim gurb í **An Ghaeilge i Mo Shaol** téama an amhráin. Tá teangacha tábhachtacha, dar leis an liriceoir. Is í an Ghaeilge a theanga dhúchais. Mar sin, scríobhann sé lirící i nGaeilge.

Stór focal

saoirse cainte	freedom of speech	cumhacht	power
gan scáth gan eagla	fearlessly	teanga dhúchais	native language

dhá chéad seachtó a ceathair

Léigh

Léigh na freagraí samplacha seo.

Ceist shamplach:

An dtaitníonn an t-amhrán 'Fún Orm' leat? Tabhair fáth **amháin** le do thuairim.

Freagra samplach:

Taitníonn an t-amhrán 'Fún Orm' go mór liom mar is breá liom an ceol.

Seinneann IMLÉ rapcheol. Tá **rithim** láidir san amhrán agus tá **buillí** láidre san amhrán freisin. Cabhraíonn an rithim láidir leis an **teachtaireacht** láidir.

| | rhythm; beats message |

Is fearr leis an liriceoir ceol a sheinm ar stáitse mar bíonn **fuinneamh** ann. I gceolchoirm, bíonn an **lucht féachana** cosúil le ceoltóir breise. Is féidir liom an t-**atmaisféar** a shamhlú.

| | energy audience atmosphere |

Ceist shamplach:

Cad é an mothúchán is láidre san amhrán 'Fún Orm', meas tú?

Freagra samplach:

Is í **cumhacht** an mothúchán is láidre san amhrán 'Fún Orm', i mo thuairim.

| | power |

Ar an gcéad dul síos, is breá leis an liriceoir ceolchoirmeacha **fuinniúla**. Ar an dara dul síos, ceapann sé go bhfuil an tsaoirse cainte **an-tábhachtach**. Ar an tríú dul síos, deir sé go bhfuil an fhoghlaim tábhachtach.

| | energetic very important |

Nuair a **mheascann** sé na trí rud sin le chéile – ceolchoirmeacha fuinniúla, saoirse cainte agus an fhoghlaim – mothaíonn sé **níos cumhachtaí**.

| | mixes more powerful |

Punann 9.3

I ngrúpa, samhlaigh go bhfuil tú ag déanamh físeán nua don amhrán 'Fún Orm'. Luaigh na pointí seo a leanas:
- Scéal
- Suíomh (*setting*)
- Carachtair (*characters*).

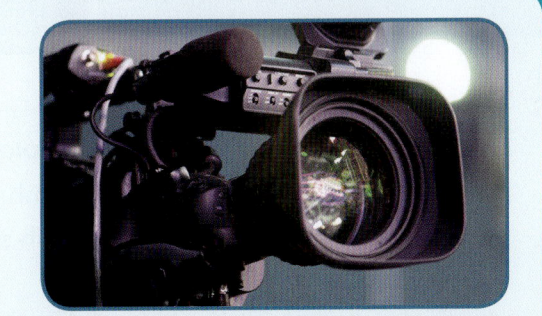

Scríobh an chéad dréacht (*draft*) den chur síos i do chóipleabhar. Ansin, léigh an seicliosta ar leathanach 75 de do phunann agus léigh siar ar do dhréacht. Ansin, athdhréachtaigh (*redraft*) do chuid oibre. Scríobh an leagan deiridh (*final version*) i do phunann ar leathanach 74.

Táim in ann físeán bunaithe ar an amhrán seo a dhearadh.

Laethanta Saoire

BÉALTRIAIL

Agallamh

Labhair

Léirigh an t-agallamh seo leis an duine atá in aice leat.

1. **Cén sórt saoirí a thaitníonn leat?**
   Taitníonn saoirí gníomhaíochta liom.

2. **Cén fáth?**
   Is breá liom spórt, go háirithe sciáil agus spóirt uisce.

3. **An ndeachaigh tú aon áit speisialta an samhradh seo caite?**
   Chuaigh mé go dtí an Phortaingéil an samhradh seo caite.

4. **Cé a chuaigh in éineacht leat?**
   Chuaigh mo theaghlach in éineacht liom.

5. **Ar bhain tú sult as?**
   Bhain mé sult is spraoi as.

6. **An rachaidh tú ar saoire i mbliana?**
   Rachaidh mé go dtí na hAlpa i mbliana.

7. **Cad a dhéanfaidh tú ann?**
   Rachaidh mé ag sciáil. Táim ag tnúth go mór leis an tsaoire.

8. **Cad é an áit is fearr leat in Éirinn?**
   Is é Sligeach an áit is fearr liom in Éirinn. Téim ag surfáil ann go minic.

Aoife

an Phortaingéil

Scríobh

Freagair na ceisteanna seo i do chóipleabhar.

1. Cén fáth a dtaitníonn saoirí gníomhaíochta le hAoife?
2. Cá ndeachaigh Aoife an samhradh seo caite?
3. Ar bhain sí sult as?
4. Cad a dhéanfaidh Aoife sna hAlpa?
5. Cad a dhéanann Aoife i Sligeach?

Scríobh agus labhair

Freagair na ceisteanna a d'fhreagair Aoife (Ceisteanna 1–8) i do chóipleabhar. Ansin, cuir na ceisteanna seo ar an duine atá in aice leat.

Táim in ann ceisteanna faoi mo laethanta saoire a fhreagairt.

CLEACHTAÍ ATHBHREITHNITHE

Caibidil 9

Súil Siar

A. Meaitseáil an Ghaeilge leis an mBéarla.

1	ag déanamh bolg le gréin	A	eating ice cream
2	ag snámh san fharraige	B	writing a postcard
3	ag lapadaíl	C	sunbathing
4	ag scríobh cárta poist	D	paddling
5	ag ithe uachtar reoite	E	swimming in the sea

1 = ___   2 = ___   3 = ___   4 = ___   5 = ___

B. Meaitseáil na briathra san Aimsir Chaite leis na briathra san Aimsir Fháistineach.

1	d'fhanamar	A	feicfimid
2	rothaíomar	B	rachaimid
3	shroicheamar	C	rothóimid
4	chuamar	D	íosfaimid
5	bhíomar	E	fanfaimid
6	chonaiceamar	F	déanfaimid
7	d'itheamar	G	beimid
8	rinneamar	H	sroichfimid

1 = ___   2 = ___   3 = ___   4 = ___   5 = ___   6 = ___   7 = ___   8 = ___

Cluastuiscint

Éist le Jaxon agus le Carise ag caint faoina gcuid laethanta saoire. Cloisfidh tú an taifeadadh faoi dhó. Líon isteach an t-eolas atá á lorg i do chóipleabhar.

Script: leathanach 131 de do Leabhar Gníomhaíochta.

An Chéad Chainteoir

Ainm	Jaxon Ó Broin
1. An cineál saoire a thaitníonn leis	
2. An fáth	
3. An áit is fearr leis in Éirinn	

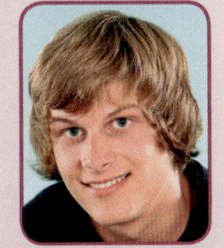

An Dara Cainteoir

Ainm	Carise Ní Mhurchú
1. An cineál saoire a thaitníonn léi	
2. An fáth	
3. An áit is fearr léi in Éirinn	

Laethanta Saoire

dhá chéad seachtó a seacht

Cultúr 9
Pobail Ghaelacha

Eisimirce agus daonra na hÉireann

In 1841, bhí timpeall 8,000,000 duine ina gcónaí ar oileán na hÉireann. I 1971, bhí timpeall 4,000,000 duine ina gcónaí ann. Faraor, fuair a lán daoine bás den ocras, go háirithe le linn an Ghorta Mhóir. Chuaigh go leor eile ar imirce.

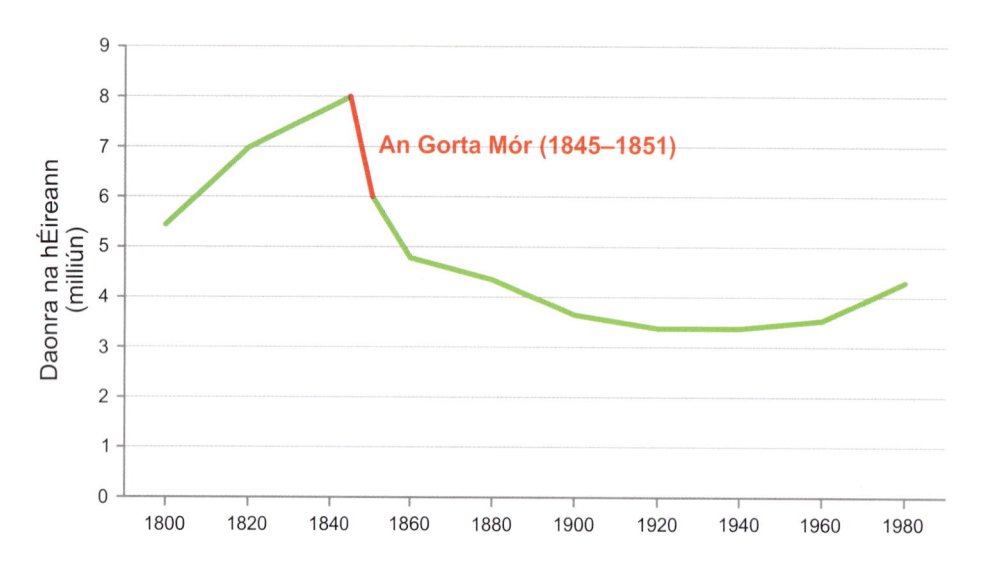

An Gorta Mór (1845–1851)

Pobail Éireannacha ar fud an domhain

Tá pobail Éireannacha ar fud an domhain – mar shampla i mBostún, Nua-Eabhrac agus Chicago i Meiriceá; i Londain, Learpholl agus Manchain i Sasana; i nGlaschú in Albain; i Sydney san Astráil; i dTalamh an Éisc agus Toronto i gCeanada; agus in Buenos Aires san Airgintín.

Nua-Eabhrac

Talamh an Éisc

Buenos Aires

Stór focal

eisimirce	emigration	den ocras	of hunger
daonra	population	le linn an Ghorta Mhóir	during the Great Famine
oileán	island	pobail	communities
faraor	unfortunately	Talamh an Éisc	Newfoundland

Taighde agus cur i láthair

Déan taighde ar phobal Éireannach **amháin** lasmuigh d'Éirinn. Cruthaigh cur i láthair faoin bpobal ar PowerPoint nó Prezi. Ullmhaigh **trí** shleamhnán ar an áit féin agus **trí** shleamhnán ar an bpobal Éireannach atá ina gcónaí san áit.

Cuir na sleamhnáin i láthair an ranga.

Féinmheasúnú

Samhlaigh go mbeidh ort níos mó taighde a dhéanamh ar an bpobal seo.
1. Scríobh **trí** chuardach Google a dhéanfaidh tú.
2. Liostaigh **trí** shuíomh gréasáin a bheidh úsáideach.

Tinneas agus Sláinte

CAIBIDIL 10

Faoi dheireadh na caibidle seo, beidh mé in ann:

- Cur síos a dhéanamh ar an gcorp.
- Labhairt faoi thinnis.
- Bia folláin a phlé.
- Scéal bunaithe ar shraith pictiúr a scríobh.

Gramadach

- Freagraí gearra

Príomhscileanna

- Fanacht folláin
- Mé féin a bhainistiú

Punann

- Punann 10.1 – Biachlár a Dhearadh
- Punann 10.2 – Dráma Gearr i mBialann a Scríobh
- Punann 10.3 – Scéal Bunaithe ar Shraith Pictiúr a Scríobh

Clár Ábhair

Foclóir	An Corp	282
Léamhthuiscint	Cirque du Soleil: #AthletetoArtist	284
Foclóir	An Ceann	286
Foclóir	Tinneas agus Leigheas	288
Léamhthuiscint	Tinn sa Bhaile	290
Gramadach	Freagraí Gearra	292
Fógra	Biachlár: Caife na Cathrach	294
Éisteacht	Comhrá i mBialann	296
Léamhthuiscint	Dinnéar sa Dorchadas: Blindekuh san Eilvéis	298
Scríobh	Scéal: Timpiste a Tharla Dom	300
Béaltriail	Agallamh	302
Cleachtaí Athbhreithnithe	Súil Siar	303
Cultúr 10	Bia Gaelach	304

Turas 2

FOCLÓIR

An Corp

Meaitseáil
Meaitseáil na huimhreacha leis na baill. Bain úsáid as d'fhoclóir nó as www.focloir.ie.

luascairí

gleacaí

cleasghleacaithe

dhá chéad ochtó a dó

Caibidil 10

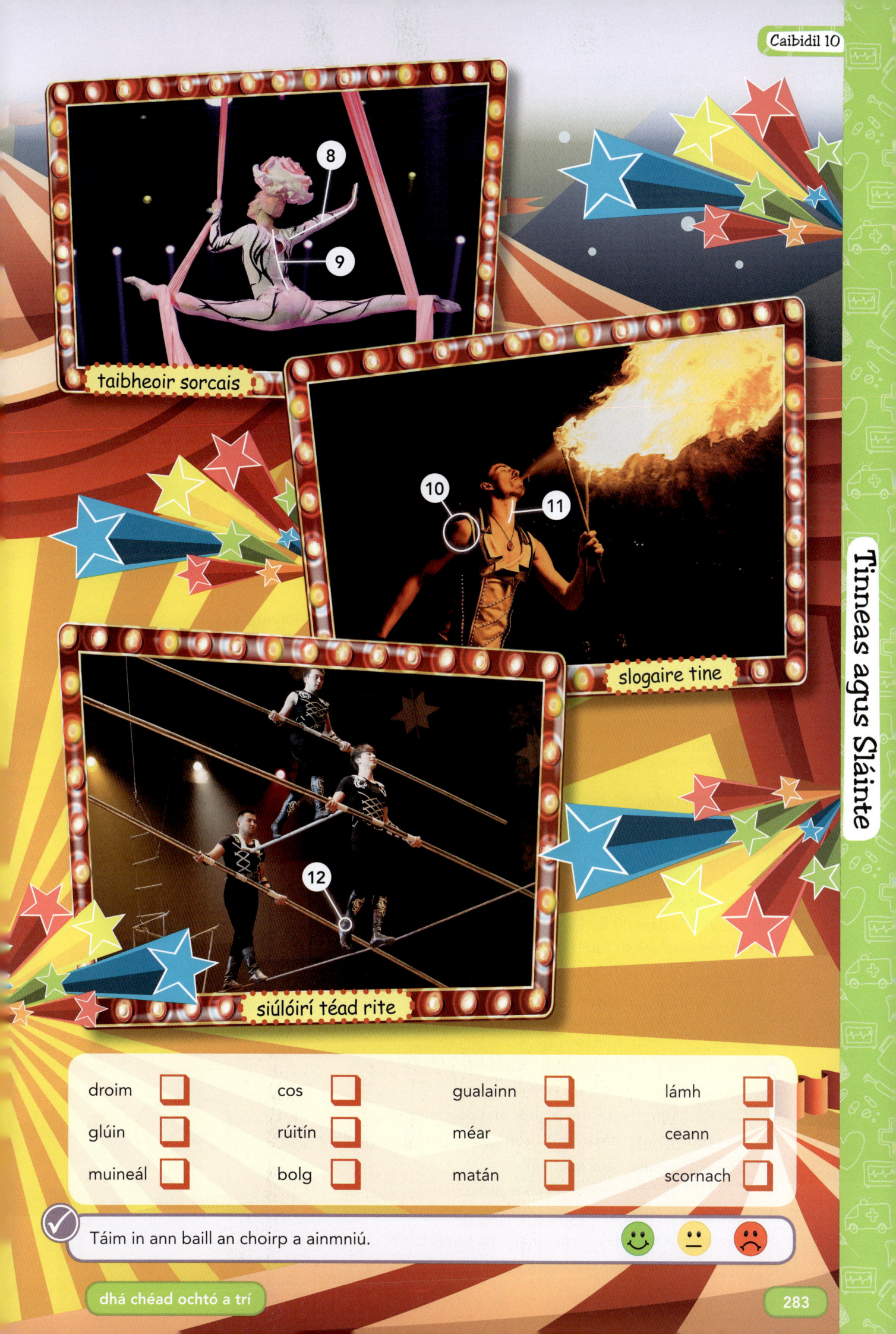

taibheoir sorcais

slogaire tine

siúlóirí téad rite

Tinneas agus Sláinte

droim ☐	cos ☐	gualainn ☐	lámh ☐
glúin ☐	rúitín ☐	méar ☐	ceann ☐
muineál ☐	bolg ☐	matán ☐	scornach ☐

✓ Táim in ann baill an choirp a ainmniú. 🙂 😐 🙁

dhá chéad ochtó a trí

283

Turas 2 — LÉAMHTHUISCINT

Cirque du Soleil: #AthletetoArtist

Léigh agus scríobh
Léigh an píosa seo agus freagair na ceisteanna a ghabhann leis.

Is sorcas **nua-aimseartha** é Cirque du Soleil. Thosaigh Guy Laliberté agus Gilles Ste-Croix, beirt **taibheoirí sráide**, an sorcas i 1984.

Glacann go leor **Oilimpeach** páirt sa sorcas. Mar shampla, glacann **tumadóirí**, snámhóirí, **gleacaithe** agus **sciálaithe** páirt ann.

Traenálann na hOilimpigh go dian. Tá **géaga**, cosa agus droim an-**solúbtha** acu. Déanann siad **meáchain** gach lá. **Neartaíonn** siad na lámha, na cosa, na guaillí agus an bolg.

Deir siad go bhfuil **craiceann crua** orthu **mar gheall ar** na Cluichí Oilimpeacha. Tá siad ábalta aon rud a dhéanamh **faoi bhrú**.

Déanann na hOilimpigh go leor acrabataice. Déanann na gleacaithe **cleasa** dainséaracha san aer. Léimeann na tumadóirí ó **ardáin** 60 m! **Lúbann** siad agus **casann** siad an corp an bealach ar fad síos.

Tá **físeáin** ag www.educateplus.ie/go/athletes. Cuardaigh #AthletetoArtist ar Twitter nó Instagram.

Gaeilge	English
nua-aimseartha	modern
taibheoirí sráide	street performers
Oilimpeach	Olympians
tumadóirí; gleacaithe; sciálaithe	divers; gymnasts; skiers
géaga	arms
solúbtha; meáchain	flexible; weights
Neartaíonn	strengthen
craiceann crua; mar gheall ar	thick skin; because of
faoi bhrú	under pressure
cleasa	tricks
ardáin; Lúbann; casann	platforms; twist; turn
físeáin	videos

1. Cén sórt sorcais é Cirque du Soleil?
2. Cé a thosaigh an sorcas i 1984?
3. Cén sórt lúthchleasaithe a ghlacann páirt sa sorcas?
4. An bhfuil géaga, cosa agus droim solúbtha ag na hOilimpigh?
5. Cad a dhéanann siad gach lá?
6. Cén fáth a bhfuil craiceann crua orthu?
7. Cén sórt acrabataice a dhéanann na gleacaithe?
8. Cén sórt acrabataice a dhéanann na tumadóirí?

CIRQUE DU SOLEIL

Caibidil 10

Tinneas agus Sláinte

🗨️ Bí ag caint!

I ngrúpa, pléigh na ráitis seo. Cuir ciorcal thart ar do rogha. Déan comparáid le grúpaí eile.

1 = Ní aontaím ar chor ar bith. **2** = Ní aontaím. **3** = Tá mé idir dhá chomhairle.
4 = Aontaím. **5** = Aontaím go hiomlán.

1	Tá na taibheoirí seo cróga.	1	2	3	4	5
2	Tá na taibheoirí seo láidir.	1	2	3	4	5
3	Tá na taibheoirí seo diongbháilte.	1	2	3	4	5

✓ Táim in ann labhairt faoi na taibheoirí i sorcas. 🙂 😐 🙁

dhá chéad ochtó a cúig

285

Turas 2

FOCLÓIR

An Ceann

Meaitseáil

Meaitseáil na huimhreacha leis na baill. Bain úsáid as d'fhoclóir nó as www.focloir.ie.

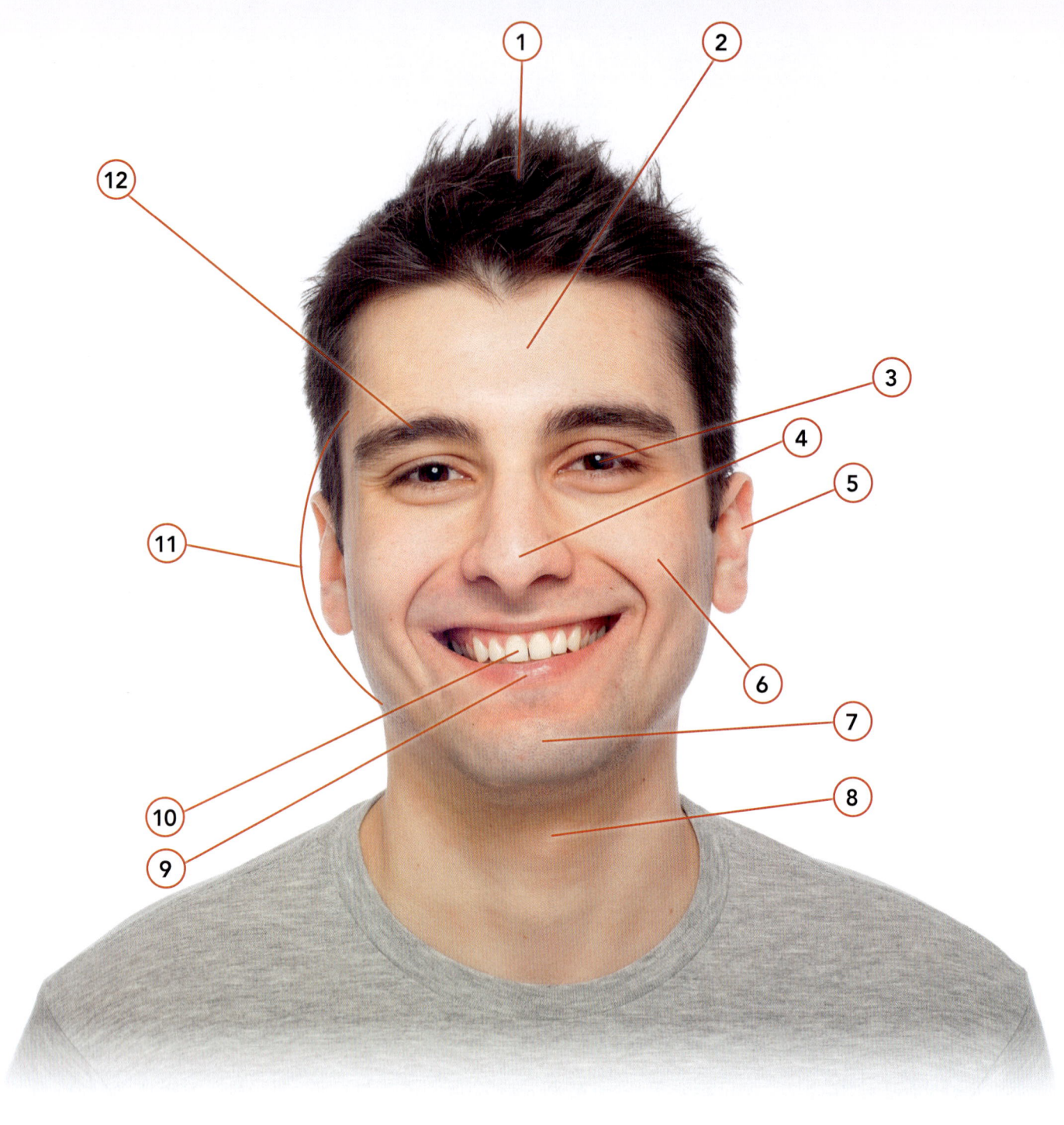

aghaidh ☐	mala ☐	gruaig ☐
béal ☐	éadan ☐	cluas ☐
leiceann ☐	fiacla ☐	srón ☐
muineál ☐	smig ☐	súil ☐

dhá chéad ochtó a sé

Meaitseáil

Tá na Gardaí ag lorg triúr buirgléirí a bhris isteach i dteach i mBaile an Bhaoil inné. Meaitseáil na cuir síos leis na pictiúir. Bain úsáid as an stór focal thíos.

1	2	3
Tá gruaig fhada dhíreach dhubh ar an mbean seo. Tá seacht bhfáinne ina cluas chlé agus fáinne amháin ina srón. Tá aghaidh fhada agus beola tanaí uirthi.	Tá gruaig fhada chatach fhionn ar an mbean seo. Tá aghaidh chruinn uirthi. Tá súile móra aici. Tá béal beag agus beola tanaí aici.	Tá gruaig ghearr fhionn ar an mbean seo. Tá aghaidh chruinn uirthi. Tá súile móra aici. Tá colm beag ar a héadan, os cionn a súile clé.

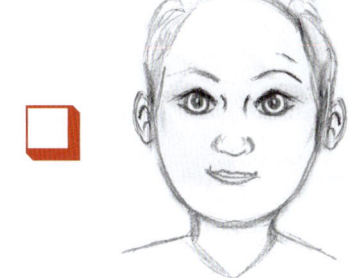

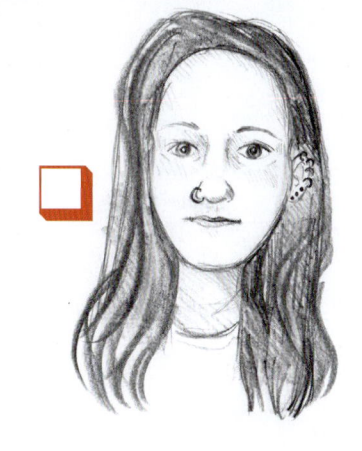

Stór focal

aghaidh chruinn	round face	béal beag	small mouth
aghaidh fhada	long face	súile móra	large eyes
srón dhíreach	straight nose	malaí tiubha	bushy eyebrows
srón cham	crooked nose	colm	scar
beola tiubha	full lips	roic	wrinkles
beola tanaí	thin lips	croiméal	moustache

Scríobh

Tá na Gardaí ag lorg an triúr buirgléirí seo. Déan cur síos orthu i do chóipleabhar. Bain úsáid as an stór focal thuas.

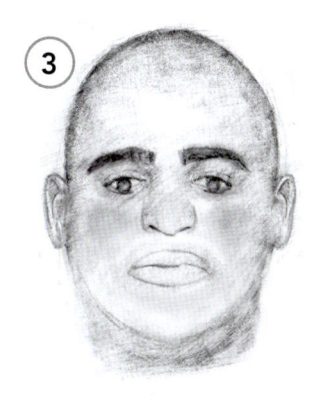

Táim in ann cur síos a dhéanamh ar aghaidh duine.

dhá chéad ochtó a seacht

Turas 2

FOCLÓIR

Tinneas agus Leigheas

Meaitseáil

Meaitseáil na pictiúir leis na tinnis.

1 2  3  4

5  6  7  8

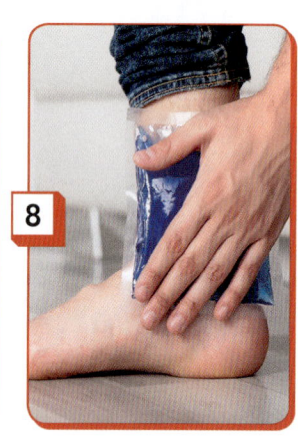

Tá scornach thinn orm. ☐   Ghearr mé mo mhéar. ☐   Tá pian droma orm. ☐

Tá pian i m'fhiacail. ☐   Tá slaghdán orm. ☐   Tá tinneas cinn orm. ☐

Tá pian i mo bholg. ☐   Tá mo rúitín ata. ☐

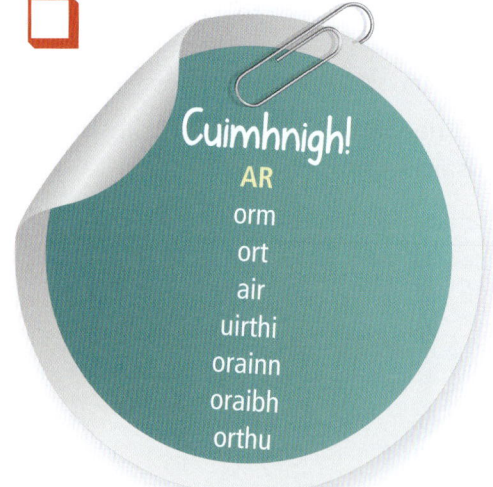

Cuimhnigh!
AR
orm
ort
air
uirthi
orainn
oraibh
orthu

Meaitseáil

Meaitseáil an tinneas leis an gcomhairle (*advice*).

1	Tá pian droma orm! Cad a dhéanfaidh mé?	A	Cuir oighear air.
2	Tá scornach thinn orm! Cad a dhéanfaidh mé?	B	Ól tae le líomóid.
3	Ghearr mé mo mhéar! Cad a dhéanfaidh mé?	C	Rinseáil í le huisce agus salann.
4	Tá slaghdán orm! Cad a dhéanfaidh mé?	D	Luigh síos agus lig do scíth.
5	Tá mo rúitín ata! Cad a dhéanfaidh mé?	E	Cuir plástar air.

1 = ___   2 = ___   3 = ___   4 = ___   5 = ___

Bí ag caint!

Samhlaigh go bhfuil tinneas ort. Iarr comhairle ar an duine atá in aice leat. Bain úsáid as an sampla thíos.

Cad atá cearr leat?

Tá scornach thinn orm! Cad a dhéanfaidh mé?

Rinseáil í le huisce agus salann.

Bí ag caint!

Le grúpa, imir cluiche searáidí (*charades*).

- Tá pian droma orm.
- Tá mo rúitín ata.
- Tá pian i m'fhiacail.
- Tá tinneas cinn orm.

Táim in ann comhairle ar thinneas a lorg.

Tinneas agus Sláinte

Turas 2

LÉAMHTHUISCINT

Tinn sa Bhaile

Léigh agus scríobh

Féach ar an tsraith pictiúr seo agus léigh an scéal a ghabhann léi. Ansin, freagair na ceisteanna.

Is mise Léan. Dé hAoine seo caite, bhí mé an-tinn. Nuair a dhúisigh mé ar maidin, bhí tinneas cinn orm. Bhí scornach thinn orm freisin. Bhí pian i mo mhuineál agus i mo dhroim.

Ansin, thosaigh mé ag sraothartach agus ag casachtach. Thosaigh mé ag cur allais freisin, mar bhí teocht ard agam.

Ní dheachaigh mé ar scoil an lá sin. Dúirt Daid liom fanacht sa leaba. D'fhan mé sa leaba agus thit mé ar ais i mo chodladh.

Ag am lóin, d'ith mé píosa tósta agus d'ól mé tae le líomóid agus mil. Thug mo Dhaid leigheas dom freisin.

Chaith mé an chuid eile den lá ar an tolg. D'fhéach mé ar an teilifís agus d'imir mé cúpla cluiche ríomhaire.

Faraor, bhí mé fós tinn an lá dár gcionn. Níos measa fós, Dé Sathairn a bhí ann!

D'éirigh mé beagáinín níos fearr Dé Domhnaigh. Dé Luain, bhí mé ar ais ar mo sheanléim arís.

Stór focal

ag sraothartach	sneezing	an chuid eile den	the rest of the
ag casachtach	coughing	an lá dar gcionn	the following day
ag cur allais	sweating	níos measa fós	even worse
teocht	temperature	beagáinín	a little bit
leigheas	medicine	mo sheanléim	my old self

Buntuiscint

1. Cad iad na siomptóim (*symptoms*) a bhí ar Léan?
2. Cad a dúirt a Daid léi?
3. Cad a d'ith sí am lóin?
4. Cár chaith sí an chuid eile den lá?
5. Conas a mhothaigh sí an lá dar gcionn?
6. Cén lá a raibh sí ar ais ar a seanléim arís?

Scríobh

An raibh tú tinn riamh? Scríobh cúig abairt faoin tinneas. Bain úsáid as na nathanna ar leathanach 288.

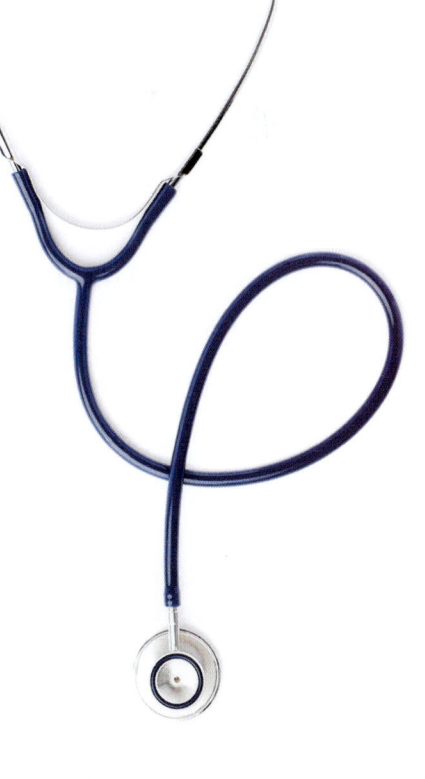

Táim in ann abairtí faoi thinneas a scríobh.

Tinneas agus Sláinte

dhá chéad nócha a haon

GRAMADACH

Freagraí Gearra

Uaireanta agus muid i mbun comhrá, tugaimid freagraí gearra ar cheisteanna. I mBéarla, uaireanta is leor 'Yes' nó 'No'. I nGaeilge, níl aon bhealach amháin ann chun 'Yes' nó 'No' a rá. Féach ar an sampla seo a leanas:

Sometimes in conversation we like to use short answers to questions. In English, sometimes 'Yes' or 'No' is enough. In Irish, however, there is no single way to say 'Yes' or 'No'. Look at the following example:

An **mbuafaidh** tú an cluiche amárach?

Buafaidh!

Samplaí san Aimsir Chaite

Briathra rialta

Ar ghlan tú na fuinneoga inné?	Ghlan / Níor ghlan
Ar éist tú leis an bhfógra?	D'éist / Níor éist

Briathra neamhrialta

An raibh tú ag an gceolchoirm?	Bhí / Ní raibh
An ndearna tú do chuid obair bhaile?	Rinne / Ní dhearna

Samplaí san Aimsir Láithreach

Briathra rialta

An dtosaíonn ranganna ag a naoi?	Tosaíonn / Ní thosaíonn
An dtaitníonn Spáinnis leat?	Taitníonn / Ní thaitníonn

Briathra neamhrialta

An dtéann tú ag siopadóireacht go minic?	Téim / Ní théim
An bhfaigheann tú lón sa siopa?	Faighim / Ní fhaighim

Cuimhnigh!
Use the correct tense when you answer a question. For example, if a question is in An Aimsir Fháistineach, you should reply using An Aimsir Fháistineach.

Samplaí eile san Aimsir Láithreach

An maith leat Gaeilge?	Is maith / Ní maith
An féidir leat dul?	Is féidir / Ní féidir
An leatsa an peann seo?	Is liomsa / Ní liomsa
An carr deas é sin?	Is ea / Ní hea

Samplaí san Aimsir Fháistineach

Briathra rialta

An seinnfidh tú amhrán dom?	Seinnfidh / Ní sheinnfidh
An mbuailfidh tú liom amárach?	Buailfidh / Ní bhuailfidh

Briathra neamhrialta

An dtabharfaidh tú cabhair dom?	Tabharfaidh / Ní thabharfaidh
An dtiocfaidh sibh go dtí an chóisir?	Tiocfaimid / Ní thiocfaimid

Scríobh agus labhair

Freagair na ceisteanna seo. Ansin, cuir na ceisteanna ar an duine atá in aice leat.

1 Ar ith tú mo bharra seacláide?

_____

(No!)

2 An bhfuil tuirse ort?

_____

(No!)

3 An rachaidh tú chuig dioscó anocht?

_____

(Yes!)

4 An bhfuil obair bhaile le déanamh agat?

_____

(Yes!)

Tá tuilleadh cleachtaí ar leathanach 374.

Táim in ann freagraí gearra a thabhairt.

dhá chéad nócha a trí

Tinneas agus Sláinte

Turas 2

FÓGRA

Biachlár: Caife na Cathrach

Léigh agus labhair

Léigh an biachlár seo. Cad é an rud is blasta ar an mbiachlár, meas tú? Inis don duine atá in aice leat. Bain úsáid as an stór focal ar leathanach 295.

Caife na Cathrach

Bricfeasta

Babhla leite	€3
Gránóla agus iógart	€4

Lón

Anraith glasraí agus arán donn	€3
Sailéad Caesar: leitís, cáis, sú líomóide, ola olóige, ubh, anlann Worcestershire, gairleog	€6
Ceapaire cáise: cáis, leitís, trátaí, oinniúin	€4
Rolla 4 in a 1: sicín, sceallóga, rís fhriochta, anlann curaí	€4

Deochanna

Bainne	€1
Sú oráiste	€1
Deochanna súilíneacha	€1

Sneaiceanna

Barra gránach	€1.50
100 g mála cnónna	€3
Torthaí: banana/úll/oráiste	50c

Bain sult as do bhéile!

Bí ag caint!

Cuir ceisteanna mar seo ar an duine atá in aice leat.

Ceisteanna samplacha	Freagraí samplacha
Cé mhéad atá ar bhabhla leite?	Tá trí euro ar bhabhla leite.
Cé mhéad atá ar cheapaire cáise?	Tá ceithre euro ar cheapaire cáise.

Punann 10.1

Samhlaigh go bhfuil tú ag obair i mbialann. Dear biachlár blasta. Bain úsáid as an mbiachlár ar leathanach 294 agus an stór focal thíos. Cuir an obair chríochnaithe i do phunann ar leathanach 78.

Stór focal

Bricfeasta

babhla leite	bowl of porridge	babhla gránaigh	bowl of cereal
uibheacha	eggs	slisíní	rashers
ispíní	sausages	tósta	toast

Lón

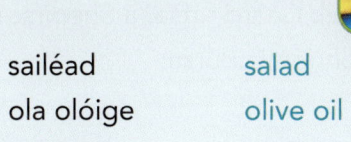

sailéad	salad	anraith	soup
ola olóige	olive oil	anlann	sauce
gairleog	garlic	cáis	cheese

Dinnéar

pasta	pasta	curaí	curry
bradán	salmon	ronnach	mackerel
sicín	chicken	mairteoil	beef

Glasraí

spionáiste	spinach	brocailí	broccoli
prátaí	potatoes	beacáin	mushrooms
prátaí milse	sweet potatoes	meacain dhearga	carrots

Deochanna, milseoga agus sneaiceanna

tae	tea	deochanna súilíneacha	fizzy drinks
sú	juice	toirtín úll	apple tart
iógart agus mil	yogurt and honey	torthaí	fruit
cnónna	nuts	barra gránach	cereal bar

Táim in ann biachlár a dhearadh.

dhá chéad nócha a cúig

Turas 2 — ÉISTEACHT

Comhrá i mBialann

Léigh agus scríobh

Léigh an comhrá seo agus freagair na ceisteanna a ghabhann leis.

Seoirse   Amal

Mír 1

Freastalaí:	Dia daoibh. Fáilte romhaibh chuig Bia Blasta. Seo an biachlár.
Seoirse:	Go raibh míle maith agat.
Amal:	Go raibh míle maith agat.
Seoirse:	Mmm. Tá sé go deas, nach bhfuil.
Freastalaí:	Cad a bheidh agaibh, a chairde?
Amal:	Ba bhreá liom an t-anraith glasraí agus sicín, le do thoil. Céard fútsa, a Sheoirse?
Seoirse:	Sailéad Caesar don réamhchúrsa agus uaineoil don phríomhchúrsa.
Freastalaí:	Go breá. Agus le hól?
Amal:	Uisce súilíneach, le do thoil.
Seoirse:	Buidéal 7up, le do thoil.
Freastalaí:	Fadhb ar bith. Go raibh maith agaibh.

1. Cad is ainm don bhialann?
2. Cén bia agus deoch a ordaíonn Amal?
3. Cén bia agus deoch a ordaíonn Seoirse?

Mír 2

Amal:	A Sheoirse, ceapaim go bhfuil rud éigin san anraith. Míoltóg, b'fhéidir.
Seoirse:	I ndáiríre? Lig dom féachaint … Uch! Tá an ceart agat … a fhreastalaí? A fhreastalaí, le do thoil?
Freastalaí:	'Sea? An bhfuil gach rud ceart go leor?
Amal:	Níl gach rud ceart go leor. Tá rud éigin i m'anraith! Míoltóg, sílim!
Freastalaí:	Ó, tá brón orm. Bíonn sin i gcónaí ag tarlú. Gheobhaidh mé anraith eile.

1. Cad atá in anraith Amal?
2. Cad a dhéanfaidh an freastalaí?

Mír 3

Amal:	Gabh mo leithscéal, an féidir linn an bille a fháil, le do thoil?
Freastalaí:	Cinnte. Seo daoibh. Tá na réamhchúrsaí saor in aisce. Sin cúig euro is fiche le do thoil. Tá brón orm arís.

1. Cad a thugann an freastalaí dóibh saor in aisce?
2. Cé mhéad atá ar an mbille?

Stór focal

réamhchúrsa	starter	phríomhchúrsa	main course
uaineoil	lamb	míoltóg	fly

Caibidil 10

Éist agus scríobh

Tá Selena agus Justin sa bhialann Joey's. Éist leis an gcomhrá idir iad agus an freastalaí. Ansin freagair na ceisteanna.

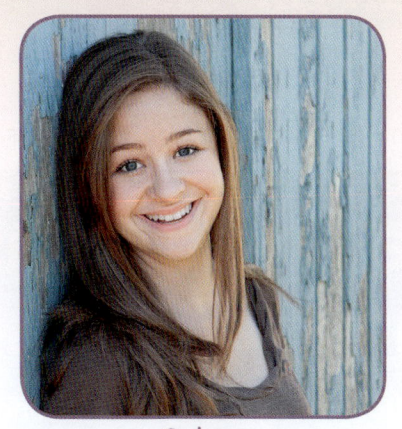

Selena

Justin

Mír 1

Cad a ordaíonn Selena agus Justin? Líon isteach an t-eolas atá á lorg i do chóipleabhar.

Duine	Bia	Deoch
Selena		
Justin		

Mír 2

1. Ar thaitin an béile le Selena agus Justin?
2. Cé mhéad a bhí ar an mbille?

Script: leathanach 132 de do Leabhar Gníomhaíochta.

Punann 10.2

I ngrúpa, scríobh dráma gearr idir freastalaí i mbialann agus beirt chustaiméirí. Bain úsáid as an gcomhrá ar leathanach 296 agus na nathanna úsáideacha ar leathanach 81 de do phunann. Léirigh os comhair an ranga é. Cuir an obair chríochnaithe i do phunann ar leathanach 80.

Táim in ann dráma gearr i mbialann a scríobh.

Tinneas agus Sláinte

dhá chéad nócha a seacht

297

Turas 2

LÉAMHTHUISCINT

Dinnéar sa Dorchadas: Blindekuh san Eilvéis

Léigh, éist agus scríobh

Léigh agus éist leis an bpíosa seo agus freagair na ceisteanna a ghabhann leis.

Dinnéar sa Dorchadas: Blindekuh san Eilvéis

Chuaigh ár dtuairisceoir, Donna Moy, chuig an mbialann Blindekuh san Eilvéis chun triail a bhaint as dinnéar sa dorchadas.

Tá an bhialann Blindekuh suite i bh**foirgneamh** mór in Zurich. Siúlann tú isteach trí na **doirse** móra agus buaileann tú leis an mbainisteoir agus na **freastalaithe**. De ghnáth, bíonn **lagú radhairc** ar na freastalaithe.

building
doors

waiters
visual impairment

Léann tú an biachlár agus **ordaíonn** tú do bhéile sa halla. Ansin, siúlann tú isteach sa seomra bia. Tá sé **chomh dubh le pic**. Níl aon solas ann. Níl aon solas ceadaithe. Níl aon fhóin ceadaithe. Níl aon **uaireadóirí** ceadaithe, fiú!

read
order

pitch black

watches

Bhí sé **an-ait**, ar dtús. Ní féidir leat aon rud a **fheiceáil**. Ach is féidir leat gach rud a **chloisteáil** níos fearr. Agus ar ndóigh, is féidir leat gach rud a **bhlaiseadh** níos fearr.

very strange; see
hear
taste

Chomh maith leis sin, bhí sé deacair aon rud a ithe nó a ól mar bhí sé chomh dorcha! Bhí sé deacair forc agus scian a úsáid freisin!

D'ith mé anraith don **réamhchúrsa**, **uaineoil** don **phríomhchúrsa** agus uachtar reoite don **mhilseog**. D'ordaigh mé uisce **súilíneach** freisin.

starters
lamb; main course
dessert
sparkling

Ar an iomlán, bhí an béile sárbhlasta. Thaitin an uaineoil go mór liom. Bhí sé beagán costasach ach **b'fhiú go mór é**. Beidh mé ar ais **ar ball**!

it was really worth it
soon

Buntuiscint

1. Cá bhfuil an bhialann Blindekuh suite?
2. Cé leo a mbuaileann tú nuair a shiúlann tú isteach trí na doirse móra?
3. Cén áit a léann tú an biachlár?
4. Déan cur síos ar an seomra bia. Is leor **dhá** phointe eolais.
5. Cén fáth a raibh sé an-ait? Is leor **dhá** phointe eolais.
6. Cén fáth a raibh sé deacair aon rud a ithe?
7. Cad a d'ith Donna don réamhchúrsa agus don phríomhchúrsa?
8. Cén deoch a bhí aici?

Léirthuiscint

Ar thaitin an béile le Donna? Luaigh fáth **amháin** le do thuairim.

Taighde

An féidir leat bia a aithint go héasca? Déan tástáil dhall bhlais (*blind taste test*) sa rang Eacnamaíochta Baile nó sa bhaile. Nó déan an tástáil bhia ar www.educateplus.ie/go/blind-taste.

Táim in ann bia a aithint ar bhealaí difriúla.

dhá chéad nócha a naoi

Scéal: Timpiste a Tharla Dom

Léigh agus scríobh

Féach ar an tsraith pictiúr seo. Léigh na cuir síos agus freagair na ceisteanna a ghabhann leo.

Lá fuar seaca a bhí ann. Bhí mé ag siúl ar scoil le mo dheirfiúr agus mo chara Evan. An geimhreadh a bhí ann agus bhí sé fós dorcha.

Bhíomar ag siúl suas an cosán go dtí an scoil. Chonaiceamar an fear glas ag splancáil ar na soilse tráchta. Thosaíomar ag rith trasna an bhóthair go tapa. Ach mo léan, shleamhnaigh mé ar stráice oighir agus thit mé go talamh! Bhuail mé mo cheann go trom ar an mbóthar.

Thosaigh mo cheann ag cur fola. Ghlaoigh mo dheirfiúr ar mo Mham agus tháinig sí go tapa. Ansin, thiomáin sí go dtí an dochtúir mé.

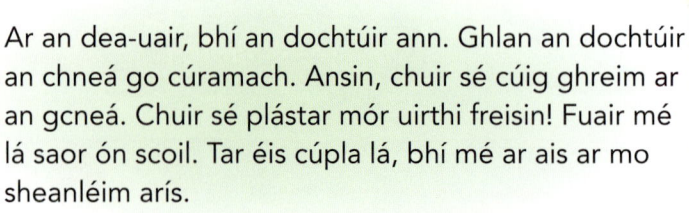

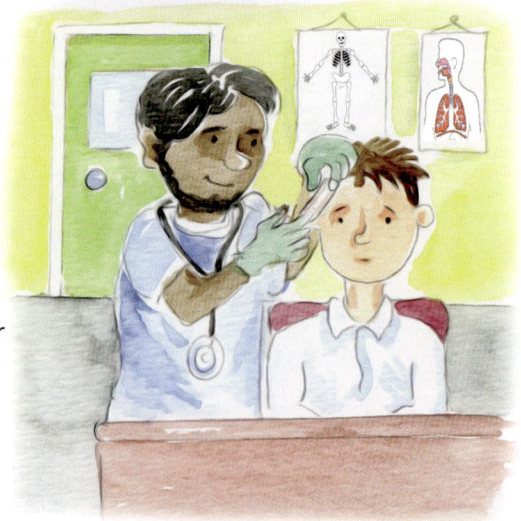

Ar an dea-uair, bhí an dochtúir ann. Ghlan an dochtúir an chneá go cúramach. Ansin, chuir sé cúig ghreim ar an gcneá. Chuir sé plástar mór uirthi freisin! Fuair mé lá saor ón scoil. Tar éis cúpla lá, bhí mé ar ais ar mo sheanléim arís.

Stór focal

seaca	frosty	ag cur fola	bleeding
cosán	path	ghlaoigh ____ ar	____ called
ag splancáil	flashing	ar an dea-uair	luckily
mo léan	alas	cúig ghreim	five stitches
shleamhnaigh	slipped	cneá	wound
stráice oighir	patch of ice	ar ais ar mo sheanléim	back to my old self

Buntuiscint

1. Cén sórt lae a bhí ann?
2. Cá raibh na déagóirí ag dul?
3. Cén fáth ar rith siad trasna an bhóthair?
4. Conas a tharla an timpiste?
5. Cé air ar ghlaoigh a dheirfiúr?
6. Cá ndeachaigh siad ansin?
7. Cad a rinne an dochtúir leis an gcneá?
8. Cathain a bhí sé ar ais ar a sheanléim arís?

Punann 10.3

Scríobh scéal bunaithe ar an tsraith pictiúr ar leathanach 82 de do phunann.

Táim in ann scéal faoi thimpiste a scríobh.

Tinneas agus Sláinte

BÉALTRIAIL

Agallamh

Labhair

Léirigh an t-agallamh seo leis an duine atá in aice leat.

1. **An raibh tú san ospidéal riamh?**
   Bhí. Bhí mé san ospidéal anuraidh.

2. **Cad a tharla duit?**
   Bhí mé ag imirt peil Ghaelach le m'fhoireann. Thit mé go talamh agus bhris mé mo lámh.

3. **Cad a tharla ansin?**
   Rith an bainisteoir chugam agus scrúdaigh sí mo lámh. Bhí a fhios aici go raibh sí briste.

4. **An ndeachaigh tú go dtí an t-ospidéal?**
   Chuaigh. Bhí m'athair ag an gcluiche agus thug sé síob dom.

5. **An bhfuair tú x-gha?**
   Fuair mé x-gha. Dúirt an dochtúir go raibh mo lámh briste. Chuir sí plástar Pháras ar an lámh.

6. **Ar chuir an dochtúir aon chomhairle ort?**
   Chuir. Mhol sí dom é a thógáil go bog.

7. **Ar chaill tú aon lá scoile?**
   Níor chaill, faraor!

8. **Cá fhad a thóg sé ort a bheith ar ais ar do sheanléim arís?**
   Trí mhí, an gcreidfeá! Bhí brón an domhain orm.

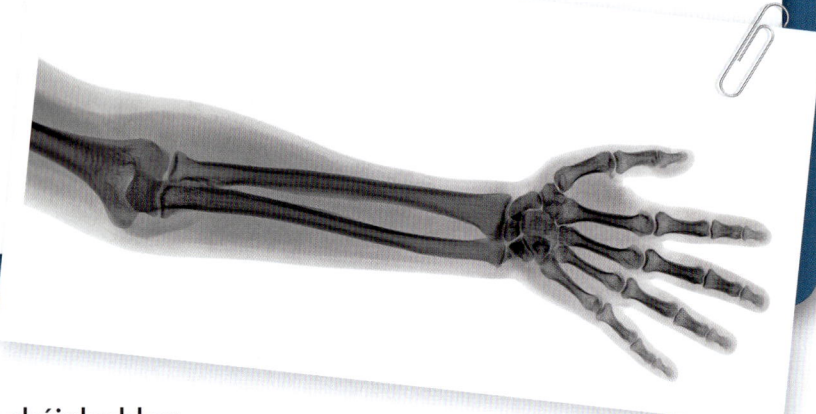

Liam

Scríobh

Freagair na ceisteanna seo i do chóipleabhar.

1. Cén fáth a raibh Liam san ospidéal anuraidh?
2. Cé a scrúdaigh a lámh ar dtús?
3. Conas a chuaigh sé go dtí an t-ospidéal?
4. Cén chomhairle a chuir an dochtúir air?
5. Cathain a bhí sé ar ais ar a sheanléim arís?

Scríobh agus labhair

Freagair na ceisteanna a d'fhreagair Liam (Ceisteanna 1–8) i do chóipleabhar. Ansin, cuir na ceisteanna seo ar an duine atá in aice leat.

Táim in ann ceisteanna faoi thréimhse san ospidéal a fhreagairt.

CLEACHTAÍ ATHBHREITHNITHE

Caibidil 10

Súil Siar

A. Aistrigh go Béarla.

| 1 | rúitín | 2 | gualainn | 3 | súil | 4 | glúin | 5 | muineál | 6 | leiceann |

B. Meaitseáil na pictiúir leis an mbia.

sailéad ☐   anraith ☐   meacan dearg ☐   cnónna ☐   ola olóige ☐   rís ☐

C. Cuir comhairle ar na daoine seo.

1. Ghearr mé mo mhéar! Cad a dhéanfaidh mé?
2. Tá slaghdán orm! Cad a dhéanfaidh mé?
3. Tá mo rúitín ata! Cad a dhéanfaidh mé?

Cluastuiscint

Cloisfidh tú dhá chomhrá sa chuid seo. Cloisfidh tú gach comhrá díobh faoi dhó. Éist go cúramach agus freagair na ceisteanna.

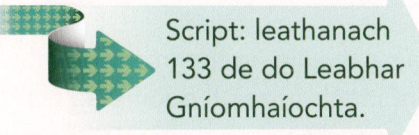

Script: leathanach 133 de do Leabhar Gníomhaíochta.

Comhrá a hAon

1. Cén pictiúr a théann leis an gcomhrá seo? ☐

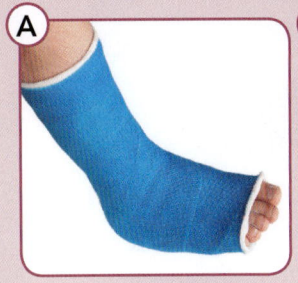

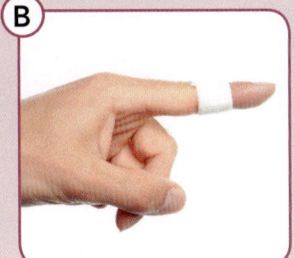

   A   B   C   D

2. Cathain a bheidh Bairbre ar ais ar a seanléim, dar léi?
   (A) i mí an Mheithimh   (B) i mí Iúil   (C) i mí Lúnasa   (D) i mí Mheán Fómhair ☐

Comhrá a Dó

1. Cad a iarrann an príomhoide ar Liam?
   (A) rud a fháil sa siopa
   (B) rud a fháil sa mheaisín díola
   (C) rud a fháil ó sheomra ranga
   (D) rud a fháil ó oifig an rúnaí ☐

2. Cad ba mhaith leis an bpríomhoide?
   (A) barra gránach agus buidéal uisce
   (B) barra gránach agus buidéal oráiste
   (C) barra seacláide agus buidéal cóla
   (D) barra seacláide agus buidéal oráiste ☐

Tinneas agus Sláinte

trí chéad a trí

Turas 2

Cultúr 10
Bia Gaelach

Bia roimh 5000 BC

Roimh 5000 BC, d'ith muintir na hÉireann go leor iasc. D'ith siad fia rua, torc allta, sméara agus cnónna freisin.

An fheirmeoireacht

Nuair a tháinig an fheirmeoireacht go hÉirinn, thosaigh daoine ag fás cruithneachta agus eorna. D'ith siad arán, leite, mairteoil agus uaineoil. D'úsáid siad an 'fulacht fia' chun bia a chócaráil.

An práta

Roimh 1845, d'ith na daoine bochta a lán prátaí – níos mó ná 5 kg de phrátaí gach lá!

Béilí traidisiúnta

Seo samplaí de bhéilí traidisiúnta atá againn:
- **Stobhach Gaelach** – feoil, prátaí agus glasraí
- **Bacstaí** – pancóg as prátaí
- **Cadal** – ispíní, bagún agus prátaí
- **Cál ceannann** – práta, cabáiste agus im

fia rua

'fulacht fia' i gCorcaigh

prátaí

stobhach Gaelach

bacstaí

cadal

cál ceannann

Bia idirnáisiúnta

Itheann daoine go leor bia idirnáisiúnta na laethanta seo. Mar shampla:
- D'oscail na chéad bhialanna Iodálacha i mBaile Átha Cliath sna 1930í.
- D'oscail na chéad bhialanna Síneacha agus Indiacha i mBaile Átha Cliath sna 1950í.
- D'oscail an chéad ollmhargadh Polannach, nó *Polski sklep*, in Éirinn sna 2000í.

Stór focal

iasc	fish	cruithneacht	wheat
fia rua	red deer	eorna	barley
torc allta	wild boar	leite	porridge
sméara	berries	idirnáisiúnta	international

TASC CULTÚIR 10 — Taighde agus cur i láthair

Labhair le duine i do theaghlach faoi oideas (*recipe*) traidisiúnta. Scríobh na comhábhair (*ingredients*) as Gaeilge i do chóipleabhar. Bain úsáid as d'fhoclóir nó as www.focloir.ie.

Cruthaigh cur i láthair ar PowerPoint nó Prezi. Cuir pictiúir air freisin. Déan an cur i láthair os comhair an ranga.

Féinmheasúnú

Luaigh **dhá** rud a d'fhoghlaim tú agus tú ag labhairt le duine faoi oideas traidisiúnta.

Tinneas agus Sláinte

Éire agus Thar Lear

TURAS — **STAMPA TAISTIL** — **CAIBIDIL 11** — **PAS BORDÁLA**

✓ Faoi dheireadh na caibidle seo, beidh mé in ann:

- Cur síos a dhéanamh ar na séasúir.
- Cur síos a dhéanamh ar an aimsir.
- Cur síos a dhéanamh ar fhéilte in Éirinn agus thar lear.
- Seanfhocail a úsáid.

Príomhscileanna

- A bheith liteartha
- Eolas agus smaointeoireacht a bhainistiú

Clár Ábhair

Léamhthuiscint	Na Séasúir	308
Foclóir	An Aimsir in Éirinn	310
Éisteacht	Scéal na hAimsire	311
Foclóir	An Nollaig	312
Léamhthuiscint	Lá Fhéile Bríde	314
Léamhthuiscint	Lá Fhéile Pádraig agus 'Amhrán na bhFiann'	316
Foclóir	An Inid	318
Léamhthuiscint	An Cháisc	319
Foclóir	Seanfhocail	320

LÉAMHTHUISCINT

Na Séasúir

Scríobh

Scríobh na míonna sa cholún ceart i do chóipleabhar.

mí Aibreáin	mí Lúnasa	mí na Bealtaine	mí na Samhna	mí Iúil
mí an Mheithimh	mí Eanáir	mí Mheán Fómhair	mí Feabhra
mí Dheireadh Fómhair	mí na Nollag	mí an Mhárta

An t-earrach	An samhradh	An fómhar	An geimhreadh

Meaitseáil

Meaitseáil na pictiúir leis na focail. Bain úsáid as d'fhoclóir nó as www.focloir.ie.

1.
2.
3.
4.
5.
6.

sicíní ☐   uain ☐   duilleoga ☐   gráinneog ☐   ialtóg ☐   bláthanna ☐

Turas 2

Léigh agus scríobh

Léigh an píosa seo agus freagair na ceisteanna a ghabhann leis.

Tá ceithre shéasúr sa bhliain: an t-earrach, an samhradh, an fómhar agus an geimhreadh. Tá trí mhí i ngach séasúr.

Na séasúir agus ainmhithe

San earrach, **saolaítear** uain agus sicíní. Sa gheimhreadh, déanann gráinneoga agus ialtóga **codladh geimhridh**.

are born
hibernation

Na séasúir agus plandaí

San earrach agus sa samhradh, tagann bláthanna ar phlandaí. San fhómhar agus sa gheimhreadh, **athraíonn** dath na nduilleog agus titeann na duilleoga de na crainn.

changes

Na séasúir agus an ghrian

Sa samhradh, bíonn an ghrian **ag éirí** níos luaithe agus **ag dul faoi** níos déanaí. Sa gheimhreadh, bíonn na laethanta gearr agus na hoícheanta fada.

rising
setting

I mí na Nollag, mar shampla, **i dtuaisceart na hIorua**, bíonn sé dorcha **ar feadh beagnach** 24 huaire sa lá! Sa samhradh, bíonn sé **geal** ar feadh beagnach 24 huaire sa lá.

in the north of Norway
for nearly
bright

1. Cé mhéad séasúr atá sa bhliain?
2. Cad a dhéanann ainmhithe san earrach agus sa gheimhreadh?
3. Cad a tharlaíonn do phlandaí san earrach agus sa samhradh?
4. Cad a tharlaíonn do na duilleoga san fhómhar agus sa gheimhreadh?
5. Cén sórt laethanta agus oícheanta a bhíonn ann sa gheimhreadh?
6. Cad a tharlaíonn i dtuaisceart na hIorua um Nollaig?

Cur i láthair

Roghnaigh séasúr amháin. Cad a tharlaíonn sa séasúr sin? Cruthaigh sleamhnáin faoi na topaicí seo:

na míonna   *ainmhithe*   *plandaí*

Dear cur i láthair ar an séasúr ar PowerPoint nó Prezi. Léirigh os comhair an ranga é.

Táim in ann cur síos a dhéanamh ar na séasúir.

Éire agus Thar Lear

trí chéad a naoi

Turas 2

FOCLÓIR

An Aimsir in Éirinn

Meaitseáil

Meaitseáil na pictiúir leis na focail.

| grianmhar ☐ | te ☐ | fliuch ☐ | ceomhar ☐ |
| gaofar ☐ | fuar ☐ | scamallach ☐ | brádánach ☐ |

Meaitseáil agus labhair

A. Meaitseáil na pictiúir leis na cuir síos.

lá fuar scamallach ☐   lá breá brothallach ☐   lá geal gaofar ☐   lá fuar fliuch ☐

B. Cén lá is fearr? Cén lá is measa? Pléigh do fhreagraí leis an duine atá in aice leat.

Taighde agus scríobh

Téigh chuig www.wunderground.com/history. Conas a bhí an aimsir in Éirinn ar na dátaí seo a leanas?

do bhreithlá anuraidh	an chéad lá ar scoil i mbliana
Lá Fhéile Pádraig, 2015	Lá Fhéile Bríde, 2014

Táim in ann cur síos a dhéanamh ar an aimsir.

ÉISTEACHT

Scéal na hAimsire

Léigh agus scríobh

Léigh na píosaí seo agus freagair na ceisteanna a ghabhann leo.

Píosa a haon
Fáilte romhaibh chuig scéal na haimsire. Lá breá brothallach a bheidh ann inniu. Beidh sé te agus tirim ar fud na tíre. Beidh an teocht is airde idir fiche céim agus trí chéim is fiche Celsius.

1. Cén sórt lae a bheidh ann inniu?
2. Cén sórt aimsire a bheidh ann?
3. Cén teocht a bheidh ann?

Píosa a dó
Fáilte romhaibh chuig réamhaisnéis na haimsire. Lá fuar fliuch a bheidh ann inniu. Beidh sé ag cur báistí ar fud na tíre. Tosóidh sé ag cur sneachta san oíche. Beidh an teocht is airde idir náid agus trí chéim Celsius.

1. Cén sórt lae a bheidh ann inniu?
2. Cén sórt aimsire a bheidh ann?
3. Cén teocht a bheidh ann?

Stór focal

scéal/réamhaisnéis na haimsire	weather forecast
an teocht is airde	the highest temperature
céim Celsius	degree Celsius
ag cur báistí	raining
ag cur sneachta	snowing

Tá go leor físeán, téarmaí agus nathanna cainte ar fáil ar shuíomh gréasáin TG4. Féach: www.tg4.ie/ga/clair/an-aimsir/weather-home/.

Éist agus scríobh

Éist le dhá réamhaisnéis eile. Líon isteach an t-eolas atá á lorg i do chóipleabhar.

Script: leathanach 133 de do Leabhar Gníomhaíochta.

		Píosa a haon	Píosa a dó
1	Cén sórt lae a bheidh ann inniu?		
2	Cén sórt aimsire a bheidh ann?		
3	Cén teocht a bheidh ann?		

Táim in ann scéal na haimsire a thuiscint.

trí chéad a haon déag

FOCLÓIR

An Nollaig

Nollaig 25

Meaitseáil

Meaitseáil na pictiúir leis na habairtí. Bain úsáid as d'fhoclóir nó as www.focloir.ie.

Tarraingímid pléascóga Nollag.

Ithimid dinnéar na Nollag agus maróg.

Tugaimid bronntanais dá chéile.

Tosaíonn na páistí ag súgradh le bréagáin.

Cuirimid maisiúcháin ar an gcrann Nollag.

Déanann na lucharacháin bréagáin.

Scríobhann na páistí litreacha chuig Daidí na Nollag.

Fágann Daidí na Nollag agus na réinfhianna An Mol Thuaidh.

Téimid ar Aifreann.

Cuirimid suas an crann Nollag.

Bí ag caint!

An gceiliúrann tú an Nollaig sa bhaile? Cad a dhéanann tú? Cad a itheann tú? Inis don duine atá in aice leat. Bain úsáid as na habairtí thuas.

Léigh agus scríobh

Léigh an cárta poist agus freagair na ceisteanna a ghabhann leis.

A Thiarnáin, a chara,

Nollaig shona! *Wesołych Świąt*! Conas atá tú? Conas a bhí an Nollaig? Cad a rinne tú? An bhfuair tú aon rud deas?

Tá mise fós anseo sa Pholainn. Thángamar anseo ar 22 Nollaig. Táimid ag fanacht le mo sheantuismitheoirí. Tá sé an-fhuar (–10°C!), ach is aoibhinn liom é.

Cheiliúramar an Nollaig Oíche Nollag. D'itheamar *barszcz* (anraith biatais) agus carbán. D'itheamar *makowiec* agus *kutia* freisin. Is milseoga iad.

D'osclaíomar ár mbronntanais tar éis an dinnéir. Fuair mé fón cliste nua. Bhí mé an-sásta. Faigheann páistí óga anseo bronntanais ó *Święty Mikołaj*, nó 'San Nioclás', ar 6 Nollaig. Faigheann siad níos mó bronntanas ar 24 Nollaig! Tá an t-ádh leo!

Ag meán oíche, chuamar ar Aifreann an Mheán Oíche. Bhí go leor daoine ann.

Beidh mé ar ais ar 3 Eanáir. Feicfidh mé ar scoil thú!

Sylwia

Greamaigh stampa anseo

Tiarnán Ó Dochartaigh
An Phríomhshráid
Cúil an tSúdaire
Laois
Éire

Stór focal

Wesołych Świąt	Happy Christmas (Polish)	carbán	carp (type of fish)
cheiliúramar	we celebrated	milseog	dessert
Oíche Nollag	Christmas Eve	níos mó	more
anraith biatais	beetroot soup	Aifreann an Mheán Oíche	Midnight Mass

Buntuiscint

1. Cathain a tháinig Sylwia go dtí an Pholainn?
2. Conas atá an aimsir ann?
3. Ainmnigh **trí** rud a d'ith siad Oíche Nollag.
4. Cén bronntanas a fuair Sylwia?
5. Cathain a fhaigheann páistí óga bronntanais?
6. Cathain a bheidh Sylwia ar ais?

Táim in ann ceisteanna faoin Nollaig a fhreagairt.

Lá Fhéile Bríde

Feabhra 1

Léigh agus meaitseáil
Léigh na giotaí seo agus meaitseáil leis na pictiúir iad.

1. Ceiliúraimid Lá Fhéile Bríde ar 1 Feabhra. Rugadh Naomh Bríd i gContae Lú timpeall 450 AD. Cailín cineálta grámhar ab ea Bríd. Bhíodh sí i gcónaí ag cabhrú le daoine bochta.

2. Dubhthach ab ainm dá hathair. Faraor, ní raibh sé go deas le Bríd.

3. Lá amháin, shocraigh Dubhthach Bríd a dhíol le hArdrí Laighean. Nuair a chuaigh Dubhthach isteach sa chaisleán chun labhairt leis an Ardrí, thug Bríd claíomh a hathar d'fhear bocht.

4. Bhí fearg an domhain ar Dhubhthach nuair a tháinig sé amach. Bhí a fhios ag an Ardrí, áfach, gur chailín naofa í Bríd.

5. Ina dhiaidh sin, chuaigh Bríd sna mná rialta. Dhéanadh sí crosóga as luachra. Tugtar 'Crosóga Bhríde' ar na crosóga seo.

6. Fuair Naomh Bríd bás timpeall 525 AD. Cuireadh i gCill Dara í ach tugadh a blaosc go dtí an Phortaingéil i 1283 chun í a choimeád slán.

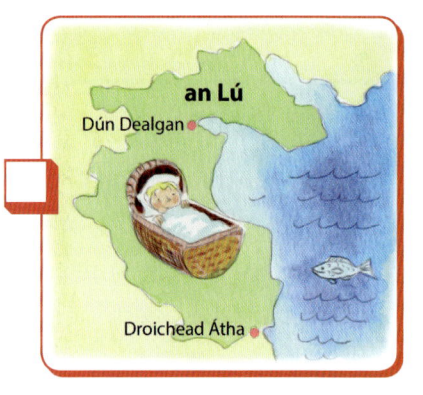

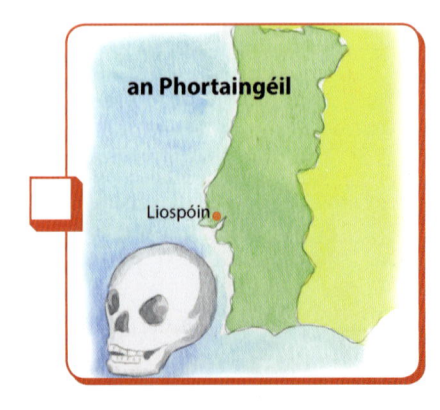

Stór focal

ceiliúraimid	we celebrate	claíomh a hathar	her father's sword
cineálta grámhar	kind and loving	chuaigh Bríd sna mná rialta	Bríd became a nun
ag cabhrú le daoine bochta	helping poor people	crosóga as luachra	little crosses from reeds
ní raibh sé go deas le	he wasn't nice to	cuireadh	buried
shocraigh	decided	blaosc	skull
a dhíol	to sell	a choimeád slán	to keep safe

Scríobh

Freagair na ceisteanna seo i do chóipleabhar.

1. Cathain a cheiliúraimid Lá Fhéile Bríde?
2. Cár rugadh Naomh Bríd?
3. Cén sórt cailín ab ea Bríd?
4. Cad a tharla nuair a chuaigh Dubhthach isteach sa chaisleán?
5. Conas a mhothaigh Dubhthach nuair a tháinig sé amach?
6. Cén sórt cailín ab ea Bríd, dar leis an Ardrí?
7. Cad a rinne Bríd ina dhiaidh sin?
8. Cad a dhéanadh Bríd as luachra?
9. Cathain a fuair Naomh Bríd bás?
10. Cá bhfuil a blaosc anois?

Crosóga Bhríde

Féach ar na léaráidí (*diagrams*) thíos. Lean na treoracha chun do Chrosóga Bhríde féin a dhéanamh as luachra, nó más fearr leat, as soip (*straws*).

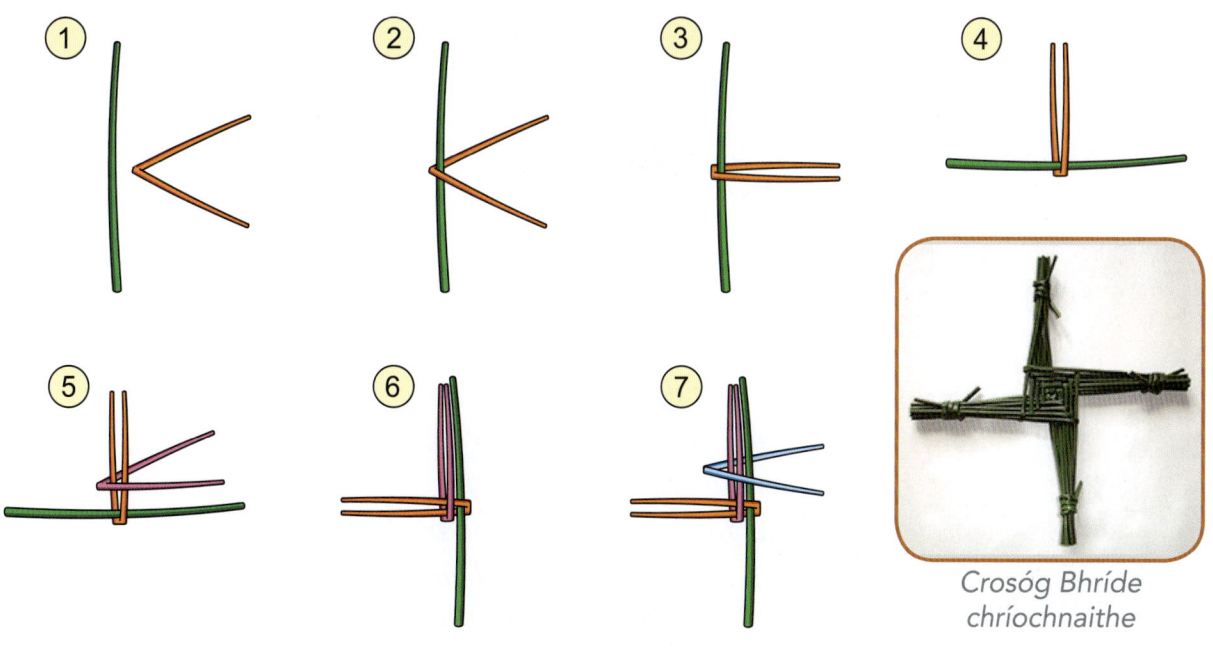

Crosóg Bhríde chríochnaithe

Táim in ann cur síos a dhéanamh ar stair Lá Fhéile Bríde.

trí chéad a cúig déag

315

Turas 2

LÉAMHTHUISCINT

Lá Fhéile Pádraig agus 'Amhrán na bhFiann'

Márta 17

Meaitseáil
Meaitseáil na pictiúir leis na habairtí.

Caitheann daoine seamróga agus éadaí glasa. ☐   Ceiliúrann daoine Naomh Pádraig. ☐

Bíonn céilithe ar siúl. ☐   Canann daoine 'Amhrán na bhFiann'. ☐

Téann daoine chuig Paráid Lá Fhéile Pádraig. ☐   Tagann go leor turasóirí go hÉirinn. ☐

Bí ag caint!
Cad a dhéanann tú féin Lá Fhéile Pádraig? Inis don duine atá in aice leat.

Éist agus can
Éist le agus can 'Amhrán na bhFiann'.

Sinne Fianna Fáil,
Atá faoi gheall ag Éirinn,
Buíon dár slua
Thar toinn do ráinig chugainn,
Faoi mhóid bheith saor
Seantír ár sinsear feasta,
Ní fhágfar faoin tíorán ná faoin tráill.
Anocht a théam sa bhearna bhaoil,
Le gean ar Ghaeil, chun báis nó saoil,
Le gunna scréach faoi lámhach na bpiléar,
Seo libh canaigh Amhrán na bhFiann.

Léigh agus scríobh

Léigh an píosa seo agus freagair na ceisteanna a ghabhann leis.

Tá **nasc** láidir idir Montsarat agus Éire. Tugtar **'Oileán Iathghlas na Cairibe'** ar Mhontsarat.

Sa 17ú haois, tháinig go leor Éireannach agus Afracach anseo. Tá go leor **sloinnte** agus **logainmneacha** Éireannacha fós ar an oileán. **Ar na** sloinnte sin tá 'Hogan', 'O'Garro' agus 'Sweeney'. Ar na logainmneacha tá 'Kinsale', 'St Patrick's' agus 'Cork Hill'. Ólann muintir Mhontsarat **deochanna** Éireannacha agus itheann siad bia Éireannach.

Ceiliúrann muintir Mhontsarat Féile Phádraig gach bliain. **Maireann** an fhéile seachtain iomlán! Bíonn **paráidí** móra sráide acu agus **seinneann** ceoltóirí ceol Gaelach agus ceol Afracach. **Caitheann** daoine seamróga agus éadaí glasa freisin.

link	
Emerald Isle of the Caribbean	
surnames; place names	
among the	
drinks	
last; parades	
play	
wear	

Buntuiscint

1. Cad a thugtar ar Mhontsarat?
2. Cé a tháinig go Montsarat sa 17ú haois?
3. Ainmnigh **dhá** shloinne Éireannacha atá ar an oileán.
4. Ainmnigh **dhá** logainm Éireannacha atá ar an oileán.
5. Cá fhad a mhaireann Féile Phádraig ar Mhontsarat?
6. Luaigh **dhá** rud a dhéanann muintir Mhontsarat le linn na Féile Pádraig.

Léirthuiscint

Ar mhaith leat dul go Montsarat? Cén fáth? Tabhair fáth amháin le do fhreagra.

Taighde agus cur i láthair

Roghnaigh áit amháin taobh amuigh d'Éirinn ina gceiliúrann na daoine Lá Fhéile Pádraig. Conas a cheiliúrann siad an lá? Dear cur i láthair ar an bhféile ar PowerPoint nó Prezi. Léirigh os comhair an ranga é.

Táim in ann cur síos a dhéanamh ar Lá Fhéile Pádraig.

Éire agus Thar Lear

trí chéad a seacht déag

FOCLÓIR

An Inid

Meaitseáil

Meaitseáil na habairtí leis na pictiúir.

Treoracha chun pancóga a dhéanamh

1. Meascann tú na comhábhair i meascthóir.
2. Doirteann tú dhá spúnóg bhoird den mheascán isteach i bhfriochtán.
3. Tar éis dhá nóiméad, tiontaigh an phancóg.
4. Cuir torthaí úra agus síoróip mhailpe leis.

Comhábhair

- 100 g plúir
- dhá ubh – buailte
- dhá spúnóg bhoird d'im leáite
- 300 ml bainne
- gráinne salainn
- banana amháin – brúite

Táim in ann pancóg a dhéanamh do Mháirt na hInide.

LÉAMHTHUISCINT

An Cháisc

Beannachtaí na Cásca ort!

Léigh agus scríobh

Léigh an píosa seo agus freagair na ceisteanna a ghabhann leis.

Ceiliúrtar an Cháisc ar fud an domhain i mí an Mhárta nó i mí Aibreáin. Bíonn traidisiúin dhifriúla ann i ngach tír.	Easter is celebrated
In Éirinn, bíonn déagóirí saor ón scoil agus bíonn go leor siopaí dúnta. Itheann daoine **uibheacha** seacláide. Téann páistí óga ag **tóraíocht** uibheacha ar fud an tí agus ar fud an ghairdín.	eggs; hunting
Bíonn **paráidí** móra trí na sráideanna sa Spáinn, san Indinéis, sna hOileáin Fhilipíneacha agus i Meiriceá Theas.	parades
Sa tSualainn, **gléasann** páistí suas mar **'Chailleacha na Cásca'**!	dress (up) Easter Witches
B'fhéidir go bhfuil an traidisiún **is aistí** sa Fhrainc. I mbaile beag darb ainm Haux, déanann cócairí **uibheagán** ollmhór le 4,500 ubh! Tagann 1,000 duine go dtí	strangest omelette
lár an bhaile agus itheann siad an t-uibheagán. Deirtear gur thosaigh Napoleon an traidisiún sin.	town centre

1. Cathain a cheiliúrtar an Cháisc?
2. Cad a itheann daoine in Éirinn?
3. Cad a dhéanann páistí óga in Éirinn?
4. Ainmnigh **trí** thír ina mbíonn paráidí móra ar siúl trí na sráideanna.
5. Cad a dhéanann páistí sa tSualainn?
6. Cad a dhéanann cócairí sa bhaile Haux? Cé mhéad ubh a úsáideann siad?
7. Cé mhéad duine a thagann go dtí lár an bhaile chun an t-uibheagán a ithe?
8. Cé a thosaigh an traidisiún sin?

Bí ag caint!

I ngrúpa, pléigh na ceisteanna seo:

1. Cad a dhéanann tú féin Domhnach Cásca?
2. Cad a itheann tú?
3. An ndéanann tú aon rud neamhghnách (*unusual*)?

Bain úsáid as an stór focal thíos.

Stór focal

téimid	we go	tugaimid cuairt ar	we visit
ithimid	we eat	bíonn ____ againn	we have ____

Táim in ann cur síos a dhéanamh ar Fhéile na Cásca.

Éire agus Thar Lear

trí chéad a naoi déag

FOCLÓIR

Seanfhocail

Níl aon tinteán mar do thinteán féin.

Meaitseáil

Meaitseáil tús le deireadh na seanfhocal. Bain úsáid as d'fhoclóir nó as www.focloir.ie.

1	Is fearr an tsláinte	A	an t-ocras.
2	Is minic a bhíonn ciúin	B	ná na táinte.
3	Is maith an t-anlann	C	a shrón.
4	Is minic a bhriseann béal duine	D	ciontach.

1 = ____   2 = ____   3 = ____   4 = ____

Tá liosta seanfhocal ar fáil ar leathanach 394.

Meaitseáil

Meaitseáil na pictiúir leis na seanfhocail.

Tá liosta seanfhocal ar fáil ar leathanach 394.

Ní bhíonn saoi gan locht. ☐

Cleachtadh a dhéanann máistreacht. ☐

Aithníonn ciaróg ciaróg eile. ☐

Ní neart go cur le chéile. ☐

Filleann an feall ar an bhfeallaire. ☐

Nuair a bhíonn an cat amuigh, bíonn na lucha ag damhsa. ☐

Tarraing pictiúr

Roghnaigh seanfhocal eile. Tarraing pictiúr nó déan colláis (*collage*) den seanfhocal sin. Téigh chuig www.fotor.com chun colláis ar líne a dhearadh.

Táim in ann seanfhocail a úsáid.

trí chéad fiche a haon

Ábhar Breise

TURAS

PAS BORDÁLA

Sa mhír seo, gheobhaidh tú go leor ábhar breise chun do chuid scileanna léamhthuisceana a fheabhsú. Tá samplaí de na cleachtaí seo a leanas ann:
- léamhthuiscintí
- foirmeacha iarratais
- fógraí
- cártaí poist
- litreacha
- scéal
- biachlár.

In this section, you will find lots of extra material to practise your comprehension skills. There are examples of the following exercises:
- comprehensions
- application forms
- announcements
- postcards
- letters
- a story
- a menu.

Clár

Caibidil 1	Léamhthuiscint	324
Caibidil 1	Foirm Iarratais	325
Caibidil 2	Léamhthuiscint	326
Caibidil 2	Fógra	328
Caibidil 3	Léamhthuiscint	329
Caibidil 3	Fógra	330
Caibidil 4	Léamhthuiscint	331
Caibidil 4	Cárta Poist	332
Caibidil 4	Fógra	333
Caibidil 5	Léamhthuiscint	334
Caibidil 5	Litir	335
Caibidil 5	Fógra	336
Caibidil 6	Léamhthuiscint	337
Caibidil 6	Cárta Poist	338
Caibidil 6	Fógra	339
Caibidil 7	Léamhthuiscint	340
Caibidil 7	Fógra	341
Caibidil 8	Léamhthuiscint	342
Caibidil 8	Fógra	343
Caibidil 9	Litir	344
Caibidil 9	Léamhthuiscint	345
Caibidil 9	Fógra	346
Caibidil 10	Scéal	347
Caibidil 10	Biachlár	348

CAIBIDIL 1

Léamhthuiscint

Léigh agus scríobh

Léigh an giota seo agus freagair na ceisteanna a ghabhann leis.

Seo Barry Keoghan. Is réalta scannáin é. Tá gruaig ghearr dhonn air agus tá súile gorma aige. Is as Baile Átha Cliath é. Tá sé cliste agus greannmhar.

1. Cén sórt réalta é Barry Keoghan?
2. Cén sórt gruaige atá air?
3. Cén dath súl atá aige?
4. Cén sórt duine é?

Léigh agus scríobh

Léigh an giota seo agus freagair na ceisteanna a ghabhann leis.

Seo Olivia Rodrigo. Is réalta theilifíse í. Tá gruaig fhada dhonn uirthi agus tá súile donna aici. Is as California í. Tá sí spórtúil agus greannmhar.

1. Cén sórt réalta í Olivia Rodrigo?
2. Cén sórt gruaige atá uirthi?
3. Cén dath súl atá aici?
4. Cén sórt duine í?

CAIBIDIL 1

Foirm Iarratais

Léigh

Léigh an fhoirm iarratais seo.

Comhfhreagraí Leantóirí: Foirm Iarratais

Ainm: Petra

Aois: 14

Stíl ghruaige: gruaig fhada dhíreach fhionn

Dath súl: súile geala gorma

Tréith 1: fuinniúil

Tréith 2: fial

Uimhir fóin: (081) 211 5151

Seoladh ríomhphoist: petraagcaint@gaeilgemail.com

Scríobh

Tá na habairtí seo bréagach. Ceartaigh iad.

1. Ava is ainm di.
2. Tá sí sé bliana déag d'aois.
3. Tá gruaig ghearr chatach dhonn uirthi.
4. Tá súile donna dorcha aici.
5. Tá sí cneasta agus cairdiúil.

trí chéad fiche a cúig

CAIBIDIL 2

Léamhthuiscint

Léigh agus scríobh

Léigh an píosa seo agus freagair na ceisteanna a ghabhann leis.

Dia daoibh! Is mise Roibeard. Tá cúigear i mo theaghlach. Is iad sin m'athair, mo mháthair agus mo bheirt deirfiúracha. Is mise an duine is óige. Táim ceithre bliana déag d'aois. Diane agus Linda is ainm do mo dheirfiúracha. Is í Diane an páiste is sine. Tá sí ocht mbliana déag d'aois. Tá Linda i lár báire. Tá sí sé bliana déag d'aois.

Tá gruaig ghearr dhonn orm agus tá súile gorma agam. Tá gruaig fhada fhionn ar mo dheirfiúr Diane agus tá súile glasa aici. Tá gruaig fhada dhubh ar mo dheirfiúr Linda agus tá súile donna aici. Tá gruaig liath ar mo mháthair agus tá gruaig dhubh ar m'athair. Tá súile glasa acu beirt.

Tá mo theaghlach an-chairdiúil. Tá mo dheirfiúracha foighneach agus cneasta. Tá mé féin fuinniúil agus spórtúil.

Réitímid go han-mhaith le chéile.

Stór focal

| i lár báire | in the middle | acu beirt | both of them |

1. Cé mhéad duine atá i dteaghlach Roibeaird?
2. Cé mhéad deirfiúr atá aige? Cad is ainm dóibh?
3. Cé hí an páiste is sine?
4. Cén aois í Linda?
5. Cén sórt gruaige atá ar Roibeard?
6. Cén dath súl atá aige?
7. Déan cur síos ar a dheirfiúracha.
8. Déan cur síos ar a thuismitheoirí.
9. Cén sórt duine é Roibeard?
10. An réitíonn siad go maith le chéile?

Léigh agus scríobh

Léigh an píosa seo agus freagair na ceisteanna a ghabhann leis.

Dia dhaoibh! Is mise Jean. Tá seisear i mo theaghlach. Is iad sin mo mháthair, m'athair, mo bheirt deartháireacha agus mo dheirfiúr óg. Is mise an páiste is sine. Táim cúig bliana déag d'aois. Tim agus David is ainm do mo dheartháireacha. Síle is ainm do mo dheirfiúr.

Tá Tim níos sine ná David. Tá sé trí bliana déag d'aois agus tá David dhá bhliain déag d'aois. Is í Síle an páiste is óige. Tá sí deich mbliana d'aois.

Tá gruaig fhada dhonn orm féin agus ar mo dheirfiúr Síle. Tá súile gorma againn freisin. Tá gruaig ghearr dhubh ar Tim agus David agus tá súile glasa acu. Tá gruaig ghearr dhonn ar mo mháthair agus tá súile cnódhonna aici. Tá gruaig ghearr liath ar m'athair agus tá súile gorma aige.

Tá mo theaghlach an-chneasta. Tá mo shiblíní greannmhar agus fial. Tá mé féin cabhrach agus dílis.

Réitímid go hiontach le chéile.

1. Cé mhéad duine atá i dteaghlach Jean?
2. Cé mhéad deartháir agus deirfiúr atá aici? Cad is ainm dóibh?
3. Cén aois é David?
4. Cé hí an páiste is óige?
5. Cén sórt gruaige atá ar Jean agus Síle?
6. Cén dath súl atá acu?
7. Déan cur síos ar a deartháireacha.
8. Déan cur síos ar a tuismitheoirí.
9. Cén sórt daoine iad a siblíní?
10. An réitíonn siad go maith le chéile?

trí chéad fiche a seacht

CAIBIDIL 2

Fógra

Léigh agus scríobh

Léigh an fógra seo agus freagair na ceisteanna a ghabhann leis.

Teaghlaigh an Rince

An maith leat ceol?
An bhfuil tú aclaí?
Ar mhaith leat damhsa?

Tá G24 ag lorg teaghlach in Éirinn don seó teilifíse *Teaghlaigh an Rince*.

An maith leat ceol? An maith leat damhsa?

Ar mhaith leat duais €10,000,000 a bhuachan?

Chun cur isteach ar an seó, seol ríomhphost chuig rince@gaeilge24.ie.

Sa ríomhphost, déan cur síos ort féin agus ar do theaghlach.

Críochnaigh an abairt seo:
'Ba mhaith liom a bheith ar *Teaghlaigh an Rince* mar ...'

Tá tuilleadh eolais ar fáil ag www.gaeilge24.ie/rince.

1. Cad is ainm don seó teilifíse seo?
2. Cén duais atá le buachan?
3. Conas a chuireann tú isteach ar an seó?
4. Cad a scríobhann tú sa ríomhphost?
5. Cá bhfuil tuilleadh eolais ar fáil?

CAIBIDIL 3

Léamhthuiscint

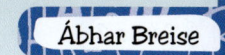

Léigh agus scríobh

Léigh an píosa seo agus freagair na ceisteanna a ghabhann leis.

Dia dhaoibh. Is mise Ciara. Táim i mo chónaí i mbungaló faoin tuath. Tá an teach suite ar bhóithrín ciúin. Is aoibhinn liom é anseo.

Tá deich seomra sa teach. Tá trí sheomra leapa, seomra suí, cistin, seomra fóntais, seomra bia, oifig agus dhá sheomra folctha ann.

Is é an seomra suí an seomra is fearr liom. Taitníonn sé liom mar tá sé mór agus fairsing. Tá fuinneog mhór sa seomra agus tá radharc álainn ar na sléibhte uaithi.

Tá tinteán mór againn agus lasaimid tinte móra ann sa gheimhreadh. Tá scáthán agus matal os cionn an tinteáin. Tá teilifís in aice leis. Tá bord caife i lár an tseomra. Tá cathaoir uilleach chompordach sa chúinne. Tá tolg mór compordach in aice leis. Tá ruga dearg ar an urlár. Tá leabhragán in aghaidh an bhalla agus tá go leor leabhar air.

Tá gairdín mór againn agus fásaimid glasraí ann.

Stór focal

bóithrín	a small road		lasaimid	we light
seomra fóntais	utility room		scáthán	mirror
fairsing	spacious/roomy		matal	mantelpiece
radharc álainn ar	a beautiful view of		fásaimid	we grow

1. Cá bhfuil Ciara ina cónaí?
2. Cá bhfuil an teach suite?
3. Cé mhéad seomra atá sa teach?
4. Liostaigh na seomraí atá sa teach.
5. Cad é an seomra is fearr léi?
6. Cén fáth a dtaitníonn an seomra sin léi?
7. Cén radharc atá acu ón seomra suí?
8. Cad a lasann siad sa gheimhreadh?
9. Luaigh **trí** phíosa troscáin (*furniture*) atá sa seomra suí.
10. Cad a fhásann siad sa ghairdín?

trí chéad fiche a naoi

CAIBIDIL 3

Fógra

Léigh agus scríobh

Léigh an fógra seo agus freagair na ceisteanna a ghabhann leis.

Teach feirme ar díol san Iodáil

Teach feirme agus feirm ar cíos. Ceithre sheomra leapa, cistin mhór, seomra suí teolaí, seomra bia fairsing, oifig. Gairdín mór, stáblaí agus 50 acra.

€2,000,000

1. Cén sórt tí atá ar díol?
2. Liostaigh na seomraí atá ann.
3. Cén praghas atá ar an teach agus ar an bhfeirm?

Léigh agus scríobh

Léigh an fógra seo agus freagair na ceisteanna a ghabhann leis.

Villa ar díol sa Fhrainc

Villa ar díol. Cois trá. Ciúin agus síochánta. Trí sheomra leapa. Radharc álainn ar an Atlantach.

€2,000,000

1. Cén sórt tí atá ar díol?
2. Cá bhfuil an teach suite?
3. Cén radharc atá ann?

CAIBIDIL 4

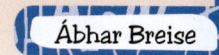

Léamhthuiscint

Léigh agus scríobh

Léigh an píosa seo agus freagair na ceisteanna a ghabhann leis.

Bail ó Dhia oraibh. Is mise Ceallach. Táim i mo chónaí i gCill Rónáin in Inis Mór. Baile bríomhar iascaireachta is ea é.

Tá go leor áiseanna in Inis Mór. Tá bialanna iontacha, óstáin, siopaí caife, tránna áille, club óige, club CLG agus coláiste samhraidh. Is é an club óige an áis is fearr liom. Buailim le mo chairde ar fad ann.

Tagann go leor turasóirí anseo sa samhradh. Téann siad ag siúl, ag rothaíocht, ag snámh agus ag iascaireacht.

Tá go leor áiteanna speisialta ar an oileán freisin. An áit is fearr liom ná Dún Aonghasa. Is aoibhinn liom Poll na bPéist freisin. Gach cúpla bliain, bíonn comórtas tumadóireachta Red Bull ar siúl i bPoll na bPéist. Is aoibhinn liom an comórtas sin.

Poll na bPéist

Stór focal

áille	beautiful (pl)	Poll na bPéist	the Worm Hole
áiteanna speisialta	special places	comórtas tumadóireachta	diving competition

1. Cá bhfuil Ceallach ina cónaí?
2. Cén sórt baile é Cill Rónáin?
3. Liostaigh **cúig** áis atá in Inis Mór.
4. Cén áis is fearr le Ceallach?
5. Cé leo a mbuaileann sí ann?
6. Cé a thagann go hInis Mór sa samhradh?
7. Cad a dhéanann turasóirí in Inis Mór sa samhradh?
8. Cén áit speisialta is fearr le Ceallach?
9. Cad a bhíonn ar siúl gach cúpla bliain i bPoll na bPéist?
10. An maith léi an comórtas sin?

trí chéad tríocha a haon

CAIBIDIL 4

Cárta Poist

Léigh agus scríobh

Léigh an cárta poist seo agus freagair na ceisteanna a ghabhann leis.

A Chlár, a chara,

Conas atá tú? Tá súil agam go bhfuil tú i mbarr na sláinte! Táim ar saoire le mo theaghlach i Meiriceá!

Táim ag baint an-taitneamh as seo. Táimid ag fanacht in óstán compordach i Nua-Eabhrac.

Tá an chathair go hálainn. Tá sí ollmhór. Tá siopaí de gach sórt anseo. Is fearr liom na siopaí móra ar nós Macy's agus Saks Fifth Avenue. Is féidir leat gach rud a cheannach sna siopaí sin! Cheannaigh mé cóta nua mar tá an aimsir an-fhuar anseo. Bhí sé ag cur sneachta inné!

Tá go leor le déanamh anseo. Chonaiceamar an Statue of Liberty, Central Park agus an Empire State Building. Chuamar i mbád go hOileán Ellis freisin.

Amárach, rachaimid go Brooklyn agus feicfimid Droichead Brooklyn. Táimid ag tnúth go mór leis.

Beidh mé ar ais Dé Céadaoin seo chugainn. Buailfidh mé aníos chugat!

Slán tamall!

Seosaimhín

Greamaigh stampa anseo

Clár Nic Ruairí

Ceanannas Mór

Co. na Mí

Éire

Faraor nach bhfuil tú anseo!

---

1. Cá bhfuil Seosaimhín agus a teaghlach ar saoire?
2. Cá bhfuil siad ag fanacht?
3. Cén sórt siopaí is fearr le Seosaimhín?
4. Cén sórt rudaí is féidir leat a cheannach i Macy's agus Saks Fifth Avenue?
5. Cén fáth ar cheannaigh sí cóta nua?
6. Ainmnigh **dhá** áit a chonaic siad.
7. Cá ndeachaigh siad i mbád?
8. Cá rachaidh siad amárach?
9. Cad a fheicfidh siad ann?
10. An bhfuil siad ag tnúth leis?

CAIBIDIL 4

Fógra

Léigh agus scríobh

Léigh an fógra seo agus freagair na ceisteanna a ghabhann leis.

STOP!

Plás Sackville dúnta de bharr oibreacha bóthair

Más mian leat dul go dtí an stad Luas ar Shráid Mhaoilbhríde, lean na treoracha seo:

Téigh 50 m síos Sráid Uí Chonaill.

Tóg an chéad chasadh ar chlé – sin Sráid na Mainistreach Íochtarach.

Siúil 130 m síos Sráid na Mainistreach Íochtarach.

Tóg an chéad chasadh ar chlé – sin Shráid Mhaoilbhríde.

Siúil 60 m.

Feicfidh tú an stad Luas os do chomhair.

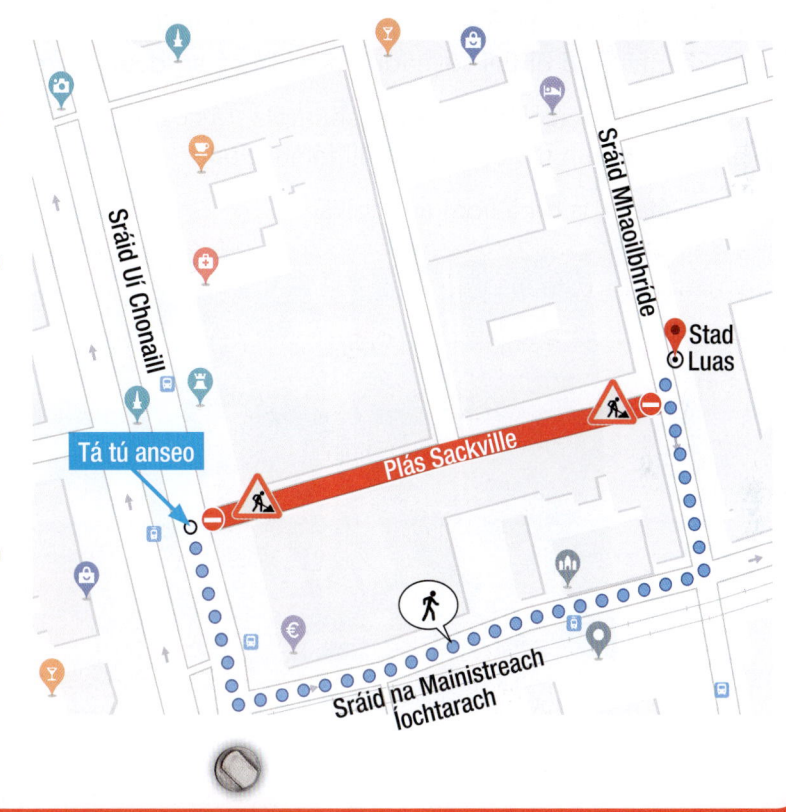

Stór focal

de bharr	because of	Sráid Mhaoilbhríde	Marlborough Street
oibreacha bóthair	roadworks	Sráid na Mainistreach Íochtarach	Lower Abbey Street

1. Cén fáth a bhfuil Plás Sackville dúnta?
2. Ainmnigh na **trí** shráid atá luaite ar an bhfógra.
3. Cé mhéad casadh atá sna treoracha?
4. Cé mhéad méadar san iomlán atá an stad Luas ar shiúl?
5. Cén tsráid ar a bhfuil an stad Luas?

CAIBIDIL 5

Léamhthuiscint

Léigh agus scríobh

Léigh an píosa seo agus freagair na ceisteanna a ghabhann leis.

Dia daoibh, is mise Ursula. Is as an Lú mé. Táim ceithre bliana déag d'aois. Táim ag freastal ar Choláiste an Droichid. Táim sa dara bliain.

Is scoil mhór í mo scoil. Tá 1,000 (míle) dalta ag freastal ar an scoil seo. Tá go leor áiseanna nua-aimseartha anseo. Mar shampla, tá trí shaotharlann eolaíochta, trí sheomra adhmadóireachta, seomra ríomhaireachta, seomra miotalóireachta, seomra ceoil agus ceaintín mór.

Táim ag déanamh trí ábhar déag ar scoil. Is iad sin Gaeilge, Béarla, Mata, Stair, Tíreolaíocht, Eolaíocht, Adhmadóireacht, Grafaic Theicniúil, Gnó, Fraincis, Creideamh, Ceol agus Corpoideachas.

Is iad Corpoideachas agus Ceol na hábhair is fearr liom. Is breá liom Corpoideachas mar is breá liom a bheith aclaí. Is breá liom na ranganna ceoil mar tá siad taitneamhach. Ní maith liom Gnó. Ceapaim go bhfuil sé leadránach. Tá sé an-deacair freisin.

Tá go leor rialacha sa scoil freisin. Mar shampla, tá cosc ar bhróga spóirt agus tá cosc ar an mbulaíocht. Chomh maith leis sin, níl fáinní cluaise ná smideadh ceadaithe.

Ar an iomlán, áfach, is breá liom an scoil seo.

Stór focal

aclaí — fit	áfach — however

1. Cárb as d'Ursula?
2. Cén scoil a bhfuil sí ag freastal uirthi?
3. Cén bhliain ina bhfuil sí?
4. Cé mhéad dalta atá ag freastal ar scoil Ursula?
5. Cé mhéad saotharlann eolaíochta atá sa scoil?
6. Cé mhéad ábhar atá á ndéanamh aici?
7. Cén fáth a dtaitníonn Corpoideachas léi?
8. Cén fáth a dtaitníonn na ranganna ceoil léi?
9. Cén t-ábhar nach maith léi? Cén fáth nach maith léi é?
10. Luaigh **trí** riail atá i scoil Ursula.

CAIBIDIL 5

Litir

Léigh agus scríobh

Léigh an litir seo agus freagair na ceisteanna a ghabhann léi.

Aogán de Barra
Scoil Chónaithe an Rois
Gaillimh

14 Deireadh Fómhair 2018

A Aintín Máire,

Tá súil agam go bhfuil tú go maith. Táim ar ais sa scoil chónaithe – sa tríú bliain, an gcreidfeá!

De ghnáth, éirím ag 07.00 (seacht a chlog). Bíonn cithfholcadh agam agus cuirim m'éide scoile orm. Ansin, téim síos go dtí an ceaintín chun an bricfeasta a ithe.

Tosaíonn ranganna ag 08.30 (leathuair tar éis a hocht) agus críochnaíonn siad ag 15.30 (leathuair tar éis a trí). Bíonn sos againn ag 10.30 (leathuair tar éis a deich) agus ithimid ár lón ag 12.30 (leathuair tar éis a dó dhéag). Imrím haca nó cispheil tar éis na scoile.

Ithimid ár ndinnéar ag 17.30 (leathuair tar éis a cúig) sa cheaintín. Ansin, téimid go dtí an halla staidéir. Déanaimid ár gcuid obair bhaile ansin.

Féachaimid ar an teilifís ar feadh tamaill agus téimid a chodladh ag 22.00 (deich a chlog). Ar an iomlán, taitníonn an tríú bliain go mór liom.

Bhuel, sin a bhfuil uaim. Abair le hUncail Peadar go raibh mé ag cur a thuairisce.

Slán go fóill,

Aogán

Stór focal

scoil chónaithe	boarding school	sin a bhfuil uaim	that's all from me
cithfholcadh	shower	ag cur a thuairisce	asking for him

1. Cén bhliain ina bhfuil Aogán?
2. Cén t-am a éiríonn sé de ghnáth?
3. Cad a dhéanann sé tar éis dó éirí?
4. Cá dtéann sé chun bricfeasta a ithe?
5. Cén t-am a thosaíonn agus a chríochnaíonn na ranganna?
6. Cén t-am a bhíonn lón acu?
7. Cén spórt a imríonn sé tar éis na scoile?
8. Cá dtéann siad tar éis dinnéar a ithe?
9. Cad a dhéanann siad roimh dhul a chodladh?
10. An dtaitníonn an tríú bliain le hAogán?

trí chéad tríocha a cúig

CAIBIDIL 5

Fógra

Léigh agus scríobh

Léigh an fógra seo agus freagair na ceisteanna a ghabhann léis. Tá an chéad cheann déanta duit.

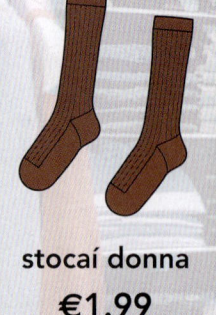

Éide scoile ar díol

- geansaí dúghorm €25
- blús bán €7.99
- sciorta donn €12
- sciorta glas €12
- carbhat dubh €3.50
- stocaí donna €1.99
- bléasar dubh €34.99
- geansaí glas €25
- seaicéad dúghorm €30
- léine ghorm €4.99
- bríste liath €10
- carbhat fíondaite €3.50
- bróga dubha €29.99

1. Cé mhéad atá ar an mblús bán?   Seacht euro nócha naoi
2. Cé mhéad atá ar an léine ghorm?
3. Cé mhéad atá ar an gcarbhat fíondaite?
4. Cé mhéad atá ar an mbríste liath?
5. Cé mhéad atá ar an ngeansaí dúghorm?
6. Cé mhéad a chosnaíonn an bléasar dubh?
7. Cé mhéad a chosnaíonn an carbhat dubh?
8. Cé mhéad a chosnaíonn na bróga dubha?
9. Cé mhéad a chosnaíonn na stocaí donna?
10. Cé mhéad a chosnaíonn an seaicéad dúghorm?

CAIBIDIL 6

Ábhar Breise

Léamhthuiscint

Léigh agus scríobh

Léigh an píosa seo agus freagair na ceisteanna a ghabhann leis.

Haigh, is mise Dara. Tá go leor caitheamh aimsire agam. Taitníonn spórt liom, taitníonn ceol liom agus taitníonn péinteáil liom. Thar aon rud eile, áfach, is aoibhinn liom a bheith ag imirt cluichí ríomhaire agus ag dul ar líne. Tá ríomhaire glúine agus fón cliste agam.

Tá go leor cluichí ríomhaire agam. Is iad cluichí carranna na cluichí is fearr liom. Imrím cluichí ar nós *Gear.Club Unlimited* agus *Gran Turismo Sport*. Imrím cluichí ar an bhfón póca freisin.

Ní chaithim a lán ama ag imirt cluichí ríomhaire i rith na seachtaine. Ag an deireadh seachtaine, buailim le mo chairde agus caithimid cúpla uair an chloig ag imirt cluichí le chéile.

Téim ar líne go minic freisin. Is breá liom na meáin shóisialta. Tá cuntas Facebook agus Instagram agam agus postálaim grianghraif go minic. Seolaim teachtaireachtaí trí aipeanna ar nós WhatsApp agus Messenger.

Deir mo thuismitheoirí go bhfuil mé tugtha do m'fhón póca. Faraor, tá an ceart acu. Bím i gcónaí ag seiceáil an bhfuil teachtaireacht nua agam ann!

Stór focal

aipeanna ar nós apps such as	teachtaireacht message

1. Luaigh **cúig** chaitheamh aimsire atá ag Dara.
2. Ainmnigh **dhá** chineál gléasanna (*devices*) atá aige.
3. Cén cineál cluichí ríomhaire is fearr le Dara?
4. Ainmnigh **dhá** chluiche ríomhaire a imríonn sé.
5. An gcaitheann Dara a lán ama ag imirt cluichí ríomhaire i rith na seachtaine?
6. Cad a dhéanann sé ag an deireadh seachtaine?
7. Ainmnigh **dhá** chuntas meán sóisialta atá ag Dara.
8. Cad a phostálann sé go minic?
9. Cad iad na haipeanna a úsáideann sé chun teachtaireachtaí a sheoladh?
10. Deir tuismitheoirí Dhara go bhfuil sé tugtha dá fhón póca. An aontaíonn sé leo?

trí chéad tríocha a seacht

CAIBIDIL 6

Cárta Poist

Léigh agus scríobh

Léigh an píosa seo agus freagair na ceisteanna a ghabhann leis.

A Aoife, a chara,

Conas atá tú? Tá súil agam go bhfuil tú go maith. Tá mise i gcampa eachtraíochta i gContae an Chláir. Tá sé thar barr. Táimid ag déanamh go leor gníomhaíochtaí spraíúla anseo.

Táimid ag campáil cois abhann faoi láthair. Téimid ag snámh agus ag iascaireacht gach lá. Inné, rug mé ar chúig iasc! Bímid ag cócaráil anseo freisin. Inné, las an múinteoir tine agus chócarálamar na héisc.

Bhaineamar triail as ziplíneáil anseo freisin. Bhí sí sin an-taitneamhach.

Amárach, beimid ag dul ar shiúlóid fhada. Beimid ag dreapadh sliabh mór. Táimid ag tnúth go mór leis an lá.

Gach oíche, seinnimid ceol agus bímid ag caint le chéile. Faraor, níl aon Wi-Fi ná comhartha 3G nó 4G anseo! Caithfimid caint le chéile!

Feicfidh mé go luath thú.

Slán,

Colmán

Greamaigh stampa anseo

Aoife Ó Murchú

An Buailtín

Co. Chiarraí

Faraor nach bhfuil tú anseo!

Stór focal

campa eachtraíochta	adventure camp	siúlóid	a walk
gníomhaíochtaí spraíúla	fun activities	ag dreapadh sliabh mór	climbing a big mountain
cois abhann	by a river	comhartha	signal
chócarálamar	we cooked	caithfimid	we have to

1. Cá bhfuil Colmán i gcampa eachtraíochta?
2. Cén sórt gníomhaíochtaí atá á ndéanamh ann?
3. Cá bhfuil siad ag campáil faoi láthair?
4. Cad a dhéanann siad gach lá?
5. Cé mhéad iasc ar rug sé orthu inné?
6. Conas a chócaráil siad na héisc?
7. Cad eile ar bhain siad triail as?
8. Cá mbeidh siad ag dul amárach?
9. Cad a dhéanann siad gach oíche?
10. Cén fáth a gcaithfidh siad caint le chéile?

CAIBIDIL 6

Fógra

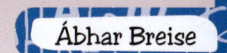

Léigh agus scríobh

Léigh an fógra seo agus freagair na ceisteanna a ghabhann leis.

CAMPA EACHTRAÍOCHTA
Loch Léinn, Co. na hIarmhí

Dataí:
Campa A: 1 Lúnasa–7 Lúnasa
Campa B: 9 Lúnasa–15 Lúnasa
Campa C: 17 Lúnasa–23 Lúnasa

Bain triail as na gníomhaíochtaí seo:

- Snámh
- Iascaireacht
- Bádóireacht
- Campáil
- Ceol
- Spórt
- Ziplíneáil
- Cócaireacht

Praghas: €110 an tseachtain
Tuilleadh eolais: campalochleinn@gaeilgemail.com

---

1. Cá mbeidh an campa eachtraíochta seo ar siúl?
2. Cathain a thosóidh Campa A?
3. Cathain a chríochnóidh Campa A?
4. Cathain a chríochnóidh Campa B?
5. Cathain a chríochnóidh Campa C?
6. Ainmnigh **cúig** ghníomhaíocht ar féidir triail a bhaint astu.
7. Cén praghas a bheidh ar sheachtain sa champa?
8. Cá bhfuil tuilleadh eolais ar fáil?

trí chéad tríocha a naoi

CAIBIDIL 7

Léamhthuiscint

Léigh agus scríobh

Léigh an píosa seo agus freagair na ceisteanna a ghabhann leis.

Haigh, is mise Anna. Gan aon amhras, is é an ceol an caitheamh aimsire is fearr liom. Is breá liom a bheith ag éisteacht le ceol agus ag seinm ceoil.

Éistim le ceol Gaelach agus le popcheol. Is iad Kíla, IMLÉ agus The Bonny Men na bannaí ceoil is fearr liom. Chuaigh mé chuig ceolchoirm IMLÉ le déanaí. Bhí an cheolchoirm ar siúl san Olympia i mBaile Átha Cliath. Bhí an oíche thar barr. Bhí Seo Linn ag seinm freisin. Bhí an t-atmaisféar leictreach.

Mar a dúirt mé, seinnim ceol freisin. Seinnim an t-óbó. De ghnáth, seinnim ceol clasaiceach. Tá Grád VI déanta agam. Bhuaigh mé duais i bhFeis Cheoil na hÉireann anuraidh. Bhí bród an domhain orm. Caithim dhá uair a chloig ag cleachtadh gach tráthnóna.

Seinnim i gceolfhoireann na scoile freisin. Sheinn mé i gceoldráma na scoile anuraidh. Rinneamar *The Pirates of Penzance*. Thaitin sé go mór liom.

Stór focal

mar a dúirt mé	as I said	duais	a prize
de ghnáth	usually	bród	pride

1. Cad é an caitheamh aimsire is fearr le hAnna?
2. Cén sórt ceoil a n-éisteann sí leis?
3. Cé hiad na bannaí ceoil is fearr léi?
4. Cén cheolchoirm a raibh sí aici le déanaí?
5. Cá raibh an cheolchoirm ar siúl?
6. Cén uirlis cheoil a sheinneann Anna?
7. Cén sórt ceoil a sheinneann sí?
8. Cad a bhuaigh sí anuraidh?
9. Cé mhéad ama a chaitheann sí ag cleachtadh an óbó?
10. Ainmnigh an ceoldráma a rinne an scoil anuraidh.

CAIBIDIL 7

Ábhar Breise

Fógra

Léigh agus scríobh
Léigh an fógra seo agus freagair na ceisteanna a ghabhann leis.

Ceolchoirm Mhór an Gheimhridh
INEC, Ciarraí
Rihanna
An ghig dheireanach ar a turas domhanda
Le tacaíocht ó Niall Horan
20 Nollaig ★ Ticéid: €50
Ar fáil ar líne ag www.ticeidanseo.ie
Doirse ar oscailt ag 19.00
BÍ ANN!
Tuilleadh eolais ag www.rihanna-i-gciarrai.com

1. Cá mbeidh ceolchoirm mhór an gheimhridh ar siúl?
2. Cé a bheidh ag seinm?
3. Cé hé an t-amhránaí tacaíochta?
4. Cén dáta a bheidh an cheolchoirm ar siúl?
5. Cé mhéad atá ar thicéid?
6. Cá bhfuil ticéid ar fáil?
7. Cén t-am a bheidh na doirse ar oscailt?
8. Cá bhfuil tuilleadh eolais ar fáil?

Léigh agus scríobh
Léigh an fógra seo agus freagair na ceisteanna a ghabhann leis.

Féile Cheoil na Cathrach
Oíche Oscailte
Olympia, Baile Átha Cliath
IMLÉ
21 Iúil ★ Ticéid: €29.99
Ar fáil ar líne ag www.ticeidanseo.ie
Doirse ar oscailt ag 19.30
Banna tacaíochta: Seo Linn
NÁ CAILL É!
Tuilleadh eolais ag www.imle-san-olympia.com

1. Cá mbeidh féile cheoil na cathrach ar siúl?
2. Cé a bheidh ag seinm?
3. Cén dáta a bheidh an fhéile cheoil ar siúl?
4. Cé mhéad atá ar thicéid?
5. Cá bhfuil ticéid ar fáil?
6. Cén t-am a bheidh na doirse ar oscailt?
7. Cé hé an banna tacaíochta?
8. Cá bhfuil tuilleadh eolais ar fáil?

trí chéad daichead a haon

CAIBIDIL 8

Léamhthuiscint

Léigh agus scríobh
Léigh an píosa seo agus freagair na ceisteanna a ghabhann leis.

Haigh, is mise Kirill. Gan aon amhras, is é an spórt an caitheamh aimsire is fearr liom. Is breá liom dornálaíocht, sacar agus peil Ghaelach. Déanaim dornálaíocht ach ní imrím sacar ná peil Ghaelach.

Tá mé i mo bhall de Chlub Dornálaíochta Smithfield i mBaile Átha Cliath. Is breá liom a bheith ag traenáil leis an gclub. Traenálaim go dian. Bím ag traenáil gach lá seachas Dé Domhnaigh. Téim go dtí an spórtlann go rialta freisin. Bíonn troid agam gach cúpla seachtain.

Bhuaigh mé Craobhchomórtas na hÉireann i mbliana. Bhí mé an-neirbhíseach roimh an troid ach bhí bród an domhain orm ina diaidh. Bhí bród an domhain ar gach duine sa chlub freisin.

Is breá liom a bheith ag féachaint ar spórt freisin. Féachaim ar spórt ar an teilifís ach is fearr liom dul go dtí na cluichí féin. Chonaic mé Baile Átha Cliath ag imirt peile trí huaire anuraidh. Bhuaigh siad ar Mhaigh Eo agus ar Thír Eoghain ach faraor, chaill siad in aghaidh Ciarraí! 'Beidh lá eile ag an bPaorach,' mar a deir an seanfhocal.

Stór focal

ná	or/nor	troid	a fight
ball de	a member of	bhuaigh siad ar	they beat
seachas	except	beidh lá eile ag an bPaorach	we'll live to fight another day

1. Cad é an caitheamh aimsire is fearr le Kirill?
2. Cén spórt a dhéanann sé?
3. Cén club a bhfuil sé ina bhall de?
4. Cé chomh rialta is a bhíonn sé ag traenáil?
5. Cé chomh rialta is a bhíonn troid aige?
6. Cad a bhuaigh Kirill i mbliana?
7. Conas a mhothaigh sé roimh an troid agus ina diaidh?
8. An fearr le Kirill féachaint ar spórt ar an teilifís nó dul go dtí na cluichí féin?
9. Cé mhéad uair a chonaic sé Baile Átha Cliath ag imirt anuraidh?
10. Luaigh **dhá** fhoireann ar bhuaigh siad orthu agus foireann **amháin** ar chaill siad ina haghaidh.

CAIBIDIL 8

Ábhar Breise

Fógra

Léigh agus scríobh

Léigh an fógra seo agus freagair na ceisteanna a ghabhann leis.

CLUICHE CEANNAIS NA hÉIREANN

Páirc an Chrócaigh, Baile Átha Cliath

ROS COMÁIN in aghaidh **LUIMNEACH**

25 Lúnasa

Ticéid ar fáil ar líne ag www.peil.ie

€80 do dhaoine fásta
€40 do dhaoine óga faoi 16

Geataí ar oscailt ó 13.00
Caitheamh isteach: 15.30

NÁ CAILL É!
Tuilleadh eolais ag www.peil.ie

1. Cá mbeidh Cluiche Ceannais na hÉireann ar siúl?
2. Cé a bheidh ag imirt?
3. Cén dáta a bheidh an cluiche ar siúl?
4. Cá bhfuil ticéid ar fáil?
5. Cé mhéad atá ar thicéid do dhaoine fásta?
6. Cé mhéad atá ar thicéid do dhaoine óga faoi 16?
7. Cén t-am a bheidh na geataí ar oscailt?
8. Cá bhfuil tuilleadh eolais ar fáil?

Léigh agus scríobh

Léigh an fógra seo agus freagair na ceisteanna a ghabhann leis.

Craobh na Sé Náisiún

SASANA in aghaidh **ÉIRE**

Twickenham, Londain – 17 Márta

Ticéid: €100 do dhaoine fásta
€50 do dhaoine óga faoi 16

Pacáiste VIP ar fáil freisin:
Ticéad + Eitilt + Óstán = €500 an duine

Ceannaigh ticéid agus pacáistí ag:
www.taisteal-agus-sport.ie

Tuilleadh eolais ag:
www.taisteal-agus-sport.ie/eolas

1. Cá mbeidh an cluiche idir Sasana agus Éire ar siúl?
2. Cén dáta a bheidh an cluiche ar siúl?
3. Cé mhéad atá ar thicéid do dhaoine fásta?
4. Cé mhéad atá ar thicéid do dhaoine óga faoi 16?
5. Luaigh **trí** rud atá ar fáil sa phacáiste VIP.
6. Cé mhéad atá ar an bpacáiste VIP?
7. Cén áit ar féidir ticéid agus pacáistí a cheannach?
8. Cá bhfuil tuilleadh eolais ar fáil?

trí chéad daichead a trí

CAIBIDIL 9

Litir

Léigh agus scríobh

Léigh an litir seo agus freagair na ceisteanna a ghabhann léi.

> Ko Samui
> An Téalainn
>
> 1 Lúnasa 2020
>
> A Eilís, a chara,
>
> Conas atá tú? Tá súil agam go bhfuil tú i mbarr na sláinte.
>
> Táim anseo sa Téalainn ar saoire le mo theaghlach. Tá an áit thar barr. Is aoibhinn liom é anseo.
>
> Táimid ag fanacht ar oileán álainn. Tá an t-óstán galánta. Tá mo sheomra féin mór agus compordach. Tá radharc álainn ar an bhfarraige ón mbalcóin.
>
> Tá an aimsir go breá. Tá sé te agus grianmhar anseo. Gach lá, téimid go dtí an linn snámha ar maidin agus go dtí an trá sa tráthnóna. Tá na tránna fada agus glan agus tá an fharraige socair agus te.
>
> Is breá liom a bheith ag snámh agus ag déanamh bolg le gréin anseo. Chuamar ar thuras báid inné. Bhaineamar an-taitneamh as. Rachaimid ag sciáil ar uisce amárach. Táim ag tnúth go mór leis.
>
> San oíche, ithimid béile blasta san óstán. Taitníonn bia Téalannach go mór liom. Is é curaí cloicheán an cineál bia is fearr liom anseo.
>
> Beimid ar ais i gceann seachtaine. Feicfidh mé thú ar scoil!
>
> Ádh mór,
> Caitríona

Stór focal

An Téalainn	Thailand		socair	calm
galánta	gorgeous		curaí cloicheán	prawn curry
radharc álainn ar	a beautiful view of		i gceann seachtaine	in a week's time

1. Cá bhfuil Caitríona ar saoire?
2. Cé leis a bhfuil sí?
3. An maith le Caitríona an áit?
4. Luaigh **dhá** phointe eolais faoin óstán.
5. Déan cur síos ar an aimsir.
6. Cá dtéann Caitríona agus a teaghlach (i) ar maidin agus (ii) sa tráthnóna?
7. Déan cur síos ar na tránna agus ar an bhfarraige.
8. Cad a rinne siad inné?
9. Cad a dhéanfaidh siad amárach?
10. Cén cineál bia is fearr le Caitríona sa Téalainn?

CAIBIDIL 9

Ábhar Breise

Léamhthuiscint

Léigh agus scríobh

Léigh an píosa seo agus freagair na ceisteanna a ghabhann leis.

Haigh. Is mise Eoin Pól. Is aoibhinn liom saoirí campála.

Chuaigh mé ar shaoire champála sa Fhrainc le mo theaghlach anuraidh. Chaitheamar seachtain ann. D'fhanamar i bpuball mór in ionad campála ollmhór.

Bhí an aimsir go hiontach ann. Bhí sé te agus grianmhar gach lá.

Bhí go leor le déanamh san ionad campála. Mar shampla, bhí páirc uisce ollmhór ann. Bhí trí linn snámha agus deich sleamhnán uisce sa pháirc! Bhí bialanna, siopaí, clós súgartha, páirceanna imeartha, boird leadóige agus cúirteanna leadóige ann.

Bhí baile beag gar don ionad campála freisin. Bhí siopaí de gach saghas agus trá álainn ann. Thaitin an trá go mór liom. Bhí an fharraige go hálainn. Chuamar ag surfáil lá amháin.

Bhí an bia an-bhlasta freisin. D'ith mé diúilicíní, cloicheáin, burgair, sceallóga agus go leor *baguettes*! Bhí brón orm an áit a fhágáil. Ba bhreá liom dul ar ais.

Stór focal

puball	tent	boird leadóige	table tennis tables
sleamhnán uisce	water slide	diúilicíní	mussels
clós súgartha	playground	cloicheáin	prawns

1. Cá ndeachaigh Eoin Pól lena theaghlach anuraidh?
2. Cá fhad a d'fhan siad ann?
3. Cár fhan siad?
4. Conas a bhí an aimsir san áit?
5. Cad a bhí sa pháirc uisce ollmhór?
6. Luaigh **ceithre** áis eile atá san ionad campála.
7. Déan cur síos ar an mbaile beag a bhí gar don ionad campála. Is leor **dhá** phointe eolais.
8. Cad a rinne siad lá amháin san fharraige?
9. Conas a bhí an bia san áit?
10. Ainmnigh **trí** rud a d'ith Eoin Pól.

trí chéad daichead a cúig

CAIBIDIL 9

Fógra

Léigh agus scríobh

Léigh an fógra seo agus freagair na ceisteanna a ghabhann leis.

http://www.saoiri-oileain.ie

Saoirí ar Oileáin

Pacáistí saoire go Lanzarote, an tSicil agus an Chorsaic!

Lanzarote
Trí oíche
Eitiltí ó Chorcaigh gach Déardaoin
Óstán ceithre réalta cois trá
€249

An tSicil
Cúig oíche
Eitiltí ó Bhaile Átha Cliath gach Aoine
Óstán ceithre réalta cois trá
€349

An Chorsaic
Seacht n-oíche
Eitiltí ó Chiarraí gach Domhnach
Óstán trí réalta sna sléibhte
€399

TUILLEADH EOLAIS
Uimhir fóin:
(01) 710 0000
Ríomhphost:
saoiri-oileain@gaeilgemail.com

1. Ainmnigh na **trí** oileán ina mbeidh pacáistí saoire ar fáil.
2. Cé mhéad oíche a chaithfidh tú in Lanzarote?
3. Cé mhéad oíche a chaithfidh tú sa tSicil?
4. Cé mhéad oíche a chaithfidh tú sa Chorsaic?
5. Cén áit óna bhfágfaidh eitiltí go Lanzarote?
6. Cén áit óna bhfágfaidh eitiltí go dtí an Chorsaic?
7. Cá bhfuil an t-óstán sa tSicil suite?
8. Cá bhfuil an t-óstán sa Chorsaic suite?
9. Cé mhéad atá ar gach pacáiste?
10. Cá bhfuil tuilleadh eolais ar fáil?

CAIBIDIL 10

Ábhar Breise

Scéal

Léigh agus scríobh

Léigh an scéal seo agus freagair na ceisteanna a ghabhann leis.

Lá breá gréine a bhí ann. Bhí mise Eric agus mo dheirfiúr Leona ag rothaíocht sléibhe i dTigh an Chnoic i mBaile Átha Cliath. Bhíomar ag baint an-taitneamh as an lá.

Tar éis tamaill, stopamar i gcomhair sosa. Go tobann, chuala mé duine eile ag rothaíocht. D'fhéach mé suas an cnoc agus chonaic mé fear ag teacht inár dtreo ar luas lasrach. Faraor, ní raibh sé ábalta stopadh. Ar deireadh, sciorr sé agus thit sé dá rothar.

Rith mise agus Leona chuig an bhfear. Ghlaomar ar na seirbhísí éigeandála láithreach. Tar éis deich nóiméad, tháinig an Garda Cósta – i héileacaptar! Léim na dochtúirí amach agus scrúdaigh siad an fear. Bhí a chos briste.

Chuir siad an fear isteach sa héileacaptar. D'eitil siad go dtí an t-ospidéal.

An tseachtain dár gcionn, fuaireamar glao fóin ón bhfear. Ghabh sé buíochas linn. Dúirt sé go raibh plástar Pháras ar a chos ach go raibh sé ag mothú níos fearr.

'Gach rud i gceart ach sinn a bheith slán,' mar a deir an seanfhocal!

Stór focal

lá breá gréine	fine sunny day	ar luas lasrach	at breakneck speed
rothaíocht sléibhe	mountain biking	sciorr sé	he skidded
tar éis tamaill	after a while	seirbhísí éigeandála	emergency services
cnoc	hill	ag mothú níos fearr	feeling better
inár dtreo	in our direction	gach rud i gceart ach sinn a bheith slán	all's well that ends well

1. Cá raibh Eric agus Leona ag rothaíocht?
2. Cén fáth ar stop siad tar éis tamaill?
3. Cad a chonaic Eric nuair a d'fhéach sé suas an cnoc?
4. Cad a tharla don fhear ar deireadh?
5. Cad a rinne Eric agus Leona ansin? Luaigh **dhá** rud.
6. Conas a thaistil an Garda Cósta go dtí an áit?
7. Cad a rinne na dochtúirí nuair a shroich siad an áit?
8. Cad a bhí cearr lena chos?
9. Cár chuir na dochtúirí an fear?
10. Cad a dúirt an fear nuair a chuir sé glao orthu?

CAIBIDIL 10

Biachlár

Léigh agus scríobh

Léigh an biachlár seo agus freagair na ceisteanna a ghabhann leis.

An Caife Folláin

Bricfeasta
- Babhla leite €3
- Babhla gránóla €4

Lón
- Anraith glasraí €2
- Sailéad abhacáid €5
- Ceapairí €4
- Uibheagán €6

Deochanna
- Cupán tae €2
- Cupán caife €2
- Gloine sú €2

Sneaiceanna
- 100 g cnónna €1.99
- Torthaí 50c

Bain sult as do bhéile!

Stór focal
sailéad abhacáid — avocado salad | uibheagán — omelette

1. Cé mhéad atá ar bhabhla leite?
2. Cé mhéad atá ar shailéad abhacáid?
3. Cé mhéad atá ar cheapairí?
4. Cé mhéad atá ar chupán tae?
5. Cé mhéad atá ar ghloine sú?
6. Luaigh **dhá** rud is féidir a fháil don bhricfeasta.
7. Luaigh **dhá** rud is féidir a fháil don lón.
8. Luaigh **dhá** sneaic is féidir a fháil.
9. Luaigh **dhá** rud a chosnaíonn níos mó ná €4.50.
10. Luaigh **dhá** rud a chosnaíonn níos lú ná €2.

Treoir Ghramadaí

TURAS

PAS BORDÁLA

Fáilte chuig an treoir ghramadaí seo.

Bunaítear na míreanna gramadaí ar na ceachtanna gramadaí a dhéantar i ngach caibidil. Mínítear na rialacha go soiléir cruinn agus tugtar an-chuid samplaí chun na rialacha seo a léiriú. Ba chóir duit na cleachtaí a dhéanamh i do chóipleabhar.

Tá súil againn go mbainfidh tú leas agus tairbhe as an treoir ghramadaí seo.

Welcome to this grammar guide.

The grammar sections are based on the grammar lessons that are done in each chapter. The rules are explained clearly and concisely and many examples are provided to illustrate these rules. You should complete the exercises in your copybook.

We hope that you get great use out of this grammar guide.

Clár

Gramadach 1	Forainmneacha Réamhfhoclacha: 'ar' agus 'ag'	351
Gramadach 2	Forainmneacha Réamhfhoclacha: 'do' agus 'le'	352
Gramadach 3	Forainmneacha Réamhfhoclacha: 'faoi' agus 'ó'	353
Gramadach 4	An Aidiacht Shealbhach	354
Gramadach 5	Ag Comhaireamh Rudaí: An Séimhiú agus an tUrú	355
Gramadach 6	Ag Comhaireamh Daoine: Na hUimhreacha Pearsanta	356
Gramadach 7	Consain Leathana agus Consain Chaola	357
Gramadach 8	Briathra	358
Gramadach 9	Réimnithe na mBriathra	359
Gramadach 10	An Aimsir Chaite	360
Gramadach 11	An Aimsir Láithreach	364
Gramadach 12	Tá nó Bíonn?	368
Gramadach 13	An Aimsir Fháistineach	370
Gramadach 14	Freagraí Gearra	374
Gramadach 15	Céimeanna Comparáide na hAidiachta	377
Gramadach 16	An Aidiacht agus an Dobhriathar	381
Gramadach 17	An Chopail 'is'	383
Gramadach 18	An tAinm Briathartha	384

GRAMADACH 1

Forainmneacha Réamhfhoclacha: 'ar' agus 'ag'

Cuimhnigh!

- We use prepositional pronouns (*forainmneacha réamhfhoclacha*) when a preposition (e.g. on, at) and a pronoun (e.g. me, you) come together.
- In English, two words are used, e.g. 'on me' or 'at you'. However, in Irish we combine the two words to form one word, e.g. **orm** (ar + mé) or **agam** (ag + tú).
- There are some other meanings to **'orm, ort …'**, but most often they mean 'on me, on you …'.
- We use **'orm, ort …'** to express feelings too, e.g. 'I am happy, I am sad' (there is happiness or sadness on me).
- Sometimes **'agam, agat …'** have different meanings and uses, but often they just mean 'at me, at you …' or, more commonly, 'I have, you have …'.
- Like many other European languages, Irish uses the order I–you–he–she–we–you (plural)–they.

Foghlaim na liostaí seo de ghlanmheabhair.

Pronoun	Forainm	Réamhfhocal	
		ar	ag
I	mé	orm	agam
you	tú	ort	agat
he	sé	air	aige
she	sí	uirthi	aici
we	muid/sinn	orainn	againn
you (plural)	sibh	oraibh	agaibh
they	siad	orthu	acu
		ar Shiún	ag Siún

Cleachtadh A
Athscríobh na habairtí seo a leanas.

1. Tá tuirse an domhain [ar: í] _____.
2. Is beag suim atá [ag: é] _____ sa cheol.
3. Bíonn leathlá [ag: mé] _____ Dé Céadaoin.
4. Chuala siad gur theip [ar: é] _____ sa scrúdú.
5. Tá súil [ag: mé] _____ go mbainfidh sibh sult as.
6. Tá aithne [ag: siad] _____ [ar: a chéile] _____.
7. Tá tart [ar: mé] _____ ach níl ocras [ar: mé] _____.
8. Bhí ionadh [ar: iad] _____ go raibh eagla [ar: muid] _____.
9. An raibh áthas [ar: tú] _____ nó an raibh brón [ar: tú] _____?
10. Ó, go bhfóire Dia [ar: mé] _____, rinne mé dearmad [ar: Pól] _____!

Cleachtadh B
Athscríobh na habairtí seo a leanas.

1. An bhfuil suim [ag: í] _____ sa cheol? An bhfuil fonn [ar: í] _____ dul go dtí an cheolchoirm?
2. Tá oideachas maith [ar: muid] _____ toisc go bhfuil príomhoide iontach [ag: muid] _____.
3. Nach bhfuil mála scoile [ag: tú] _____? An ndearna tú dearmad [ar: é] _____?
4. Tá sé ar fad [ag: tú] _____, bail ó Dhia [ar: tú] _____! Beidh foireann na hÉireann sa tóir [ar: tú] _____ sula i bhfad.
5. Tá cuma láidir [ar: tú] _____, bail ó Dhia [ar: tú] _____. Gheofá an lámh in uachtar [ar: Maidhc Tyson] _____ féin!

Cleachtadh C
Líon na bearnaí.

> orm   orthu   agat   ort   aici

1. Theip _____ sa scrúdú Mata. Ní dhearna siad aon staidéar.
2. Tá ocras an domhain _____. Níor ith mé mo lón.
3. An bhfuil suim _____ sa spórt? Ar mhaith leat cluiche sacair a imirt?
4. Tá suim mhór _____ sa Ghaeilge. Chaith sí trí seachtaine sa Ghaeltacht.
5. An raibh áthas _____ nuair a bhuaigh tú?

GRAMADACH 2

Forainmneacha Réamhfhoclacha: 'do' agus 'le'

Cuimhnigh!

- We use prepositional pronouns (*forainmneacha réamhfhoclacha*) when a preposition (e.g. for, with) and a pronoun (e.g. me, you) come together.
- In English, two words are used, e.g. 'for me' or 'with you'. However, in Irish we combine the two words to form one word, e.g. **dom** (**do + mé**) or **leat** (**le + tú**).
- There are some other meanings to '**dom, duit …**', but most often they mean 'for me, for you …' or 'to me, to you …'.
- Sometimes '**liom, leat …**' have different meanings and uses, but often they just mean 'with me, with you …'.
- Like many other European languages, Irish uses the order I–you–he–she–we–you (plural)–they.

Foghlaim na liostaí seo de ghlanmheabhair.

Pronoun	Forainm	Réamhfhocal	
		do	**le**
I	mé	dom	liom
you	tú	duit	leat
he	sé	dó	leis
she	sí	di	léi
we	muid/sinn	dúinn	linn
you (plural)	sibh	daoibh	libh
they	siad	dóibh	leo
		*do M**h**arc*	*le Marc*

Cleachtadh A

Athscríobh na habairtí seo a leanas.

1. Is breá [le: mé] _____ Eolaíocht agus Béarla.
2. An maith [le: sibh] _____ Spáinnis nó Fraincis?
3. Ní thaitníonn an Béarla go mór [le: siad] _____.
4. Is é an Tíreolaíocht an t-ábhar is fearr [le: Síle] _____.
5. Taispeáin an freagra sin [do: Éanna] _____, a Phóil.
6. Nílim chomh cainteach [le: é] _____ ach fós, réitím go maith [le: é] _____.
7. Thug mé jab amháin [do: tú] _____ ach níor éirigh [le: tú] _____ é a dhéanamh!
8. An dtabharfaidh tú a gcuid malaí [do: iad] _____, le do thoil?
9. D'éirigh [le: mé] _____ sa scrúdú. Tá Cáit in éad [le: mé] _____!
10. An féidir [le: tú] _____ cabhrú [le: mé] _____?

Cleachtadh B

Athscríobh na habairtí seo a leanas.

1. Tabhair [do: muid] _____ an t-airgead!
2. Inis [do: í] _____ an scéala!
3. Molaim [do: tú] _____ do mhála a thabhairt [le: tú] _____.
4. Conas atá ag éirí [le: tú] _____? Ní gearánta [do: mé] _____!
5. Ní féidir [le: mé] _____ dul. Thug an múinteoir obair bhreise [do: muid] _____!

Cleachtadh C

Líon na bearnaí.

> dóibh   léi   linn   dó   dom

1. Seo mo mhac. Michael is ainm _____.
2. Is breá _____ an Mata mar tá múinteoir iontach againn.
3. Tabhair _____ mo mhála, le do thoil.
4. Tá sí gnóthach. Ní féidir _____ dul.
5. Is breá leo obair bhaile. Tabhair go leor _____!

GRAMADACH 3

Treoir Ghramadaí

Forainmneacha Réamhfhoclacha: 'faoi' agus 'ó'

Cuimhnigh!

- We use prepositional pronouns (*forainmneacha réamhfhoclacha*) when a preposition (e.g. about, from) and a pronoun (e.g. me, you) come together.
- In English, two words are used, e.g. 'about us' or 'from them'. However, in Irish we combine the two words to form one word, e.g. **fúm** (**faoi + mé**) or **uait** (**ó + tú**).
- Sometimes '**fúm, fút …**' have different meanings and uses, but often they just mean 'about me, about you …' or 'under me, under you …'.
- There are some other meanings to '**uaim, uait …**' too, but most often they mean 'from me, from you …' or 'I want, you want …'.
- Like many other European languages, Irish uses the order I–you–he–she–we–you (plural)–they.

Foghlaim na liostaí seo de ghlanmheabhair.

Pronoun	Forainm	Réamhfhocal	
		faoi	ó
I	mé	fúm	uaim
you	tú	fút	uait
he	sé	faoi	uaidh
she	sí	fúithi	uaithi
we	muid/sinn	fúinn	uainn
you (plural)	sibh	fúibh	uaibh
they	siad	fúthu	uathu
		faoi Mharc	ó Mharc

Cleachtadh A

Athscríobh na habairtí seo a leanas.

1. Cad atá [ó: sibh] _____?
2. Chuala mé [ó: í] _____ aréir.
3. An dtógfaidh mé bhur málaí [ó: sibh] _____?
4. An raibh siad ag caint [faoi: iad] _____?
5. Beidh gach duine ag caint [faoi: iad] _____ amárach.
6. Níor chuala mé [ó: Marc] _____ ná [ó: Aoife] _____.
7. Is cuma liom [faoi: Gearóid] _____ agus [faoi: Laoise] _____!
8. Deas cloisteáil [ó: tú] _____ agus scéala a fháil [ó: tú] _____.
9. Ar chuala tú [faoi: Ciarán] _____? Tá sé ag cur [faoi: é] _____ i Meiriceá.
10. Tá an-ghealladh [faoi: iad] _____. Cloisfidh tú arís [ó: iad] _____.

Cleachtadh B

Athscríobh na habairtí seo a leanas.

1. Níl cabhair [ó: mé] _____. Is [faoi: mé] _____ féin atá sé.
2. Níor chuala mé [ó: iad] _____. An bhfuil a fhios acu [faoi: é] _____?
3. Cad a scríobhfaidh tú [faoi: é] _____? Ar mhaith leat cabhair [ó: mé] _____?
4. Beidh siad ag cur [faoi: iad] _____ faoin tuath. Tá ciúnas [ó: iad] _____.
5. Is gearr [ó: muid] _____ an Nollaig. Cén bronntanas atá [ó: tú] _____?

Cleachtadh C

Líon na bearnaí.

> fúthu   fúithi   uaim   uait   faoi

1. Bhí gach duine ag labhairt _____ nuair a bhuaigh siad.
2. Fóir orm! Fóir orm! Tá cabhair _____!
3. Cé mhéad airgid atá ag teastáil _____?
4. Bob? Cén fáth a bhfuil tú ag caint _____?
5. Aoife? Cén fáth a bhfuil tú ag caint _____?

GRAMADACH 4

An Aidiacht Shealbhach

Cuimhnigh!

- We use the possessive adjective when we want to show something belongs to somebody and to talk about relations and friends.
- There is one set of rules for consonants and another for vowels. The letter **f** has the same rules as vowels when it is followed by a vowel (e.g. **m'fhuinneog**), but it has the same rules as consonants when followed by a consonant (e.g. **mo fhreagra**).
- Words beginning with **l**, **n** and **r** never take a **séimhiú** (h) or an **urú** after **mo, do,** etc. (e.g. **mo lón**; **mo rás**; **mo nuachtán**).

An t-urú

mb	bp
nd	dt
ng	gc
bhf	
n-guta	

Consain

mo	mo bhróga, mo chara, mo dheasc, mo gheansaí, mo mhála, mo pheann, mo sheomra, mo theanga
do	do bhróga, do chara, do dheasc, do gheansaí, do mhála, do pheann, do sheomra, do theanga
a	a bhróga, a chara, a dheasc, a gheansaí, a mhála, a pheann, a sheomra, a theanga
a	a bróga, a cara, a deasc, a geansaí, a mála, a peann, a seomra, a teanga
ár	ár mbróga, ár gcara, ár ndeasc, ár ngeansaí, ár mála, ár bpeann, ár seomra, ár dteanga
bhur	bhur mbróga, bhur gcara, bhur ndeasc, bhur ngeansaí, bhur mála, bhur bpeann, bhur seomra, bhur dteanga
a	a mbróga, a gcara, a ndeasc, a ngeansaí, a mála, a bpeann, a seomra, a dteanga

Gutaí + f

m'	m'éide scoile, m'oifig, m'fhón póca, m'fhillteán, mo fhreagra
d'	d'éide scoile, d'oifig, d'fhón póca, d'fhillteán, do fhreagra
a	a éide scoile, a oifig, a fhón póca, a fhillteán, a fhreagra
a	a héide scoile, a hoifig, a fón póca, a fillteán, a freagra
ár	ár n-éide scoile, ár n-oifig, ár bhfón póca, ár bhfillteán, ár bhfreagra
bhur	bhur n-éide scoile, bhur n-oifig, bhur bhfón póca, bhur bhfillteán, bhur bhfreagra
a	a n-éide scoile, a n-oifig, a bhfón póca, a bhfillteán, a bhfreagra

Cleachtadh A

Athscríobh na habairtí seo a leanas.

1. Ná bí buartha, níor chaill mé [mo: peann] _____!
2. Ar mhaith leat a bheith i [do: dochtúir] _____?
3. An bhfaca tú [mo: cuid] _____ eochracha?
4. Tá [ár: athair] _____ as baile.
5. Déanaigí [bhur: dícheall] _____!
6. Déanfaidh muid [ár: seacht] _____ dícheall!
7. Ligigí [bhur: scíth] _____! Tá mé ar [mo: slí] _____!
8. D'fhág Barra an teach gan [a: madra] _____.
9. D'imigh sí ar maidin ach d'fhág sí [a: madra] _____ sa bhaile.
10. Ar chríochnaigh tú [do: aiste] _____?

Cleachtadh B

Aistrigh go Gaeilge. Tá ceisteanna 1–10 anseo cosúil le ceisteanna 1–10 i gCleachtadh A.

1. Don't worry, I haven't lost your pen!
2. Would you like to be a teacher?
3. Did you see my money?
4. Our parents are away.
5. We tried our best.
6. I will try my very best.
7. Sit down and relax!
8. We left the school without our copies.
9. They left yesterday but they left their bags here.
10. Did you all (*sibh go léir*) finish your dinner?

GRAMADACH 5

Ag Comhaireamh Rudaí: An Séimhiú agus an tUrú

Cuimhnigh!

- When we are counting things and animals in Irish, we need to add a **séimhiú** (h) or **urú**, if possible.
- Words that follow the numbers below take a **séimhiú** (h), where possible:
  - 1–6, 11–16, 21–26, 31–36 and so on.
- Words that follow the numbers below take an **urú**, where possible:
  - 7–10, 17–19, 27–29, 37–39 and so on.
- Words that follow the numbers below don't change:
  - 20, 30, 40, 50 and so on.
- We write **dhéag** instead of **déag** after words that end in a vowel, except irregular nouns: **ceithre lá dhéag; ocht mí dhéag**.
- Samplaí:

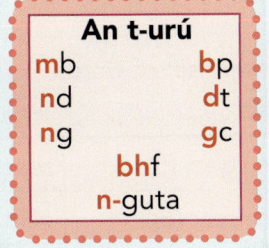

An t-urú	
mb	**b**p
nd	**d**t
ng	**g**c
bhf	
n-guta	

1	aon chapall amháin/ capall amháin	aon úll amháin/ úll amháin
2–6	dhá chapall	trí úll
7–10	seacht gcapall	deich n-úll

- Exceptions after the numbers 3–10: **bliana, cinn, clocha, cloigne, pingine, orlaí, uaire, seachtaine, slata, troithe, uibhe**

Samplaí (3–6)	trí bliana	trí cinn	trí clocha
	ceithre cloigne	ceithre pingine	ceithre horlaí
	cúig huaire	cúig seachtaine	cúig slata
	sé troithe	sé huibhe	
Samplaí (7–10)	seacht mbliana	seacht gcinn	seacht gclocha
	ocht gcloigne	ocht bpingine	ocht n-orlaí
	naoi n-uaire	naoi seachtaine	naoi slata
	deich dtroithe	deich n-uibhe	

Cleachtadh A

Aistrigh go Béarla.

1	ocht lá	11	caoga focal
2	deich n-ábhar scoile	12	dhá phéire bróg
3	clár bán amháin	13	seacht gcéim Celsius
4	dhá leabhragán	14	saotharlann amháin
5	ceithre sheilf	15	trí sheomra is tríocha
6	ocht lá **dh**éag	16	pointe is fiche
7	ocht n-úll déag	17	dhá dhán
8	trí oileán	18	cúig líne **dh**éag
9	dhá riail	19	deich gclub
10	ceithre chúirt	20	míle teanga

Cleachtadh B

Aistrigh go Gaeilge.

1	two dogs (*madra*)	11	four pairs of socks (*péire stocaí*)
2	seven cats (*cat*)	12	one pair of trousers (*péire bríste*)
3	a hundred horses (*capall*)	13	fourteen rules (*riail*)
4	twelve cows (*bó*)	14	two sports halls (*halla spóirt*)
5	two days (*lá*)	15	twenty classrooms (*seomra ranga*)
6	twelve days (*lá*)	16	five labs (*saotharlann*)
7	three months (*mí*)	17	thirty days (*lá*)
8	eight months (*mí*)	18	twelve subjects (*ábhar*)
9	two shirts (*léine*)	19	twenty-eight copies (*cóipleabhar*)
10	three jumpers (*geansaí*)	20	fourteen books (*leabhar*)

Cleachtadh C

Aistrigh go Béarla.

1. Táim cúig troithe cúig horlaí ar airde.
2. Bhí Bob in Éirinn ar feadh cúig seachtaine.
3. An bhfuil peann agat? Tá ocht gcinn agam.
4. Beidh scrúdú trí uair an chloig agam.
5. Rith an capall caoga slat.
6. An mbeidh tú sa Spáinn go ceann trí seachtaine?
7. Ba mhaith liom sé huibhe.
8. Tá Seán naoi gclocha meáchain.
9. Tá sí cúig bliana déag d'aois.
10. Bhí deasca ann d'ocht nduine dhéag.

Cleachtadh D

Aistrigh go Gaeilge. Tá ceisteanna 1–10 anseo cosúil le ceisteanna 1–10 i gCleachtadh C.

1. I am six foot four in height.
2. Bob was in Ireland for four weeks and one day.
3. Do you have a copybook? I have ten.
4. I will have a two-hour exam.
5. I ran 50 yards.
6. Will you be in Galway for four weeks?
7. I would like three eggs, please.
8. Seán is eight stone in weight.
9. She is 17 years old.
10. There were desks here for 19 people.

GRAMADACH 6

Ag Comhaireamh Daoine: Na hUimhreacha Pearsanta

Cuimhnigh!

- When we count people in Irish, we use a different set of words.
- Use the following words to count from 1 to 10:

(aon) duine amháin (1)	triúr (3)	cúigear (5)	seachtar (7)	naonúr (9)
beirt (2)	ceathrar (4)	seisear (6)	ochtar (8)	deichniúr (10)

  - Note that words that follow **beirt** take a **séimhiú** (h), except for vowels and those beginning with **d, n, t, l** and **s** ('DENTALS').
  - For numbers 1–10, you don't say **daoine** after them:
    beirt = two people / **beirt mhúinteoirí** = two teachers

- Use the following pattern to count from 11 to 19:

aon duine dhéag (11)	ceithre dhuine dhéag (14)	seacht nduine dhéag (17)
dháréag/dhá dhuine dhéag (12)	cúig dhuine dhéag (15)	ocht nduine dhéag (18)
trí dhuine dhéag (13)	sé dhuine dhéag (16)	naoi nduine dhéag (19)

- Use the following pattern to count from 21 to 99:

aon duine is fiche (21)	ceithre dhuine is daichead (44)	seacht nduine is seacht (77)
dhá dhuine is fiche (22)	cúig dhuine is caoga (55)	ocht nduine is ochtó (88)
trí dhuine is tríocha (33)	sé dhuine is seasca (66)	naoi nduine is nócha (99)

- No change is needed for multiples of 10, starting from 20:

fiche duine (20)	céad duine (100)	míle duine (1,000)	milliún duine (1m)
tríocha duine (30)	cúig chéad duine (500)	céad míle duine (100,000)	cúig bhilliún duine (5b)

Cleachtadh A

Aistrigh go Béarla.

1. Bhí duine nó beirt sa chlós.
2. Ghlac dháréag aisteoirí páirt sa dráma.
3. Tá tríocha cailín sa rang sin.
4. Chonaic mé beirt bhuachaillí ag imirt peile.
5. Bíonn cúig iománaí dhéag ar fhoireann iománaíochta.
6. Tá beirt pháistí ag an bhfear sin.
7. Tá mac amháin ag Imelda.
8. Tá naonúr altraí ag obair anseo.
9. Tá beagnach dhá mhilliún duine ina gcónaí i mBaile Átha Cliath.
10. Tá sé imreoir déag ar bhur bhfoireann!

Cleachtadh B

Aistrigh go Gaeilge. Tá ceisteanna 1–10 anseo cosúil le ceisteanna 1–10 i gCleachtadh A.

1. There were three or four in the yard.
2. Twenty actors took part in the show.
3. There are 20 girls in that class.
4. I saw three boys playing football.
5. There are 15 players on a rugby team.
6. That woman has two children.
7. Imelda has two sons.
8. There are nine doctors working here.
9. There are nearly five million people living in Ireland.
10. There are ten students in your class!

GRAMADACH 7

Consain Leathana agus Consain Chaola

Treoir Ghramadaí

Caol le caol agus leathan le leathan.

Cuimhnigh!

Each language has its own spelling rules. Remember the following points and your Irish spelling will improve!

- There are two groups of vowels: **leathan** (**a**, **o** and **u**) and **caol** (**i** and **e**).
- These vowels can sometimes sit side by side in a word, e.g. **ce**a**rt**, **sio**pa or **cea**nn**ai**gh.
- However, we have a rule to help us when one or more consonants are placed between two vowels, e.g. **tu**s**a**, **cú**inn**e** or even **ce**ist**ea**nn**a**.
- The rule states that the vowel at each side of the consonant must be from the same group. Look at the following examples:
  - **tusa**: **u** and **a** are from the same group (**leathan**).
  - **cúinne**: **i** and **e** are from the same group (**caol**).
  - **ceisteanna**: **i** and **e** are from the same group (**caol**) and **a** and **a** are from the same group (**leathan**).
- There are some exceptions such as **Gaeltacht, laethanta, drochthionchar, dea-cheist, arís, anseo**.

Cleachtadh

Ceart nó mícheart?

		Ceart/Mícheart	Cén fáth?
1	Guta	Ceart	Tá **u** agus **a** sa ghrúpa céanna (leathan).
2	Eolíocht	Mícheart	Níl **o** agus **í** sa ghrúpa céanna. 'Eolaíocht' an leagan ceart.
3	Cuilaith		
4	Éide		
5	Cairbhat		
6	Teaghleach		
7	Máithair		
8	Seachtain		
9	Ceantar		
10	Meiriceánach		

trí chéad caoga a seacht

GRAMADACH 8

Briathra

Cuimhnigh!

- A **briathar** (verb) is a 'doing' word that illustrates an action, such as **léigh** (read), **scríobh** (write), **dún** (close), **oscail** (open).
- An **aimsir** (tense) tells us when the action took place. We focus on three tenses in this book:

An Aimsir Chaite	The past tense	Rudaí a tharla inné.
An Aimsir Láithreach	The present tense	Rudaí a tharlaíonn go rialta nó gnáthrudaí.
An Aimsir Fháistineach	The future tense	Rudaí a tharlóidh sa todhchaí.

Cleachtadh A

Scríobh na briathra i do chóipleabhar. Tá an chéad cheann déanta duit.

1. Rinne mé an obair bhaile go tapa.   Rinne
2. D'fhág mé mo theach ar maidin.   _____
3. Sroichfidh mé an scoil ag a naoi.   _____
4. Tá cúigear i mo theaghlach.   _____
5. Níl aon siblíní agam.   _____
6. Fuair mé bearradh gruaige inné.   _____
7. Bhog mé go teach nua anuraidh.   _____
8. An bhfuil do sheomra féin agat?   _____
9. An éisteann tú le ceol i do sheomra?   _____
10. Téigh abhaile agus lig do scíth!   _____

Cleachtadh B

Meaitseáil an Ghaeilge leis an mBéarla.

1	amárach	A	in the future
2	arú inné	B	next year
3	arú amárach	C	every morning
4	an bhliain seo chugainn	D	every year
5	sa todhchaí	E	every week
6	gach maidin	F	tomorrow
7	gach tráthnóna	G	long ago
8	gach seachtain	H	day before yesterday
9	gach bliain	I	day after tomorrow
10	fadó	J	every evening

1 = ___   2 = ___   3 = ___   4 = ___   5 = ___

6 = ___   7 = ___   8 = ___   9 = ___   10 = ___

Cleachtadh C

Inniu an 8 Deireadh Fómhair 2085. Scríobh an dobhriathar ama ceart. Tá an chéad dá cheann déanta duit.

1. 9 Deireadh Fómhair 2085   amárach
2. 6 Deireadh Fómhair 2085   arú inné
3. 8 Deireadh Fómhair 2086   _____
4. 8 Deireadh Fómhair 2084   _____
5. 7 Deireadh Fómhair 2085   _____
6. 10 Deireadh Fómhair 2085   _____

Cleachtadh D

Inniu an 15 Lúnasa 2046. Scríobh an dáta. Tá an chéad cheann déanta duit.

1. amárach   16 Lúnasa 2046
2. aréir   _____
3. anuraidh   _____
4. arú inné   _____
5. arú amárach   _____
6. inné   _____

GRAMADACH 9

Réimnithe na mBriathra

Cuimhnigh!

Verbs in many languages are split into groups called **réimnithe** or conjugations. There are two **réimniú** in Irish and one group of **briathra neamhrialta**.

- **An chéad réimniú** consists mostly of verbs with one syllable.
- **An dara réimniú** consists mostly of verbs with two syllables.
- **Na briathra neamhrialta** consists of verbs that do not follow the normal rules. Thankfully, there are only 11 in Irish. French has over 80, German has over 150 and English has nearly 300! Welsh, a sister language of Irish, also has 11.

Cleachtadh A

Líon isteach an ghreille.

Briathar	An chéad nó an dara réimniú?	Leathan nó caol?	Briathar	An chéad nó an dara réimniú?	Leathan nó caol?
díol	an chéad	leathan	bailigh	an dara	caol
bris			rialaigh		
póg			mothaigh		
las			scríobh		
athraigh			fan		
breathnaigh			dreap		
bris			cuidigh		
cuir			éiligh		
caill			lig		
éirigh			tóg		

Cleachtadh B

Scríobh an Ghaeilge.

eat		catch	
get		hear	
give		come	
see		say	
do		go	
make		be	

trí chéad caoga a naoi

GRAMADACH 10

An Aimsir Chaite

Na briathra rialta

Cuimhnigh!

- We use An Aimsir Chaite for finished actions, that is, actions that have already taken place.
- Verb forms in An Aimsir Chaite take a **séimhiú** (h).
  - cuir ➔ chuir
  - tosaigh ➔ thosaigh
- A **d'** is placed before verbs that begin with a **guta** (a, e, i, o, u).
  - iarr ➔ d'iarr
- A **d'** is placed before verbs that begin with **f**. These verbs also take a **séimhiú** (h).
  - fan ➔ d'fhan
- Verbs beginning with **l**, **n** and **r** do not change.
  - rith ➔ rith
- All **muid** forms end in **-mar**.
  - **amar/eamar** (sa chéad réimniú)
  - **aíomar/íomar** (sa dara réimniú)
- All negative forms use **Níor** and take a **séimhiú** (h), where possible.
- All question forms use **Ar** and take a **séimhiú** (h), where possible.
- The words **Gur** and **Nár** take a **séimhiú** (h), where possible.
  - cuir ➔ níor chuir/ar chuir?/gur chuir/nár chuir
  - tosaigh ➔ níor thosaigh/ar thosaigh?/gur thosaigh/nár thosaigh
  - iarr ➔ níor iarr/ar iarr?/gur iarr/nár iarr
  - fan ➔ níor fhan/ar fhan?/gur fhan/nár fhan
  - rith ➔ níor rith/ar rith?/gur rith/nár rith

Cleachtadh A

Scríobh an cheist (an fhoirm 'tú'), an freagra dearfach (an fhoirm 'mé') agus an freagra diúltach (an fhoirm 'mé'). Tá an chéad cheann déanta duit.

	An briathar	An cheist	An freagra dearfach	An freagra diúltach
1	múch (*extinguish*)	ar mhúch tú?	mhúch mé	níor mhúch mé
2	ól (*drink*)			
3	bris (*break*)			
4	can (*sing*)			
5	díol (*sell, pay for*)			
6	glan (*clean*)			
7	fág (*leave*)			
8	scríobh (*write*)			
9	lig (*let*)			
10	mill (*wreck, destroy*)			

Cleachtadh B

Scríobh an cheist (an fhoirm 'tú'), an freagra dearfach (an fhoirm 'mé') agus an freagra diúltach (an fhoirm 'mé'). Tá an chéad cheann déanta duit.

	An briathar	An cheist	An freagra dearfach	An freagra diúltach
1	aimsigh (find)	ar aimsigh tú?	d'aimsigh mé	níor aimsigh mé
2	aontaigh (agree)			
3	cealaigh (cancel)			
4	cruthaigh (create, prove)			
5	cruinnigh (collect)			
6	beannaigh (greet)			
7	smaoinigh (think)			
8	éirigh (get up, become)			
9	mothaigh (feel)			
10	ceannaigh (buy)			

Cleachtadh C

Athscríobh na habairtí seo san Aimsir Chaite.

1. Ar [múch: tú] _____ an solas?
2. Ar [ól: sibh] _____ cupán tae?
3. [Bris: mé] _____ fuinneog inné.
4. Níor [can: sí] _____ aon nótaí arda.
5. Níor [díol: mé] _____ an teach.
6. [Glan: siad] _____ a dteach inné.
7. [Fág: sé] _____ na málaí sa chlub.
8. [Scríobh: sé] _____ dhá litir.
9. Níor [lig: sí] _____ a scíth.
10. Níor [mill: tú] _____ an oíche.

Cleachtadh D

Aistrigh go Gaeilge. Tá ceisteanna 1–10 anseo cosúil le ceisteanna 1–10 i gCleachtadh C.

1. Did you put out the fire?
2. Did he drink a cup of coffee?
3. He broke a window yesterday.
4. She didn't sing any songs.
5. We didn't sell the ticket.
6. I cleaned my house yesterday.
7. I left my bags in the club.
8. We wrote two emails.
9. I didn't relax.
10. We didn't wreck the day.

Cleachtadh E

Athscríobh na habairtí seo san Aimsir Chaite.

1. Ar [aimsigh: tú] _____ post?
2. Níor [aontaigh: sé] _____ leat.
3. Ar [cealaigh: sé] _____ cúig ghig?
4. [Cruthaigh: muid] _____ focal suimiúil.
5. [Cruinnigh: sí] _____ na bileoga.
6. Níor [beannaigh: sí] _____ dom.
7. [Smaoinigh: muid] _____ ar phlean.
8. [Éirigh: sé] _____ níos measa inné!
9. Ar [mothaigh: sí] _____ sásta?
10. Níor [ceannaigh: siad] _____ na tithe.

Cleachtadh F

Aistrigh go Gaeilge. Tá ceisteanna 1–10 anseo cosúil le ceisteanna 1–10 i gCleachtadh E.

1. Did you find a ball?
2. He didn't agree with us.
3. Did she cancel five classes?
4. We created a new story.
5. We collected the sheets.
6. She didn't greet you.
7. We thought of a game.
8. It got better yesterday.
9. Did she feel tired?
10. We didn't buy the presents.

Turas 2

Na briathra neamhrialta

Cuimhnigh!

- The irregular verbs are as follows:

abair (deir)	bí (tá)	déan	feic	tabhair	téigh
beir	clois	faigh	ith	tar	

- All **muid** forms end in **-amar** or **-eamar**, except **Bhíomar**.
- All **mé/tú/sé/sí/sibh/siad** forms are as follows:

dúirt	bhí	rinne	chonaic	thug	chuaigh
rug	chuala	fuair	d'ith	tháinig	

- Six negative forms use **Ní** and five use **Níor**:

ní dúirt	ní raibh	ní dhearna	ní fhaca	níor thug	ní dheachaigh
níor rug	níor chuala	ní bhfuair	níor ith	níor tháinig	

- Six question forms use **An** and five use **Ar**:

an ndúirt?	an raibh?	an ndearna?	an bhfaca?	ar thug?	an ndeachaigh?
ar rug?	ar chuala?	an bhfuair?	ar ith?	ar tháinig?	

- The forms that use **Ní** and **An**, also use **Go** and **Nach**.
- The forms that use **Níor** and **Ar**, also use **Gur** and **Nár**.

Cleachtadh G

Aistrigh go Béarla.

1	dúirt mé	5	chuamar	9	thug mé	13	rinneamar	17	thángamar
2	fuaireamar	6	chuaigh tú	10	rugamar ar	14	bhíomar	18	dúramar
3	rinne sibh	7	chualamar	11	rug sé ar	15	chonaic siad	19	bhí mé
4	chuala sí	8	dúirt siad	12	thugamar	16	d'ith sí	20	chonaiceamar

Cleachtadh H

Aistrigh go Gaeilge.

1	you went	5	I gave	9	we were	13	you (pl) heard	17	we said
2	we went	6	he caught	10	you saw	14	we heard	18	they came
3	you (pl) made/did	7	we caught	11	she ate	15	he was	19	we came
4	we made/did	8	they were	12	we ate	16	I said	20	she got

Cleachtadh I

Scríobh an cheist (an fhoirm 'tú'), an freagra dearfach (an fhoirm 'mé') agus an freagra diúltach (an fhoirm 'mé'). Tá an chéad cheann déanta duit.

	An briathar	An cheist	An freagra dearfach	An freagra diúltach
1	abair (*say*)	an ndúirt tú?	dúirt mé	ní dúirt mé
2	beir ar (*catch*)			
3	bí (*be*)			
4	clois (*hear*)			
5	déan (*make, do*)			
6	faigh (*get*)			
7	feic (*see*)			
8	ith (*eat*)			
9	tabhair (*give*)			
10	tar (*come*)			
11	téigh (*go*)			

Cleachtadh J

Athscríobh na habairtí seo san Aimsir Chaite.
1. [Beir] _____ Marie Hourihan ar an liathróid.
2. [Tabhair: sí] _____ cic mór láidir di.
3. [Téigh] _____ an liathróid suas san aer.
4. [Bí] _____ Katie McCabe ag feitheamh léi.
5. [Tar] _____ an liathróid chuici.
6. [Abair: sí] _____, 'McCabe!'
7. [Clois: sí] _____ an bainisteoir ag screadach.
8. [Feic: sí] _____ bearna.
9. [Déan: sí] _____ a slí tríd.
10. [Faigh: sí] _____ cúl iontach.
11. [Ith] _____ an fhoireann dinnéar tar éis an chluiche.

Cleachtadh K

Athscríobh na habairtí seo san Aimsir Chaite. Ansin, aistrigh na habairtí go Béarla.
1. Ar [beir] _____ Colm Callanan ar an sliotar?
2. Ar [tabhair: sé] _____ poc mór di?
3. An [téigh] _____ an sliotar suas san aer?
4. An [bí] _____ Joe Canning ag feitheamh léi?
5. [Tar] _____ an sliotar chuige.
6. [Abair: sé] _____, 'Canning!'
7. [Clois: sé] _____ an bainisteoir ag screadach.
8. [Feic: sé] _____ bearna.
9. [Déan: sé] _____ a shlí tríd.
10. [Faigh: sé] _____ cúl iontach.
11. Níor [ith] _____ an fhoireann dinnéar tar éis an chluiche.

Cleachtadh L

Athscríobh na habairtí seo san Aimsir Chaite. Ansin, aistrigh na habairtí go Béarla.
1. An [faigh: tú] _____ na leabhair?
2. An [bí: tú] _____ sásta?
3. Cad a [abair: mé] _____ leat?
4. [Tar] _____ tuirse uirthi.
5. [Beir: sí] _____ ar mo lámh.
6. Ní [feic: sí] _____ tada.
7. [Clois: mé] _____ rud aisteach.
8. [Feic: mé] _____ luch mhór.
9. [Beir: mé] _____ ar an traein.
10. [Tabhair: siad] _____ barróg dúinn.
11. Níor [tabhair: sí] _____ bronntanas dó.
12. Céard a [bí] _____ ann?
13. An [téigh: siad] _____ ann aréir?
14. Ar [ith: siad] _____ bricfeasta?
15. [Abair: mé] _____ go raibh mé sásta.

GRAMADACH 11

An Aimsir Láithreach

Na briathra rialta

Cuimhnigh!

- We use An Aimsir Láithreach for actions that happen regularly, are usual or are going on now.
- The pronouns **mé** and **muid** are not commonly used in An Aimsir Láithreach. Regular **mé** forms end in **-m** and **muid** forms end in **-mid**.
  - **aim/im** (sa chéad réimniú)
  - **aím/ím** (sa dara réimniú)
  - **aimid/imid** (sa chéad réimniú)
  - **aímid/ímid** (sa dara réimniú)
- All **tú/sé/sí/sibh/siad** forms end in **-nn**.
  - **ann/eann** (sa chéad réimniú)
  - **aíonn/íonn** (sa dara réimniú)
- All negative forms use **Ní** and take a **séimhiú** (h), where possible.
- All question forms use **An** and take an **urú**, where possible.
- The words **Go** and **Nach** take an **urú**, where possible.
  - cuir ➔ ní chuireann/an gcuireann?/go gcuireann/nach gcuireann
  - tosaigh ➔ ní thosaíonn/an dtosaíonn?/go dtosaíonn/nach dtosaíonn
  - iarr ➔ ní iarrann/an iarrann?/go n-iarrann/nach n-iarrann
  - fan ➔ ní fhanann/an bhfanann?/go bhfanann/nach bhfanann
  - rith ➔ ní ritheann/an ritheann?/go ritheann/nach ritheann

Cleachtadh A

Scríobh an cheist (an fhoirm 'tú'), an freagra dearfach (an fhoirm 'mé') agus an freagra diúltach (an fhoirm 'mé'). Tá an chéad cheann déanta duit.

	An briathar	An cheist	An freagra dearfach	An freagra diúltach
1	múch (*extinguish*)	an múchann tú?	múchaim	ní mhúchaim
2	ól (*drink*)			
3	bris (*break*)			
4	can (*sing*)			
5	díol (*sell, pay for*)			
6	glan (*clean*)			
7	fág (*leave*)			
8	scríobh (*write*)			
9	lig (*let*)			
10	mill (*wreck, destroy*)			

Cleachtadh B

Scríobh an cheist (an fhoirm 'tú'), an freagra dearfach (an fhoirm 'mé') agus an freagra diúltach (an fhoirm 'mé'). Tá an chéad cheann déanta duit.

	An briathar	An cheist	An freagra dearfach	An freagra diúltach
1	aimsigh (find)	an aimsíonn tú?	aimsím	ní aimsím
2	aontaigh (agree)			
3	cealaigh (cancel)			
4	cruthaigh (create, prove)			
5	cruinnigh (collect)			
6	beannaigh (greet)			
7	smaoinigh (think)			
8	éirigh (get up, become)			
9	mothaigh (feel)			
10	ceannaigh (buy)			

Cleachtadh C

Athscríobh na habairtí seo san Aimsir Láithreach.

1. An [múch: tú] _____ na soilse san oíche?
2. An [ól: sibh] _____ tae nó caife?
3. [Bris: sí] _____ na rialacha go rialta.
4. Ní [can: sí] _____ amhráin nua.
5. Ní [díol: muid] _____ tithe anseo.
6. [Glan: sí] _____ a teach gach maidin.
7. [Fág: tú] _____ cótaí sa seomra cótaí.
8. [Scríobh: siad] _____ go leor ríomhphost.
9. Ní [lig: sí] _____ a scíth riamh.
10. An [mill: tú] _____ gach rud?

Cleachtadh D

Aistrigh go Gaeilge. Tá ceisteanna 1–10 anseo cosúil le ceisteanna 1–10 i gCleachtadh C.

1. Do you put out the fire at night?
2. Does he drink water or milk?
3. I break the rules sometimes.
4. We don't sing high notes.
5. We sell tickets here.
6. He cleans his house every morning.
7. She leaves her coat in the classroom.
8. We write a lot of letters.
9. I never relax.
10. You wreck everything!

Cleachtadh E

Athscríobh na habairtí seo san Aimsir Láithreach.

1. An [aimsigh: tú] _____ suíochán ar an traein go héasca?
2. Ní [aontaigh: sé] _____ leat.
3. An [cealaigh: sé] _____ gigeanna go minic?
4. [Cruthaigh: sí] _____ scéalta suimiúla.
5. [Cruinnigh: mé] _____ na bileoga.
6. Ní [beannaigh: sí] _____ dom riamh.
7. [Smaoinigh: muid] _____ ar phleananna maithe.
8. [Éirigh: sé] _____ níos fearr gach lá!
9. An [mothaigh: sí] _____ sásta go minic?
10. Ní [ceannaigh: sí] _____ leabhair anseo.

Cleachtadh F

Aistrigh go Gaeilge. Tá ceisteanna 1–10 anseo cosúil le ceisteanna 1–10 i gCleachtadh E.

1. Do you find a seat on the bus easily?
2. He doesn't agree with us.
3. Does she cancel classes often?
4. We create interesting stories.
5. I collect stamps.
6. She never greets them.
7. I think of great plans.
8. It gets worse every day!
9. Does he feel tired often?
10. We don't buy books here.

Turas 2

Na briathra neamhrialta

Cuimhnigh!

- The irregular verbs are as follows:

abair (deir)	bí (tá)	déan	feic	tabhair	téigh
beir	clois	faigh	ith	tar	

- All **mé** forms end in **-aim** or **-im**, except **Bím**.
- All **muid** forms end in **-aimid** or **-imid**, except **Bímid**.
- All **tú/sé/sí/sibh/siad** forms end in **-ann** or **-eann**, except **Tá/Bíonn**.
- All negative forms use **Ní** and take a **séimhiú** (h), except **Ní deir** and **Ní itheann**:

ní deir	níl/ní bhíonn	ní dhéanann	ní fheiceann	ní thugann	ní théann
ní bheireann	ní chloiseann	ní fhaigheann	ní itheann	ní thagann	

- All question forms use **An** and take an **urú**, except **An itheann?**

an ndeir?	an bhfuil?/an mbíonn?	an ndéanann?	an bhfeiceann?	an dtugann?	an dtéann?
an mbeireann?	an gcloiseann?	an bhfaigheann?	an itheann?	an dtagann?	

- **Go** and **Nach** also take an **urú**, where possible.

Pléitear **Tá** agus **Bíonn** sa chéad mhír eile (leathanach 368).

Cleachtadh G

Aistrigh go Béarla.

1	deirim	5	téimid	9	tugaim	13	déanaimid	17	tagaimid
2	faighimid	6	téim	10	beirimid ar	14	táimid	18	deirimid
3	déanann sibh	7	cloisimid	11	beireann sé ar	15	feiceann siad	19	táim
4	cloiseann sí	8	deir siad	12	tugaimid	16	itheann sí	20	feicimid

Cleachtadh H

Aistrigh go Gaeilge.

1	you go	5	I give	9	we are	13	you (pl) hear	17	we say
2	we go	6	he catches	10	you see	14	we hear	18	they come
3	you (pl) make/do	7	we catch	11	she eats	15	he is	19	we come
4	we make/do	8	they are	12	we eat	16	I say	20	she gets

Cleachtadh I

Scríobh an cheist (an fhoirm 'tú'), an freagra dearfach (an fhoirm 'mé') agus an freagra diúltach (an fhoirm 'mé'). Tá an chéad cheann déanta duit.

	An briathar	An cheist	An freagra dearfach	An freagra diúltach
1	abair (*say*)	an ndeir tú?	deirim	ní deirim
2	beir ar (*catch*)			
3	bí (*be*)			
4	clois (*hear*)			
5	déan (*make, do*)			
6	faigh (*get*)			
7	feic (*see*)			
8	ith (*eat*)			
9	tabhair (*give*)			
10	tar (*come*)			
11	téigh (*go*)			

Cleachtadh J

Athscríobh na habairtí seo san Aimsir Láithreach.

1. [Beir] _____ Deividas Uosis ar an liathróid.
2. [Tabhair: sé] _____ cic mór láidir di.
3. [Téigh] _____ an liathróid suas san aer.
4. [Bí] _____ David Clifford ag feitheamh léi.
5. [Tar] _____ an liathróid chuige.
6. [Abair: sé] _____, 'Clifford!'
7. [Clois: sé] _____ an slua ag screadach.
8. [Feic: sé] _____ bearna.
9. [Déan: sé] _____ a shlí tríd.
10. [Faigh: sé] _____ cúl iontach.
11. [Ith] _____ an fhoireann dinnéar tar éis an chluiche.

Cleachtadh K

Athscríobh na habairtí seo san Aimsir Láithreach. Ansin, aistrigh na habairtí go Béarla.

1. An [beir] _____ Laura Treacy ar an sliotar?
2. An [tabhair: sí] _____ buille mór di?
3. An [téigh] _____ an sliotar suas san aer?
4. An [bí] _____ Orla Cronin ag feitheamh léi?
5. [Tar] _____ an sliotar chuici.
6. [Abair: sí] _____, 'Cronin!'
7. [Clois: sí] _____ an lucht leanúna ag screadach.
8. [Feic: sí] _____ bearna.
9. [Déan: sí] _____ a slí tríd.
10. [Faigh: sí] _____ cúl iontach.
11. Ní [ith] _____ an fhoireann dinnéar tar éis an chluiche.

Cleachtadh L

Athscríobh na habairtí seo san Aimsir Láithreach. Ansin, aistrigh na habairtí go Béarla.

1. An [faigh: tú] _____ na leabhair ón múinteoir?
2. An [bí: tú] _____ réidh?
3. [Abair: sé] _____ paidir roimh chluiche.
4. [Tar] _____ faitíos (*worry*) uirthi go minic.
5. [Beir: sí] _____ ar mo lámh i gcónaí.
6. Ní [feic: sí] _____ tada riamh!
7. [Clois: mé] _____ carr ag teacht.
8. [Feic: mé] _____ taibhse!
9. [Beir: muid] _____ ar an traein go minic.
10. [Tabhair: siad] _____ bronntanais dúinn.
11. Ní [tabhair: sé] _____ deis di.
12. Conas a [bí: tú] _____?
13. An [téigh: siad] _____ ag siopadóireacht gach lá?
14. An [ith: siad] _____ bricfeasta gach maidin?
15. [Abair: mé] _____ an rud céanna arís agus arís agus arís!

GRAMADACH 12

Tá nó Bíonn?

Cuimhnigh!

- **Tá** and **Bíonn** both mean 'to be'.
- They can also mean 'there is' or 'there are'.
- In Hiberno-English (the English spoken in Ireland), people sometimes say 'does be' and 'do be' to reflect the meaning of **Bíonn**.

tá mé/táim	táimid
tá tú/sé/sí	tá sibh/siad
nílim	nach bhfuilim
an bhfuilim?	go bhfuilim

bím	bímid
bíonn tú/sé/sí	bíonn sibh/siad
ní bhím	nach mbím
an mbím?	go mbím

Tá

- We use **Tá** if the action is taking place now; if something is a fact, or if the speaker thinks it is a fact.
  - Tá seisiún ceoil ar siúl anois. / There is a music session taking place now.
  - Tá an Bhruiséil sa Bheilg. / Brussels is in Belgium.
  - Tá ag éirí go maith liom. / I am doing well.
- **Tá** is often used with the following phrases:
  - anois / now
  - inniu / today
  - faoi láthair / at the moment

Bíonn

- We use **Bíonn** if the action takes place regularly.
  - Bíonn ceacht ceoil agam gach oíche. / I have a music lesson every night.
  - Bíonn sé fuar sa Bheilg sa gheimhreadh. / It is cold in Belgium in winter.
  - Bíonn áthas orm nuair a bhuaimid. / I am happy when we win.

- **Bíonn** is often used with the following time phrases:
  - i gcónaí / always
  - uaireanta / sometimes
  - anois is arís / now and again
  - ó am go chéile / from time to time
  - go rialta / regularly
  - an t-am ar fad / all of the time
  - ó am go ham / from time to time
  - de ghnáth / usually
  - go hannamh / rarely
  - go min minic / very often
  - go minic / often
  - riamh / ever/never

- **Bíonn** is often used with time phrases that use **gach**.
  - gach lá / every day
  - gach bliain / every year
  - gach céad bliain / every century

Tuilleadh samplaí

	An Aimsir Láithreach (Tá)	An Aimsir Ghnáthláithreach (Bíonn)
1	Tá Seán ag obair ar an bhfeirm.	Bíonn Seán ag obair ar an bhfeirm gach lá.
2	An bhfuil tú sásta tar éis an dinnéir mhóir bhlasta sin?	An mbíonn tú sásta de ghnáth tar éis dinnéar mór blasta?
3	Tá siad ag seinm ceoil faoi láthair.	Bíonn siad ag seinm ceoil gach deireadh seachtaine.
4	Tá tuirse orm.	Bíonn tuirse orm tar éis lá fada ag iascaireacht.

Cleachtadh A

Líon na bearnaí.

> tá   níl   an bhfuil   bíonn   ní bhíonn   an mbíonn

1. _____ tú déanach gach lá?
2. _____ sí sa bhaile anois?
3. _____ na daltaí ar saoire faoi láthair. Níl siad ar scoil.
4. _____ mo thuismitheoirí sa bhaile. Tá siad sa Spáinn.
5. _____ go leor am saor aige de ghnáth, ach inniu tá sé saor.
6. _____ sé grianmhar anseo go minic. Ní bhíonn sé fuar agus fliuch.

Cleachtadh B

Aistrigh go Gaeilge. Tá ceisteanna 1–6 anseo cosúil le ceisteanna 1–6 i gCleachtadh A.

1. Are you early every day?
2. Is he at home now?
3. The boys are in school today. They are not on holidays.
4. My parents are not in France. They are at home.
5. I usually have lots of free time, but today I am not free.
6. It is often wet and windy here. It isn't ('doesn't be') sunny.

Cleachtadh C

Líon na bearnaí.

> a bhíonn   go mbíonn   go bhfuil   atá   a bhím

1. Tá brón orm _____ tú tinn.
2. Conas _____ tú inniu?
3. Bíonn áthas orm nuair _____ cois trá.
4. Bíonn áthas uirthi nuair _____ sí sa bhaile.
5. De ghnáth, ceapaim _____ tuirse air tar éis cluichí peile.

Cleachtadh D

Líon na bearnaí.

> an bhfuil   a bhíonn   cá bhfuil   an mbíonn   go mbíonn

1. 'A Iarla, _____ do thuismitheoirí? Sa bhaile nó ar saoire?' – 'Ar saoire. Beidh siad ar ais amárach.'
2. '_____ strus ort roimh scrúduithe, de ghnáth?' – 'De ghnáth, bíonn strus orm roimh scrúduithe!'
3. '_____ rang ealaíne aici faoi láthair?' – 'Tá. Tá rang ealaíne aici faoi láthair.'
4. 'Chuala mé _____ sé fuar san Íoslainn sa gheimhreadh'. – 'Ó, bíonn sé an-fhuar san Íoslainn sa gheimhreadh.'
5. 'Cén rang _____ agat maidin Dé Luain?' – 'Bíonn rang ealaíne agam gach Luan.'

GRAMADACH 13

An Aimsir Fháistineach

Na briathra rialta

Cuimhnigh!

- We use An Aimsir Fháistineach for actions that we think will happen or are sure will happen in the future.
- All **mé/tú/sé/sí/sibh/siad** forms in An Aimsir Fháistineach end in **-idh**.
   - **faidh/fidh** (sa chéad réimniú)
   - **óidh/eoidh** (sa dara réimniú)
- All **muid** forms end in **-imid.**
   - **faimid/fimid** (sa chéad réimniú)
   - **óimid/eoimid** (sa dara réimniú)
- All negative forms use **Ní** and take a **séimhiú** (h), where possible.
- All question forms use **An** and take an **urú**, where possible.
- The words **Go** and **Nach** take an **urú**, where possible.
   - cuir ➔ ní chuirfidh/an gcuirfidh?/go gcuirfidh/nach gcuirfidh
   - tosaigh ➔ ní thosóidh/an dtosóidh?/go dtosóidh/nach dtosóidh
   - iarr ➔ ní iarrfaidh/an iarrfaidh?/go n-iarrfaidh/nach n-iarrfaidh
   - fan ➔ ní fhanfaidh/an bhfanfaidh?/go bhfanfaidh/nach bhfanfaidh
   - rith ➔ ní rithfidh/an rithfidh?/go rithfidh/nach rithfidh

Cleachtadh A

Scríobh an cheist (an fhoirm 'tú'), an freagra dearfach (an fhoirm 'mé') agus an freagra diúltach (an fhoirm 'mé'). Tá an chéad cheann déanta duit.

	An briathar	**An cheist**	**An freagra dearfach**	**An freagra diúltach**
1	múch (*extinguish*)	an múchfaidh tú?	múchfaidh mé	ní mhúchfaidh mé
2	ól (*drink*)			
3	bris (*break*)			
4	can (*sing*)			
5	díol (*sell, pay for*)			
6	glan (*clean*)			
7	fág (*leave*)			
8	scríobh (*write*)			
9	lig (*let*)			
10	mill (*wreck, destroy*)			

Cleachtadh B

Scríobh an cheist (an fhoirm 'tú'), an freagra dearfach (an fhoirm 'mé') agus an freagra diúltach (an fhoirm 'mé'). Tá an chéad cheann déanta duit.

	An briathar	An cheist	An freagra dearfach	An freagra diúltach
1	aimsigh (find)	an aimseoidh tú?	aimseoidh mé	ní aimseoidh mé
2	aontaigh (agree)			
3	cealaigh (cancel)			
4	cruthaigh (create, prove)			
5	cruinnigh (collect)			
6	beannaigh (greet)			
7	smaoinigh (think)			
8	éirigh (get up, become)			
9	mothaigh (feel)			
10	ceannaigh (buy)			

Cleachtadh C

Athscríobh na habairtí seo san Aimsir Fháistineach.

1. An [múch: tú] _____ an lampa?
2. An [ól: sibh] _____ gloine uisce?
3. Bí cúramach nó [bris: tú] _____ fuinneog!
4. Ní [can: sí] _____ a hamhrán nua.
5. Ní [díol: sí] _____ ticéid anseo.
6. [Glan: sí] _____ a hoifig am lóin.
7. [Fág: mé] _____ na heochracha ar an deasc.
8. [Scríobh: muid] _____ chuig na tuismitheoirí.
9. Ní [lig: sí] _____ dúinn dul ar scoil!
10. Ní [mill: sé] _____ an cluiche!

Cleachtadh D

Aistrigh go Gaeilge. Tá ceisteanna 1–10 anseo cosúil le ceisteanna 1–10 i gCleachtadh C.

1. Will you turn out the light?
2. Will you drink a glass of milk?
3. Be careful or you will break the plates!
4. They won't sing tonight.
5. They won't sell clothes here.
6. He will clean his office at lunchtime.
7. I will leave my coat on the desk.
8. We will write to the student.
9. He won't let us go to the cinema.
10. She won't wreck the show!

Cleachtadh E

Athscríobh na habairtí seo san Aimsir Fháistineach.

1. An [aimsigh: tú] _____ post nua go héasca?
2. Ní [aontaigh: sé] _____ leat.
3. An [cealaigh: sé] _____ an ghig?
4. [Cruthaigh: mé] _____ an teoirim.
5. [Cruinnigh: sibh] _____ na bileoga.
6. Ní [beannaigh: sí] _____ dom.
7. [Smaoinigh: muid] _____ ar phlean.
8. [Éirigh] _____ an aimsir níos measa!
9. An [mothaigh: sí] _____ ceart go leor ar ball?
10. Ní [ceannaigh: mé] _____ an t-árasán seo.

Cleachtadh F

Aistrigh go Gaeilge. Tá ceisteanna 1–10 anseo cosúil le ceisteanna 1–10 i gCleachtadh E.

1. Will he find a new club?
2. The principal will not agree with you.
3. Will we cancel the game?
4. We will prove the formula (an fhoirmle).
5. We will collect the copies.
6. I won't greet them.
7. I'll think of something (rud éigin).
8. The weather will get worse.
9. Will she feel better soon?
10. I won't buy this school.

Turas 2

Na briathra neamhrialta

Cuimhnigh!

- The irregular verbs are as follows:

abair (deir)	bí (tá)	déan	feic	tabhair	téigh
beir	clois	faigh	ith	tar	

- All **mé/tú/sé/sí/sibh/siad** forms in An Aimsir Fháistineach end in **-idh**.
- All **muid** forms end in **-imid**.
- All positive **mé/tú/sé/sí/sibh/siad** forms are as follows:

déarfaidh	beidh	déanfaidh	feicfidh	tabharfaidh	rachaidh
béarfaidh	cloisfidh	gheobhaidh	íosfaidh	tiocfaidh	

- All negative **mé/tú/sé/sí/sibh/siad** forms are as follow:

ní déarfaidh	ní bheidh	ní dhéanfaidh	ní fheicfidh	ní thabharfaidh	ní rachaidh
ní bhéarfaidh	ní chloisfidh	ní bhfaighidh	ní íosfaidh	ní thiocfaidh	

- All question **mé/tú/sé/sí/sibh/siad** forms are as follows:

an ndéarfaidh?	an mbeidh?	an ndéanfaidh?	an bhfeicfidh?	an dtabharfaidh?	an rachaidh?
an mbéarfaidh?	an gcloisfidh?	an bhfaighidh?	an íosfaidh?	an dtiocfaidh?	

- **Go** and **Nach** take an **urú**, where possible.

Cleachtadh G

Aistrigh go Béarla.

1	déarfaidh mé	5	rachaimid	9	tabharfaidh mé	13	déanfaimid	17	tiocfaimid
2	gheobhaimid	6	rachaidh mé	10	béarfaimid mé ar	14	beimid	18	déarfaimid
3	déanfaidh sibh	7	cloisfimid	11	béarfaidh sé ar	15	feicfidh siad	19	beidh mé
4	cloisfidh sí	8	déarfaidh siad	12	tabharfaimid	16	íosfaidh sí	20	feicfimid

Cleachtadh H

Aistrigh go Gaeilge.

1	you will go	5	I will give	9	we will be	13	you (pl) will hear	17	we will say
2	we will go	6	he will catch	10	you will see	14	we will hear	18	they will come
3	you (pl) will make/do	7	we will catch	11	she will eat	15	he will be	19	we will come
4	we will make/do	8	they will be	12	we will eat	16	I will say	20	she will get

Cleachtadh I

Scríobh an cheist (an fhoirm 'tú'), an freagra dearfach (an fhoirm 'mé') agus an freagra diúltach (an fhoirm 'mé'). Tá an chéad cheann déanta duit.

	An briathar	An cheist	An freagra dearfach	An freagra diúltach
1	abair (say)	an ndéarfaidh tú?	déarfaidh mé	ní déarfaidh mé
2	beir ar (catch)			
3	bí (be)			
4	clois (hear)			
5	déan (make, do)			
6	faigh (get)			
7	feic (see)			
8	ith (eat)			
9	tabhair (give)			
10	tar (come)			
11	téigh (go)			

Cleachtadh J

Athscríobh na habairtí seo san Aimsir Fháistineach.

1. [Beir] _____ Johnny Sexton ar an liathróid.
2. [Tabhair: sé] _____ cic mór láidir di.
3. [Téigh] _____ an liathróid suas san aer.
4. [Bí] _____ Garry Ringrose ag feitheamh léi.
5. [Tar] _____ an liathróid chuige.
6. [Abair: sé] _____, 'Garry!'
7. [Clois: sé] _____ an lucht leanúna ag screadach.
8. [Feic: sé] _____ bearna.
9. [Déan: sé] _____ a shlí tríd.
10. [Faigh: sé] _____ úd iontach.
11. [Ith] _____ an fhoireann dinnéar tar éis an chluiche.

Cleachtadh K

Athscríobh na habairtí seo san Aimsir Fháistineach. Ansin, aistrigh na habairtí go Béarla.

1. An [beir] _____ Gráinne Dwyer ar an liathróid chispheile?
2. An [tabhair: sí] _____ pas d'Áine McKenna?
3. An [téigh] _____ an liathróid suas san aer?
4. An [bí] _____ Áine ag feitheamh léi?
5. [Tar] _____ an liathróid chuici.
6. [Abair: sí] _____, 'Áine!'
7. [Clois: sí] _____ an lucht leanúna ag screadach.
8. [Feic: sí] _____ bearna.
9. [Déan: sí] _____ a slí tríd.
10. [Faigh: sí] _____ scór iontach.
11. Ní [ith] _____ an fhoireann dinnéar tar éis an chluiche.

Cleachtadh L

Athscríobh na habairtí seo san Aimsir Fháistineach. Ansin, aistrigh na habairtí go Béarla.

1. An [faigh: tú] _____ na leabhair?
2. An [bí: tú] _____ sásta?
3. An [abair: tú] _____ leis dul abhaile?
4. [Tar] _____ tuirse uirthi ar ball.
5. [Beir: sí] _____ ar mo lámh.
6. Ní [feic: sí] _____ aon rud.
7. [Clois: mé] _____ thú ag teacht.
8. [Feic: mé] _____ sibh Dé Luain seo chugainn!
9. [Beir: mé] _____ ar an traein amárach.
10. [Tabhair: siad] _____ síob (*a lift*) dúinn.
11. Ní [tabhair: mé] _____ tada di.
12. Ní [bí: mise] _____ ann.
13. Cá [téigh: siad] _____ níos déanaí?
14. An [ith: siad] _____ bricfeasta?
15. [Abair: mé] _____ leis amárach é.

GRAMADACH 14

Freagraí Gearra

- Sometimes in conversation we like to use short answers to questions. In English, sometimes 'Yes' or 'No' is enough. In Irish, however, there is no single way to say 'Yes' or 'No'. We simply repeat the main verb in the question.
- An Aimsir Chaite, An Aimsir Láithreach and An Aimsir Fháistineach are covered separately in this section. Practising these forms is a great way of revising these tenses.
- In the case of each tense, read the examples and then do the exercises that follow.

An Aimsir Chaite

Cuimhnigh!

Briathra rialta

Ar ghlan tú an seomra ranga?	Ghlan / Níor ghlan
Ar éist sé le m'amhrán nua?	D'éist / Níor éist
Ar chuir sí na plátaí sa chófra?	Chuir / Níor chuir
Ar íoc tú as an mbéile?	D'íoc / Níor íoc
Ar cheannaigh sé rothar nua?	Cheannaigh / Níor cheannaigh

Briathra neamhrialta

An raibh tú ag an gcluiche?	Bhí / Ní raibh
An ndearna sé an ghlantóireacht?	Rinne / Ní dhearna
An bhfuair sí ticéad?	Fuair / Ní bhfuair
An ndúirt tú liom go raibh tú ann?	Dúirt / Ní dúirt
An bhfaca siad an cheolchoirm?	Chonaic / Ní fhaca
An ndeachaigh tú abhaile?	Chuaigh / Ní dheachaigh

Foirmeacha 'muid'

- In An Aimsir Chaite, **muid** forms are one word so we can keep them as one word in the answer.

Ar ghlan sibh?	Ghlanamar / Níor ghlanamar
Ar éist sibh?	D'éisteamar / Níor éisteamar
An ndeachaigh sibh?	Chuamar / Ní dheachamar

Cleachtadh A

Scríobh freagra gearr dearfach (+) agus freagra gearr diúltach (–) ar na ceisteanna seo.

1. Ar chreid tú an scéal?
2. Ar thuig sé an cheist?
3. Ar thóg sí teach nua?
4. Ar mhothaigh siad níos fearr?
5. Ar ól tú mo dheoch?
6. Ar éist tú leis an raidió inné?
7. Ar úsáid tú mo pheann?
8. Ar shroich sibh an t-aerfort aréir?
9. Ar sheas sibh an fód?
10. Ar ullmhaigh sibh dinnéar?

Cleachtadh B

Scríobh freagra gearr dearfach (+) agus freagra gearr diúltach (–) ar na ceisteanna seo.

1. Ar rug sé ar an liathróid?
2. Ar rug siad ar an mbus?
3. An ndúirt sí cén fáth?
4. An bhfuair tú ticéad?
5. Ar thug an múinteoir cead duit?
6. An raibh tú sásta?
7. An ndeachaigh siad abhaile?
8. Ar ith sibh sceallóga?
9. An ndearna sibh na cleachtaí?
10. An bhfaca sibh an scannán nua?

Cleachtadh C

Cuir na ceisteanna seo ar an duine atá in aice leat.

1. Ar imir tú cispheil riamh?
2. Ar cheannaigh tú éadaí nua le déanaí?
3. An raibh tú ag ceolchoirm riamh?
4. Ar ith tú tófú riamh?
5. Ar tháinig tú ar scoil ar maidin?

An Aimsir Láithreach

Cuimhnigh!

Briathra rialta

An nglanann sé a sheomra?	Glanann / Ní ghlanann
An éisteann siad le ceol ar líne?	Éisteann / Ní éisteann
An scórálann sí cúl i ngach cluiche?	Scórálann / Ní scórálann
An ólaim an iomarca cóla?	Ólann / Ní ólann
An ndeisíonn siad rothair anseo?	Deisíonn / Ní dheisíonn

Briathra neamhrialta

An bhfuil siad ag seinm?	Tá / Níl
An ndeir sé paidir roimh chluiche?	Deir / Ní deir
An dtagann siad abhaile um Nollaig?	Tagann / Ní thagann
An bhfeiceann sí an bád?	Feiceann / Ní fheiceann
An dtéann daoine thar lear go rialta?	Téann / Ní théann

Foirmeacha 'mé' agus 'muid'

- In An Aimsir Láithreach, **mé** and **muid** forms are one word so we can keep them as one word in the answer.

An dtuigeann tú?	Tuigim / Ní thuigim
An itheann tú feoil?	Ithim / Ní ithim
An gceannaíonn sibh bia blasta?	Ceannaímid / Ní cheannaímid
An ndéanann sibh cúraimí an tí?	Déanaimid / Ní dhéanaimid

Samplaí eile

An maith leat spórt?	Is maith / Ní maith
An féidir liom dul go dtí an siopa?	Is féidir / Ní féidir
An leatsa an bosca lóin seo?	Is liomsa / Ní liomsa
An rothar nua é sin?	Is ea / Ní hea

Cleachtadh D

Scríobh freagra gearr dearfach (+) agus freagra gearr diúltach (–) ar na ceisteanna seo.

1. An seinneann siad ceol binn?
2. An dtuigeann sé an cheist?
3. An ndúisíonn sé go moch ar maidin?
4. An imríonn sé eitpheil?
5. An éisteann siad le rac-cheol?

Cleachtadh E

Scríobh freagra gearr dearfach (+) agus freagra gearr diúltach (–) ar na ceisteanna seo.

1. An ndeir siad 'Heileo' gach maidin?
2. An ndéanann sé obair gach Satharn?
3. An itheann sí bia folláin?
4. An dtéann siad chuig dioscónna?
5. An bhfuil suim acu sa Mhata?

Cleachtadh F

Cuir na ceisteanna seo ar an duine atá in aice leat.

1. An dtuigeann tú na focail seo: 'obair bhaile'?
2. An ndúisíonn tú roimh 06.00 ar maidin?
3. An éiríonn tú tar éis 07.00 ar maidin?
4. An dtosaíonn sibh ar scoil ag 08.45?
5. An gcríochnaíonn sibh ar scoil tar éis 16.00?

Cleachtadh G

Scríobh freagra gearr dearfach (+) agus freagra gearr diúltach (–) ar na ceisteanna seo.

1. An maith leat Eolaíocht?
2. An féidir leat bia a ithe sa seomra ranga?
3. An leatsa an mála gorm?
4. An leis an múinteoir an carr dearg?
5. An cainéal maith é RTÉ?

Turas 2

An Aimsir Fháistineach

Cuimhnigh!

Briathra rialta

An ndúnfaidh tú an doras, le do thoil?	Dúnfaidh / Ní dhúnfaidh
An osclóidh tú an fhuinneog, le do thoil?	Osclóidh / Ní osclóidh
An éireoidh tú go moch amárach?	Éireoidh / Ní éireoidh
An ndeiseoidh sé a rothar?	Deiseoidh / Ní dheiseoidh
An aimseoidh sí post?	Aimseoidh / Ní aimseoidh

Briathra neamhrialta

An mbeidh tú ag an gcóisir?	Beidh / Ní bheidh
An ndéanfaidh tú gar dom?	Déanfaidh / Ní dhéanfaidh
An bhfaighidh tú ceapaire dom?	Gheobhaidh / Ní bhfaighidh
An bhfeicfidh siad an seó faisin?	Feicfidh / Ní fheicfidh
An dtabharfaidh sí bronntanas dom?	Tabharfaidh / Ní thabharfaidh
An rachaidh sé go dtí an Spáinn?	Rachaidh / Ní rachaidh

Foirmeacha 'muid'

- In An Aimsir Fháistineach, **muid** forms are one word so we can keep them as one word in the answer.

An scríobhfaidh sibh scéal?	Scríobhfaimid / Ní scríobhfaimid
An íosfaidh sibh dinnéar liom?	Íosfaimid / Ní íosfaimid
An rachaidh sibh ar saoire?	Rachaimid / Ní rachaimid

Cleachtadh H

Scríobh freagra gearr dearfach (+) agus freagra gearr diúltach (–) ar na ceisteanna seo.

1. An gcuirfidh tú do chóta i seomra na gcótaí?
2. An gcaithfidh tú cúpla euro sa siopa bréagán?
3. An nglanfaidh siad mo theach?
4. An seolfaidh sé ríomhphost chugat?
5. An ullmhóidh sí an script?
6. An osclóidh tú doras na scoile?
7. An úsáidfidh sibh na ríomhairí?
8. An bhfillfidh sibh abhaile tar éis na scoile?
9. An seasfaidh sibh suas d'Amhrán na bhFiann'?
10. An gceannóidh sibh bronntanais um Nollaig?

Cleachtadh I

Scríobh freagra gearr dearfach (+) agus freagra gearr diúltach (–) ar na ceisteanna seo.

1. An rachaidh sé go dtí an Ghaeltacht sa samhradh?
2. An mbéarfaidh sí ar an liathróid?
3. An ndéarfaidh sé amhrán?
4. An gcloisfidh siad an ceol?
5. An dtiocfaidh na cailíní abhaile?
6. An dtabharfaidh tú síob dom?
7. An mbeidh sibh ar an traein ag 13.00?
8. An íosfaidh sibh ceapaire?
9. An bhfaighidh sibh rolla dom, le bhur dtoil?
10. An ndéanfaidh sibh an ghlantóireacht?

Cleachtadh J

I ngrúpa, cuir na ceisteanna seo ar a chéile.

1. An nglanfaidh sibh suas an seomra ranga tar éis an ranga?
2. An mbuafaidh sibh aon chraobh spóirt i mbliana?
3. An íosfaidh sibh lón ar scoil inniu?
4. An rachaidh sibh ar scoil Dé Sathairn?
5. An mbeidh sibh ag scríobh sa rang Mata inniu?

GRAMADACH 15

Céimeanna Comparáide na hAidiachta

Breischéim na haidiachta: Aidiachtaí rialta

Cuimhnigh!

- We use the words **níos [adjective] ná** to make a comparison between people or things.
  - Tá an Amasóin **níos faide ná** an tSionainn. / The Amazon is longer than the Shannon.

Look at the following tables to see how the ending of adjectives changes after the word **níos**.

- **Riail 1:** If an adjective ends in a broad consonant (i.e. one whose last letter is a consonant and the closest vowel to it is **a**, **o** or **u**), make it slender, usually by adding an **i** after this vowel, and add an **e** to the end:

ard	tall/high	níos airde
daor	expensive	níos daoire
trom	heavy	níos troime
sean	old	níos sine
deas	fine/nice	níos deise
fial	generous	nios féile

- **Riail 2:** If an adjective ends in a slender consonant (i.e. one whose last letter is a consonant and the closest vowel to it is **i**), just add an **e** to the end:

glic	sly/clever	níos glice
binn	sweet	níos binne
dílis	loyal	níos dílse
láidir	strong	níos láidre

- **Riail 3:** If an adjective ends in **-each** or **-ach**, change the ending to **-í** or **-aí**:

corraitheach	exciting	níos corraithí
leadránach	boring	níos leadránaí
úsáideach	useful	níos úsáidí
scamallach	cloudy	níos scamallaí

- **Riail 4:** If an adjective ends in **-úil**, change the ending to **-úla**:

| dathúil | handsome/pretty | níos dathúla |
| misniúil | courageous | níos misniúla |

- **Riail 5:** If an adjective ends in a vowel, do not make any change:

| casta | complicated | níos casta |
| tanaí | thin | níos tanaí |

trí chéad seachtó a seacht

Turas 2

Cleachtadh A

Athraigh foirm na haidiachta más gá.

Riail 1

1	óg	young	níos _____ ná
2	glan	clean	níos _____ ná
3	éadrom	light	níos _____ ná
4	greannmhar	funny	níos _____ ná
5	grianmhar	sunny	níos _____ ná
6	tiubh	thick	níos _____ ná
7	fliuch	wet	níos _____ ná
8	geal	bright	níos _____ ná
9	searbh	bitter	níos _____ ná
10	cian	distant	níos _____ ná

Riail 2

1	tirim	dry	níos _____ ná
2	ciúin	quiet	níos _____ ná
3	fairsing	wide	níos _____ ná
4	soiléir	clear	níos _____ ná
5	saibhir	rich	níos _____ ná

Riail 3

1	corraitheach	exciting	níos _____ ná
2	leadránach	boring	níos _____ ná
3	contúirteach	dangerous	níos _____ ná
4	baolach	dangerous	níos _____ ná
5	dainséarach	dangerous	níos _____ ná
6	amaideach	foolish	níos _____ ná
7	gliobach	dishevelled	níos _____ ná
8	práinneach	urgent	níos _____ ná
9	compordach	comfortable	níos _____ ná
10	soilseach	bright	níos _____ ná

Riail 4

1	tuirsiúil	tiresome/tiring	níos _____ ná
2	suimiúil	interesting	níos _____ ná
3	báúil	sympathetic	níos _____ ná
4	cáiliúil	famous	níos _____ ná
5	scanrúil	scary	níos _____ ná

Riail 5

1	cróga	brave	níos _____ ná
2	ceanndána	stubborn	níos _____ ná
3	gruama	gloomy	níos _____ ná
4	cineálta	kind	níos _____ ná
5	crua	tough	níos _____ ná

Cleachtadh B

Athraigh na focail idir lúibíní.

1. Tá George Clooney níos [sean] _____ ná Daniel Radcliffe.
2. An bhfuil Amy Foster níos [lúfar] _____ ná Ciara Neville?
3. Bíonn imreoirí peile níos [láidir] _____ ná imreoirí sacair.
4. Tá Loch Garman níos [tirim] _____ ná Gaillimh.
5. Tá mo chathaoir níos [compordach] _____ ná do cheannsa.
6. Níl an M8 níos [contúirteach] _____ ná an M7.
7. Tá ár bhfoireann níos [sciliúil] _____ ná bhur gceannsa.
8. Tá mo mhac níos [éirimiúil] _____ ná do mhacsa.
9. Tá Nárú níos [iargúlta] _____ ná Éire.
10. An bhfuil Mata níos [éasca] _____ ná Béarla?

Cleachtadh C

Aistrigh go Gaeilge. Tá ceisteanna 1–10 anseo cosúil le ceisteanna 1–10 i gCleachtadh B.

1. Olivia is older than Méabh. (*sean*)
2. Is Duffy more athletic than Pogba? (*lúfar*)
3. Basketball players are stronger than soccer players. (*láidir*)
4. Spain is dryer than Ireland. (*tirim*)
5. My room is more comfortable than your one. (*compordach*)
6. Man Utd are not more dangerous than Celtic. (*contúirteach*)
7. Our team is not more skilful than your one. (*sciliúil*)
8. My daughter is more intelligent than your daughter. (*éirimiúil*)
9. Fiji (*Fidsí*) is more remote than England. (*iargúlta*)
10. Is Maths easier than Science? (*éasca*)

Aidiachtaí neamhrialta

Cuimhnigh!

- The irregular adjectives are as follows:

álainn	beautiful	níos áille
beag	small	níos lú
breá	fine	níos breátha
deacair	difficult/hard	níos deacra
dócha	likely	níos dóichí
fada	long	níos faide
furasta	easy	níos fusa
gearr	short	níos giorra
maith	good	níos fearr
mór	big	níos mó
nua	new	níos nuaí
olc	bad	níos measa
tapa	fast	níos tapúla
te	hot	níos teo
tréan	strong	níos tréine/treise

Cleachtadh D

Athraigh na focail idir lúibíní.

1. Tá Éire níos [beag] _____ ná Madagascar.

2. Tá imeallbhord (*coastline*) Shligigh níos [fada] _____ ná imeallbhord Liatroma.

3. Tá níos [mór] _____ oileán amach ó chósta na hIorua ná ó chósta na Danmhairge.

4. Tá an aimsir in Oymyakon na Sibéire níos [olc] _____ ná an aimsir in Los Angeles.

5. Tá an t-achar (*distance*) idir an Domhan agus Iúpatar níos [gearr] _____ ná an t-achar idir an Domhan agus Satarn.

6. An bhfuil foireann sacair na hÉireann níos [maith] _____ ná foireann Shasana?

7. Ní bhíonn an aimsir san Íoslainn níos [breá] _____ ná an aimsir san Astráil.

8. Deirtear go bhfuil Thrá Bhaile Mhic an Stocaire níos [álainn] _____ ná aon trá eile ar domhan.

9. De ghnáth bíonn an Spáinn níos [te] _____ ná Éire.

10. An bhfuil sé níos [deacair] _____ taistil go dtí an ghealach (*moon*) ná dul go grinneall (*bottom*) an Aigéin Chiúin?

Turas 2

Sárchéim na haidiachta

> **Cuimhnigh!**
> - **Sárchéim** forms are used to express the highest, the deepest, the most amazing, etc.
> - The **sárchéim** forms are the same as the **breischéim** forms.
> - The only difference is that we replace **níos** with **is**.
>   - Is í an Ailgéir an tír **is mó** san Afraic. / Algeria is the largest country in Africa.
>   - Is é Suranam an tír **is lú** i Meiriceá Theas. / Suriname is the smallest country in South America.

Cleachtadh E

Athraigh na focail idir lúibíní.

1. Is é Dettifoss san Íoslainn an t-eas (*waterfall*) is [cumhachtach] _____ san Eoraip.
2. Is í an tSionainn an abhainn is [fada] _____ in Éirinn.
3. Is é Kīlauea an bolcán is [gníomhach] _____ ar domhan.
4. Is í an tSín an tír is [mór] _____ ar domhan ó thaobh daonra de.
5. Is í an India an dara tír is [mór] _____ ar domhan ó thaobh daonra de.
6. Is é an tAigéan Ciúin an t-aigéan is [doimhin] _____.
7. An é Kilimanjaro an sliabh is [ard] _____ san Afraic?
8. Ní hí an Fhrainc an tír is [te] _____ san Eoraip.
9. Deirtear gurb í an Astráil an tír is [sláintiúil] _____ ar domhan.
10. Cad é an contae is [cairdiúil] _____ in Éirinn?

Cleachtadh F

Athraigh na focail idir lúibíní.

1. Tá an Ghaeilge níos [deacair] _____ ná an Spáinnis ach is í an Fhionlainnis an teanga is [deacair] _____ de na trí theanga sin.
2. Sa samhradh, bíonn na laethanta in Éirinn níos [fada] _____ ná na laethanta sa Spáinn, ach is sa réigiún Artach a bhíonn na laethanta is [fada] _____.
3. Tá an Bhreatain níos [mór] _____ ná an Íoslainn, ach is í an Ghraonlainn an t-oileán is [mór] _____ san Atlantach.
4. Tá Túr Shanghai sa tSín níos [ard] _____ ná Túr Willis in Chicago, ach is é Burj Khalifa an túr is [ard] _____ ar domhan.
5. Is minic a bhíonn imreoirí cispheile níos [tréan] _____ ná imreoirí sacair, ach is iad na himreoirí rugbaí na himreoirí is [tréan] _____.

GRAMADACH 16

An Aidiacht agus an Dobhriathar

An aidiacht

Cuimhnigh!

- We use adjectives (e.g. old, young, interesting) to describe nouns (e.g. tree, person, subject). Here are some examples of common adjectives:

sean	old	óg	young
beag	small	mór	big
te	warm	fuar	cold
grianmhar	sunny	gruama	gloomy
cairdiúil	friendly	deas	nice
ard	high	íseal	low
iargúlta	remote	gnóthach	busy
cineálta	kind	lách	kind

- When we put the prefix **an-** (very) before the adjective, the following changes are made:

Before consonants (except d, s and t): add séimhiú (h)		Before vowels or d, s and t: add a hyphen (-)	
beag	**an-bh**eag	ard	**an-a**rd
mór	**an-mh**ór	íseal	**an-í**seal
grianmhar	**an-gh**rianmhar	iargúlta	**an-i**argúlta
gruama	**an-gh**ruama	óg	**an-ó**g
cairdiúil	**an-ch**airdiúil	sean	**an-s**ean
fuar	**an-fh**uar	te	**an-t**e*
gnóthach	**an-gh**nóthach	lách	**an-l**ách
cineálta	**an-ch**ineálta	deas	**an-d**eas*
		* an-the and an-dheas are accepted in Munster	

- When we put the prefix **ró** (too) before the adjective, the following changes are made:

Before consonants: add a séimhiú (h)		Before vowels: add a hyphen (-)	
beag	**róbh**eag	ard	**ró-a**rd
mór	**rómh**ór	íseal	**ró-í**seal
grianmhar	**rógh**rianmhar	iargúlta	**ró-i**argúlta
te	**róth**e	óg	**ró-ó**g

Cleachtadh A

Cuir 'an-' roimh na haidiachtaí seo.

| 1 | ciúin | 3 | gníomhach | 5 | praiticiúil | 7 | corraitheach | 9 | fada | 11 | furasta |
| 2 | tirim | 4 | deacair | 6 | daor | 8 | saor | 10 | úr | 12 | éirimiúil |

Cleachtadh B

Cuir 'ró' roimh na haidiachtaí seo.

| 1 | ciúin | 3 | gníomhach | 5 | praiticiúil | 7 | corraitheach | 9 | fada | 11 | furasta |
| 2 | tirim | 4 | deacair | 6 | daor | 8 | saor | 10 | úr | 12 | éirimiúil |

Turas 2

An dobhriathar

Cuimhnigh!

- We use adverbs (e.g. slowly, quickly, interestingly) to describe verbs (e.g. walk, run, talk).
- We add '-ly' to the end of the adjective in English. We put **go** before the adjective in Irish.

mall	slow	**go m**all	slowly
tapa	quick	**go t**apa	quickly
ard	high	**go ha**rd	highly
áthasach	happy	**go há**thasach	happily

- There are some exceptions in English but there are none in Irish.

| maith | good | go maith | well |
| tapa | fast | go tapa | fast |

- In some sentences that begin with **Tá** and **Níl**, we put **go** before the following adjectives:

| go deas | go breá | go hálainn | go maith |
| go dona | go haoibhinn | go holc | go huafásach |

Cleachtadh C

Líon na bearnaí.

> go hard   go huafásach   go cúramach   tapa   go hiontach

1. Is reathaí _____ mé. Rithim 100 m faoi bhun 10 soicind!
2. Is duine cúramach í Siún. Labhraíonn sí _____.
3. Mhol siad an scannán _____.
4. Nach bhfuil an aimsir _____! Tá sé ag cur báistí agus tá sé fuar!
5. Tá an fhoireann sin _____. Bhuaigh siad an cluiche 5-0!

Cleachtadh D

Aistrigh go Béarla.

1. Ritheann Siún go tapa ach ritheann Colm go mall.
2. Eitlíonn eitleáin mhóra go hard ach eitlíonn eitleáin bheaga go híseal.
3. Oibríonn Maidhc go háthasach ach oibríonn Caoimhe go brónach.
4. Siúlann Kim go fuinniúil ach siúlann Tim go leisciúil.
5. Labhraíonn Greg go gealgháireach ach labhraíonn Sally go gruama.
6. Caitheann siad go cairdiúil le Jim ach caitheann siad go suarach le Gill. (caith le = *treat*)
7. Tá an aimsir san Iodáil go maith ach tá an aimsir in Éirinn go dona.
8. Tá an scannán seo go hiontach ach tá an scannán sin go hainnis.

GRAMADACH 17

Treoir Ghramadaí

An Chopail 'is'

Cuimhnigh!

- Sometimes in Irish, we use the words **Is** and **Ní** instead of **Tá** and **Níl**. When we use the words **Is** and **Ní**, the order of the words in the sentence needs to change.

- What you know already:
  - Is reathaí í Síofra Cléirigh-Büttner; Is iománaí é Joe Canning. (*Turas 2*, leathanach 230)
  - Is cailín éirimiúil í Anvitha; Is buachaill cliste é Haris. (*Turas 1*, leathanach 49)

- What might be new to you:
  - Why we say **Is múinteoir é** and not **Tá sé múinteoir**.
  - Why we say **Is cailín éirimiúil í** and not **Tá sí cailín éirimiúil**.

Na rialacha

- You cannot use two nouns (e.g. **cailín**, **Seán**, **scoil**) or two pronouns (e.g. **mé**, **tú**, **sé**) in sequence after **Tá**, **Níl** or **An bhfuil** (or any other form of the verb 'to be').

Mícheart ✗	Fáth	Ceart ✓	Béarla
Tá Síle múinteoir.	**Síle** and **múinteoir** are nouns.	Is múinteoir í Síle.	Síle is a teacher.
Níl an buachaill meicneoir maith.	**(An) buachaill** and **meicneoir** are nouns.	Ní meicneoir maith é an buachaill.	The boy isn't a good mechanic.
An bhfuil Pól duine deas?	**Pól** and **duine (deas)** are nouns.	An duine deas é Pól?	Is Paul a nice person?

- Remember how An Chopail is used in the examples in the **Ceart** column above. These are the most common ways in which it is used in An Aimsir Láithreach. Refer to these sentences when you want to write a sentence which uses An Chopail.

Cleachtadh A

Aistrigh go Béarla.

1. Is aeróstach mé. (*flight attendant*)
2. Ní ceoltóir mé. (*musician*)
3. Ní dochtúir í Ivana. (*doctor*)
4. Ní cócairí iad. (*chefs*)
5. Is fear beáir é Pól. (*barman*)
6. An altra thú? (*nurse*)
7. Is cúntóir siopa í Ewa. (*shop assistant*)
8. An feirmeoirí iad na deartháireacha sin? (*farmers*)
9. An baincéirí sibh? (*bankers*)
10. Is fiaclóirí iad Siún agus Senga. (*dentists*)

Cleachtadh B

Aistrigh go Gaeilge.

1. He's a repair man. (*deisitheoir*)
2. Are you an engineer? (*innealtóir*)
3. Jim's a factory worker. (*oibrí monarcha*)
4. He's not a waiter. (*freastalaí*)
5. Are you a journalist? (*iriseoir*)
6. She's a guard. (*Garda*)
7. Are you a teacher? (*múinteoir*)
8. Those men aren't builders. (*tógálaithe*)
9. She isn't a hairdresser. (*gruagaire*)
10. That woman is a vet. (*tréidlia*)

GRAMADACH 18

An tAinm Briathartha

Cuimhnigh!

- Many languages regularly use a verb infinitive, e.g. 'to clean', 'to break' or 'to finish'. Instead of a verb infinitive, Irish uses a form called An tAinm Briathartha (the verbal noun) with the word **a**, e.g. **a ghlanadh**, **a bhriseadh** or **a chríochnú**. The word following **a** takes a **séimhiú** (h), where possible.

- We can also use An tAinm Briathartha to form the '-ing' form of a verb, e.g. **ag glanadh**, **ag briseadh** or **ag críochnú**. You have been learning this form for the last ten years without even knowing what it is called!

- There are quite a few ways of forming An tAinm Briathartha. The most common way is shown below.

An chéad réimniú	+ adh	glan	glanadh
	+ eadh	bris	briseadh
An dara réimniú	+ ú	críochnaigh	críochnú
	+ iú	aistrigh	aistriú

- This table highlights many of the different ways we can form An tAinm Briathartha with **na briathra rialta**.

	Briathar	Verb	Ainm briathartha le 'a'	Verb infinitive	Ainm briathartha le 'ag'	Verbal noun
1	can	sing	a chanadh	to sing	ag canadh	singing
2	múin	teach	a mhúineadh	to teach	ag múineadh	teaching
3	brostaigh	hurry	a bhrostú	to hurry	ag brostú	hurrying
4	bailigh	collect	a bhailiú	to collect	ag bailiú	collecting
5	caith	spend	a chaitheamh	to spend	ag caitheamh	spending
6	imir	play	a imirt	to play	ag imirt	playing
7	oscail	open	a oscailt	to open	ag oscailt	opening
8	ceannaigh	buy	a cheannach	to buy	ag ceannach	buying
9	coinnigh	keep	a choinneáil	to keep	ag coinneáil	keeping
10	foghlaim	learn	a fhoghlaim	to learn	ag foghlaim	learning

- This table highlights the ways we form An tAinm Briathartha with **na briathra neamhrialta**:

abair	rá	déan	déanamh	tabhair	tabhairt
beir	breith	faigh	fáil	tar	teacht
bí	a bheith	feic	feiceáil	téigh	dul
clois	cloisteáil	ith	ithe		

Cleachtadh A

Scríobh an fhoirm cheart den Ainm Briathartha. Bain úsáid as www.teanglann.ie chun cabhrú leat. Tá an chéad dá cheann déanta duit.

1	glan ➔ glanadh	17	aimsigh
2	bris ➔ briseadh	18	bain
3	breathnaigh	19	caith
4	ceannaigh	20	críochnaigh
5	déan	21	faigh
6	féach	22	glac
7	léigh	23	oscail
8	tabhair	24	imir
9	aontaigh	25	aistrigh
10	athraigh	26	blais
11	caill	27	can
12	clois	28	cuir
13	éist	29	fan
14	foghlaim	30	labhair
15	mínigh	31	scríobh
16	tóg	32	luasc

Cleachtadh B

Aistrigh go Béarla.

1. Táim ag scríobh litir fhada.
2. Caithfidh mé (*I have to*) litir fhada a scríobh.
3. Táim ag déanamh mo chuid obair bhaile.
4. Ba cheart dom (*I should*) mo chuid obair bhaile a dhéanamh.
5. Thosaigh sé ag tógáil teach nua.
6. Ba mhaith leis (*he would like*) teach nua a thógáil.
7. Bíonn siad i gcónaí ag cailleadh rudaí.
8. Níor mhaith leo (*they wouldn't like*) rudaí a chailleadh.
9. Cén fáth a bhfuil sí ag caitheamh seanéadaí?
10. Is maith léi (*she likes*) seanéadaí a chaitheamh.

Cleachtadh C

Aistrigh go Gaeilge. Tá ceisteanna 1–10 anseo cosúil le ceisteanna 1–10 i gCleachtadh B.

1. I am writing a long essay. (*scríobh*)
2. You have to write your essay. (*scríobh*)
3. I am finishing a lot of things. (*críochnaigh*)
4. I should finish a lot of things today. (*críochnaigh*)
5. He started doing music classes. (*déan*)
6. He would like to do music classes. (*déan*)
7. They are always losing money. (*caill*)
8. They wouldn't like to lose money. (*caill*)
9. Why is she wearing her school uniform? (*caith*)
10. She likes to wear her school uniform. (*caith*)

Cleachtadh D

Aistrigh go Béarla.

1. Ba mhaith liom féachaint ar an teilifís.
2. Ba mhaith liom bualadh le cairde.
3. Ba mhaith liom breith ar an liathróid.
4. Ba mhaith liom fanacht ar scoil.
5. Ba mhaith liom dul abhaile.

Cleachtadh E

Aistrigh go Gaeilge. Tá ceisteanna 1–5 anseo cosúil le ceisteanna 1–5 i gCleachtadh D.

1. Would you like to watch the match?
2. Would you like to meet my friend?
3. Would you like to catch the bus?
4. Would you like to wait in the shop?
5. Would you like to go to the cinema?

Foclóir

Caibidil 1: Mé Féin

Dathanna / Colours
bán *white*
bándearg *pink*
buí *yellow*
corcra *purple*
dearg *red*
donn *brown*
dubh *black*
glas *green*
gorm *blue*
liath *grey*
oráiste *orange*
rua *red (hair colour)*

Dathanna súl / Eye colours
súile cnódhonna *hazel eyes*
súile donna *brown eyes*
súile glasa *green eyes*
súile gorma *blue eyes*
súile liatha *grey eyes*
súile ómra *amber eyes*

Stíleanna gruaige / Hairstyles
gruaig chatach fhionn *curly blonde hair*
gruaig dhíreach liath *straight grey hair*
gruaig dhualach dhonn *wavy brown hair*
gruaig fhada dhubh *long black hair*
gruaig ghearr rua *short red hair*

Ag cur síos ort féin: Aidiachtaí / Describing yourself: Adjectives
cabhrach *helpful*
cairdiúil *friendly*
cliste *clever*
cneasta *kind*
dílis *loyal*
fial *generous*
foighneach *patient*
fuinniúil *energetic*
greannmhar *funny*
spórtúil *sporty*

Caibidil 2: Mo Theaghlach

Teaghlach agus gaolta / Family and relatives
aintín *aunt*
athair *father*
deartháir *brother*
deirfiúr *sister*
gariníon *granddaughter*
garmhac *grandson*
garpháiste *grandchild*
iníon *daughter*
leathdheartháir *half-brother*
leathdheirfiúr *half-sister*
mac *son*
máthair *mother*
seanathair *grandfather*
seanmháthair *grandmother*
uncail *uncle*

Ag comhaireamh daoine / Counting people

duine (amháin) *one person*
beirt *two people*
triúr *three people*
ceathrar *four people*
cúigear *five people*
seisear *six people*
seachtar *seven people*
ochtar *eight people*
naonúr *nine people*
deichniúr *ten people*

Míonna na bliana / Months of the year

mí Eanáir *January*
mí Feabhra *February*
mí an Mhárta *March*
mí Aibreáin *April*
mí na Bealtaine *May*
mí an Mheithimh *June*
mí Iúil *July*
mí Lúnasa *August*
mí Mheán Fómhair *September*
mí Dheireadh Fómhair *October*
mí na Samhna *November*
mí na Nollag *December*

Caibidil 3: Mo Theach

An teach agus an bloc árasán / The house and the apartment block

aláram *alarm*
an bunurlár *the ground floor*
an chéad urlár *the first floor*
an dara hurlár *the second floor*
ardaitheoir *elevator*
balcóin *balcony*
bláthanna *flowers*
carrchlós *car park*
cistin *kitchen*
claí *fence*
cloigín dorais *doorbell*
crann *tree*
díon *roof*
doras tosaigh *front door*
gairdín cúil *back garden*
gairdín dín *roof garden*
idirchum *intercom*
príomhdhoras *main entrance*
seid *shed*
seomra bia *dining room*
seomra codlata *bedroom*
seomra folctha *bathroom*
seomra suí *sitting room*
simléar *chimney*
staighre *stairs*

M'áit chónaithe / Where I live

an chathair *the city*
ar imeall an bhaile mhóir *at the edge of the town*
bloc árasán *apartment block*
bungaló *bungalow*
caisleán *castle*
cois farraige *beside the sea*
eastát tithíochta *housing estate*
faoin tuath *countryside*
feirm *farm*
lár na cathrach *the city centre*
na bruachbhailte *the suburbs*
teach baile *town house*
teach feirme *farmhouse*
teach leathscoite *semi-detached house*
teach scoite *detached house*
teach sraithe *terraced house*

An seomra leapa / The bedroom

blaincéad *blanket*
cairpéad *carpet*
cuirtíní *curtains*
deasc *desk*
éadaí *clothes*
lampa *lamp*
leaba *bed*
piliúr *pillow*
póstaeir *posters*
ríomhaire *computer*
seilf *shelf*
taisceadán *locker*
vardrús *wardrobe*

An seomra folctha / The bathroom

cithfholcadán *shower*
doirteal *sink*
folcadán *bath*
leithreas *toilet*
radaitheoir *radiator*
scáthán *mirror*
tuáille *towel*

trí chéad ochtó a seacht

Caibidil 4: Mo Cheantar

An seomra suí / The sitting room
bord *table*
cathaoir luascáin *rocking chair*
cathaoir uilleach *armchair*
cúisín *cushion*
leabhragán *bookcase*
raidió *radio*
ruga *rug*
seinnteoir DVD *DVD player*
tábla *table*
táibléad *tablet*
teilifíseán *television*
tinteán *fireplace*
tolg *couch*

An chistin / The kitchen
babhla *bowl*
citeal *kettle*
cócaireán *cooker*
cófra *cupboard*
cuisneoir *fridge*
cupán *cup*
doirteal *sink*
forc *fork*
gloine *glass*
meaisín níocháin *washing machine*
miasniteoir *dishwasher*
micreathonnán *microwave*
pláta *plate*
reoiteoir *freezer*
scian *knife*
spúnóg *spoon*
tarraiceán *drawer*
tóstaer *toaster*

Cúraimí an tí / Housework
ag cócaráil *cooking*
ag dustáil *dusting*
ag glanadh *cleaning*
ag iarnáil *ironing*
ag mapáil *mopping*
ag ní éadaí *washing clothes*
ag ní gréithe *washing dishes*
ag scuabadh *sweeping*

Áiseanna / Facilities
banc *bank*
bialann *restaurant*
binse *bench*
busáras *bus station*
club óige *youth club*
gruagaire *hairdresser*
ionad spóirt *sports centre*
linn snámha *swimming pool*
oifig an phoist *post office*
ospidéal *hospital*
páirc imeartha *sports ground*
scairdeán *fountain*
séipéal *church*
stáisiún na nGardaí *police station*
stáisiún traenach *train station*

Treoracha / Directions
bóthar *road*
cas ar chlé *turn left*
cas ar dheis *turn right*
casadh *turn*
coirnéal *corner*
crosbhóthar *crossroads*
cúinne *corner*
droichead *bridge*
síos *down*
sráid *street*
suas *up*
téigh díreach ar aghaidh *go straight on*
timpeallán *roundabout*
trasna *across*

Siopaí / Shops
bácús *bakery*
ollmhargadh *supermarket*
siopa bréagán *toy shop*
siopa bróg *shoe shop*
siopa búistéara *butcher*
siopa caife *coffee shop*
siopa ceoil *music shop*
siopa éadaí *clothes shop*
siopa grósaera *grocery store*
siopa guthán *phone shop*
siopa peataí *pet shop*
siopa spóirt *sports shop*

Caibidil 5: Mo Scoil

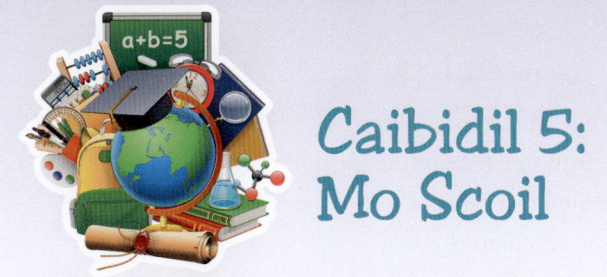

Ábhair scoile / School subjects

Adhmadóireacht *Woodwork*
Béarla *English*
Ceol *Music*
Corpoideachas *PE*
Creideamh *Religion*
Eacnamaíocht Bhaile *Home Economics*
Ealaín *Art*
Eolaíocht *Science*
Fraincis *French*
Gaeilge *Irish*
Gearmáinis *German*
Grafaic Theicniúil *Technical Graphics*
Iodáilis *Italian*
Mata *Maths*
Miotalóireacht *Metalwork*
OSPS *SPHE*
OSSP *CSPE*
Spáinnis *Spanish*
Staidéar Gnó *Business Studies*
Stair *History*
Tíreolaíocht *Geography*

An clog / The clock

a chlog *o'clock*
cúig tar éis *five past*
deich tar éis *ten past*
ceathrú tar éis *quarter past*
fiche tar éis *twenty past*
fiche cúig tar éis *twenty-five past*
leathuair tar éis *half past*
fiche cúig chun *twenty-five to*
fiche chun *twenty to*
ceathrú chun *quarter to*
deich chun *ten to*
cúig chun *five to*

An seomra ranga / The classroom

balla *wall*
bosca bruscair *rubbish bin*
cathaoir *chair*
clár bán idirghníomhach *interactive whiteboard*
cóipleabhar *copybook*
dallóg *blind*
deasc *desk*
fuinneog *window*
leabhragán *bookcase*
múinteoir *teacher*
obair bhaile *homework*
póstaer *poster*
radaitheoir *radiator*
ríomhaire *computer*
rothar *bike*
scuab urláir *sweeping brush*

Áiseanna na Scoile / School facilities

ceaintín *canteen*
clós *yard*
halla spóirt *sports hall*
leabharlann *library*
oifig an phríomhoide *principal's office*
oifig an rúnaí *secretary's office*
saotharlann *laboratory*
seomra ceoil *music room*
seomra ealaíne *art room*
seomra foirne *staffroom*
seomra ríomhaireachta *computer room*
seomra urnaí *prayer room*

Éide scoile / School uniform

bléasar *blazer*
blús *blouse*
bríste *trousers*
bróga *shoes*
carbhat *tie*
geansaí *jumper*
léine *shirt*
sciorta *skirt*
seaicéad *jacket*
stocaí *socks*

Rialacha na scoile / School rules

bulaíocht *bullying*
ceadaithe *allowed*
cosc ar *a ban on*
fáinní cluasa *earrings*
guma a chogaint *to chew gum*
smideadh *make-up*

Caibidil 6: Mo Chaithimh Aimsire

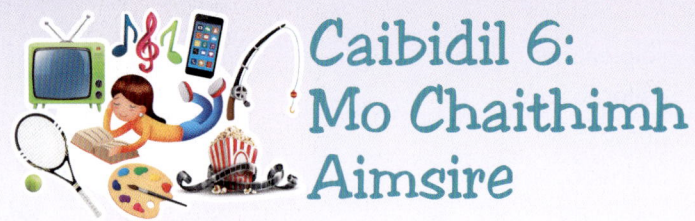

Caithimh aimsire / Hobbies/Pastimes

ag campáil *camping*
ag canadh *singing*
ag clárscátáil *skateboarding*
ag cócaráil *cooking*
ag damhsa *dancing*
ag dul ar líne *going online*
ag éisteacht le ceol *listening to music*
ag féachaint ar an teilifís *watching television*
ag iascaireacht *fishing*
ag imirt cluichí ríomhaire *playing computer games*
ag imirt spóirt *playing sport*
ag léamh leabhar *reading books*
ag péinteáil *painting*
ag rith *running*
ag seinm ceoil *playing music*
ag siopadóireacht fuinneoige *window shopping*
ag siúl *walking*
ag snámh *swimming*

Teilifís / Television

cartún *cartoon*
clár aicsin *action programme*
clár ceoil *music programme*
clár faisin *fashion programme*
clár faisnéise *documentary*
clár grinn *comedy*
clár nuachta *news programme*
clár réaltachta *reality programme*
clár spóirt *sports programme*
clár thráth na gceist *quiz show*
seó taistil *travel show*
sobaldráma *soap opera*

Scannáin / Films/Movies

coiméide rómánsúil *romantic comedy*
scannán aicsin *action film*
scannán beochana *animated film*
scannán fantaisíochta *fantasy film*
scannán ficsean eolaíochta *science fiction film*
scannán grinn *comedy film*
scannán uafáis *horror film*
scéinséir *thriller*

Ríomhaireacht / Computing

fón cliste *smartphone*
fotha Instagram *Instagram feed*
meáin shóisialta *social media*
méarchlár *keyboard*
ríomhaire glúine *laptop*
scáileán *screen*
suíomh gréasáin *website*
teachtaireacht téacs *text message*

Caibidil 7: Ceol

Ceol / Music

ceol clasaiceach *classical music*
ceol Gaelach *Irish music*
ceol rince *dance music*
ceol tíre *country music*
miotal trom *heavy metal*
popcheol *pop music*
punc-cheol *punk music*
rac-cheol *rock music*
rapcheol *rap music*
snagcheol *jazz*

Ag cur síos ar cheol: Aidiachtaí / Describing music: Adjectives

beoga *lively*
corraitheach *exciting*
cruthaitheach *creative*
fuinniúil *energetic*
leadránach *boring*
spreagúil *rousing/spirited*
suaimhneach *relaxing*

Ceol Gaelach / Irish music

bainseó *banjo*
bodhrán *bodhrán*
bosca ceoil *button accordion*
cláirseach *harp*
consairtín *concertina*
feadóg mhór *flute*
feadóg stáin *tin whistle*
fidil *fiddle*
giotár *guitar*
píb uilleann *uilleann pipes*

An cheolfhoireann / The orchestra

basún *bassoon*
ciombal *cymbal*
clairinéad *clarinet*
cláirseach *harp*
corn Francach *French horn*
dordveidhil *cello*
drumaí *drum*
fliúit *flute*
na cnaguirlisí *percussion instruments*
na gaothuirlisí *wind instruments*
na prásuirlisí *brass instruments*
na téaduirlisí *string instruments*
óbó *oboe*
olldord *double bass*
pianó *piano*
tiúba *tuba*
trombón *trombone*
trumpa *trumpet*
veidhlín *violin*
vióla *viola*
xileafón *xylophone*

Caibidil 8: Spórt

Spóirt / Sports

badmantan *badminton*
cispheil *basketball*
dornálaíocht *boxing*
gleacaíocht *gymnastics*
haca *hockey*
iománaíocht *hurling*
leadóg *tennis*
lúthchleasaíocht *athletics*
peil Ghaelach *Gaelic football*
rámhaíocht *rowing*
rothaíocht *cycling*
rugbaí *rugby*
sacar *soccer*
seoltóireacht *sailing*
snámh *swimming*

Trealamh spóirt / Sports equipment

bád *boat*
bríste snámha *swimming trunks*
bróga spóirt *sport shoes*
caipín snámha *swimming cap*
camán *hurl*
clogad *helmet*
cosaint fiacla *gum shield*
culaith shnámha *swimsuit*
eiteán *shuttlecock*
gloiní snámha *goggles*
lámhainní *gloves*
liathróid rugbaí *rugby ball*
maidí rámha *oar*
raicéad *racket*
sliotar *sliotar*

Lucht spóirt / Sportspeople

caiteoir teisce *discus thrower*
dornálaí *boxer*
imreoir rugbaí *rugby player*
iománaí *hurler*
peileadóir *footballer*
reathaí *runner*
rothaí *cyclist*
snámhaí *swimmer*

Ag cur síos ar phearsana spóirt: Aidiachtaí / Describing sportspeople: Adjectives

aclaí *fit*
ard *tall*
cróga *brave*
crua *tough*
diongbháilte *determined*
éadrom *light*
foighneach *patient*
láidir *strong*
misniúil *courageous*
sciliúil *skilful*
solúbtha *flexible*
tapa *fast*

Áiseanna spóirt / Places of sport

balla dreapadóireachta *climbing wall*
cró dornálaíochta *boxing ring*
cúirt chispheile *basketball court*
cúirt leadóige *tennis court*
linn snámha *swimming pool*
páirc pheile *football pitch*
páirc shacair *soccer pitch*
raon reatha *running track*
rinc haca oighir *ice hockey rink*

Caibidil 9: Laethanta Saoire

Cineálacha saoire / Types of holidays
saoire champála *camping holiday*
saoire charthanachta *charity holiday*
saoire ghníomhaíochta *activity holiday*
saoire ghréine *sun holiday*
saoire sciála *skiing holiday*
turas safari *safari trip*

Saoire ghréine / Sun holiday
ag ceannach bronntanas *buying presents*
ag fámaireacht *sightseeing*
ag lapadaíl *paddling*
ag sciáil ar uisce *waterskiing*
ag seiceáil isteach *checking in*
ag surfáil *surfing*
an fharraige *the sea*
bialann *restaurant*
bolg le gréin a dhéanamh *sunbathing*
buicéad *bucket*
caisleáin ghainimh *sandcastles*
cárta poist *postcard*
griandóite *sunburnt*
óstán *hotel*
portán *crab*
spád *spade*
tonnta *waves*
turas mara *cruise*
turasóirí *tourists*
uachtar gréine *sunscreen*
uachtar reoite *ice cream*

Saoire sciála / Skiing holiday
ag clársciáil *snowboarding*
ag dreapadh sléibhte *climbing a mountain*
ag léim *jumping*
ag titim *falling*
buataisí *boots*
carr cábla *cable car*
cathaoir chábla *chairlift*
ceachtanna *lessons*
fána sciála *ski slope*
pas sciála *ski pass*
teagascóir *instructor*

Cúigí agus contaetha na hÉireann / Provinces and counties of Ireland

Cúige Chonnacht / Connacht
Gaillimh *Galway*
Liatroim *Leitrim*
Maigh Eo *Mayo*
Ros Comáin *Roscommon*
Sligeach *Sligo*

Cúige Laighean / Leinster
Baile Átha Cliath *Dublin*
Ceatharlach *Carlow*
Cill Chainnigh *Kilkenny*
Cill Dara *Kildare*
Cill Mhantáin *Wicklow*
An Iarmhí *Westmeath*
Laois *Laois*
Loch Garman *Wexford*
An Longfort *Longford*
An Lú *Louth*
An Mhí *Meath*
Uíbh Fhailí *Offaly*

Cúige Mumhan / Munster
Ciarraí *Kerry*
An Clár *Clare*
Corcaigh *Cork*
Luimneach *Limerick*
Port Láirge *Waterford*
Tiobraid Árann *Tipperary*

Cúige Uladh / Ulster
Aontroim *Antrim*
Ard Mhacha *Armagh*
An Cabhán *Cavan*
Doire *Derry*
An Dún *Down*
Dún na nGall *Donegal*
Fear Manach *Fermanagh*
Muineachán *Monaghan*
Tír Eoghain *Tyrone*

Caibidil 10: Tinneas agus Sláinte

Baill an choirp / Parts of the body

aghaidh *face*
béal *mouth*
bolg *stomach*
ceann *head*
cliabhrach *chest*
cluas *ear*
cos *leg/foot*
droim *back*
éadan *forehead*
fiacla *teeth*
géag *arm*
glúin *knee*
gruaig *hair*
gualainn *shoulder*
lámh *hand/arm*
leiceann *cheek*
mala *eyebrow*
matán *muscle*
méar *finger*
muineál *neck*
rúitín *ankle*
scornach *throat*
srón *nose*
súil *eye*

Ag cur síos ar an aghaidh / Describing the face

aghaidh chruinn *round face*
aghaidh fhada *long face*
béal beag *small mouth*
beola tanaí *thin lips*
beola tiubha *full lips*
cneaspholladh *piercing*
colm *scar*
croiméal *moustache*
leicne dearga *rosy cheeks*
malaí tiubha *bushy eyebrows*
roic *wrinkles*
srón cham *crooked nose*
srón dhíreach *straight nose*
súile móra *large eyes*

Tinnis agus gortuithe / Illnesses and injuries

ag casachtach *coughing*
ag cur allais *sweating*
ag sraothartach *sneezing*
ata *swollen*
gearradh *a cut*
leigheas *medicine*
pian bhoilg *stomach ache*
pian droma *backache*
scornach thinn *sore throat*
slaghdán *cold*
teocht *temperature*
tinneas cinn *headache*
tinneas fiacaile *toothache*

Bia / Food

Bricfeasta / Breakfast

babhla gránaigh *bowl of cereal*
babhla leite *bowl of porridge*
ispíní *sausages*
slisíní *rashers*
tósta *toast*
uibheacha *eggs*

Lón / Lunch

anlann *sauce*
anraith *soup*
cáis *cheese*
gairleog *garlic*
ola olóige *olive oil*
sailéad *salad*

Dinnéar / Dinner

bradán *salmon*
curaí *curry*
mairteoil *beef*
pasta *pasta*
ronnach *mackerel*
sicín *chicken*
uaineoil *lamb*

Caibidil 11: Éire agus Thar Lear

Glasraí / Vegetables
beacáin *mushrooms*
brocailí *broccoli*
meacain dhearga *carrots*
prátaí *potatoes*
prátaí milse *sweet potatoes*
spionáiste *spinach*

Deochanna, milseoga agus sneaiceanna / Drinks, sweets and snacks
barra gránach *cereal bar*
cnónna *nuts*
deochanna súilíneacha *fizzy drinks*
iógart *yogurt*
mil *honey*
sú *juice*
tae *tea*
toirtín úll *apple tart*
torthaí *fruit*

An aimsir / The weather
ag cur báistí *raining*
ag cur sneachta *snowing*
brádánach *drizzly*
céim Celsius *degree Celsius*
ceomhar *foggy*
fliuch *wet*
fuar *cold*
gaofar *windy*
réamhaisnéis *weather forecast*
scamallach *cloudy*
scéal na haimsire *weather forecast*
te *hot*

Seanfhocail / Proverbs

Aithníonn ciaróg ciaróg eile.	It takes one to know one. (Literal translation: One beetle recognises another beetle.)
Cleachtadh a dhéanann máistreacht.	Practice makes perfect. (Literal translation: Practice makes mastery.)
Filleann an feall ar an bhfeallaire.	What goes around comes around. (Literal translation: Treachery returns to the deceiver.)
Is fearr an tsláinte ná na táinte.	Health is better than wealth.
Is maith an scéalaí an aimsir.	Time will tell. (Literal translation: Time is a good storyteller.)
Is maith an t-anlann an t-ocras.	Hunger is a good sauce.
Is minic a bhíonn ciúin ciontach.	It's often the quiet ones who are guilty.
Is minic a bhriseann béal duine a shrón.	Often a person's mouth breaks his nose.
Ní bhíonn saoi gan locht.	Nobody is perfect. (Literal translation: There is no wise man without fault.)
Ní neart go cur le chéile.	Unity is strength. (Literal translation: There is no strength until unity.)
Níl aon tinteán mar do thinteán féin.	There is no place like home. (Literal translation: There is no fireplace like your own fireplace.)
Nuair a bhíonn an cat amuigh, bíonn na lucha ag damhsa.	When the cat's away the mice will play. (Literal translation: When the cat's away the mice will dance.)